Das 30 Minuten Kochbuch

Über 300 köstliche und gesunde Rezepte

Das 30 Minuten Kochbuch

Über 300 köstliche und gesunde Rezepte

GONDROM

Übertragung aus dem Englischen

Autoren
Pat Alburey, Val Barrett, Claire Clifton, Christine France, Carole Handslip, Sybil Kapoor,
Patricia Lousada, Jenni Muir, Mary Skinner, Colin Spencer, Rosemary Stark, Berit Vinegrad

Fachliche Beratung
Pat Alburey

Übersetzung
Birgit Forss, Sonja Jost, Barbara Klingmann

Fotografen
Martin Brigdale, Gus Filgate, James Murphy, Peter Myers, Jon Stewart

Illustratoren
Diane Broadley, Stan North

Umschlagmotiv und Umschlaggestaltung
Tobias Schneider, Berlin

Satz und Reproduktion: Lihs GmbH, Medienhaus, Ludwigsburg

© der englischen Originalausgabe:
Reader's Digest – Deutschland, Schweiz, Österreich;
Verlag Das Beste GmbH – Stuttgart, Zürich, Wien
© für diese Lizenzausgabe: Gondrom Verlag, Bindlach 2003

Printed in Slowakei

ISBN 3-8112-2209-0

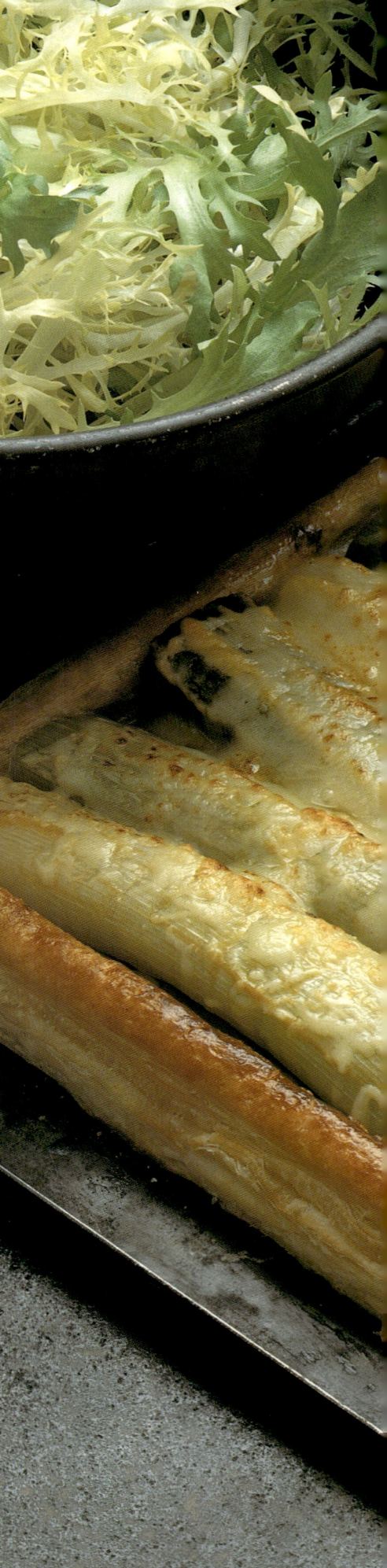

— INHALT —

EINLEITUNG

KÖSTLICHE GERICHTE MINUTENSCHNELL 8

ZEITSPARENDE KÜCHENTECHNIKEN 10

PRAKTISCHES KÜCHENZUBEHÖR 12

EINKAUFEN MIT KÖPFCHEN 16

ZUTATEN AUS ALLER WELT 19

HÜBSCH GARNIERT 22

RESTE GESCHICKT VERWERTEN 24

SPEZIALTHEMEN

VORSPEISEN MIT FRÜCHTEN 58 – 59

RAFFINIERTE UND SCHMACKHAFTE
BROTBELÄGE 72 – 73

FRISCH AUS DER DOSE 118 – 119

KÖSTLICHE SAUCEN AUS
DER BRATPFANNE 138 – 139

ORIGINELLE OMELETTS 232 – 233

EIS MIT PFIFF 288 – 289

REZEPTE

SUPPEN UND EINTÖPFE 26

VORSPEISEN UND SNACKS 46

KNACKIGE SALATE 82

FISCH UND MEERESFRÜCHTE 104

FLEISCHGERICHTE 134

GEFLÜGEL UND WILD 168

NUDELN UND GETREIDE 198

GEMÜSE ALS HAUPTGERICHT 226

VIELSEITIGE BEILAGEN 248

DESSERTS, KUCHEN UND GEBÄCK 274

SCHNELLE MENÜS
ZUSAMMENSTELLEN 306 – 312

REGISTER UND BILDNACHWEIS 313 – 320

Köstliche Gerichte minutenschnell

In kürzester Zeit abwechslungsreiche, gesunde und vor allem schmackhafte Gerichte zuzubereiten – das ermöglichen die rund 300 Rezepte dieses neuartigen Kochbuchs, mit denen Sie Ihre Familie, Ihre Gäste und natürlich auch sich selbst verwöhnen können. Alle Gerichte lassen sich in nur 30 Minuten oder schneller vorbereiten, sodass Ihnen viel wertvolle Zeit bleibt, die Sie für andere Dinge nutzen können.

Vom Snack bis zum Menü

VIELSEITIG Die abwechslungsreichen Rezepte im *30-Minuten-Kochbuch* umfassen delikate Appetithappen und Vorspeisen, herzhafte und raffinierte Suppen, knackige Salate, leckere Gerichte mit Fisch, Fleisch, Wild und Geflügel, originelle Ideen für Speisen mit Nudeln, Reis und anderem Getreide, gesunde Gemüsegerichte und kleine Beilagen sowie als krönenden Abschluss zahlreiche süße Verlockungen wie Desserts, Kuchen und Gebäck. Und wenn Sie für Ihre Familie oder für besondere Anlässe wie Einladungen, romantische Diners, Kindergeburtstage oder Grillfeste ein Menü zusammenstellen wollen, finden Sie in einem Sonderkapitel zahlreiche Vorschläge, aus denen Sie sich Ihr ganz persönliches Festessen heraussuchen können.

PRAKTISCH Damit Sie beim Kochen Zeit sparen und die Gerichte immer optimal gelingen, sind neben etwas Planung und Organisation auch die Kenntnis einiger grundlegender Küchentechniken sowie pfiffige Tipps und Tricks hilfreich. Darüber hinaus benötigt man eine praktische Küchenausstattung mit zweckmäßigen Arbeitsgeräten und einen gut gefüllten Vorratsschrank, in dem jederzeit die passenden Zutaten oder ein entsprechender Ersatz greifbar sind. Auf den folgenden Seiten finden Sie daher Informationen über die wichtigsten Küchentechniken und -geräte sowie Tipps zum Einkaufen und zur Vorratshaltung. Sie lernen ebenfalls einige exotische Zutaten kennen, die Sie vielleicht noch nicht ausprobiert haben, bekommen Anregungen, wie man ohne großen Aufwand Gerichte hübsch dekorieren und präsentieren kann und wie man die Reste einer Mahlzeit geschickt verwertet und daraus ein minutenschnelles Gericht kocht.

Alles im Griff

SCHNELL Die wichtigsten Voraussetzungen für die moderne, schnelle Küche sind gute Planung und Organisation. Bevor Sie mit dem Kochen beginnen, empfiehlt es sich, das Rezept einmal vollständig durchzulesen und die notwendigen Arbeitsgeräte und Zutaten griffbereit zu stellen. So wird nie etwas anbrennen oder zu lange kochen und Geschmack, Vitamine und Nährstoffe verlieren, weil Sie zu lange nach etwas suchen müssen oder sogar feststellen, dass Sie eine Zutat nicht vorrätig haben und durch etwas anderes ersetzen müssen. Darüber hinaus wird das Kochen sehr erleichtert, wenn Sie dafür sorgen, dass ausreichend Arbeitsfläche vorhanden ist und nichts Überflüssiges im Weg steht. Wenn Sie während der Zubereitung noch Platz für Schüsseln, Teller und Töpfe schaffen müssen, verlieren Sie wertvolle Zeit und die Arbeit geht nicht so leicht von der Hand.

Damit ein Gericht pünktlich auf den Tisch kommt, ist es notwendig, gegebenenfalls rechtzeitig das Wasser zum Kochen aufzusetzen, die Herdplatte zu erhitzen oder den Backofen bzw. Grill vorzuheizen. Je nach Art und Fabrikat des Herds variiert die Zeit, die für das Vorheizen erforderlich ist; halten Sie sich daher genau an die jeweiligen Herstellerangaben.

GESUND Schnelles Kochen mit hochwertigen Lebensmitteln bedeutet gesundes Kochen, da beim kurzen Erhitzen nicht nur der Geschmack der Zutaten am besten erhalten bleibt, sondern auch nur wenig Vitamine und Nährstoffe verloren gehen. Den Rezepten in diesem Buch ist eine Nährwerttabelle beigefügt, der Sie die Zahl der Kalorien pro Portion entnehmen können. Darüber hinaus finden Sie dort Angaben zu Kohlenhydraten, Eiweiß und Fett sowie den Vitaminen, die in dem jeweiligen Gericht vorkommen. Die Vitamine werden nur aufgeführt, wenn eine Portion mindestens 30% der empfohlenen Tagesdosis enthält.

GESCHICKT KOMBINIEREN

FRISCH Natürlich spielen frische Zutaten bester Qualität bei den meisten Rezepten die Hauptrolle, manchmal jedoch werden sie auch mit hochwertigen Fertigprodukten kombiniert, die dank der modernen Lebensmitteltechnik oft genauso viel Vitamine und Nährstoffe enthalten wie frische Ware. Obst und Gemüse kauft man am besten auf dem Markt, doch findet man inzwischen auch in den Regalen gut geführter Lebensmittelgeschäfte frische Ware einwandfreier Qualität. Dabei sind heimische Produkte Lebensmitteln vorzuziehen, die von weit her importiert werden.

ABWECHSLUNGSREICH Die Rezepte in diesem Buch spiegeln die ganze Vielfalt der modernen Küche wider und beziehen auch die Kochtraditionen anderer Länder ein. Neben zahlreichen Rezepten aus der Mittelmeerküche, die wegen ihrer gesunden Zutaten immer populärer wird, finden Sie auch eine Auswahl exotisch anmutender Gerichte, die sehr einfach zuzubereiten sind und eine willkommene Abwechslung auf Ihren Speiseplan bringen. Die Zutaten für diese Gerichte sind in der Regel in gut sortierten Supermärkten oder spezialisierten Feinkostgeschäften erhältlich; in vielen Fällen können sie auch durch andere Lebensmittel ersetzt werden – in den Rezepten finden Sie entsprechende Vorschläge, doch natürlich können Sie alle Gerichte auch nach Ihren Vorstellungen abwandeln.

GESUND GENIESSEN *Frisch oder aus der Packung – Voraussetzung für schmackhafte Gerichte sind Zutaten bester Qualität.*

ZEITSPARENDE KÜCHENTECHNIKEN

Sobald alle Arbeitsgeräte und Zutaten bereit stehen, können Sie sofort mit dem Kochen beginnen. Damit Ihr Gericht perfekt und minutenschnell gelingt, empfiehlt es sich, alle Möglichkeiten zu nutzen, die bei der Zubereitung Zeit sparen helfen. Mit den folgenden Tipps und Tricks kommen Sie rascher voran und gelangen eher zum Ziel.

GEWUSST WIE

ZERKLEINERN Wenn Zutaten zerkleinert werden müssen, ist es hilfreich, hochwertige Messer für unterschiedliche Zwecke griffbereit zu haben, beispielsweise in einem Messerblock. Tomaten etwa kann man mit einem Spezialmesser mit Sägeschliff rasch klein schneiden, das Würfeln von Schinken geht mit einem scharfen Fleischmesser sekundenschnell von der Hand, und falls eine Zwiebel zerkleinert oder in Scheiben geschnitten werden soll, ist ein gut geschärftes Gemüsemesser eine unerlässliche Hilfe. Um Kräuter zu zerkleinern, nimmt man am besten ein Wiegemesser oder ein großes Kochmesser mit breiter Klinge. Knoblauch lässt sich mit einer Knoblauchpresse gut zerkleinern oder zerdrücken.

Manchmal ist es praktischer, Zutaten statt mit einem Messer mit einer Küchenschere zu schneiden. Man kann damit beispielsweise schnell Fett von Frühstücksspeck oder Schinken entfernen, Kräuter wie etwa Schnittlauch direkt in den Topf oder die Pfanne schneiden und Anchovisfilets, sonnengetrocknete Tomaten oder Frühlingszwiebeln in Stücke schneiden.

Falls größere Mengen Obst oder Gemüse zerkleinert werden müssen, kann eine Küchenmaschine wertvolle Dienste leisten. Sie sollte jedoch leicht zu reinigen sein.

Bestimmte Zutaten zerkleinert man am besten von Hand. Blattsalat etwa sollte man mit den Fingern in mundgerechte Stücke zupfen, da dies schneller geht als mit dem Messer und die zarten Blätter so am wenigsten beschädigt werden. Und um Thunfisch zu zerpflücken oder bröckeligen Käse, wie etwa Roquefort, zu zerkrümeln, sind saubere Hände ebenfalls am besten geeignet.

SCHÄLEN Manche Obst- und Gemüsesorten, etwa Äpfel oder Gurken, müssen nicht geschält, sondern nur sorgfältig gewaschen werden. Dadurch kann man nicht nur Zeit sparen, sondern auch wertvolle Nährstoffe und Vitamine schonen. Wurzel- und Knollengemüse sollte man nach dem Schälen nicht lange stehen lassen, sondern so schnell wie möglich garen, damit keine Vitamine verloren gehen. Aus demselben Grund schält man Sellerie und Rote Beten in der Regel besser erst nach dem Kochen. Und wenn man Kartoffeln nicht mit der Schale verzehren will, kann man sie auch nach dem Garen schnell schälen. Bei jungem und sehr zartem

SCHÄLEN UNNÖTIG Wenn eine Avocado zu Mus zerdrückt oder mit anderen Zutaten vermischt werden soll, kann man das Fruchtfleisch mit einem Löffel aus der Schale holen.

Gemüse reicht es meist aus, die Haut sorgfältig abzubürsten oder sie sehr dünn, z. B. mit einem Sparschäler, abzuschneiden.

ABZIEHEN Um die Haut einer Knoblauchzehe schnell zu entfernen, drückt man mit der flachen Seite einer Klinge auf die Zehe.

HÄUTEN Bei einigen Obst- und Gemüsesorten ist es schwierig, die Haut mit einem Messer zu entfernen, ohne das Fruchtfleisch zu verletzen. Tomaten häutet man, indem man die Haut auf der Unterseite kreuzweise einritzt, die Früchte mit kochendem Wasser

VON HAND Die Finger sind oft das schnellste Werkzeug, um Zartes, wie etwa Salatblätter, in kleine Stücke zu zupfen.

übergießt, mit kaltem Wasser abschreckt und dann die Haut einfach abzieht. Paprika röstet man im heißen Ofen, bis die Haut dunkelbraun wird und Blasen wirft. Anschließend können sie mühelos gehäutet werden. Auf die gleiche Weise lässt sich die Schale von Auberginen entfernen.

Reife Pfirsiche oder Aprikosen kann man leicht abziehen, wenn man sie vorher einzeln für etwa 20 Sekunden in kochendes Wasser gibt und dann sofort mit Eiswasser abschreckt.

Um ein Fischfilet zu häuten, legt man es mit der Hautseite nach unten auf ein Schneidbrett und löst mit einem scharfen, etwas schräg gehaltenen Messer das Fleisch von der Haut. Während man mit einer Hand die Haut gut festhält, wird mit

ENTHÄUTEN Die Haut von Fischfilet lässt sich mit einem scharfen Kochmesser mit breiter Klinge leicht entfernen.

der fast flach gehaltenen und vom Körper wegführenden Klinge das Fleisch abgelöst. Bei ganzen Fischen kann man die Haut nach dem Garen leicht entfernen, wenn man sie an Kopf und Schwanz einschneidet und dann vorsichtig abzieht.

SO GEHT'S SCHNELLER

KLEIN, DÜNN UND FLACH Gemüse gart schneller, wenn große Stücke vorher etwas zerkleinert werden. Große Kartoffeln beispielsweise können halbiert oder geviertelt und Möhren, Sellerie sowie andere Wurzelgemüse in Streifen geschnitten werden. Dicke Steaks oder Koteletts sind schneller durch, wenn man sie vorher mit einem Fleischklopfer oder mit der Klinge eines großen Kochmessers abflacht. Der Fleischklopfer sollte eine glatte Oberfläche haben, damit die Fleischfasern nicht

FLACH UND SCHNELL Je flacher eine Frikadelle geformt ist, umso schneller ist sie durchgebraten

---

NUDELSUPPE

Eine Hand voll Suppennudeln in einer kräftigen Gemüse- oder Fleischbrühe wenige Minuten köcheln lassen. Mit dünnen Zitronenscheiben, gehackten Kräutern wie Petersilie oder Koriander sowie einigen Champignonscheiben oder klein geschnittenen sonnengetrockneten Tomaten garnieren.

OBST MIT BUTTERGLASUR

2 EL Butter mit 2 EL Zucker in einer beschichteten Pfanne schmelzen und 500 g gemischtes, frisches, in Scheiben geschnittenes Obst dazugeben. 1½ EL Obstbrand hinzufügen. Die Früchte gleichmäßig mit der Sauce überziehen und bei milder Hitze so lange erwärmen, bis sie gerade eben heiß sind.

verletzt werden. Um Frikadellen zu erhalten, die außen knusprig und innen gut durchgebraten sind, empfiehlt es sich, flache Fleischküchlein zu formen. Und Fisch ist schneller zubereitet, wenn Sie keinen ganzen Fisch, sondern Fischfilets nehmen. Falls Sie dennoch einen ganzen Fisch servieren möchten, schneiden Sie ihn auf der Ober- und Unterseite dreimal schräg und etwa 1,5 cm tief ein, damit der Fisch schneller und gleichmäßiger gart.

PRAKTISCHES KÜCHENZUBEHÖR

Die Zubereitung lässt sich erheblich beschleunigen, wenn Sie das geeignete Küchenzubehör verwenden. Mit einer Grundausstattung hochwertiger Gerätschaften sind Sie für alle Küchentätigkeiten gerüstet, das Kochen macht mehr Spass und es geht keine Zeit verloren.

KOCHGESCHIRR

Für Töpfe und Pfannen wie für alles übrige Küchenzubehör gilt, dass nur Geräte bester Qualität optimales Arbeiten und gelungene Ergebnisse ermöglichen. Pfannen, die sich verziehen und keinen ebenen Boden haben, verhindern beispielsweise ein gleichmäßiges Braten.

PFANNEN Zur Grundausstattung gehört eine große Bratpfanne, die bei hoher Temperatur erhitzt werden kann und die Wärme gut leitet. Gut geeignet sind Edelstahlpfannen mit Aluminium-Kupfer-Boden und gusseiserne Pfannen, wobei letztere nicht so leicht zu reinigen sind. Für schnelles Braten eignen sich vor allem Kupferpfannen, da sie Wärme rasch leiten. Praktisch sind mit hitzebeständigen Griffen ausgestattete Servierpfannen, die auch in den Backofen gestellt werden können.

Um Fleisch und Gemüse fettarm zu grillen, verwendet man am besten beschichtete Gusseisenpfannen mit niedrigem Rand und gerilltem Boden, der für das beim Grillen typische Muster sorgt.

Wertvolle Dienste beim Anbraten kleiner Fleischstücke oder beim Schwenken von Gemüse leistet eine Sauteuse, eine Stielpfanne mit schwerem Boden und schrägen, unten abgerundeten Wänden. Für pfannengerührte Gerichte, bei denen die Zutaten kurz und schonend garen und dabei bissfest bleiben sollen, ist ein Wok gut geeignet. Dieses Kochgefäß stammt aus China, ist oben breit und unten schmal mit einem sehr hohen Rand und wird aus Aluminiumguss, Kupfer, Gusseisen oder Edelstahl hergestellt. Es kann auch durch eine große Pfanne mit hohem Rand ersetzt werden.

Ebenfalls sehr hilfreich sind Pfannen mit Antihaftbeschichtung, in denen z. B. Omeletts oder Crêpes leicht zubereitet werden können, ohne dass sie anbrennen. Diese Pfannen eignen sich besonders für fettarmes oder sogar fettloses Kochen. Die Beschichtung kann durch scharfe und spitze Gegenständ leicht beschädigt werden, deshalb darf man nur Küchenzubehör aus Holz oder hitzebeständigem Kunststoff verwenden, wenn man etwas umrühren oder wenden will.

TÖPFE Einige Töpfe in verschiedenen Größen gehören ebenfalls in jede gut ausgestattete Küche Wie bei den Pfannen sollte ihr Boden die Hitze schnell und gleichmäßig leiten und genau auf die Herdplatte passen, damit die Energie optimal genutzt wird.

Für die schonende Zubereitung von Gemüse eignet sich ein Dämpftopf mit Einsatz. Das Kochgut gart im Dampf, der von dem im Topf köchelnden Wasser aufsteigt. Fisch kann auf die gleiche Weise zubereitet werden; für ganze Fische gibt es lange Spezialtöpfe mit einem Dämpfeinsatz.

Zeit sparen kann man in vielen Fällen durch die Verwendung eines Dampfdruck- oder Schnellkochtopfs. In den meisten Fällen reduziert sich die Kochzeit auf ein Drittel der üblichen Zeit und darüber hinaus ist diese Zubereitungsform besonders aroma- und vitaminschonend.

GERÄTE UND WERKZEUGE

BÜRSTEN UND PINSEL Um Gemüse, das nicht geschält werden muss, unter fließendem Wasser zu reinigen, eignet sich eine Bürste mit Naturfasern oder Kunststoffborsten, die nur für diesen Zweck verwendet werden sollte.

Mit einem Backpinsel lässt sich Grillgut im Ofen mit Öl oder Marinade bestreichen. Nehmen Sie dafür einen Pinsel mit Naturborsten, weil solche aus Kunststoff nicht hitzebeständig sind. Mit einem Backpinsel kann man auch eine Pfanne, eine Form oder ein Blech ausfetten, Rückstände aus den winzigen Löchern einer Küchenreibe entfernen oder die feinen Zwischenräume bei einer Nudelmaschine reinigen

KIRSCHENENTSTEINER Mit diesem Gerät kann man Kirschkerne mühelos und rasch entfernen. Es ist ebenfalls dafür geeignet, Oliven von ihren Kernen zu befreien.

DAS RICHTIGE ZUBEHÖR Wer erfolgreich kochen will, benötigt hochwertige Töpfe und Pfannen in verschiedenen Größen und eine Grundausstattung an anderen Küchengeräter. Edelstahl ist in vielen Fällen gut geeignet, doch auch Töpfe und Pfannen aus anderen Materialien haben ihre Vorzüge.

SCHNEIDBRETT Als Unterlage beim Schneiden und Hacken empfiehlt es sich, ein Schneidbrett zu verwenden. Dieses gibt es aus Holz oder Kunststoff in verschiedenen Größen und Formen. Damit größere Bretter beim Arbeiten nicht verrutschen, kann man ein feuchtes Tuch darunter legen.

WETZSTAHL Messer (siehe S. 10) sollten regelmäßig an einem Wetzstahl aus Stahl oder Keramik geschärft werden, damit sie nicht stumpf werden und immer schnell und sauber schneiden.

REIBE Mit einer Reibe, die mit mehreren unterschiedlich gelochten und gezackten Flächen versehen ist, kann man Obst, Gemüse oder Hartkäse reiben oder raspeln.

ZITRUSPRESSE Zitronen, Orangen, Grapefruits und andere Zitrusfrüchte kann man mit einer Zitruspresse am besten entsaften. Häufig ist eine elektrische Presse in die Küchenmaschine integriert.

KNOBLAUCHPRESSE Mit diesem handlichen Gerät lassen sich Knoblauchzehen besonders fein ausdrücken; die faserigen Teile bleiben in der Presse zurück.

SALATSCHLEUDER Damit Salatsaucen nicht durch feuchte Salatblätter verwässert werden, müssen diese gut getrocknet werden. Leichter und zudem umweltfreundlicher als mit Küchenpapier geht dies mit einer Salatschleuder. Sehr zarte Blätter, wie etwa von Feldsalat oder Eichblattsalat, sollte man allerdings nicht in die Schleuder geben, sondern vorsichtig trockentupfen.

KARTOFFELSTAMPFER Um gekochte Kartoffeln schonend zu einem Püree zu verarbeiten, ist ein Kartoffelstampfer besser geeignet als ein Mixer oder Pürierstab, mit dem die Kartoffeln in eine klebrige Masse verwandelt werden.

JULIENNEREISSER Mit einem Juliennereißer kann die Schale von Zitrusfrüchten abgeraspelt werden, ohne dass man die weiße Haut mit abschneidet.

SPARSCHÄLER Mit diesem Gerät lassen sich dünnschaliges Obst und Gemüse bequem schälen.

APFELAUSSTECHER Das Kerngehäuse eines Apfels oder von anderem Kernobst kann damit leicht entfernt werden, ohne die Frucht äußerlich zu beschädigen.

DURCHSCHLAG Um Flüssigkeiten abzugießen und zu passieren, verwendet man Durchschläge bzw. Siebe. Für heiße Flüssigkeiten keinen Kunststoffdurchschlag benutzen.

KÜCHENWAAGE Wenn es auf genaue Mengen ankommt, ist eine Küchenwaage ein unverzichtbarer Helfer. Backzutaten wie etwa Mehl sollten Sie abwiegen und dafür keinen Messbecher benutzen, mit dem das Gewicht vieler Substanzen nicht genau bestimmt werden kann. Moderne elektronische Waagen wiegen fast auf das Gramm genau.

EISPORTIONIERER Damit sind schön geformte Eiskugeln im Nu serviert.

TEIGRÄDCHEN Mit diesem Werkzeug kann ausgerollter Teig schnell und sauber zerteilt werden.

PFANNENWENDER Diese Küchenhelfer dienen dazu, Pfannengerichte zu zerteilen, zu wenden und herauszuheben. Für beschichtete Pfannen dürfen nur Pfannenwender ohne scharfe Kanten verwendet werden.

MINUTENSCHNELL ZUBEREITET!

FRÜCHTESORBET

500 g Früchte wie Erdbeeren oder Himbeeren mit 1–2 EL Puderzucker im Mixer oder mit dem Pürierstab zu einer sämigen Masse verarbeiten, in gefrierfeste Förmchen geben und für mindestens 3 Stunden einfrieren.

ELEKTRISCHE GERÄTE

MIXGERÄTE In einem Mixer können Sie Suppen oder Saucen in einem Bruchteil der Zeit pürieren, die es dauert, wenn man sie von Hand durch ein Sieb streicht.

ELEKTROQUIRL Mit einem elektrischen Handrührgerät sind Sahne und Eiweiß in wesentlich kürzerer Zeit geschlagen als mit einem Schneebesen. Das Gerät eignet sich ebenfalls dazu, Teig zu rühren oder zu kneten.

KÜCHENMASCHINEN Diese Geräte bieten viele Möglichkeiten, Zutaten verschiedener Art zu verarbeiten. Größere Rohkostmengen sind am schnellsten in einer Küchenmaschine zerkleinert, und darüber hinaus können u. a. Kräuter gehackt, Paniermehl sowie weiche Weißbrotbrösel hergestellt und cremige Buttermischungen oder Mayonnaise angerührt werden.

ENTSAFTER Mit einer elektrischen Saftpresse können ohne großen Aufwand frische, vitaminreiche Säfte, etwa aus Möhren und Äpfeln, hergestellt werden.

PÜRIERSTAB Für die schnelle Küche besonders gut geeignet ist ein Pürierstab, da dieser direkt im Topf benutzt werden kann und keine Zeit durch Umfüllen in den Mixer oder in eine Schüssel verloren geht. Milchshakes sind mit dem Gerät ebenfalls im Nu zubereitet.

DIE RICHTIGE HITZE

HERKÖMMLICHE BACKÖFEN Bei herkömmlichen Gas- oder Elektrobacköfen mit Ober- und Unterhitze ist die Hitze ungleichmäßig verteilt – oben ist es heißer als am Boden. Benutzen Sie immer nur eine Einschubleiste und stellen Sie keine Pfannen oder Formen auf den Boden des Ofens. Beachten Sie die Herstelleranweisungen zum Vorheizen und prüfen Sie im Zweifelsfall mit einem Backofenthermometer, ob die gewünschte Temperatur erreicht ist.

UMLUFTBACKÖFEN Diese Geräte haben einen Ventilator in der Rückwand, der die Luft ansaugt, erhitzt und wieder in den Backofenraum leitet. Manche modernen Herde verfügen neben einem

SCHNELLER KOCHEN IM MIKROWELLENGERÄT (600–700 W)

Kalte Butter streichfähig machen
1 Stück Butter (250 g) auf höchster Stufe
30 Sekunden erwärmen.

Zitrusfrüchte erwärmen
Einige Sekunden auf höchster Leistungsstufe erhitzen, so geben sie mehr Saft.

Frühstücksspeck braten
Eine doppelte Lage Küchenpapier auf ein mikrowellengeeignetes Geschirr legen und 3–4 Scheiben Speck darauf geben; auf höchster Leistungsstufe 2 Minuten braten, dann umwenden und erneut 1–2 Minuten braten.

Eis antauen
Um Eis cremiger zu machen, lässt man eine Packung mit 500 ml etwa eine Minute mit der Einstellung Auftauen oder 15 Sekunden bei 30 % Leistung erwärmen.

Nüsse rösten
25 g Nüsse werden nach 5 Minuten auf höchster Leistungsstufe goldbraun.

Zucker karamellisieren
50 g Zucker mit 1 EL Wasser mischen und 3 Minuten bei voller Leistung erhitzen.

Tomaten häuten
An der Unterseite kreuzförmig einschneiden, bei 600 W etwa 30 Sekunden erhitzen und dann die Haut abziehen.

Backofen mit Ober- und Unterhitze auch über eine Umlufteinstellung. Kochen und Backen mit Umluft spart Zeit, weil sich der Ofen rascher aufheizt als ein herkömmlicher Backofen und die Speisen schneller und bei niedrigerer Temperatur (im Durchschnitt 20 °C weniger) zubereitet werden können. Es ist möglich, auf mehreren Ebenen gleichzeitig zu garen und zu backen, was Zeit und Energie sparen hilft.

MIKROWELLENGERÄT Damit können viele Kochvorgänge stark beschleunigt werden. Achten Sie jedoch darauf, dass Sie nur mikrowellengeeignetes Geschirr verwenden und die Speisen nicht mit Aluminiumfolie abzudecken (stattdessen Pergamentpapier oder einen Glasdeckel nehmen). Bevor Sie mit dem Kochen beginnen, sollten Sie die Herstellerangaben genau studieren.

EINKAUFEN MIT KÖPFCHEN

Wer beim Einkaufen mit Überlegung vorgeht, kann beim Kochen viel Zeit sparen. Eilige Köche wählen bevorzugt Lebensmittel, deren Zubereitung nicht lange dauert, und kombinieren frische Zutaten mit Fertigprodukten, die in keinem Vorratsschrank fehlen sollten.

QUALITÄT IST TRUMPF

Das Angebot an Lebensmitteln ist heutzutage nahezu unüberschaubar, und in den immer zahlreicher werdenden Geschäften mit ausländischen Spezialitäten findet man eine riesige Auswahl an Zutaten, mit denen selbst exotische Gerichte nach dem Originalrezept gekocht werden können.

Ob Sie nun ein einfaches oder raffiniertes Gericht zubereiten wollen – der oberste Grundsatz beim Einkauf lautet Qualität, denn nur mit den besten Nahrungsmitteln lassen sich schmackhafte, gesunde Mahlzeiten kochen. Kaufen Sie daher in Geschäften ein, wo Sie garantiert frische Ware bekommen; gehen Sie auf den Markt und richten Sie sich nach den Angeboten der Saison. Dabei werden Sie feststellen, dass Qualität nicht immer

teuer sein muss, und wer eine Tiefkühltruhe hat, kann zusätzlich Geld sparen, wenn Preiswertes auf Vorrat eingekauft wird.

FRISCH, ZART UND JUNG

Damit das Fleisch, das Sie bei Ihrem Metzger kaufen, nicht nur schmeckt, sondern auch schnell zubereitet werden kann, bitten Sie um zarte Stücke, die sich zum Kurzbraten eignen, und lassen Sie gegebenenfalls das Fleisch vom Knochen lösen.

Ideal für die schnelle Küche ist Fisch, da er rasch gart und einfach zuzubereiten ist. Sie erkennen frischen Fisch an klaren, glänzenden Augen und hellroten, fest anliegenden Kiemen. Falls ganze Fische noch nicht ausgenommen und geschuppt sind, bitten Sie den Fischhändler, dies für Sie zu tun. Bereits zugeschnittene Filets und Steaks, aus denen in Minuten köstliche Gerichte gezaubert werden können, dürfen keine schleimige Haut haben und sollten nur schwach und auf keinen Fall fischig riechen.

Wenn Sie auf dem Markt einkaufen, bedenken Sie, dass junges zartes Gemüse besonders schnell zubereitet werden kann. Bei jungen grünen Bohnen brauchen keine Fäden entfernt zu werden, und neue Kartoffeln und junge Möhren müssen nicht geschält, sondern nur geputzt und gewaschen werden, wenn sie aus biologischem Anbau stammen und keinerlei Pestizide verwendet wurden.

FRISCH UND GESUND
Der Einkauf frischer Zutaten ist eine wichtige Voraussetzung für gesundes, schmackhaftes Kochen.

AUF VORRAT EINKAUFEN

Ein gut sortierter Vorratsschrank und eine gefüllte Tiefkühltruhe sind eine große Hilfe für alle, die wenig Zeit zum Einkaufen und Kochen haben. Neben frischen und getrockneten Kräutern sowie einem Sortiment an Gewürzen garantiert ein Vorrat von Grundzutaten, dass Sie für die meisten Rezepte nur wenige frische Zutaten einkaufen müssen und manches schmackhafte Schnellgericht sogar nur aus Ihren Vorräten kochen können.

KONSERVEN Wer minutenschnell ein Gericht auf den Tisch bringen möchte, kann auf ein großes Angebot an Konserven zurückgreifen, die sich miteinander oder mit frischen Zutaten zu einer vollständigen Mahlzeit kombinieren lassen. In vielen Rezepten in diesem Buch werden geschälte Tomaten aus der Dose verwendet, die erntereif konserviert werden und oft aromatischer sind als die Tomaten, die außerhalb der Saison in den Handel kommen. Darüber hinaus bilden Bohnen aus der Dose, die im Übrigen mehr Nährstoffe enthalten als selbst gekochte Bohnen, die Grundlage für einige der hier vorgestellten Gerichte; doch welche Konserven Sie auf Vorrat einkaufen, hängt natürlich vor allem von Ihren Vorlieben ab.

ÖL UND ESSIG Eine Auswahl von Ölen und verschiedenen Essigsorten gehört in jeden Vorratsschrank. Zu den feinsten Speiseölen zählt Olivenöl, das in unterschiedlichen Qualitätsstufen erhältlich ist. Am besten ist kalt gepresstes Öl, das als natives Olivenöl extra angeboten wird. Neben Olivenöl, das sowohl für Salate als auch zum Braten geeignet ist, benötigt man mildes Speiseöl wie etwa Sonnenblumen- oder Distelöl und je nach Geschmack aromatische Würzöle, z. B. Walnussöl oder Rosmarin-, Chili- oder Knoblauchöl.

Dem großen Angebot an Ölen steht eine ebenso eindrucksvolle Vielfalt von Essigen gegenüber. Außer einem guten Fruchtessig aus vergärtem Obstwein sowie einem Weinessig zählt ein Balsamessig, der wegen seines kräftigen Aromas nur sehr sparsam verwendet werden darf, zur Grundausstattung, die nach Belieben durch Spezialitäten wie etwa Sherry- oder Estragonessig ergänzt werden kann.

BOHNENPÜREE

Für 2 Portionen 2 zerdrückte Knoblauchzehen und ½ TL Chiliflocken bei milder Hitze in 3 EL Olivenöl anbraten, ohne dass der Knoblauch Farbe annimmt. Einige gehackte Rosmarinnadeln, Salbei- oder Thymianblättchen und 400–450 g Flageolett-Bohnen mitsamt der Flüssigkeit hineinrühren. 10 Minuten schwach köcheln lassen, bis die Flüssigkeit angedickt ist, dann mit dem Kartoffelstampfer grob zerstampfen und mit Salz und schwarzem Pfeffer abschmecken.

MILCHREIS MIT BIRNEN

Für 4 Portionen 2 Becher Milchreis zu je 200 g auf Schälchen verteilen. 75 g Zartbitterschokolade in 3–4 EL Crème double unter ständigem Rühren langsam erwärmen und die Sauce auf den Reis verteilen. Eine saftige Birne schälen, in Schnitze teilen und diese auf den Reis legen. Zum Garnieren etwas Schokolade darüber hobeln.

NUDELN Mit getrockneten Nudeln, die in zahlreichen Formen und Größen angeboten werden, können in wenigen Minuten leckere Gerichte hergestellt werden. Viele der Saucen, mit denen Sie die Nudeln servieren können, lassen sich im Voraus zubereiten und einfrieren. Chinesische Nudeln, die in einigen der Rezepte dieses Bandes verwendet werden (z. B. Nudelsalat auf thailändische Art, S. 210, oder chinesische Nudelpfanne, S. 211), sind ebenfalls schnell gekocht und eignen sich als Einlage für Suppen oder für Pfannengerichte. Chinesische Nudeln gibt es in Form von Eiernudeln aus Weizenmehl, als Glasnudeln aus gemahlenen Mungbohnenkeimen und als Reisnudeln aus Reismehl, dem manchmal Weizenmehl zugesetzt ist.

REIS Von den zahlreichen Sorten, die im Handel erhältlich sind, lässt sich besonders der weiße, vorgegarte Schnellkochreis rasch zubereiten. Für die schnelle Küche eignet sich auch Basmatireis, ein feiner Langkornreis, der etwa für den gebratenen Reis mit Gemüse auf S. 223 verwendet wird und auch für den Reis mit Meeresfrüchten auf S. 222 genommen werden kann.

TROCKENOBST UND NÜSSE Ohne großen Aufwand lassen sich mit Trockenobst und Nüssen viele Gerichte und Salate aufwerten. Getrocknete Aprikosen, Rosinen oder Sultaninen, die man einige Minuten in Cognac, Cointreau oder Rum quellen lässt, sind eine ausgezeichnete Beigabe zu Eis, am besten mit Vanillegeschmack.

SAUCEN UND PASTEN Würzsaucen wie Tabasco, Soja- oder Worcestersauce verleihen zahlreichen Gerichten ihr unverwechselbares Aroma. Tomatensauce für Nudeln oder Pizza kann man ebenso auf Vorrat herstellen und einfrieren wie Pesto, eine ligurische Spezialität aus Basilikum, Olivenöl, Knoblauch, Pinienkernen und Parmesan oder Pecorino. Die würzige Paste, die hervorragend zu Gnocchi und Spaghetti schmeckt, ist auch im Glas erhältlich.

SONNENGETROCKNETE TOMATEN Für viele der Rezepte dieses Bandes werden sonnengetrocknete, in Öl eingelegte Tomaten verwendet, die ein Gericht durch ihren intensiven Geschmack bereichern. Sie schmecken auch köstlich als Belag für Ciabatta-Brot oder Baguette.

BRÜHWÜRFEL Aus Brühwürfeln oder gekörnter Brühe lassen sich mit heißem Wasser in Sekundenschnelle Suppen zubereiten. Durch Zugabe von Reis, Nudeln oder anderen Zutaten Ihrer Wahl entsteht eine nahrhafte Zwischenmahlzeit.

GETREIDEERZEUGNISSE Bulgur, Couscous (siehe S. 21) und Instant-Polenta sind die Grundlage mehrerer Rezepte (z. B. Zucchini und Kürbis mit Polenta, S. 212, Bulgurpilaw mit Pilzen, S. 213, und Gemüsecouscous, S. 217) und bilden eine gesunde Ergänzung Ihrer Ernährung.

TIEFGEKÜHLTES SCHNELL ZUR HAND

EISCREME Aus Speiseeis lassen sich köstliche Desserts zubereiten. Einige Vorschläge finden Sie auf den Seiten 288 und 289.

BLÄTTERTEIG Gefrorener Blätterteig ist eine ideale Grundlage für viele Schnellgerichte, etwa eine Lachspastete in Blätterteig, S. 118. Im Tiefkühlfach ist er etwa 3 Monate haltbar.

PIZZATEIG Mit gekauften Pizzateigen können Sie in kürzester Zeit eine Pizza zubereiten. In diesem Buch finden Sie verschiedene Beläge (z. B. die Tomatensauce auf S. 89 oder die Kombination aus Artischocken, Paprika und vielen anderen Zutaten auf S. 241), die sich als Garnierung für eine Pizza eignen.

GEMÜSE Mit tiefgefrorenem Gemüse sind Sie unabhängig vom Angebot der jeweiligen Saison. Sie können Gemüse entweder selbst einfrieren (vorher blanchieren oder kochen) oder spezielle TK-Ware verwenden.

KÜCHENKRÄUTER Gewaschene und getrocknete Kräuter eignen sich gut zum Einfrieren, sodass sie das ganze Jahr über zur Verfügung stehen.

ZUTATEN AUS ALLER WELT

Die Rezepte in diesem Buch spiegeln den großen Reichtum der internationalen Küche wider, und viele Gerichte stammen ursprünglich aus Indien, China, Mexiko und anderen auch heute noch exotisch anmutenden Ländern. Viele der verwendeten Gewürze und Zutaten sind bei uns inzwischen bekannt und in Supermärkten oder Spezialgeschäften erhältlich. Falls Sie jedoch etwas nicht bekommen können, experimentieren Sie doch einfach und ersetzen es nach Ihren persönlichen Vorlieben durch eine andere, ähnliche Zutat.

INDISCHE KÜCHE

CURRYPASTE Viele indische Gerichte erhalten durch eine Currypaste ihr typisches Aroma. In Geschäften mit indischen Spezialitäten wird eine große Auswahl von mild bis scharf angeboten, aus der Sie durch Probieren Ihre Lieblingspaste herausfinden können.

GARAM MASALA Indien ist bekannt für seine raffinierten Gewürzmischungen, die sich in den zahlreichen Regionalküchen des riesigen Landes teilweise stark voneinander unterscheiden. Garam Masala, eine der bekanntesten auch hier erhältlichen Mischungen aus gemahlenen Gewürzen, wird für zahlreiche Rezepte verwendet und enthält u. a. Kardamom, Koriander, Kümmel, Pfeffer, Gewürznelken und Zimt. Garam Masala wird auch als Paste angeboten.

KREUZKÜMMEL Dieses auch als Cumin bekannte Gewürz mit kümmelähnlichem Geschmack spielt in der indischen Küche eine sehr wichtige Rolle.

KORIANDERSAMEN Geröstete und gemahlene Koriandersamen werden sehr häufig zum Würzen von Currys verwendet.

ZIMT Aus der Rinde eines tropischen Lorbeergewächses gewonnenes Gewürz, das in Stangen oder als Pulver erhältlich ist. Zimt ist Bestandteil

MINUTENSCHNELL ZUBEREITET!

INDISCHE SAUCE

Für diese Sauce, die sich als Ergänzung für Gerichte mit Hülsenfrüchten und Gemüse eignet, eine grob gehackte Zwiebel und eine zerdrückte Knoblauchzehe mit etwas geriebenem Ingwer und 2 TL Kreuzkümmelsamen anbraten, bis sie Farbe annehmen. Dann 400 g geschälte, gehackte Tomaten aus der Dose dazugeben und unter Rühren 15 Minuten köcheln lassen, bis sie eingedickt sind. Direkt vor dem Servieren zu dem Gericht geben.

von Gewürzmischungen und wird nicht nur wie hier üblich für Gebäck und Süßspeisen verwendet, sondern auch für Currygerichte.

SAFRAN Dieses kostspielige Gewürz aus den Blütennarben einer Krokuspflanze, das auch in der Mittelmeerküche beliebt ist, verleiht u. a. Reis eine goldgelbe Farbe. Safran sollte man in heißer Flüssigkeit auflösen, bevor man ihn zu dem jeweiligen Gericht gibt.

KURKUMA Das auch Gelbwurz genannte Gewürz ist Bestandteil vieler Currymischungen und kann statt Safran verwendet werden, um Reis zu färben.

CHUTNEYS Von diesen aus klein geschnittenen Früchten und Gemüsen hergestellten Würzsaucen gibt es in der indischen Küche zahllose Varianten. Sie werden zu Fisch- und Currygerichten serviert, eignen sich aber auch als Brotaufstrich oder als Beilage zu Fleisch und Käse.

MINUTENSCHNELL ZUBEREITET!

GURKEN-RAITA

In der Küchenmaschine oder im Mixer lässt sich schnell eine erfrischende Beilage zu scharf gewürzten Curry-gerichten herstellen. Eine Salatgurke grob raspeln und in einem Sieb 1–2 Minuten abtropfen lassen. In die Küchenmaschine bzw. den Mixer geben, 125 g Naturjoghurt, eine Prise Salz und 1 TL gehackte frische Minze bzw. eine Prise gemahlenen Kreuzkümmel hinzufügen. Mixen, bis die Masse so dickflüssig wie Crème double ist, und servieren.

CHINESISCHE KÜCHE

SOJASAUCE Dieses als dunkle und helle Sauce erhältliche Würzmittel verstärkt den Geschmack vieler chinesischer und anderer fernöstlicher Gerichte. Da es recht salzig ist, empfiehlt es sich, beim Würzen mit Salz zu sparen.

HOISINSAUCE Auch als Peking-Sauce bekannt, passt die Sauce aus Sojabohnen, Zucker, rotem Reis, Wasser, Chili, Knoblauch und weiteren Gewürzen gut zu Ente, verleiht aber ebenfalls anderen chinesischen Gerichten Farbe und Geschmack.

AUSTERNSAUCE Diese intensiv schmeckende Sauce, die man sparsam verwenden sollte, kann zu Fleisch, Geflügel und Meeresfrüchten serviert werden.

GETROCKNETE PILZE Chinesische Morcheln, Shiitakepilze und andere werden häufig für chinesische Gerichte verwendet. Vor dem Kochen müssen sie unter fließendem Wasser gewaschen werden, um den anhaftenden Sand zu entfernen. Danach weicht man sie in lauwarmem Wasser ein und gießt das Einweichwasser durch ein Mulltuch in ein Gefäß, falls man die klein geschnittenen Pilze in der Flüssigkeit kochen möchte.

INGWER Frische Ingwerwurzel ist eines der beliebtesten chinesischen Gewürze, das in Scheiben geschnitten, gewürfelt oder ausgepresst werden kann. Ungeschält kann frischer Ingwer bis zu 2 Wochen im Gemüsefach des Kühlschranks aufbewahrt werden.

SESAMÖL Das aus gerösteten oder ungerösteten Sesamsamen erzeugte Öl dient vor allem dazu, Speisen zu aromatisieren. Da es bei starkem Erhitzen viel von seinem leicht nussigen Geschmack einbüßt, wird es meist erst kurz vor Ende des Kochvorgangs oder beim Servieren hinzugefügt.

JAPANISCHE KÜCHE

MIRIN Diese süße Variante des Reisweins Sake ist in Japan ein beliebtes Würzmittel.

MISO Von dieser Paste aus pürierten Sojabohnen, die mit Reis, Gerste oder Sojakeimen und Wasser vergoren sind, gibt es verschiedene Varianten, deren Geschmacksrichtung von süßlich mild bis pikant und salzig reicht.

WASABI Das manchmal auch als japanischer Meerrettich bezeichnete Würzmittel hat einen pikanten Geschmack und passt gut zu gegrilltem Fisch (Thunfischsteaks mit Wasabibutter, S. 114).

SÜDOSTASIATISCHE KÜCHE

KOKOSMILCH Die aus dem Fruchtfleisch der Kokosnuss gewonnene Flüssigkeit ist in Südostasien oft die einzige Kochflüssigkeit für Gemüseeintöpfe, Puddings und Currys, deren Schärfe sie mildert. Man kann sie entweder in getrockneter Form als Block kaufen, der in heißem Wasser aufgelöst werden muss, oder als gebrauchsfertige Flüssigkeit in Dosen und Gläsern.

ZITRONENGRAS Besonders in der thailändischen Küche ist das aromatische Kraut ein beliebtes Würzmittel, das vielen Gerichten einen zarten Zitronengeschmack und -geruch verleiht. Vor dem

Gebrauch müssen die Blätter entfernt und die Stängel gehackt oder zerdrückt werden. Getrocknetes Zitronengras weicht man vor der Verwendung in heißem Wasser ein, während gemahlenes Zitronengras direkt zum Gericht gegeben werden kann.

TAMARINDE   Das Mark der auch als Sauerdattel bekannten tropischen Pflanze ist als Paste oder gepresst in Blockform erhältlich. Es dient als herb säuerliches Würzmittel für Chutneys, Pickles, Fisch und Currys.

THAILÄNDISCHE FISCHSAUCE   Auch als *Nam pla* oder *Nuoc mam* bekannt, wird die Sauce aus gesalzenem, fermentiertem Fisch und Garnelen als pikantes Würzmittel für Fisch-, Fleisch- und Gemüsegerichte eingesetzt.

ORIENTALISCHE KÜCHE

BULGUR UND COUSCOUS   Diese und andere Getreidekörner sind im Nahen Osten und in den Maghrebländern Tunesien, Algerien und Marokko sehr beliebt und eignen sich hervorragend für die schnelle Küche, da sie nur kurz in heißem Wasser oder Wasserdampf quellen müssen.

HARISSA   Couscous wird traditionell mit Harissa serviert, einer sehr scharfen Chilipaste, die mit Koriander, Kreuzkümmel, Knoblauch und Minze abgeschmeckt ist und in Tuben oder Konservendosen angeboten wird. Wer es gern pikant mag, kann Harissa auch zum Würzen von Suppen, Eintöpfen und Fleisch verwenden.

ORANGENBLÜTENWASSER UND ROSEN-WASSER   Das typische Aroma des Orients verbreiten diese aus den Knospen des Orangenbaums bzw. aus Rosenöl gewonnenen Destillate. Sie werden unter Cremes gerührt und verleihen vielen anderen Süßspeisen ihren üppigen Duft. Auch Gemüse wie Spinat

MINUTENSCHNELL ZUBEREITET!

WÜRZIGES HUMMUS

Wenn Sie Kichererbsen in der Dose und Tahini vorrätig haben, können Sie schnell Hummus zubereiten. Eine kleine Dose Kichererbsen abtropfen lassen und mit 2 EL Tahini, 1–2 Knoblauchzehen, dem Saft einer Zitrone und einer großzügigen Prise Salz in eine Küchenmaschine oder den Mixer geben. Etwas Wasser hinzufügen und zu einer cremigen Paste verarbeiten. Passt u. a. zu Pitta-Brot, Baguette und zu knackigen Gemüsestreifen.

und Möhren kann man damit aromatisieren. Kaufen Sie keine Blütenessenz, da diese künstliche Geschmacksstoffe enthält.

TAHINI   Die im Orient weit verbreitete Paste aus gerösteten Sesamsamen lässt sich auf vielerlei Arten (siehe auch das Rezept oben) verdünnen und dient als nahrhafter Brotaufstrich oder üppiges Salatdressing.

MEXIKANISCHE KÜCHE

CHILI   In der pikanten mexikanischen Küche ist Chili in all seinen Varianten die wichtigste Zutat und gibt zahlreichen Gerichten die Schärfe.

TORTILLAS   Diese Teigfladen aus Maismehl sind in Mexiko ein Grundnahrungsmittel, das mit verschiedenen Füllungen oder als Belage verzehrt werden kann.

MEXIKANISCHE SALSA   Als würziger Dip zu Maischips oder Tacos eignet sich diese Sauce aus fein gehackten Chilischoten, Tomaten, Koriander, Limonensaft und Zwiebeln.

HÜBSCH GARNIERT

Schnell kochen heißt nicht, dass man auf eine appetitanregende Garnierung verzichten muss. Oft sind wenige Handgriffe nötig, um ein Gericht so zu präsentieren, dass es nicht nur ein Gaumenschmaus, sondern auch eine Augenfreude ist.

DAS LETZTE TÜPFELCHEN

SUPPEN Gehackte Kräuter sind nicht nur eine gute geschmackliche Ergänzung zu Suppen, sondern eignen sich darüber hinaus als Garnierung. Schön sieht es auch aus, wenn man etwas von einer Zutat in kleinen Stückchen oder Scheiben darüber streut, bei einer Champignoncremesuppe etwa einige in feine Scheibchen geschnittene Pilze. Ein Klecks Crème fraîche ist ebenfalls geschmacklich und optisch eine Bereicherung.

FISCH Eine schöne Garnierung für Fische sind Schnitze von Zitronen oder Limonen. Hübsch auf dem Teller verteilte Kräuter werten ein Fischgericht auf – häufig reicht bereits ein schöner Zweig oder einige Blätter. Als besonders erlesene und zudem schmackhafte Garnierung bieten sich Schal- und Krustentiere an, die vor allem zu Edelfischen passen.

FLEISCHGERICHTE Die einfachste Methode, ein Fleischgericht zu garnieren, besteht darin, die jeweilige Beilage hübsch anzurichten. In sehr feine Stäbchen (Juliennes), kleine Würfel oder dünne Scheiben geschnittenes Gemüse ist eine mit wenig Aufwand hergestellte Ergänzung zum Hauptgang. Mit einem Kugelausstecher lassen sich kleine Gemüse- oder Kartoffelkügelchen herstellen – die Reste kann man für eine Suppe verwerten. Und mit einem Buntmesser, das eine dicke, mit kräftigen Zacken versehene Klinge besitzt, können Sie gemusterte Gemüsestreifen oder -stücke herstellen. Eine attraktive Garnierung für Fleischgerichte sind einige mit Kräutern und etwas Crème fraîche verzierte Tomatenscheiben, zu kleinen Bällchen geformter Reis, etwas Gemüsepüree, mit einem Spritzbeutel geformte, goldbraun gratinierte Herzoginkartoffeln (Pommes Duchesse) und vieles andere mehr – beim Experimentieren entwickeln Sie sicher auch zahlreiche eigene Ideen.

GARNIERUNGEN

Semmelbrösel
In sehr wenig Öl oder Butter goldbraun gebratene Semmelbrösel sind eine hübsche Verzierung für Gemüse- oder Nudelgerichte.

Croûtons
Für Suppen und Salate können Sie die knusprige Garnierung leicht herstellen, indem Sie von nicht mehr ganz frischen Weißbrotscheiben die Rinde entfernen, das Brot würfeln und in etwas Olivenöl oder Butter unter Wenden goldbraun rösten.

Kräuterbutter
Für Steaks und Fischgerichte drücken Sie cremige Kräuterbutter durch einen Spritzbeutel mit Sterntülle. Besonders schön sieht es aus, wenn Sie jeweils eine Zitronenscheibe darunter legen.

Zwiebel und Lauchringe
Vielseitig und leicht herzustellen sind dünne Zwiebel- und Lauchringe, die gut zu Fleischgerichten passen. Einen besonderen farblichen Akzent können Sie mit roten Zwiebelringen setzen.

Kartoffelpüree
Mithilfe eines Spritzbeutels lassen sich aus Kartoffelpüree dekorative Garnierungen formen, die in entsprechender Menge auch als nahrhafte Beilagen geeignet sind.

Frischkäse mit Kräutern
Formen Sie mit der Hand aus sahnigem Frischkäse kleine Bällchen und wälzen diese in einer Mischung aus fein gehackten Kräutern wie Petersilie, Dill und Schnittlauch. Auf Tomatenscheiben angerichtet dienen sie auch als Beilage.

Schale von Zitrusfrüchten
Mit einem Zesten- oder Juliennereißer können Sie feine Streifen aus der Schale von unbehandelten Zitrusfrüchten schneiden und diese als Garnierung für gebratenes Fleisch oder cremige Desserts verwenden.

Mandeln und Nüsse
Einige Sekunden lang in einer heißen Pfanne ohne Fett goldbraun geröstet, ergänzen gehackte Mandeln und Nüsse zahlreiche Desserts.

DESSERTS Der Nachtisch ist für viele der Höhepunkt eines Menüs, und daher sollte auch das Auge nicht zu kurz kommen. Viele Desserts können Sie rasch verzieren, indem Sie direkt vor dem Servieren etwas Puderzucker oder Kakao als farblichen Kontrast mit einem Teesieb vorsichtig überstäuben. Eis kann mit etwas flüssiger Schokolade, Sorbets und Obstpürees mit einigen Fruchtstücken garniert werden, und eine Creme lässt sich mit geraspelter Schokolade oder gestiftelten Mandeln verschönern.

ATTRAKTIVE SALATE

Für viele Gerichte eignen sich Salate als vitaminreiche Ergänzung, die – hübsch angerichtet – eine andere Garnierung ersetzen können. Sie können die Salate entweder auf großen Portiontellern neben dem Hauptgericht arrangieren oder auf Salattellern bzw. in Salatschüsseln, die farblich zum Geschirr des Hauptgangs passen sollten, servieren. Die Variationsmöglichkeiten sind vielfältig und Ihrer Phantasie keine Grenzen gesetzt – einige Vorschläge finden Sie in diesem Buch im Kapitel *Knackige Salate* ab Seite 26.

MINUTENSCHNELL ZUBEREITET!

OBSTSALAT

Für einen appetitlich aussehenden Obstsalat eine dünne Schicht Fruchtsaftkonzentrat aus der Flasche auf Portionsteller gießen – sehr hübsch ist rötlicher Saft – und darauf das in Scheiben geschnittene Obst anrichten. Mit Puderzucker bestreuen und mit frischer Minze verzieren.

OPTISCHE HÖHEPUNKTE Salate sind hübsche und zudem gesunde Beilagen, deren Zutaten und Dressings auf jedes Gericht abgestimmt werden können.

RESTE GESCHICKT VERWERTEN

Wenn vom Essen etwas übrig bleibt, können Sie es in vielen Fällen einfrieren und zu einem anderen Zeitpunkt verzehren. Sie haben jedoch auch die Möglichkeit, es im Kühlschrank aufzubewahren und am folgenden Tag noch einmal auf den Tisch zu bringen. Damit ein wenig Abwechslung in den Speiseplan kommt, lohnt es sich zu überlegen, wie man aus den Resten einer Mahlzeit mit wenig Aufwand schnell ein neues Gericht zaubert.

FLEISCH

Bleibt von einem Braten etwas übrig, können Sie den Rest in Scheiben schneiden und in der Pfanne in etwas Butter und Öl kurz erhitzen. Mit einem Salat als Beilage und etwas pikantem Dijonsenf oder einer hochwertigen Mayonnaise bzw. nach Belieben einer anderen Sauce aus dem Glas können Sie so eine eigenständige, in wenigen Minuten zubereitete Mahlzeit servieren. Falls Sie keine Fertigsauce dazu reichen wollen, lässt sich aus Dosentomaten, die man mit etwas angebratener Zwiebel, Knoblauch, Gewürzen und Kräutern so lange köcheln lässt, bis die Flüssigkeit sämig wird, eine leckere Sauce zubereiten. Wenn Sie einen Fleischwolf besitzen, können Sie Fleischreste (auch Geflügel und Wild) zu Kroketten verarbeiten (ein Rezept finden Sie auf der gegenüberliegenden Seite). Eine weitere Möglichkeit besteht darin, die Reste klein zu schneiden und als Einlage in einer Suppe zu erhitzen.

FISCH

Fisch sollte auch in gekochtem Zustand auf keinen Fall lange aufbewahrt werden. Wenn Sie doch einmal Reste übrig behalten, können Sie aus Fischfilets, etwa vom Kabeljau oder Seelachs, knusprige Frikadellen oder Klößchen formen. Mischen Sie die gewaschenen und zerkleinerten Reste in einem Fleischwolf oder einem Mixer mit etwas in Wasser eingeweichtem und dann ausgedrücktem Brötchen, geben nach Geschmack fein gehackte Kräuter, Gewürze, Zwiebel, Zitronensaft, Ei und Semmelbrösel hinzu, formen die Masse nach Belie-

ben, wenden sie gleichmäßig in Semmelbröseln und braten sie anschließend in heißem Fett von allen Seiten goldbraun.

NUDELN

Übrig gebliebene Nudeln kann man als Einlage in eine Suppe geben und kurz darin erhitzen; lange Nudeln wie Spaghetti und Tagliatelle vorher klein schneiden. Aus Nudelresten lässt sich auch ein nahrhafter Auflauf zubereiten, indem man sie in eine ausgefettete und mit Semmelbröseln ausgestreute ofenfeste Form gibt, eine gut verquirlte Eier-Sahne-Mischung und etwas frisch geriebenen Parmesan und einige Butterflöckchen darüber gibt und den Auflauf im Backofen erhitzt und kurz vor dem Servieren unter dem Grill backt.

KARTOFFELN

Kartoffelreste lassen sich vielseitig weiter verarbeiten und eignen sich als Grundlage für ein Hauptgericht oder als Beilage. Fest kochende, in Scheiben oder Würfel geschnittene Kartoffeln sind ideal für Röstkartoffeln (siehe gegenüberliegende Seite). Darüber hinaus können aus fest kochenden Kartoffeln auch sehr gut Kartoffelsalate zubereitet werden. Übrig gebliebene mehlig kochende Kartoffeln kann man mit dem Kartoffelstampfer pürieren und mit Milch, Muskat und Salz vermischt als Kartoffelbrei servieren.

REIS

Gekochter Reis hält sich bis zu 3 Tage im Kühlschrank, sodass es sich lohnt, etwas mehr zu kochen, wenn man in den nächsten Tagen ein Reisgericht zubereiten will. Gekochter, nach Belieben gewürzter Reis ist eine sättigende Füllung für Paprikaschoten und große Tomaten. Mit bissfest gegartem Gemüse und einem Dressing kann man ihn auch als nahrhaften Salat servieren. Als appetitanregende Vorspeise eignen sich italienische Reisbällchen, und mit frischem, in Streifen geschnittenem Gemüse kann man schnell ein pfannengerührtes Gericht herstellen (entsprechende Rezepte finden Sie auf der gegenüberliegenden Seite).

MINUTENSCHNELL ZUBEREITET!

FLEISCHKROKETTEN

Für 4 Portionen: 400 g gekochtes Fleisch durch den Wolf drehen und mit 400 g zerdrückten Kartoffeln sowie je 2 EL gehackten Frühlingszwiebeln und Schnittlauch mischen. Zu runden oder länglichen Kroketten formen, in verquirltem Ei und dann in Paniermehl wälzen und knusprig braten.

RÖSTKARTOFFELN

Für 4 Portionen: Eine Zwiebel in Scheiben schneiden und mit wenig Öl goldbraun braten. 500 g gekochte Kartoffeln in Scheiben oder Würfel schneiden, zu den Zwiebeln geben und knusprig braten. Würzen, gehackten Schnittlauch oder Petersilie darüber streuen und servieren.

ITALIENISCHE REISBÄLLCHEN

Für 2 Portionen: 200 g gekochten Risotto mit einem verquirlten Ei, etwas geriebenem Parmesan sowie Salz und Pfeffer vermengen. Die Mischung zu Bällchen formen, diese in Mehl und Semmelbröseln wälzen und mit etwas Olivenöl in der Pfanne goldbraun braten.

FÜNF-MINUTEN-PFANNE

Beilage für 2 Portionen: Etwas Knoblauch und Ingwer fein hacken und in der Pfanne kurz anbraten. 150 g gemischtes, in Scheiben oder Stücke geschnittenes Gemüse dazugeben und bissfest garen. 200 g gekochten Reis unterrühren, alles erhitzen und mit Sojasauce und Sesamöl abschmecken.

GEMÜSE

Bissfest gegartes Gemüse wie grüne Bohnen, Zuckerschoten oder Paprika kann für einen Salat verwendet werden, den man nach eigenem Geschmack mit gehackter Zwiebel, Frühlingszwiebeln, Knoblauch, Kapern, Oliven, Croûtons und anderen Zutaten sowie einem passenden Dressing ergänzen kann. Für eine herzhafte Variante eignen sich als Zugabe abgetropfte Bohnen, Thunfisch und Artischockenherzen aus der Dose. Übrig gebliebenes Gemüse wie Möhren, Erbsen, Blumenkohl, Brokkoli, Rosenkohl oder Zucchini kann man pürieren und durch Zugabe von Fleisch-, Hühner- oder Gemüsebrühe sowie Salz und Pfeffer in eine köstliche Suppe verwandeln. Nach Belieben kann man sie mit Sahne, Crème fraîche oder Butter sowie einigen Kräutern verfeinern und mit knusprigen Croûtons servieren.

TOMATENSUPPE MIT ROTEN LINSEN

SUPPEN UND EINTÖPFE

Kalt serviert an warmen Sommertagen oder herzhaft und sättigend mit knusprigem Brot: Eine Suppe kann der appetitanregende Auftakt zu einem Essen mit mehreren Gängen sein oder als eigenständige Mahlzeit gereicht werden.

KALTE GURKENSUPPE

Diese nach Minze duftende Suppe ist eine ideale Erfrischung für heiße Tage.
Man braucht nur die Zutaten vorzubereiten und zu mischen, und schon kann man sie genießen.

ZEIT: 15 MINUTEN
4 PORTIONEN

1 große Salatgurke
4 kleine und einige große Zweige Minze
500 g Naturjoghurt
150 ml Schlagsahne
2 EL Weißweinessig
Salz und schwarzer Pfeffer

1 4 Suppenteller im Kühlschrank kalt stellen.

2 Die Gurke waschen, abtrocknen und grob in eine Schüssel raspeln.

3 Die großen Zweige Minze waschen und trockenschleudern oder mit Küchenpapier trockentupfen. Die Blätter von den Stängeln zupfen und so viele in schmale Streifen schneiden, dass es 4 EL ergibt. Die Minze zu der Gurke geben.

4 Joghurt, Sahne und Essig unterrühren. Das Ganze kräftig mit Salz und Pfeffer würzen und nochmals umrühren.

5 Die Suppe auf die gekühlten Teller verteilen. Mit den kleinen Zweigen Minze garnieren und servieren.

VARIANTE

Wenn Sie einen herzhafteren Geschmack bevorzugen, können Sie statt Schlagsahne saure Sahne nehmen und den Weinessig durch die gleiche Menge würzigen Estragonessig ersetzen.

Als schmackhafte Verzierung können Sie einige geschälte Garnelen auf die fertige Suppe geben.

NÄHRWERT PRO PORTION: 235 kcal/987 kJ; 6,5 g Kohlenhydrate; 10 g Eiweiß; 19 g Fett (davon 11 g gesättigte Fettsäuren); Vitamine: A, B-Gruppe und E.

GAZPACHO

Vitaminreich und würzig pikant ist diese Variante der berühmten spanischen Suppe. Wenn man das Eiswasser durch Tomatensaft ersetzt, kann sie auch warm verzehrt werden.

ZEIT: 30 MINUTEN
4–6 PORTIONEN

4 Scheiben getrocknetes Weißbrot
6 EL Olivenöl
4 EL Rotweinessig
Salz und schwarzer Pfeffer
1 EL scharfes Paprikapulver
500 g Pizzatomaten aus der Dose
1 rote Zwiebel
5 große Knoblauchzehen
1 große Salatgurke

je 1 rote, gelbe und grüne Paprikaschote
1 frische rote oder grüne oder 1 getrocknete rote Chilischote
6 große Blätter Basilikum und/oder 6 große Blätter Minze
bis zu 300 ml eisgekühltes Wasser

1 Die Kruste von einer Scheibe Weißbrot abschneiden und das Brot in etwas Wasser aufweichen.

2 Das Öl in eine große Schüssel geben und mit dem Essig und etwas Salz cremig schlagen. Das Paprikapulver und das aufgeweichte Brot hinzufügen und alles mit dem Pürierstab zu einer dickflüssigen Masse verrühren.

3 Die Tomaten mit dem Saft in die Mischung geben und alles pürieren.

4 Die Zwiebel, 5 Knoblauchzehen und die Gurke schälen. Die Paprikaschoten und die Chilischote waschen, halbieren und entkernen. Die Zutaten grob zerhacken, etwas Knoblauch beiseite stellen und alles zur Tomaten-Brot-Mischung geben.

5 Die Kräuter waschen, trockentupfen, in kleine Stücke zupfen und zur Mischung geben. Gut umrühren und großzügig mit Salz und Pfeffer abschmecken.

6 Eiskaltes Wasser nach und nach unterrühren, bis die Mischung eine dickflüssige Konsistenz erhält. Darauf achten, dass die Suppe nicht zu dünn wird. In den Kühlschrank stellen.

7 Für die Croûtons zur Garnierung die Rinde von 3 Weißbrotscheiben abschneiden und das Brot würfeln. Etwas Öl mit dem restlichen Knoblauch in eine Pfanne geben und auf der Schnellkochplatte bei mittlerer Hitze erwärmen. Die Brotwürfel zugeben und unter häufigem Wenden bräunen.
Die Croûtons auf die Teller verteilen und sofort servieren.

NÄHRWERT PRO PORTION (BEI 4 PORTIONEN): 261 kcal/1096 kJ; 21 g Kohlenhydrate; 6 g Eiweiß; 18 g Fett (davon 3 g gesättigte Fettsäuren); Vitamine: A, B-Gruppe, C und E.

GUT ZU WISSEN

Bei diesem Gericht, für das viel Gemüse zerkleinert werden muss, empfiehlt sich der Gebrauch einer Küchenmaschine.

AVOCADOCREMESUPPE MIT KOKOSMILCH

Die tropischen Aromen von Chili, Kokosnuss und Koriander kennzeichnen diese kalte Suppe, die ihren samtweichen Geschmack reifen Avocados und cremigem griechischem Joghurt verdankt.

ZEIT: 15 MINUTEN
4 PORTIONEN

½ Würfel Gemüsebrühe
300 ml Wasser
4 Frühlingszwiebeln
1 große Knoblauchzehe
1 frische grüne Chilischote
1 kleines Bund Koriander
2 Avocados
300 g griechischer Naturjoghurt
150 ml Kokosmilch
1 EL Olivenöl
1 EL Zitronensaft
Zucker, Salz und schwarzer Pfeffer

1 Ein wenig Wasser erhitzen, in einen Messbecher geben und den Brühwürfel darin auflösen. Mit kaltem Wasser bis 300 ml auffüllen.
2 Die Frühlingszwiebeln waschen und klein schneiden. Den Knoblauch schälen und zerdrücken. Die Chilischote waschen, entkernen und klein schneiden. Alles beiseite stellen.
3 Den Koriander waschen und trockenschleudern. Einige Blätter beiseite legen, den Rest grob hacken.
4 Die Avocados halbieren und entsteinen. Das Fruchtfleisch mit einem Löffel herausholen und in den Mixer füllen. Brühe, Frühlingszwiebeln, Knoblauch, Chilischote, Joghurt, Koriander, Kokosmilch, Öl, eine Prise Zucker und Zitronensaft hinzufügen. Alles mixen, bis die Mischung cremig ist, und dann abschmecken.
5 Mit Korianderblättern und nach Belieben mit grobem schwarzem Pfeffer garnieren.

NÄHRWERT PRO PORTION: 322 kcal/1352 kJ; 6 g Kohlenhydrate; 7 g Eiweiß, 30 g Fett (davon 9 g gesättigte Fettsäuren); Vitamine: B-Gruppe, C und E.

PAPRIKACREMESUPPE MIT ORANGEN

*Diese Suppe erfreut die Sinne – roter Paprika verleiht ihr die leuchtende Farbe, feines Orangenblüten-
wasser und frisch gepresster Orangensaft sorgen für das köstliche Aroma und den fruchtigen Geschmack.*

ZEIT: 30 MINUTEN
4 PORTIONEN

2 EL Olivenöl
1 kg rote Paprikaschoten
Salz
3 unbehandelte Orangen
1 EL Orangenblütenwasser
einige Zweige Petersilie
1 Scheibe trockenes Weißbrot

1 Das Öl in einem großen Topf bei milder Hitze erwärmen. Die Paprikaschoten waschen, abtrocknen, entkernen, vierteln und grob zerkleinern. Nach dem Zerkleinern der ersten Schote die Paprikastückchen in den Topf geben, den Topf schließen und weiterschneiden. Die Paprikastücke nach und nach in den Topf geben, dabei jedes Mal umrühren und danach den Deckel schließen. Am Schluss mit Salz abschmecken.

2 Eine Orange waschen, die Schale raspeln und zu den Paprikaschoten in den Topf geben. Den Deckel auflegen und die Temperatur erhöhen, bis unter dem Deckel Dampf austritt. Die Hitze wieder herunterschalten und die Paprikaschoten 15–18 Minuten köcheln lassen.

3 In der Zwischenzeit die Orangen auspressen (es werden 175 ml Saft benötigt). Das Orangenblütenwasser in den Saft rühren.

4 Die Petersilie abzupfen, waschen und trockentupfen. Kurz bevor der Paprika fertig ist, aus dem Weißbrot knusprige Croûtons zubereiten (siehe S. 29).

5 Den weichen Paprika im Mixer pürieren. Die Orangensaftmischung dazugießen und noch einmal mixen.

6 Wieder erwärmen und mit Orangenschale, Petersilie und Croûtons garnieren.

NÄHRWERT PRO PORTION: 130 kcal/546 kJ; 17 g Kohlenhydrate; 2 g Eiweiß; 6 g Fett (davon 1 g gesättigte Fettsäuren); Vitamine: A, B-Gruppe, C und E.

GUT ZU WISSEN

*Orangenblütenwasser erhält man in Fein-
kostgeschäften sowie in Läden für Spezialitäten aus Indien oder dem Nahen Osten.
Orangenblütenwasser, das in Kosmetik-
läden erhältlich ist, eignet sich nicht.*

PILZSUPPE

Knoblauch, Petersilie und Muskat unterstreichen das würzige Pilzaroma dieser ländlich rustikalen Suppe, deren voller Geschmack mit etwas Crème fraîche verfeinert werden kann.

ZEIT: 30 MINUTEN
4–6 PORTIONEN

150 g Bauernbrot

1,2 l Gemüsebrühe

½ kleine Zwiebel oder
1 Schalotte

650 g braune Champignons

3 Zweige Petersilie

2 EL Olivenöl

½ Knoblauchzehe

1 Prise frisch geriebene Muskatnuss
oder gemahlene Muskatblüte

Salz und schwarzer Pfeffer

1 Das Brot in wenig kaltem Wasser einweichen und die Brühe aufkochen.
2 Die Zwiebel bzw. Schalotte schälen und fein hacken. Pilze säubern und grob hacken. Petersilie abspülen, trockentupfen und zerkleinern.
3 Das Öl in einem großen Topf erhitzen. Die Zwiebel bzw. Schalotte braten, bis sie leicht gebräunt ist. Den Knoblauch schälen und durch die Presse in den Topf drücken. Die Pilze hinzufügen und so lange braten, bis ihre Flüssigkeit austritt. Die Petersilie zu den Pilzen geben.

4 Das Brot ausdrücken und darunter rühren. Brühe und Muskat hinzufügen. Das Ganze aufkochen und bei nicht ganz geschlossenem Deckel 15–20 Minuten köcheln lassen.
5 Die Suppe pürieren, bis sie cremig, aber noch leicht körnig ist. Erwärmen und mit Salz und Pfeffer würzen.

NÄHRWERT PRO PORTION (BEI 4 PORTIONEN):
170 kcal/714 kJ; 21 g Kohlenhydrate; 7 g Eiweiß; 9 g Fett (davon 1 g gesättigte Fettsäuren); Vitamine: B-Gruppe und E.

GRÜNE-BOHNEN-SUPPE

Dreierlei Sorten Bohnen sind die Grundlage dieser zartgrünen Suppe, die durch Schnittlauch einen frischen Zwiebelduft erhält. Sie kann nach Belieben durch andere Bohnensorten abgewandelt werden.

ZEIT: 30 MINUTEN
4–6 PORTIONEN

2 EL Olivenöl

1 l Gemüsebrühe

1 Zwiebel

1 große Knoblauchzehe

250 g grüne Bohnen

350 g tiefgefrorene dicke Bohnen

400 g Flageolett-Bohnen aus der Dose

Salz und schwarzer Pfeffer

1 kleines Bund Schnittlauch

1 Das Öl in einem großen Topf langsam erhitzen; die Brühe in einem zweiten Topf erwärmen. Zwiebel und Knoblauchzehe schälen, fein hacken und zum Öl geben.
2 Die grünen Bohnen putzen, waschen, in 2,5 cm lange Stücke teilen und mit den dicken Bohnen in den großen Topf geben. Die Temperatur erhöhen und die Bohnen einige Minuten braten.
3 Die Brühe dazugießen, 5 Minuten kochen, die Hitze herunterschalten und 10 Minuten köcheln lassen.

4 Den Topf von der Kochstelle nehmen und die Flageolettbohnen mit der Flüssigkeit dazugeben. Gut umrühren.
5 Die Hälfte der Suppe pürieren und in den Topf zurückschütten. Abschmecken und erneut erhitzen. Den Schnittlauch waschen, zerkleinern und in die Suppe geben.

NÄHRWERT PRO PORTION (BEI 4 PORTIONEN):
233 kcal/979 kJ; 29 g Kohlenhydrate; 13 g Eiweiß; 8 g Fett (davon 1 g gesättigte Fettsäuren); Vitamine: B-Gruppe, C und E.

KARTOFFEL-KOHL-SUPPE MIT CHORIZO

*In dieser Variante des portugiesischen Caldo verde, der „grünen Suppe", spielen Kartoffeln und Kohl
die Hauptrolle, während die spanische Knoblauchwurst Chorizo für die würzige Note sorgt.*

ZEIT: 25 MINUTEN
4 PORTIONEN

500 g mehlige Kartoffeln
2 Knoblauchzehen
350 g Grünkohl, Krauskohl oder Frühjahrskohl
1 TL getrocknetes Dillkraut
80 g Chorizo oder eine andere knoblauchhaltige Räucherwurst
Salz und schwarzer Pfeffer
4 EL Olivenöl
nach Belieben Baguette oder Toast

1 Die Kartoffeln schälen, waschen, in dünne Scheiben schneiden und in einen großen Topf geben. 1 l kaltes Wasser dazugießen und zum Kochen bringen. Wenn das Wasser kocht, den Schaum abschöpfen, die Hitze reduzieren und die Kartoffeln bei nicht ganz geschlossenem Deckel 7–10 Minuten köcheln lassen.

2 Den Knoblauch schälen, in dünne Scheiben schneiden und hinzufügen.

3 In der Zwischenzeit den Kohl putzen, waschen, die harten Blattrippen entfernen und die Blätter in 1 cm breite Streifen schneiden.

4 Wenn die Kartoffeln fast gar sind, den Topf von der Hitze nehmen und den Inhalt zu Brei stampfen.

5 Den Kohl und den Dill zu den Kartoffeln geben, erneut aufkochen lassen, dann die Hitze verringern und je nach Kohlsorte 4–7 Minuten garen.

6 Die Räucherwurst in hauchdünne Scheiben schneiden.

7 Den Topf von der Kochstelle nehmen, die Kartoffeln erneut stampfen und den Kohl gut unterrühren.

8 Die Suppe mit Salz und Pfeffer abschmecken und auf tiefe Teller verteilen.

9 Mit Wurstscheiben garnieren. Über jede Portion Olivenöl träufeln und die Suppe nach Belieben mit knusprigem Baguette oder Toast servieren.

*NÄHRWERT PRO PORTION: 469 kcal/1970 kJ;
68 g Kohlenhydrate; 14 g Eiweiß; 16 g Fett
(davon 4 g gesättigte Fettsäuren); Vitamine:
B-Gruppe, C und E.*

MÖHRENSUPPE MIT INGWER

Die indische Gewürzmischung Garam Masala mit ihren orientalischen Düften, grüne Chilischoten und etwas frischer Ingwer verleihen dieser pikanten Möhrensuppe ihr exotisches Flair.

ZEIT: 30 MINUTEN
4–6 PORTIONEN

1 l Gemüsebrühe
1 Kartoffel und 1 Zwiebel
500 g Möhren
2 große Knoblauchzehen
Salz und schwarzer Pfeffer
1 frische grüne Chilischote
1 Stück frischer Ingwer
1 unbehandelte Zitrone oder Limone
2 EL Olivenöl
1 TL Garam Masala
1 TL Sesamöl

1 Die Brühe in einem großen Topf zum Kochen bringen. Inzwischen die Kartoffel, die Zwiebel und die Möhren schälen, waschen und in kleine Stücke schneiden. Die Knoblauchzehen schälen und vierteln.

2 Das Gemüse mit dem Knoblauch und etwas Salz in die kochende Brühe geben. Aufkochen, die Hitze reduzieren und bei nicht ganz geschlossenem Deckel 15–20 Minuten köcheln lassen.

3 In der Zwischenzeit die Chilischote waschen, entkernen und klein schneiden, den Ingwer schälen und hacken und die Zitrone oder Limone auspressen.

4 Öl in einem Topf erhitzen, Chili und Ingwer unter Rühren eine Minute anbraten, Garam Masala und Zitronensaft einrühren.

5 Nach einer weiteren Minute das Sesamöl hinzufügen und das Gemisch so lange rühren, bis es sich zu einer Sauce verdickt. Den Topf von der Kochstelle nehmen und beiseite stellen.

6 Wenn das Gemüse gar ist, die Sauce unterrühren und alles im Mixer zu einem Püree verarbeiten. In den Topf zurückgeben, mit Pfeffer abschmecken, erhitzen und nach Belieben mit der Schale der Zitrone oder Limone garnieren.

NÄHRWERT PRO PORTION (BEI 4 PORTIONEN):
149 kcal/626 kJ; 19 g Kohlenhydrate;
3 g Eiweiß; 9 g Fett (davon 1 g gesättigte
Fettsäuren); Vitamine: A, B-Gruppe.

ERBSENSUPPE MIT GRÜNEM SPARGEL

Mit knusprigen Speckstückchen, Croûtons und einem Tupfer Crème fraîche garniert, ist diese Frühlingssuppe eine appetitliche Zwischenmahlzeit oder ein Auftakt für ein festliches Menü.

ZEIT: 30 MINUTEN
4 PORTIONEN

600 ml Hühner- oder Gemüsebrühe
8 Frühlingszwiebeln
450 g TK-Erbsen
150 g kleine grüne Spargelstangen
Salz und schwarzer Pfeffer
3 Scheiben durchwachsener Frühstücksspeck ohne Schwarte
1–2 EL Pflanzenöl
2 Scheiben Weißbrot vom Vortag
3 EL Crème fraîche

1 Die Brühe erhitzen. Die Frühlingszwiebeln waschen und in grobe Stücke schneiden. Mit den Erbsen in die Brühe geben und aufkochen.

2 Den Spargel putzen, waschen, die Spitzen abschneiden und beiseite legen. Die Stangen in grobe Stücke schneiden und mit etwas Salz zur Brühe geben. Die Hitze verringern und 10–15 Minuten mit geschlossenem Deckel weich köcheln lassen.

3 In der Zwischenzeit 1 EL Öl erhitzen, den Speck in Streifen schneiden, knusprig braten und beiseite stellen.

4 Wenn in der Pfanne nicht genug Fett zum Braten übrig ist, etwas Öl zugeben und erhitzen. Das Brot klein würfeln, bei starker Hitze 2–3 Minuten unter häufigem Wenden goldgelb rösten, dann auf Küchenpapier abtropfen lassen.

5 Wenn die Erbsen und der Spargel gar sind, die Suppe im Mixer pürieren.

6 Die Spargelspitzen zur Suppe geben und etwa 5 Minuten köcheln lassen, bis sie weich sind.

7 Die Suppe in vorgewärmte tiefe Teller füllen. In jede Portion etwas Crème fraîche einrühren und einen kleinen Klecks in die Mitte geben. Speck, Croûtons und frisch gemahlenen Pfeffer darüber streuen.

NÄHRWERT PRO PORTION: 330 kcal/1386 kJ; 24 g Kohlenhydrate; 13 g Eiweiß; 21 g Fett (davon 9 g gesättigte Fettsäuren); Vitamine: B-Gruppe, C und E.

TOMATENSUPPE MIT ROTEN LINSEN

Die hellrote Farbe der Tomaten und Linsen kombiniert mit dem weißen Frischkäse und den grünen Basilikumblättern macht die delikate Suppe zu einem wahren Augenschmaus.

ZEIT: 30 MINUTEN
4 PORTIONEN

600 ml Hühner- oder Gemüsebrühe
2 EL Olivenöl
3 Schalotten
2–3 Knoblauchzehen
etwa 15 Blätter Basilikum
120 g halbe rote Linsen (Splitlinsen)
400 g Pizzatomaten aus der Dose
100 g Doppelrahmfrischkäse
Salz und schwarzer Pfeffer

1 Die Brühe in einem Topf zum Kochen bringen. Schalotten und Knoblauch schälen, klein hacken und bei milder Hitze 5 Minuten in Olivenöl weich braten.

2 Das Basilikum waschen, trockentupfen, einige Blätter zum Garnieren beiseite legen und so viel davon klein schneiden, dass es 1 EL ergibt.

3 Die Linsen waschen, abtropfen lassen und mit den Tomaten in die kochende Brühe geben. Aufkochen und bedeckt 15 Minuten köcheln lassen. Nach 10 Minuten die Hälfte des Basilikums hineinstreuen.

4 Den Käse cremig schlagen und das restliche Basilikum unterrühren.

5 Die Suppe pürieren und abschmecken. Käseklößchen formen und in die Suppe geben. Mit Basilikumblättern garnieren.

NÄHRWERT PRO PORTION: 280 kcal/1176 kJ; 20 g Kohlenhydrate; 10 g Eiweiß; 18 g Fett (davon 8 g gesättigte Fettsäuren); Vitamine: B-Gruppe, C und E.

PASTINAKENSUPPE MIT APFEL

Exotische Gewürze und ein zarter Apfelgeschmack machen aus dieser rustikalen Suppe für kalte Wintertage eine verführerisch duftende kulinarische Verlockung.

ZEIT: 30 MINUTEN
4–6 PORTIONEN

850 ml Gemüsebrühe
1 großer herbsüßer Apfel
500 g Pastinaken
1 mittelgroße Zwiebel
1 EL Sonnenblumenöl
1 Knoblauchzehe
2 TL gemahlener Koriander
1 TL gemahlener Kreuzkümmel
1 TL gemahlene Kurkuma
Salz
300 ml Milch
nach Belieben einige Korianderblätter und 5 EL Naturjoghurt

1 Die Brühe bei milder Hitze erwärmen. Den Apfel und die Pastinaken schälen, waschen, in grobe Stücke schneiden und beiseite stellen.

2 Die Zwiebel schälen und hacken. Das Öl in einem Topf erwärmen und die Zwiebel darin bei mittlerer Hitze unter Umrühren glasig braten.

3 Die Knoblauchzehe schälen, grob zerkleinern und dazugeben, dann die gemahlenen Gewürze hinzufügen und das Ganze eine Minute kochen lassen.

4 Die Brühe dazugießen und den Apfel, die Pastinaken und Salz zufügen. Zum Kochen bringen, dann die Hitze verringern und zugedeckt 15 Minuten köcheln lassen.

5 In der Zwischenzeit den Koriander waschen, trockentupfen und die Blätter von den Stängeln streifen.

6 Den Topf von der Kochstelle nehmen und die Milch hineinrühren. Die Suppe im Mixer glatt pürieren und wieder erwärmen.

7 Auf tiefe Teller verteilen und nach Belieben mit den Korianderblättern und dem Naturjoghurt garniert servieren.

NÄHRWERT PRO PORTION (BEI 4 PORTIONEN):
211 kcal/886 kJ; 30 g Kohlenhydrate;
9 g Eiweiß; 8 g Fett (davon 2 g gesättigte
Fettsäuren); Vitamine: B-Gruppe, C und E.

ZUCCHINISUPPE MIT BRUNNENKRESSE

In dieser außergewöhnlich kalorienarmen Gemüsesuppe bilden die lieblich milden Zucchini ein feines Gegengewicht zum dezenten pfeffrigen Geschmack der Brunnenkresse.

ZEIT: 30 MINUTEN
4 PORTIONEN

2 Zwiebeln
2 EL Butter
700 ml Hühner- oder Gemüsebrühe
900 g Zucchini
1 großes Bund Brunnenkresse
1 Zitrone
Salz und schwarzer Pfeffer

1 Die Zwiebeln schälen und hacken. Die Butter in einem großen Topf erwärmen und die Zwiebeln bei milder Hitze glasig braten. Die Brühe dazugießen und bei geschlossenem Deckel zum Kochen bringen.

2 Die Zucchini waschen, in dünne Scheiben schneiden und in die Brühe geben. 15 Minuten bei geschlossenem Deckel köcheln lassen.

3 Die Brunnenkresse waschen; die harten Stiele abschneiden. Vier Stängel beiseite legen; den Rest hacken.

4 Sobald die Zucchini weich sind, die Brunnenkresse unterrühren, den Topf von der Hitze nehmen und 5 Minuten bedeckt stehen lassen. In der Zwischenzeit die Zitrone auspressen und den Saft beiseite stellen.

5 Die Suppe pürieren und mit Salz, Pfeffer und dem Zitronensaft abschmecken. Wieder erwärmen und mit Brunnenkresse garnieren.

NÄHRWERT PRO PORTION: 119 kcal/500 kJ; 9g Kohlenhydrate; 6g Eiweiß; 6g Fett (davon 4g gesättigte Fettsäuren); Vitamine: A, B-Gruppe, C und E.

MAISCREMESUPPE

*Diese deftige, sehr nahrhafte Suppe geht auf ein Rezept zurück, das aus Neuengland im
Nordosten der Vereinigten Staaten stammt, wo viel Mais angebaut wird.*

ZEIT: 30 MINUTEN
4 PORTIONEN

500 g Mais aus der Dose
80 g Pancetta
1 EL Sonnenblumenöl
1 große Zwiebel
3 Kartoffeln
300 ml Schlagsahne
300 ml Milch
Salz und schwarzer Pfeffer
einige Zweige frische Petersilie

1 600 ml Wasser aufkochen. Den
Mais abtropfen lassen, einige Körner
beiseite legen und den Rest grob
pürieren. Pancetta in schmale Streifen
schneiden.

2 Das Öl in einer Pfanne erhitzen,
die Pancetta knusprig braten.

3 Während der Speck brät, die
Zwiebel schälen und in Scheiben
schneiden. Die Kartoffeln schälen und
in 5 mm große Würfel schneiden.

4 Den Speck aus der Pfanne entfernen, die Zwiebel hineingeben und bei
großer Hitze unter ständigem Rühren
weich braten. Mais und Kartoffeln
dazugeben und mit dem Wasser
ablöschen. Den Deckel auflegen und
15 Minuten köcheln lassen.

5 In der Zwischenzeit die Petersilie
waschen, trockentupfen, fein hacken
und beiseite stellen. In einem kleinen
Topf die Sahne mit der Milch bei
milder Hitze erwärmen, aber nicht
kochen lassen.

6 Wenn die Kartoffeln gar sind, die
Sahne-Milch-Mischung dazurühren
und bei milder Hitze bis kurz vor dem

Siedepunkt erwärmen. Die Pancetta
hineinrühren und mit Salz und Pfeffer abschmecken. Mit Petersilie und
den übrigen Maiskörnern garnieren.

*NÄHRWERT PRO PORTION: 545 kcal/2289 kJ;
67 g Kohlenhydrate; 16 g Eiweiß; 26 g Fett
(davon 10 g gesättigte Fettsäuren); Vitamine:
A, B-Gruppe, C und E.*

GUT ZU WISSEN

*Pancetta, die in italienischen Feinkost-
läden erhältlich ist und auch roh verzehrt
werden kann, wird aus Schweinebauch
hergestellt, der in einer Pökellauge mit
Kräutern und Gewürzen eingelegt und
mehrere Monate luftgetrocknet wird. Zur
Not kann sie durch Speck ersetzt werden.*

MINESTRONE

Von diesem klassischen italienischen Gericht gibt es zahllose Varianten. Sie können das Rezept nach Ihrem Geschmack abwandeln, indem Sie beliebige Saisongemüse, Nudeln und Bohnen Ihrer Wahl verwenden.

ZEIT: 30 MINUTEN
4 PORTIONEN

1 kleine Stange Lauch
3 EL Olivenöl
1 Knoblauchzehe
2 Stangen Staudensellerie
2 Zucchini
1 Zweig Petersilie
400 g Cannellini-Bohnen oder andere weiße Bohnen aus der Dose
400 g Pizzatomaten aus der Dose
1 Lorbeerblatt
150 ml trockener Weißwein
3 EL Suppennudeln
1 unbehandelte Zitrone
6 EL Parmesan
100 g Wirsing oder eine andere grüne Kohlsorte
Salz und schwarzer Pfeffer
nach Belieben 1 Baguette
nach Belieben 4 EL Pesto aus dem Glas

1 ½ l Wasser zum Kochen bringen. In der Zwischenzeit den Lauch putzen, halbieren, in Ringe schneiden, gut waschen und in einem Durchschlag abtropfen lassen.

2 Das Öl in einem großen Topf erhitzen und den Lauch bei mittlerer Hitze eine Minute anbraten. Den Knoblauch schälen und durch die Presse in den Topf drücken.

3 Den Staudensellerie waschen, in feine Scheiben schneiden und zum Lauch geben. Die Zucchini waschen und putzen; erst der Länge nach, dann quer in Scheiben schneiden. In den Topf geben und 3 Minuten braten.

4 Die Petersilie waschen, die Bohnen spülen und abtropfen lassen, dann beides zusammen mit Tomaten, Lorbeerblatt, Weißwein, Nudeln und kochendem Wasser dem Gemüse zufügen. Einen dünnen Streifen Zitronenschale abschneiden und in den Topf geben. Den Deckel auflegen, alles zum Kochen bringen, dann die Hitze verringern und 7 Minuten köcheln lassen.

5 In der Zwischenzeit die Hälfte des Parmesans reiben und in die Suppe streuen, anschließend den Kohl fein hobeln, waschen und ebenfalls in die Suppe geben. Abschmecken und weitere 5 Minuten köcheln lassen.

6 Das Lorbeerblatt entfernen, die Minestrone auf 4 tiefe Teller verteilen und den restlichen Parmesan darüber reiben. Die Suppe nach Belieben mit knusprigem Baguette und etwas Pesto aus dem Glas (siehe S. 112) servieren.

NÄHRWERT PRO PORTION: 485 kcal/2037 kJ; 65 g Kohlenhydrate; 21 g Eiweiß; 15 g Fett (davon 3 g gesättigte Fettsäuren); Vitamine: A, B-Gruppe, C und E.

BOHNEN-LAUCH-SUPPE MIT RÄUCHERFISCH

Feines Lauch- und Zwiebelaroma sowie würzig geräucherter Schellfisch runden bei diesem phantasievollen Rezept den milden Geschmack der zartcremigen Wachsbohnen ab.

ZEIT: 30 MINUTEN
4–6 PORTIONEN

600 ml Fisch-, Geflügel- oder Gemüsebrühe

1 Zwiebel

800 g Lauch

2 EL Olivenöl

850 g Wachsbohnen aus der Dose

500 g ungefärbter, geräucherter Schellfisch

einige Zweige Petersilie

schwarzer Pfeffer

nach Belieben
4–6 EL Crème double

1 Die Brühe in einem Topf erhitzen. Die Zwiebel schälen und fein hacken. Den Lauch putzen, in dünne Ringe schneiden und gut waschen.
2 Das Öl in einem mittelgroßen Topf erhitzen und die Zwiebel mit dem Lauch unter gelegentlichem Rühren 5 Minuten anbraten. Die Brühe zugeben und zum Kochen bringen, dann die Hitze verringern und bedeckt 5 Minuten köcheln lassen.
3 Das Bohnenwasser in den Topf gießen, die Bohnen grob zerstampfen und dazugeben. Erneut aufkochen, dann die Hitze herunterschalten und 5 Minuten köcheln lassen.

4 Den Schellfisch enthäuten (siehe S.11), von den Gräten befreien und in Würfel schneiden. Zur Suppe geben und köcheln lassen, bis das Fischfleisch nicht mehr glasig ist.
5 Die Petersilie waschen, trockenschleudern oder -tupfen und fein hacken. Die Suppe abschmecken und mit Petersilie garnieren. Nach Belieben in jeden Teller 1 EL Crème double geben.

NÄHRWERT PRO PORTION (BEI 4 PORTIONEN): 361 kcal/1516 kJ; 34 g Kohlenhydrate; 38 g Eiweiß; 8 g Fett (davon 1 g gesättigte Fettsäuren); Vitamine: B-Gruppe, C und E.

FISCHSUPPE MIT TOMATEN UND FENCHEL

Für diese köstlich duftende Suppe werden festfleischige Fischsorten verwendet, die nicht zerfallen. Kräuter, Tomaten, Wein und ein Schuss Sahne verleihen ihr zusätzlich Geschmack und machen sie gehaltvoll.

ZEIT: 30 MINUTEN
4–6 PORTIONEN

600 ml Fischbrühe

1 Zwiebel

1 Fenchelknolle

2 EL Sonnenblumenöl

150 ml trockener Weißwein

400 g Pizzatomaten aus der Dose

1 Lorbeerblatt

1 TL Zucker

Salz und schwarzer Pfeffer

500 g festfleischiger Fisch (siehe Kasten rechts)

einige Zweige Petersilie

1 EL Maisstärke

2 EL Milch

3 EL Crème double

1 Die Brühe erhitzen. Die Zwiebel schälen und fein hacken. Die Fenchelknolle putzen, waschen und fein zerschneiden; das Grün beiseite legen.
2 Öl in einem großen Topf erwärmen. Zwiebel und Fenchel bei milder Hitze in 5 Minuten weich dünsten.
3 Das Öl abgießen, die Brühe zu der Zwiebel-Fenchel-Mischung geben, Wein, Tomaten, Lorbeerblatt und Zucker hinzufügen und abschmecken. Zum Kochen bringen und bedeckt 10 Minuten köcheln lassen.
4 In der Zwischenzeit den Fisch enthäuten, entgräten, in 2–3 cm große Würfel schneiden und in die Brühe geben. Die Petersilie waschen, einige Zweige beiseite legen, den Rest fein hacken und in die Suppe streuen. Den Topf zudecken und 5 Minuten leicht sieden lassen.
5 Maisstärke mit der Milch verrühren. Das Lorbeerblatt aus der Suppe entfernen, die Stärke-Milch-Mischung hineinrühren und köcheln lassen, bis die Suppe sämig wird.
6 Die Crème double hineinrühren und 1–2 Minuten ziehen lassen. Die Suppe mit dem Fenchelgrün und den Petersilienzweigen garnieren und servieren.

NÄHRWERT PRO PORTION (BEI 4 PORTIONEN, MIT SEETEUFEL ZUBEREITET): 312 kcal/1310 kJ; 12 g Kohlenhydrate; 22 g Eiweiß; 17 g Fett (davon 8 g gesättigte Fettsäuren); Vitamine: A, B-Gruppe, C und E.

GUT ZU WISSEN

Für dieses Gericht ist jeder festfleischige Fisch geeignet, z. B. Heilbutt, Seeteufel oder Hai. Statt des Fischs können Sie zu gleichen Teilen Garnelen und in Scheiben geschnittene Jakobsmuscheln nehmen (siehe S. 128).

DEFTIGE FISCHSUPPEN: BOHNEN-LAUCH-SUPPE MIT RÄUCHERFISCH (OBEN), FISCHSUPPE MIT TOMATEN UND FENCHEL (UNTEN)

ORIENTALISCHE HÜHNERBRÜHE

Falls Sie nicht alle Zutaten für diese Suppe bekommen, können Sie die Shiitakepilze durch Austernpilze,
den Romanasalat durch Brunnenkresse und die Vermicelli durch andere Fadennudeln ersetzen.

ZEIT: 15 MINUTEN
4 PORTIONEN

1,2 l Hühnerbrühe
¼ TL Cayennepfeffer
100 g Shiitakepilze
75 g Romanasalat
1 großes Ei
1 kleines Bund Koriander
40 g Vermicelli

1 Die Brühe in einem großen Topf mit dem Cayennepfeffer zum Kochen bringen.

2 In der Zwischenzeit die Pilze säubern, putzen und in dünne Scheiben schneiden. Falls notwendig, vom Salat die äußeren Blätter entfernen, die gewünschte Menge abwiegen, waschen und fein hobeln. Das Ei sorgfältig verquirlen und beiseite stellen. Den Koriander waschen, trockenschleudern oder -tupfen und so viel davon klein hacken, dass es 1 EL ergibt.

3 Sobald die Brühe zu kochen anfängt, die Pilze hineingeben, die Hitze reduzieren und 2 Minuten köcheln lassen. Die Vermicelli etwas zerdrücken und in der Brühe weitere 3 Minuten garen. Den Salat hinzufügen, die Temperatur erhöhen und die Brühe kurz aufkochen lassen.

4 Den Topf vom Herd nehmen und das Ei hineinrühren. Dann den Koriander unterrühren und sofort servieren.

NÄHRWERT PRO PORTION: 80 kcal/336 kJ; 8 g Kohlenhydrate; 6 g Eiweiß; 2 g Fett (davon 1 g gesättigte Fettsäuren); Vitamine: B-Gruppe und E.

FRANZÖSISCHE GEMÜSESUPPE

*Aus einer Komposition frischer Gemüse, die erst zusammen garen und dann in eine würzige
Tomatenbrühe mit Sahne kommen, entsteht diese Frühlingssuppe, die mit Parmesan veredelt wird.*

ZEIT: 30 MINUTEN
4 PORTIONEN

2 EL Butter

2 Knoblauchzehen

2 Schalotten

1,2 kg Pizzatomaten aus der Dose

400 ml Hühner- oder Gemüsebrühe

1 TL getrocknetes Basilikum

Salz und schwarzer Pfeffer

200 g kleine neue Kartoffeln

12 Babykarotten oder
4 kleine Möhren

6 große Radieschen

12 Spargelspitzen

100 g Zuckerschoten

Parmesan

125 ml Schlagsahne

8 große Basilikumblätter

1 ½ l Wasser in einem Topf zum
Kochen bringen. Die Butter in einem
anderen Topf zerlassen. Knoblauch
und Schalotten schälen, hacken
und in der Butter bei milder Hitze
3 Minuten braten, dabei gelegentlich
umrühren.

2 Die Tomaten mit der Flüssigkeit,
der Brühe, dem getrockneten Basilikum sowie etwas Salz und Pfeffer
dazugeben und bedeckt 15 Minuten
köcheln lassen.

3 Inzwischen die Kartoffeln
schälen, vierteln, in einen weiteren
Topf geben und mit so viel kochendem Wasser übergießen, dass sie
bedeckt sind. Aufwallen lassen und
dann bei mittlerer Hitze garen.

4 Die Babykarotten putzen und
halbieren bzw. die Möhren schälen
und in 2 cm lange Stücke schneiden.
Nach 5 Minuten zu den Kartoffeln
geben.

5 Die Radieschen putzen und
waschen, in Würfel schneiden und
zu den Kartoffeln und Möhren geben.
Die Spargelspitzen abspülen, die
Zuckerschoten waschen und halbieren und ebenfalls hinzufügen.

6 Das Gemüse 10–12 Minuten
garen. In der Zwischenzeit den
Parmesan reiben und beiseite stellen.

7 Das Gemüse und die Kartoffeln
abgießen und in die Tomatenbrühe
geben. Die Sahne dazurühren. Die
Basilikumblätter waschen, trockentupfen, in kleine Stücke zupfen und
hineinstreuen.

8 Die Suppe mit Salz und Pfeffer
abschmecken und sofort servieren.
Den geriebenen Käse getrennt reichen.

VARIANTE
Durch die Zugabe von gekochtem
Huhn erhält man einen köstlichen
Gemüseeintopf mit Geflügel.

*NÄHRWERT PRO PORTION: 224 kcal/941 kJ;
22 g Kohlenhydrate; 8 g Eiweiß; 12 g Fett
(davon 7 g gesättigte Fettsäuren); Vitamine:
A, B-Gruppe, C und E.*

KARTOFFELKÜCHLEIN MIT RÄUCHERLACHS

VORSPEISEN UND SNACKS

*Mit wenig Aufwand im Nu zubereitet, können diese
delikaten Appetithappen und kleinen Gerichte als Imbiss dienen,
den ersten Gang eines Menüs bilden oder für eine Party
zu einem eindrucksvollen Buffet zusammengestellt werden.*

HÜHNERLEBER MIT WACHOLDERBEEREN

Aus gebratener Hühnerleber, aromatischen Wacholderbeeren, saftig süßen Weintrauben und frischem Thymian komponiert, ist dieses Gericht ein raffinierter Auftakt für ein festliches Menü.

ZEIT: 20 MINUTEN
4 PORTIONEN

500 g frische Hühnerleber
1 Schalotte
1 Knoblauchzehe
10 Wacholderbeeren
1 großes Bund frischer Thymian
1 Bund glattblättrige Petersilie
1 EL Olivenöl
Salz und schwarzer Pfeffer
2 EL trockener Sherry
200 g kleine, kernlose weiße und blaue Weintrauben
2 dicke Scheiben Kastenweißbrot

1 Die Leber waschen, die Sehnen entfernen und das Fleisch in mundgerechte Stücke zerteilen. Mit Küchenpapier trockentupfen.
2 Die Schalotte schälen und fein hacken; den Knoblauch schälen und durch die Presse drücken; die Wacholderbeeren im Mörser etwas zerdrücken; alles beiseite stellen.
3 Thymian und Petersilie waschen und trockenschleudern oder -tupfen. So viele Thymianblättchen abstreifen, dass sie 2 EL ergeben. Die Petersilie hacken und zum Garnieren zurücklegen.
4 In einer großen Bratpfanne das Olivenöl sehr heiß werden lassen. Die Leber von allen Seiten schnell anbraten, damit sich die Fleischporen schließen, und bei großer Hitze 2 Minuten unter Rühren weiterbraten.
5 Schalotte, Knoblauch, Wacholderbeeren, Thymian und reichlich Pfeffer in die Pfanne geben. Die Temperatur herunterschalten und unter ständigem Rühren weitere 3–4 Minuten braten.
6 Den Sherry und die Weintrauben hinzufügen und das Ganze mit Salz und Pfeffer abschmecken. Die Hühnerleber noch eine Minute braten, dann die Hitze abschalten, die Pfanne mit einem Deckel schließen und warm halten.
7 Das Brot toasten und jede Scheibe in zwei Dreiecke schneiden. Die Hühnerleber auf Teller verteilen, mit der gehackten Petersilie bestreuen und zusammen mit dem Toast sofort servieren.

VARIANTE
Sie können die Hühnerleber mit 200 ml süßer oder saurer Sahne oder mit griechischem Joghurt mischen und als Sauce zu Teigwaren reichen.

NÄHRWERT PRO PORTION: 242 kcal/1016 kJ; 20 g Kohlenhydrate; 25 g Eiweiß; 6 g Fett (davon 1 g gesättigte Fettsäuren); Vitamine: A, B-Gruppe und C.

TROPISCHER SALAT MIT LIMONENDRESSING

*Anstelle von Papayas können Sie bei diesem exotischen Salat auch Mangos verwenden und statt
der Brunnenkresse eignen sich junge Spinatblätter als harmonische Ergänzung zu den Tropenfrüchten.*

ZEIT: 20 MINUTEN
4 PORTIONEN

1 unbehandelte Limone
Salz und schwarzer Pfeffer
$^1/_4$ TL Zucker
4 EL Olivenöl
4 EL Sonnenblumenöl
1 Bund Brunnenkresse
2 reife, feste Avocados
2 reife, feste Papayas

1 Für das Dressing, das zuerst zubereitet wird, die Limone mit heißem Wasser abwaschen und die Schale entweder mit einem Zestenreißer abschneiden oder dünn abraspeln. 2 EL Saft auspressen und zusammen mit der Schale in eine Rührschüssel geben. Salz, Pfeffer und etwas Zucker hinzufügen und anschließend beide Ölsorten mit dem Schneebesen hineinschlagen. Abschmecken, nach Belieben mehr Limonensaft dazugeben und dann beiseite stellen.

2 Die Brunnenkresse waschen, trockentupfen und die harten Stängel abschneiden.

3 Die Avocados halbieren und entsteinen, dann schälen, quer in Scheiben schneiden und mit etwas Limonensaft beträufeln. Die Papayas halbieren, entkernen, schälen und längs in Spalten schneiden.

4 Brunnenkresse und Früchte auf Tellern anrichten. Das Dressing über den Salat gießen und sofort servieren.

*NÄHRWERT PRO PORTION: 472 kcal/1982 kJ;
20 g Kohlenhydrate; 4 g Eiweiß; 42 g Fett
(davon 7 g gesättigte Fettsäuren); Vitamine:
A, B-Gruppe und C.*

PARMASCHINKEN MIT BIRNE

Diese Variante der klassischen Kombination von Parmaschinken und Melone wird auf einem Bett aus gemischtem Salat angerichtet und mit hauchdünnen Parmesanstreifen garniert.

ZEIT: 12 MINUTEN
4 PORTIONEN

---

1 Zitrone oder Limone
4 kleine Dessertbirnen
Salz und schwarzer Pfeffer
100 g gemischter Blattsalat, z. B. Rucola, Radicchio und Lollo rosso
12 dünne Scheiben Parmaschinken
75 g Parmesan am Stück
4 EL Olivenöl

---

1 Die Zitrone oder Limone auspressen und den Saft in eine Rührschüssel gießen. Die Birnen waschen, abtrocknen und vierteln, das Kerngehäuse herausschneiden. Alle Stücke längs in drei oder vier Spalten teilen, zum Zitrussaft geben, mit etwas Salz und schwarzem Pfeffer würzen und in der Marinade wenden.

2 Die Salatblätter waschen und trockenschleudern. Die großen Blätter in Stücke zupfen, dann den Salat bunt gemischt auf 4 Teller verteilen. Die Birnenspalten und den Parmaschinken darauf anrichten.

3 Mit einem Gemüseschäler hauchdünne Scheiben Parmesan hobeln und auf den Tellern verteilen (siehe Kasten rechts). Den Salat mit dem Olivenöl beträufeln und sofort servieren.

NÄHRWERT PRO PORTION: 405 kcal/1701 kJ; 11 g Kohlenhydrate; 20 g Eiweiß; 31 g Fett (davon 11 g gesättigte Fettsäuren); Vitamine: B-Gruppe und E.

SO GEHT'S LEICHTER!

Wenn Sie dünne Streifen Parmesan abhobeln, müssen Sie ein größeres Stück kaufen, als Sie tatsächlich benötigen, damit Sie den Käse gut festhalten können.

ZIEGENKÄSESOUFFLÉS

Mit zart gerösteten Nüssen verfeinert, sind diese luftig leichten Soufflés, die warm oder kalt genossen werden können, eine exquisite Vorspeise oder eine nicht alltägliche Zwischenmahlzeit.

ZEIT: 30 MINUTEN
4 PORTIONEN

---

50 g geriebene Haselnüsse, Mandeln oder Walnüsse
2 EL zimmerwarme Butter
6 TL Weizenmehl
5 EL Milch
Salz und schwarzer Pfeffer
100 g fester Ziegenkäse
1 Eigelb und 3 Eiweiß

---

1 Den Backofen auf 190 °C (Umluft 170 °C; Gas Stufe 5) vorheizen. 1,5 l Wasser zum Kochen aufsetzen. Die geriebenen Nüsse in eine Bratpfanne geben und ohne Fettzugabe unter Rühren goldbraun rösten.

2 Mit 1 EL Butter 4 kleine Souffléförmchen mit einem Fassungsvermögen von je 200 ml gründlich fetten. Die gerösteten Nüsse auf die Förmchen verteilen und diese so lange schütteln, bis Seitenwände und Boden gleichmäßig überzogen sind.

3 In einem Topf die restliche Butter zerlassen, das Mehl hineinrühren und unter ständigem Rühren 30 Sekunden kochen. Den Topf von der Hitze nehmen und die Milch nach und nach einrühren. Die Mischung wieder aufkochen lassen und dabei so lange rühren, bis sie andickt. Mit Salz und Pfeffer abschmecken.

4 Den Ziegenkäse klein würfeln, etwas mehr als die Hälfte in die Mischung geben und gut unterrühren. Sobald der Käse geschmolzen ist, den Topf vom Herd nehmen und das Eigelb unterziehen.

5 Das Eiweiß zu Schnee schlagen. Mit einem großen Metalllöffel ein Drittel der Masse mit der Mischung verrühren, dann den Rest vorsichtig unterheben.

6 Den restlichen Käse auf die Förmchen verteilen und die Soufflémischung darauf geben. Die Förmchen in einen Bräter stellen und so viel kochendes Wasser um sie herum zugießen, dass sie bis zur Hälfte im Wasser stehen. In der oberen Hälfte des Backofens etwa 10 Minuten backen, bis die Soufflés aufgegangen und goldbraun sind. Sofort servieren.

VARIANTE
Man kann die Soufflés auch im Voraus zubereiten, in den Förmchen auskühlen lassen, dann kalt stellen und auf einem Salatbett reichen. Zum Servieren die Soufflés mit einem Messer von den Seitenwänden lösen und stürzen.

NÄHRWERT PRO PORTION: 285 kcal/1197 kJ; 5 g Kohlenhydrate; 13 g Eiweiß; 24 g Fett (davon 10 g gesättigte Fettsäuren); Vitamine: B-Gruppe und E.

GERICHTE MIT WÜRZIGEM KÄSE:
PARMASCHINKEN MIT BIRNE UND PARMESAN
(OBEN), ZIEGENKÄSESOUFFLÉS (UNTEN)

KÄSE-TOMATEN-DIP

Aus Mexiko stammt dieser pikante Dip, mit dem Sie nicht nur bei Grillfesten Ehre einlegen können.
In seiner Heimat serviert man dazu Mais-Chips oder Tortillas und trinkt gern einen Tequila.

ZEIT: 25 MINUTEN
4 PORTIONEN

1 große Zwiebel

2 TL Olivenöl

5 Tomaten

2 frische oder 1 EL gehackte eingelegte Jalapeño-Chilischoten

200 g Greyerzer

100 g Crème double

Salz und schwarzer Pfeffer

Tabascosauce

2 Zweige Koriander

Mais-Chips, weiche Tortillas
oder Pitta-Brot

1 Den Backofen auf niedriger Temperatur vorheizen.

2 Die Zwiebel schälen, hacken und mit dem Öl in einem kleinen Topf in 10–15 Minuten bei milder Hitze unter gelegentlichem Umrühren weich dünsten.

3 Tomaten schälen, halbieren, entkernen und in Scheiben schneiden.

4 Falls erforderlich, die Chilischoten waschen, trockentupfen, halbieren, entkernen, fein hacken und beiseite stellen. Den Käse reiben und ebenfalls beiseite stellen.

5 Mais-Chips, Tortillas oder das Pitta-Brot in den Backofen legen.

6 Die Crème double zu den Zwiebeln in den Topf geben und die Hitze hochschalten. Den Käse kurz vor dem Aufkochen hinzufügen und so lange rühren, bis er geschmolzen ist.

7 Tomaten und Chilischoten dazugeben, umrühren und mit Salz, Pfeffer und Tabascosauce abschmecken.

8 Die Korianderblätter waschen, trockentupfen und von den Stängeln streifen. Den Dip in ein vorgewärmtes Servierschälchen füllen, mit dem Koriander garnieren und mit Mais-Chips bzw. weichen Tortillas oder Pitta-Brot servieren.

NÄHRWERT PRO PORTION: 670 kcal/2814 kJ; 31 g Kohlenhydrate; 17 g Eiweiß; 53 g Fett (davon 22 g gesättigte Fettsäuren); Vitamine: A, B-Gruppe, C und E.

GARNELENSALAT MIT AVOCADOS

Für festliche Anlässe eignet sich diese erlesene Vorspeise, die die traditionelle Kombination
aus Avocados, Garnelen und Tomaten mit einem cremig säuerlichen Dressing verbindet.

ZEIT: 15 MINUTEN
4 PORTIONEN

$^1/_2$ **unbehandelte Limone**

1 kleines Bund Koriander

125 g Naturjoghurt

1 TL Zucker

Salz und schwarzer Pfeffer

1 große Avocado

$^1/_2$ **Zitrone**

2 Tomaten

175 g geschälte, gekochte Garnelen

1 Für das Dressing die Limonen-schale in ein Schüsselchen raspeln; etwas Schale beiseite stellen. Die Limone auspressen und den Saft in die Schüssel geben. Den Koriander waschen und trockentupfen. Einige Zweige beiseite legen; vom Rest so viel hacken, dass es 1 EL ergibt, und zum Limonensaft geben. Joghurt, Zucker, Salz und Pfeffer hinein-rühren. Gut verquirlen und beiseite stellen.

2 Die Avocado halbieren, entsteinen (siehe Kasten rechts), schälen, in Spalten schneiden, auf Tellern anrichten und mit Zitronensaft beträufeln.

3 Die Tomaten in Scheiben schnei-den und mit den Garnelen auf die Avocadospalten verteilen. Dressing darüber geben und mit Limonen-schale und Koriander garnieren.

NÄHRWERT PRO PORTION: 223 kcal/937 kJ;
7 g Kohlenhydrate; 13 g Eiweiß; 16 g Fett
(davon 4 g gesättigte Fettsäuren); Vitamine:
B-Gruppe, C und E.

SO GEHT'S LEICHTER!

Die Avocado der Länge nach ringsum bis zum Kern einschneiden und die Hälften durch Drehen trennen. Vorsichtig in den Kern schneiden, die Klinge hin- und her-bewegen und den Kern herausheben.

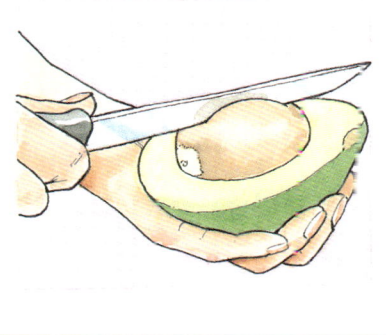

SARDINEN MIT KRÄUTERKRUSTE

Sardinen sind sehr preisgünstige Fische, die man mit einfachen Mitteln in delikate Speisen verwandeln kann. Hier werden sie mit einer würzigen Paste überzogen und knusprig gegrillt.

ZEIT: 25 MINUTEN
4 PORTIONEN

8 große, frische Sardinen
1 TL gemischte Pfefferkörner
1 kleines Bund Dill
1 Knoblauchzehe
2 unbehandelte Zitronen
Salz
3 EL Olivenöl
8 Zweige Rosmarin
4 feste Salatblätter
8 Zweige Brunnenkresse

1 Den Grill auf die höchste Stufe vorheizen. Jede Sardine am Bauch aufschlitzen und ausnehmen. Den Fisch innen und außen waschen, mit den Fingern vorsichtig die Schuppen abreiben und die Sardinen mit Küchenpapier abtrocknen.

2 Die Pfefferkörner grob mahlen und in eine kleine Schüssel geben.
3 Den Dill waschen, trockentupfen und fein hacken, den Knoblauch schälen und pressen und beides zum Pfeffer geben. Eine Zitrone waschen und die Schale in die Schüssel reiben. Etwas Salz und das Olivenöl hinzufügen und alles vermischen.
4 Den Rosmarin waschen und einen Zweig in jeden Fisch stecken, den Fisch mit einem Teil der Pfeffer-Dill-Mischung überziehen und den Rest davon beiseite stellen. Die Sardinen 5–10 Minuten ziehen lassen.
5 In der Zwischenzeit den Salat waschen, trockenschleudern und fein hobeln, die Brunnenkresse waschen und trockentupfen und alles auf Portionstellern anrichten. Von der zweiten Zitrone 4 Spalten abschnei-

den, die Kerne entfernen und auf jeden Teller eine Spalte geben.
6 Die Sardinen auf einen Spieß stecken, auf jeder Seite 2–3 Minuten grillen, dann alle Fische vom Spieß streifen und auf dem Salat anrichten. Den Rest der Pfeffer-Dill-Mischung darüber verteilen und sofort servieren.

NÄHRWERT PRO PORTION: 265 kcal/1113 kJ; 1 g Kohlenhydrate; 24 g Eiweiß; 19 g Fett (davon 4 g gesättigte Fettsäuren); Vitamine: B-Gruppe und E.

GUT ZU WISSEN

Wenn Sie die Sardinen mit der Pfeffer-Dill-Mischung bestreichen und 1–2 Stunden zum Marinieren in den Kühlschrank stellen, schmecken sie noch intensiver.

JAKOBSMUSCHELN MIT PARMASCHINKEN

Für diese Spezialität der italienischen Küche können Sie anstelle der marinierten Muscheln auch festfleischigen weißen Fisch und eine andere Sorte luftgetrockneten Schinken kombinieren.

ZEIT: 30 MINUTEN
4 PORTIONEN

12 frische Jakobsmuscheln
mit Rogen
16 dünne Scheiben
Parmaschinken
schwarzer Pfeffer
2 große Knoblauchzehen
einige Zweige Basilikum, Koriander
und Petersilie
1/2 Zitrone
3 EL Olivenöl

1 Die Jakobsmuscheln waschen und trockentupfen, den Rogen vom weißen Fleisch trennen und beides in eine Schüssel geben.
2 Für die Marinade die Knoblauchzehen schälen und durch die Presse in die Schüssel drücken. Die Kräuter waschen und trockentupfen. Ein paar Zweige Basilikum beiseite legen, den

Rest hacken und zu den Muscheln geben. Die Zitrone auspressen und den Saft mit dem Öl über die Muscheln gießen. Alles umrühren und bei Zimmertemperatur 15 Minuten ziehen lassen. Den Grill vorheizen.
3 Wenn die Muscheln 15 Minuten in der Marinade gelegen haben, eine Scheibe Schinken kräuseln und auf einen Metallspieß stecken, dann eine Muschel und ein Stück Rogen folgen lassen. Das Ganze dreimal wiederholen und mit Schinken abschließen. Die anderen 3 Spieße auf die gleiche Weise vorbereiten.
4 Die Spieße mit etwas Marinade bestreichen, in eine Grillpfanne geben oder auf den Grill legen und eine Fettpfanne darunter stellen. Die Spieße 2–3 Minuten grillen, umdrehen, erneut mit Marinade überziehen und weitere 2–3 Minuten grillen. Dabei darauf achten, dass der

Schinken kross wird, aber nicht anbrennt.
5 Die Spieße auf 4 Teller verteilen und den Bratensaft aus der Grillpfanne oder der Fettpfanne darüber geben. Pfeffern und mit den Basilikumzweigen garnieren.

NÄHRWERT PRO PORTION: 315 kcal/1323 kJ; 4 g Kohlenhydrate; 30 g Eiweiß; 20 g Fett (davon 6 g gesättigte Fettsäuren); Vitamine: E.

GUT ZU WISSEN

Verwenden Sie stets frische Jakobsmuscheln. Gefrorene Muscheln enthalten zu viel Flüssigkeit, verwässern die Marinade und erschweren das Grillen.

FISCH UND MEERESFRÜCHTE: SARDINEN MIT KRÄUTERKRUSTE (OBEN), JAKOBSMUSCHELN MIT PARMASCHINKEN (UNTEN)

RÄUCHERFORELLE MIT BIRNE UND RUCOLA

Bei diesem dekorativen Salat verbindet sich der würzige Geschmack von geräuchertem Fisch mit dem saftig süßen Aroma von frischen Birnen, leicht bitteren Salatblättern und einer cremigen Meerrettichsauce.

ZEIT: 15 MINUTEN
4 PORTIONEN

| 4 geräucherte Forellenfilets |
| 2 süße, saftige Birnen |
| 1 kleiner Kopf Radicchio |
| 50 g Rucola |
| Salz und schwarzer Pfeffer |
| ¹/₂ Zitrone |
| 2 EL Olivenöl |
| 3 EL Crème fraîche |
| 2 TL Sahnemeerrettich |
| nach Belieben Baguette |

1 Die Forellenfilets enthäuten und quer in Streifen schneiden. Die Birnen waschen, abtrocknen und halbieren. Das Kerngehäuse entfernen und die Birnen in schmale Spalten schneiden.

2 Die Salate waschen und trockenschleudern. Den Radicchio zerrupfen und in eine Schüssel legen, den Rucola dazugeben und beides mit Salz und Pfeffer bestreuen.

3 Für das Dressing die Zitrone auspressen und 2 TL Zitronensaft und das Öl gut verrühren. Über die Salatblätter geben, die Forelle und die Birnen hinzufügen und behutsam miteinander vermengen. Auf 4 Teller verteilen.

4 Für die Sauce die Crème fraîche mit dem Meerrettich zu einer dickflüssigen Mischung verrühren. Über den Salat geben und nach Belieben mit knusprigem Baguette servieren.

NÄHRWERT PRO PORTION: 528 kcal/2217 kJ; 31 g Kohlenhydrate; 39 g Eiweiß; 28 g Fett (davon 9 g gesättigte Fettsäuren); Vitamine: E.

GUT ZU WISSEN

Da sich die Birnen nach dem Aufschneiden schnell verfärben, empfiehlt es sich, die Schnittflächen mit etwas Zitronensaft zu beträufeln. So bleiben sie frisch und appetitlich, bis sie serviert werden.

WACHTELN AUF CHAMPIGNONS

*Auf Pilzhüte gebettete Wachteln mit einer typisch italienischen Garnierung aus Petersilie,
Zitrone und Knoblauch sind eine ausgefallene, jedoch schnell zubereitete Vorspeise.*

ZEIT: 30 MINUTEN
4 PORTIONEN

2 EL Olivenöl
2 EL Butter
4 bratfertige Wachteln
8 kleine Zweige Thymian
4 Lorbeerblätter
4 flache Riesenchampignons
Salz und schwarzer Pfeffer
1 kleines Bund Petersilie
1 unbehandelte Zitrone
1 Knoblauchzehe

1 Den Ofen auf 230 °C vorheizen (Umluft 210 °C; Gas Stufe 5). Öl und Butter in eine feuerfeste Form geben und in die obere Ofenhälfte stellen.
2 Die 4 Wachteln waschen und trockentupfen. Den Thymian waschen und jeweils zwei Zweige und ein Lorbeerblatt in das Innere der Vögel stecken. Die Pilze putzen und die Stiele abschneiden.
3 Die Pilze umgekehrt in die Form legen und je eine Wachtel darauf setzen. Das Geflügel und die Ränder der Pilze mit Öl und Butter bepinseln sowie mit Salz und Pfeffer würzen.
4 Die Wachteln 15–20 Minuten braten, bis der austretende Fleischsaft klar bleibt, wenn man mit einem Spießchen hineinsticht. Nach der Hälfte der Bratzeit noch einmal mit Fett bepinseln.
5 In der Zwischenzeit die Petersilie waschen, trockentupfen und so viel hacken, dass es 2 EL ergibt. Von der Zitrone die Hälfte der Schale abraspeln. Den Knoblauch schälen und durch eine Presse drücken. Alles in einem Schälchen vermischen.
6 Einige Minuten vor Ende der Garzeit die Wachteln mit der Kräuter-Knoblauch-Mischung bestreuen und fertig braten.

*NÄHRWERT PRO PORTION: 335 kcal/1407 eJ;
1 g Kohlenhydrate; 31 g Eiweiß; 23 g Fett
(davon 4 g gesättigte Fettsäuren); Vitamine:
B-Gruppe und E.*

GUT ZU WISSEN

*Die hier verwendete Kräuter-Knoblauch-
Mischung ist in Italien als gremolata
bekannt und wird dort zum Würzen und
Garnieren vieler Speisen, besonders von
Nudel- und Gemüsegerichten, verwendet.*

VORSPEISEN MIT FRÜCHTEN

Obst in zahlreichen verlockenden Variationen bildet häufig den gesunden und schmackhaften Abschluss einer Mahlzeit. Raffinierte Kombinationen aus reifen Früchten und vielfältigen frischen Zutaten können jedoch auch als vitaminreicher Auftakt eines Essens serviert werden.

Salat aus Erdbeeren, Gurke und Avocado

Eine halbe Gurke entweder schälen oder waschen und trockentupfen; dann in Scheiben schneiden. 250 g Erdbeeren putzen, waschen, trockentupfen und in Scheiben schneiden. Eine Avocado schälen, den Stein entfernen und in Spalten schneiden; die Spalten in Zitronensaft wenden. Gurke, Erdbeeren und Avocado auf einer Servierplatte attraktiv anrichten (z. B. in überlappenden Kreisen). Für das Dressing 2 EL Walnussöl, 3 EL Olivenöl und 1 ¹/₂ EL Himbeer- oder Weinessig vermischen. Über den Salat träufeln und sofort servieren.

Feigen oder Melone mit Parmaschinken

8 Feigen waschen, trockentupfen, halbieren und mit 8 Scheiben hauchdünn geschnittenem Parmaschinken auf einem Servierteller anrichten. Nach Belieben schwarzen Pfeffer aus der Mühle über die Feigen geben. Statt der Feigen können Sie für dieses Rezept auch eine leicht gekühlte Honig-, Galia- oder Cantaloupemelone verwenden. Die Melone der Länge nach in 12 Spalten schneiden, die Schale entfernen und zusammen mit dem Schinken servieren.

Melone mit Fetakäse und Rucola

Eine halbe, mittelgroße Wassermelone in Spalten schneiden, die Schale und die Kerne entfernen, das Fruchtfleisch in Würfel schneiden und auf 4 Portionstellern verteilen. 150 g griechischen Fetakäse zerbröckeln und über die Melonenwürfel geben. Das Ganze mit schwarzem Pfeffer aus der Mühle bestreuen.

Frische ist Trumpf
Die Vorspeisen schmecken am besten, wenn frische, saftige Früchte bester Qualität verwendet werden.

Ein kleines Bund Rucola waschen, trockentupfen und die Blätter auf den Tellern verteilen.

Orangen-Grapefruit-Salat mit roter Zwiebel und schwarzen Oliven

3 Orangen und eine rosa Grapefruit schälen, die Segmente voneinander trennen, deren Haut entfernen und dabei den Saft auffangen. Beiseite stellen. Eine kleine rote Zwiebel schälen, erst quer in sehr dünne Scheiben schneiden und dann in einzelne Ringe zerteilen. Für das Dressing den ausgetretenen Orangen- und Grapefruitsaft abmessen, dieselbe Menge bestes Olivenöl und eine Prise Salz dazugeben und verrühren. Eine halbe Zitrone auspressen und 1 EL von dem Saft mit dem Dressing verrühren. Die Obstspalten auf 4 Tellern anrichten, mit schwarzen Oliven und den Zwiebelringen garnieren und das Dressing darüber gießen.

Geräucherte Makrele mit Grapefruit und Avocado

4 geräucherte Makrelenfilets enthäuten, diagonal in schmale Streifen schneiden und beiseite stellen. Eine große rosa Grapefruit schälen, die Segmente voneinander trennen und die Haut entfernen. Dabei den Saft in einer Servierschüssel auffangen und die Segmente dazugeben. Eine große Avocado schälen, den Kern entfernen, das Fleisch würfeln und dazugeben. Einige Halme Schnittlauch waschen, trockentupfen, klein schneiden und die Hälfte in die Schüssel geben. Alles mit schwarzem Pfeffer aus der Mühle würzen. Die Fischfilets unterheben und mit Schnittlauch garnieren.

Birnen-Käse-Toast

Je eine Hand voll Brunnenkresse und Feldsalat waschen und trockentupfen. 4 Scheiben Graham- oder Vollkornbrot leicht toasten und mit der Kresse bestreuen. Eine Birne schälen, halbieren, das Kerngehäuse entfernen und in Spalten schneiden. Diese dachziegelartig auf den Brotscheiben anordnen und schwarzen Pfeffer aus der Mühle darüber streuen. Je eine Scheibe cremigen Blauschimmelkäse – beispielsweise jungen Gorgonzola – auf die Brote legen und diese unter dem Grill überbacken, bis der Käse zu schmelzen anfängt. Inzwischen 4 Tomaten waschen und in Scheiben schneiden. Die Toasts mit dem Salat und den Tomaten garnieren und servieren.

ERFRISCHENDE VORSPEISEN:
BIRNEN-KÄSE-TOAST (OBEN LINKS), GERÄUCHERTE MAKRELE MIT GRAPEFRUIT UND AVOCADO (LINKS), MELONE MIT FETAKÄSE UND RUCOLA (UNTEN RECHTS)

AUSTERN VOM GRILL

*Für dieses Rezept eignen sich am besten Pazifik-Austern, da sie wesentlich größer als ihre
europäischen Verwandten sind und gegart noch besser schmecken als in rohem Zustand.*

ZEIT: 30 MINUTEN
4 PORTIONEN

12 Pazifik-Austern

50 g weiche Butter

2 Knoblauchzehen

3 EL Paniermehl

1 kleines Bund Petersilie

Salz und schwarzer Pfeffer

1 Beutel grobes Salz
(als Bett für die Austern)

1 Die Austern mit der flachen
Schalenseite nach oben in einen
großen Topf legen. So viel Wasser
einfüllen, dass der Boden bedeckt ist,
und die Austern bei mäßiger Hitze
im geschlossenen Topf etwa 2 Minuten dämpfen, bis sie sich öffnen.

2 Die Austern von der Kochstelle
nehmen und abkühlen lassen. Den
Grill auf höchster Stufe vorheizen.

3 Die Butter in einem Schälchen
zerdrücken; die Knoblauchzehen
schälen, durch die Presse drücken
und dazugeben, dann das Paniermehl untermischen. Die Petersilie
waschen, trockentupfen und so
viel davon fein hacken, dass es
2–3 EL ergibt. Zusammen mit
etwas Salz und reichlich Pfeffer zur
Butter geben.

4 Eine Fettpfanne zur Hälfte mit
dem groben Salz füllen. Die Austern
öffnen und ihren Saft in ein Schälchen gießen.

Das Austernfleisch herausschneiden
und in die tieferen Schalenhälften
legen, die flachen wegwerfen.
Die tiefen Schalen fest in das Salz
drücken, damit sie Halt haben, den
Saft wieder in die Schalen geben und
mit der Kräuterbutter bedecken.

5 1–2 Minuten grillen, bis sie
leicht gebräunt sind. Die Austern auf
4 Teller verteilen und sofort servieren.

*NÄHRWERT PRO PORTION: 141 kcal/592 kJ;
7 g Kohlenhydrate; 4 g Eiweiß; 11 g Fett
(davon 7 g gesättigte Fettsäuren); Vitamine:
B-Gruppe und E.*

GARNELEN MIT CHILI UND MANGO

*Saftige Mangos und knackige, mit scharfem Chili und frischem Ingwer gewürzte Frühlingszwiebeln
verleihen den Riesengarnelen in diesem phantasievollen Gericht den exotischen süßsauren Geschmack.*

ZEIT: 30 MINUTEN

4 PORTIONEN

---

20 geschälte rohe Riesengarnelen

50 g Frühlingszwiebeln

1 kleines Stück Ingwerwurzel

1 Knoblauchzehe

1 kleine, scharfe, frische rote
Chilischote

2 Mangos (je etwa 400 g)

2 TL Tomatenmark

1 EL Sojasauce

2 EL halbtrockener Sherry

¹/₂ TL Sesamöl

4–6 Blätter roter Eichblatt- oder
Friséesalat

2 EL Erdnussöl

Salz und schwarzer Pfeffer

1 Jede Garnele längs am Rücken mit einem scharfen Messer tief einschneiden. Den Darm entfernen und die Garnelen beiseite legen.

2 Die Frühlingszwiebeln waschen, abtrocknen, putzen und schräg in Scheiben schneiden; den Ingwer schälen und reiben; den Knoblauch schälen und pressen; die Chilischote waschen, halbieren, entkernen und in Scheiben schneiden. Alles in einer Schüssel beiseite stellen.

3 Die Mangos schälen, das Fleisch vom Stein lösen und in 5 mm dicke Scheiben schneiden.

4 Tomatenmark, Sojasauce, Sherry und Sesamöl in einem kleinen Schälchen vermischen.

5 Den Salat waschen, trockenschleudern und auf Tellern anrichten.

6 Erdnussöl in einer Pfanne erhitzen. Die Frühlingszwiebelmischung hineingeben und unter Rühren eine Minute braten. Garnelen hinzufügen und rühren, bis sie sich rosa färben. Mangos zugeben und unter Rühren braten, bis die Garnelen völlig rosa sind und sich am Rücken öffnen.

7 Die Saucenmischung hinzufügen und aufkochen lassen. Abschmecken und auf den Salat geben.

NÄHRWERT PRO PORTION: 198 kcal/832 kJ; 21 g Kohlenhydrate; 13 g Eiweiß; 7 g Fett (davon 1 g gesättigte Fettsäuren): Vitamine. A, B-Gruppe, C und E.

WARMER CAMEMBERT MIT PREISELBEEREN

*Knuspriges italienisches Brot wird in frische Kräuter gehüllt, mit cremigem französischem Käse belegt,
leicht überbacken und mit grünem Salat und einer delikaten Preiselbeersauce serviert.*

ZEIT: 25 MINUTEN
4 PORTIONEN

175 g frische oder tiefgekühlte Preiselbeeren
40 g brauner Zucker
1 kleine unbehandelte Orange
2–3 große Zweige Petersilie
1 kleines Bund Schnittlauch
1 kleiner Zweig Thymian
1 kleine Knoblauchzehe
2 EL Olivenöl
schwarzer Pfeffer
4 Scheiben Ciabatta oder Baguette
1 runder, reifer, fester Camembert
Brunnenkresse und Friséesalat

1 Den Grill auf die höchste Stufe vorheizen. Die Preiselbeeren, falls nötig, entstielen, waschen und mit dem Zucker und 1 EL Wasser in einen kleinen Topf geben.

2 Die Orange heiß abwaschen und die Schale in den Topf raspeln. Die Beeren bedeckt bei mäßiger Hitze in 8–10 Minuten weich kochen und den Saft leicht andicken lassen. Von der Kochstelle nehmen und warm halten.

3 In der Zwischenzeit die Kräuter waschen und trockentupfen. Petersilie und Schnittlauch hacken, die Thymianblättchen abstreifen und alle Kräuter auf einen Teller geben. Den Knoblauch schälen und über die Kräuter pressen, das Öl untermischen und alles mit Pfeffer abschmecken.

4 Die Brotscheiben auf beiden Seiten mit etwas Kräuter-Knoblauch-Mischung bestreichen und auf den Grillrost legen.

5 Die Rinde des Camemberts an beiden Seiten abschneiden, den Käse senkrecht in 8 Scheiben schneiden und mit der restlichen Kräuter-Knoblauch-Mischung überziehen.

6 Das Brot auf einer Seite leicht toasten, dann umdrehen und mit je 2 Scheiben Camembert belegen. Überbacken, bis der Käse über die Kruste zu laufen beginnt.

7 In der Zwischenzeit die Brunnenkresse und den Friséesalat waschen, trockentupfen und auf Tellern anrichten.

8 Eine Scheibe Käsetoast auf jeden Teller legen, die Preiselbeersauce darüber löffeln und servieren.

VARIANTE
Sie können die Sauce aus frischen Preiselbeeren durch eine Fertigsauce ersetzen oder sie im Voraus zubereiten und vor dem Servieren lediglich aufwärmen.

*NÄHRWERT PRO PORTION: 225 kcal/945 kJ;
18 g Kohlenhydrate; 11 g Eiweiß; 15 g Fett
(davon 7 g gesättigte Fettsäuren); Vitamine:
B-Gruppe und E.*

GUT ZU WISSEN

*Wenn Sie die Messerklinge anfeuchten,
bevor Sie den Camembert zerteilen,
schneidet sie besser, und die
Käsescheiben bleiben nicht haften.*

GEGRILLTER ZIEGENKÄSE AUF RUCOLA

Diesen warmen Salat, der hier mit kross gebratenem Speck zubereitet wird, können Sie auch mit gerösteten Pinienkernen oder Mandeln in eine vegetarische Vorspeise verwandeln.

ZEIT: 20 MINUTEN

4 PORTIONEN

250 g geräucherter Rückenspeck
1 EL Pflanzenöl
1 Knoblauchzehe
1 TL Ganzkornsenf
2 TL Weißweinessig
2 EL Olivenöl
Salz und schwarzer Pfeffer
2 runde, weiche Ziegenkäse (je etwa 100 g)
80 g Rucola oder Brunnenkresse

1 Den Backofen auf 240 °C (Umluft 220 °C; Gas Stufe 5) vorheizen. Die Schwarte vom Speck entfernen und den Rest in Würfel schneiden. In heißem Pflanzenöl knusprig ausbraten und auf Küchenpapier abtropfen lassen.

2 Für das Dressing die Knoblauchzehe schälen und in eine kleine Schüssel pressen. Senf, Essig und Öl hineinschlagen. Mit Salz und Pfeffer abschmecken.

3 Ein Backblech mit Backpapier auskleiden. Die Ziegenkäse waagrecht in 2 Hälften zerteilen und die Scheiben auf das Papier legen. Etwa 5 Minuten backen, bis sie zu schmelzen beginnen und oben goldbraun werden.

4 In der Zwischenzeit den Rucola bzw. die Brunnenkresse putzen, waschen und trockentupfen. Zusammen mit den Speckwürfeln in eine Rührschüssel geben. Das Dressing darüber geben und alles locker vermischen, dann auf Tellern kreisförmig anrichten.

5 Je eine Scheibe Käse mitten auf den Salat setzen. Sofort servieren.

NÄHRWERT PRO PORTION: 333 kcal/1399 kJ; 2 g Kohlenhydrate; 17 g Eiweiß; 29 g Fett (davon 11 g gesättigte Fettsäuren); Vitamine: A, B-Gruppe, C und E.

ZWIEBELPASTETCHEN MIT SALAT

Zu den würzigen Pastetchen mit roten Zwiebeln und Schalotten passt ein pikanter Salat mit einem Blauschimmel-Dressing.

ZEIT: 30 MINUTEN
4 PORTIONEN

2 kleine rote Zwiebeln	
4 große Schalotten	
250 g TK-Blätterteig	
1 Ei	
12 Zweige Thymian	
4 EL Olivenöl	
Salz und schwarzer Pfeffer	
80 g junge Spinatblätter	
80 g Brunnenkresse	
25 g Walnussstücke	
40 g Blauschimmelkäse (z. B. Saint Agur, Gorgonzola oder Stilton)	
3 EL Schlagsahne	
1 EL Walnussöl	
1 TL Sherryessig	

SO GEHT'S LEICHTER!

Mit einem Kochlöffel aus Holz können Sie den cremigen Blauschimmelkäse und die Sahne für das Salatdressing leicht miteinander vermischen.

1 Den Backofen auf 220 °C (Umluft 200 °C; Gas Stufe 4–5) vorheizen. Die roten Zwiebeln schälen und in dünne Scheiben schneiden, die Schalotten schälen und vierteln. Beides beiseite stellen.

2 Eine Arbeitsfläche mit etwas Mehl bestäuben, dann aus jeweils der Hälfte des Blätterteigs ein etwa 30 × 15 cm großes Rechteck ausrollen. Mithilfe einer Untertasse mit 13–15 cm Ø aus jedem Rechteck 2 Kreise ausstechen und auf ein großes Backblech setzen.

3 Das Ei leicht verquirlen und mit einem Pinsel auf die Blätterteigscheiben streichen; dabei aufpassen, dass nichts über die Ränder tropft.

4 Auf jede Teigscheibe ein Viertel der Zwiebeln und Schalotten häufen; dabei rundherum einen etwa 2 cm breiten Rand lassen. Den Thymian waschen, trockentupfen und 3 Zweige in jedes Zwiebelhäufchen stecken. Die Zwiebeln und die Schalotten mit etwas Olivenöl bepinseln und mit Salz und Pfeffer abschmecken.

5 Die Blätterteigpastetchen in den vorgeheizten Backofen schieben

und etwa 20 Minuten lang backen, bis sie goldbraun werden und aufgehen.

6 In der Zwischenzeit den Salat zubereiten. Die Spinatblätter und die Brunnenkresse waschen, trockenschleudern oder -tupfen, verlesen und in eine Salatschüssel geben. Die Walnussstücke grob hacken und vorsichtig mit dem Salat vermengen.

7 Die Rinde des Blauschimmelkäses mit einem scharfen Messer entfernen und den Käse in eine kleine Schale füllen. Die Sahne dazugeben und beides gut miteinander vermischen (siehe Kasten oben). Das Walnussöl und den Sherryessig hineinrühren und mit Pfeffer abschmecken. Das Dressing über den Salat geben und alles behutsam vermengen.

8 Die fertigen Blätterteigpastetchen auf Teller verteilen und mit dem Salat als Beilage servieren.

NÄHRWERT PRO PORTION: 571 kcal/2398 kJ; 28 g Kohlenhydrate; 11 g Eiweiß; 47 g Fett (davon 10 g gesättigte Fettsäuren); Vitamine: A, B-Gruppe, C und E.

INDISCHES RÜHREI

*Dieses mit goldbraun gebratenen Zwiebeln garnierte Gericht schmeckt am besten mit Pappadams,
knusprigen, indischen Waffeln, oder warmem indischem Naan-Brot.*

ZEIT: 25 MINUTEN
2 PORTIONEN

Pflanzenöl zum Frittieren
1 Zwiebel
50 g Butter
1 Stück Ingwerwurzel
1–2 grüne Chilischoten
1 kleines Bund Koriander
4 große Eier
1 TL Kurkuma
Salz und schwarzer Pfeffer
Pappadams oder Naan-Brot
Mango-Chutney

1 Das Öl 5 cm hoch in einen kleinen Topf geben und erhitzen. Die Zwiebel schälen und der Länge nach halbieren. Die eine Hälfte in feine Scheiben schneiden, bei mittlerer Hitze goldbraun frittieren und auf Küchenpapier abtropfen lassen.

2 In einem zweiten Topf die Butter zerlassen. Die andere Zwiebelhälfte fein hacken und langsam bei schwacher Hitze unter häufigem Rühren in 6–7 Minuten weich dünsten.

3 Inzwischen den Ingwer schälen und reiben, die Chilischoten waschen, halbieren, entkernen und in dünne Scheibchen schneiden. Unter die Zwiebel rühren, eine Minute braten und dann von der Hitze nehmen.

4 Naan gegebenenfalls im Ofen erwärmen. Koriander waschen und so viel davon hacken, dass er 2 EL ergibt. Beiseite stellen.

5 Die Eier mit Kurkuma, Salz und Pfeffer leicht verquirlen. Dann zur Zwiebelmischung geben und unter Rühren bei sehr schwacher Hitze stocken lassen; die Masse soll fest, aber nicht trocken sein.

6 Koriander beimengen und das Rührei mit den frittierten Zwiebeln bestreuen. Dazu Naan oder Pappadams und Mango-Chutney reichen.

NÄHRWERT PRO PORTION: 666 kcal/2797 kJ; 15 g Kohlenhydrate; 23 g Eiweiß; 58 g Fett (davon 20 g gesättigte Fettsäuren); Vitamine: A, B-Gruppe und E.

KARTOFFELKÜCHLEIN MIT RÄUCHERLACHS

Mit einem Klecks saurer Sahne, zarten Lachsstreifen und einer Kräutergarnierung serviert,
werden aus schlichten Kartoffelpuffern raffinierte Delikatessen.

ZEIT: 30 MINUTEN
4–6 PORTIONEN

500 g mehlige Kartoffeln
1 Zwiebel
1 großes Ei
2 EL Vollkornmehl
Salz und schwarzer Pfeffer
Sonnenblumenöl zum Ausbacken
200 g Räucherlachs
einige frische Zweige Dill oder glattblättrige Petersilie
150 g saure Sahne

1 Den Backofen auf schwacher Stufe vorheizen. Die Kartoffeln schälen und reiben, die Zwiebeln fein hacken. Beides in einen Durchschlag geben und mit einem Löffel oder einem kleinen Teller möglichst viel Flüssigkeit herauspressen.

2 Die Kartoffel-Zwiebel-Masse in eine Rührschüssel füllen. Das Ei und das Mehl hinzufügen, mit Salz und Pfeffer würzen und alles gut vermischen.

3 Das Öl etwa 1 cm hoch in eine Bratpfanne gießen und auf hoher Stufe erhitzen.

4 Wenn das Öl heiß ist, 1 EL der Kartoffel-Zwiebel-Masse hineingeben und zu einem Küchlein mit etwa 5 cm Ø verstreichen. Weitere 4–5 EL Teig etwa eine Minute braten, bis sie auf der Unterseite goldbraun sind, dann die Küchlein umdrehen und auf der anderen Seite braten, bis sie knusprig braun, aber innen noch weich sind.

5 Die Kartoffelküchlein aus der Pfanne nehmen, auf Küchenpapier gut abtropfen lassen und anschließend im vorgeheizten Backofen warm halten, während der Rest zubereitet wird.

6 Den Lachs in kleine, schmale Streifen schneiden. Den Dill bzw. die Petersilie waschen und trocken- schleudern oder -tupfen. Auf jedes Küchlein 1 EL saure Sahne und einige Lachsstreifen geben. Nach Belieben mit Dill oder Petersilie garnieren, auf Teller verteilen und servieren.

NÄHRWERT PRO PORTION (BEI 4 PORTIONEN):
342 kcal/1436 kJ; 28 g Kohlenhydrate;
20 g Eiweiß; 18 g Fett (davon 6 g gesättigte
Fettsäuren); Vitamine: B-Gruppe, C und E.

POCHIERTE EIER MIT PIKANTER SAUCE

Diese Variante der Eier Benedict wird nicht mit der traditionellen holländischen Sauce, sondern mit einer Mischung aus Mayonnaise, Crème double, Meerrettich und Kräutern serviert.

ZEIT: 25 MINUTEN
4 PORTIONEN

jeweils einige Zweige Basilikum, Petersilie und Thymian
ein paar Halme Schnittlauch
125 g extradicke Crème double
125 g Mayonnaise
1 TL Tafelmeerrettich
2 Hamburgerbrötchen
4 dicke Scheiben Beinschinken
4 große Eier
Salz und schwarzer Pfeffer

1 Den Grill auf höchster Stufe vorheizen. Die Kräuter waschen, trockenschleudern oder -tupfen, fein hacken und etwas Petersilie beiseite legen.

2 Die Kräuter mit Crème double, Mayonnaise und Meerrettich in einem Topf verrühren und bei milder Hitze erwärmen, aber nicht kochen lassen. Vom Herd nehmen, einen Deckel auflegen und warm halten.

3 Die Brötchen waagrecht durchschneiden und unter dem Grill auf beiden Seiten toasten. Die Hitze ausschalten, jedes Brötchen mit Schinken belegen und unter dem Grill stehen lassen.

4 In einer Bratpfanne Wasser mit einem Schuss Essig zum Siedepunkt bringen, dann die Hitze so zurückschalten, dass die Flüssigkeit noch köchelt. Jedes Ei in eine Teetasse aufschlagen und ins Wasser gleiten lassen. 3–5 Minuten pochieren, bis das Eiweiß fest geworden ist, und auf Küchenpapier abtropfen lassen.

5 Auf jeden Teller ein halbes Brötchen mit Schinken legen und darauf ein pochiertes Ei setzen. Die Sauce darüber geben, mit wenig Salz und etwas Pfeffer abschmecken und mit der gehackten Petersilie garnieren.

VARIANTE
Wenn Sie einen etwas kräftigeren Geschmack wünschen, können Sie den Schinken in einer Pfanne mit etwas Olivenöl leicht anbraten.

NÄHRWERT PRO PORTION: 638 kcal/2679 kJ; 21 g Kohlenhydrate; 23 g Eiweiß; 52 g Fett (davon 17 g gesättigte Fettsäuren); Vitamine: A, B-Gruppe und E.

KÄSECREME MIT SHERRY

Frische Kräuter, süßer Sherry und zwei würzige Käsesorten verbinden sich zu einem pikanten cremigen Brotaufstrich.

ZEIT: 10 MINUTEN
4 PORTIONEN

75 g harter Ziegen- oder Schafskäse
75 g Blauschimmelkäse, z. B. Roquefort oder Gorgonzola
1 kleines Bund Schnittlauch
6 frische Salbeiblätter
1 Knoblauchzehe
3–4 EL süßer Sherry
Cracker, Grissini, Baguette oder eine andere beliebige Brotsorte

1 Die Rinde von den Käsestücken entfernen. Schnittlauch und Salbei klein schneiden, waschen und trockentupfen; den Knoblauch schälen. Alles im Mixer zu einer dicken Paste verarbeiten.

2 Den Sherry nach und nach hinzufügen und weitermixen, bis die Paste glatt ist. Dann in ein Servierschälchen füllen. Wenn die Creme nicht sofort verbraucht werden soll, mit Klarsichtfolie bedecken und an einem kühlen Ort aufbewahren. Nicht in den Kühlschrank stellen.

3 Mit Cracker, Grissini, Baguette oder einer Brotsorte Ihrer Wahl servieren.

NÄHRWERT PRO PORTION: 171 kcal/718 kJ; 2 g Kohlenhydrate; 9 g Eiweiß; 13 g Fett (davon 8 g gesättigte Fettsäuren); Vitamine: E

AUBERGINENTOAST

Eine Vielfalt von pikanten Zutaten und aromatischen Kräutern macht diese Pâté zu einer Vorspeise mit mediterranem Charakter.

ZEIT: 30 MINUTEN
4 PORTIONEN

2 EL Olivenöl
1 Zwiebel
1 große Aubergine
10 getrocknete Tomaten in Öl
6 kleine Gewürzgurken
3 Knoblauchzehen
einige Zweige Thymian
einige Zweige Petersilie
1 TL Ganzkornsenf
1 TL Balsamessig
2 TL Kapern
1 Baguette
Salz und schwarzer Pfeffer

1 Das Öl erhitzen. Die Zwiebel schälen, fein hacken und 5 Minuten bei mittlerer Hitze weich braten.
2 Die Aubergine waschen und in 1 cm große Würfel schneiden. Zur Zwiebel geben und unter Rühren 8–10 Minuten lang braten.
3 Die getrockneten Tomaten und die Gurken abtropfen lassen, hacken und unter die Aubergine rühren. Die Knoblauchzehen schälen, durch die Presse drücken und dazugeben.
4 Die Kräuter waschen und trockentupfen. Die Blätter von den Stängeln streifen, etwas Petersilie zum Garnieren zurücklegen, die übrigen Kräuter fein hacken und mit Senf, Essig und Kapern in die Pfanne geben. 5 Minuten unter Rühren köcheln lassen.
5 In der Zwischenzeit das Baguette aufschneiden und toasten oder in einer Grillpfanne ohne Fett rösten.
6 Die Auberginenmischung würzen und in einer Küchenmaschine wenige Sekunden pürieren.
7 Die Mischung auf Teller verteilen, die zurückgelegte Petersilie darüber streuen und mit dem Brot servieren.

NÄHRWERT PRO PORTION: 357 kcal/1499 kJ; 55 g Kohlenhydrate; 10 g Eiweiß; 12 g Fett (davon 1 g gesättigte Fettsäuren); Vitamine: B-Gruppe, C und E.

GUT ZU WISSEN

Der Brotaufstrich kann im Voraus zubereitet und im Kühlschrank aufbewahrt werden. Kalt schmeckt er sehr gut, man kann ihn aber auch aufwärmen.

KNOBLAUCHBROT MIT GEGRILLTEM GEMÜSE

Die Bruschetta, gegrilltes und mit Knoblauchöl eingeriebenes Ciabatta-Brot ist ein Klassiker der italienischen Küche, der hier in einer üppigen Variante mit Mittelmeergemüse vom Grill serviert wird.

ZEIT: 30 MINUTEN
4 PORTIONEN

1 rote Paprikaschote
1 gelbe Paprikaschote
2 kleine Zucchini
1 Fenchelknolle
1 rote Zwiebel
5 EL Olivenöl
2 Knoblauchzehen
1 kleine Tomate
1 kleines Ciabatta-Brot
Salz und schwarzer Pfeffer
6 große Basilikumblätter

1 Den Grill auf höchster Stufe vorheizen. Paprika, Zucchini und Fenchel waschen und abtrocknen. Paprika in 8 längliche Streifen teilen, entstielen und entkernen. Zucchini schräg in Scheiben schneiden, den Fenchel putzen und längs in Scheibchen schneiden. Die Zwiebel schälen und in Ringe schneiden.

2 Den Grillrost mit dem Gemüse belegen, dabei die Paprika mit der Haut nach unten drehen. Mit Öl bepinseln und grillen, bis alles leicht gebräunt, aber noch nicht ganz weich ist. Im Ofen warm halten.

3 Die Knoblauchzehen schälen und halbieren, die Tomate waschen, abtrocknen und ebenfalls halbieren. Das Brot längs durchschneiden, die Hälften einmal quer durchschneiden und beidseitig toasten.

4 Die Innenseite jeder Brotscheibe mit dem Knoblauch und der Tomate einreiben, dann die Gemüsestücke darauf verteilen. Das restliche Öl darüber träufeln und nach Geschmack würzen. Die Basilikumblätter waschen, trockentupfen, zerzupfen und auf das Gemüse legen.

NÄHRWERT PRO PORTION: 224 kcal/941 kJ; 26 g Kohlenhydrate; 11 g Eiweiß; 16 g Fett (davon 2 g gesättigte Fettsäuren); Vitamine: A, B-Gruppe, C und E.

RAFFINIERTE UND SCHMACKHAFTE BROTBELÄGE

*Für jede der zahlreichen unterschiedlichen Brotsorten, die
heute erhältlich sind, gibt es eine Vielzahl phantasievoller Beläge,
die das Auge und den Gaumen erfreuen und nach
Belieben variiert werden können.*

Hummus und Datteln

Für das Hummus 250 g Kichererbsen
aus der Dose abgießen; 2 Knoblauchzehen schälen und durch die Presse
drücken; eine halbe Zitrone auspressen; alles mit 3 EL Sesampaste
(Tahini), 100 ml Gemüsebrühe,
1/4 TL gemahlenem Kreuzkümmel
(Cumin) und einer Prise Cayennepfeffer in den Mixer geben und
pürieren. 16–20 frische Datteln aufschneiden, entkernen und halbieren.
Einige Zweige Koriander waschen,
trockentupfen, die Blätter abstreifen
und fein hacken. Pro Person ein
Pittabrot beidseitig toasten, dann aufschneiden und eine Tasche bilden.
Die Innenseiten mit dem Hummus
bestreichen und jeweils 4–5 Datteln
und etwas Koriander hineingeben.

Erdnusscreme mit Preiselbeer-
sauce, Salat und Sellerie

Einige Blätter Eisbergsalat waschen,
trockentupfen und in mundgerechte
Stücke zupfen. Von einer Stange
Staudensellerie die grünen Teile
abschneiden, die Stange in Ringe
schneiden, waschen und trockentupfen. Für eine Portion 2 Scheiben
Graham- oder Vollkornbrot mit Erdnusscreme bestreichen. Auf eine
Scheibe etwas Preiselbeersauce verteilen und darauf etwas Eisbergsalat
und Sellerie häufen. Mit Salz und
Pfeffer würzen und die zweite Brotscheibe darauf legen.

Brie mit Weintrauben

Ein Baguette in zwei oder drei Stücke
teilen und diese aufschneiden. Einen
vollreifen Brie in dünne Scheiben
schneiden und damit die unteren
Brothälften dicht belegen; den Käse
leicht andrücken. Etwas schwarzen
Pfeffer über den Käse mahlen. Einige
kernlose Weintrauben waschen,

trockentupfen, halbieren und auf dem
Käse verteilen. Die Oberseite der Ba-
guettestücke darauf legen und das
Sandwich zusammen mit einigen
Trauben auf einem Teller servieren.

Räucherlachs mit Gurke
und Frischkäse

Pro Person ein Baguettebrötchen oder
ein kleines Fladenbrot aufschneiden
und auf jeder Seite eine Minute
toasten. Inzwischen die Hälfte einer
kleinen Salatgurke waschen oder
schälen und in hauchdünne Scheiben
schneiden. Jeweils eine Brothälfte
mit Frischkäse bestreichen, dann
eine Scheibe Räucherlachs und die
Gurkenscheiben darauf legen. Einige
Zweige Dill waschen, trockentupfen,
fein hacken und auf den Broten verteilen. Mit etwas schwarzem Pfeffer
würzen und die oberen Brothälften
darauf legen.

Truthahnwurst, Avocado
und Pesto

4 große Croissants halbieren und
die Schnittflächen gleichmäßig mit
etwas Pesto (siehe S. 112) bestreichen.
Eine Avocado schälen, den Kern entfernen, das Fruchtfleisch in dünne
Scheiben schneiden und jeweils eine
Croissanthälfte damit belegen.
Je eine zusammengerollte Scheibe
Truthahnwurst oder Kochschinken
und 2–3 sonnengetrocknete
Tomaten darüber verteilen. Pfeffern
und salzen, die Croissanthälften
zusammendrücken und servieren.

KÖSTLICHE SANDWICH-FÜLLUNGEN:
BRIE MIT WEINTRAUBEN (OBEN LINKS), ERD-
NUSSCREME MIT PREISELBEERSAUCE, SALAT
UND SELLERIE (MITTE), HUMMUS UND
DATTELN (RECHTS), TRUTHAHNWURST,
AVOCADO UND PESTO (UNTEN LINKS)

INDISCHE KARTOFFELKÜCHLEIN

*In Indien heißen diese Küchlein tik tiki und werden heiß oder kalt mit Minz-Chutney, Tomatenketchup
oder süßem Tamarindenrelish als würziger Imbiss zum Tee serviert.*

ZEIT: 30 MINUTEN
4 PORTIONEN

500 g Kartoffeln
Salz
1 mittelgroße Zwiebel
1/4 TL Chilipulver
1 TL Garam Masala
1/2 Zitrone
1 Bund Koriander
3 EL Pflanzenöl
1 EL Butter
nach Belieben Minz-Chutney, Tomatenketchup oder Tamarindenrelish

1 Die Kartoffeln schälen und würfeln. In einem Topf mit kaltem, gesalzenem Wasser zugedeckt zum Kochen bringen und 10 Minuten köcheln lassen, bis sie weich sind.

2 Die Zwiebel schälen und auf doppelt gelegtes Küchenpapier grob raspeln. Den Zwiebelsaft auspressen und die geraspelte Masse mit Chilipulver, Garam Masala und einer Prise Salz in eine Schüssel geben.

3 Die Zitrone auspressen und 2 TL Saft zur Zwiebelmasse geben. Den Koriander waschen und trockentupfen. Einige Zweige zurücklegen, die restlichen Blätter hacken und in die Schüssel streuen.

4 Die Kartoffeln abgießen, zu den Zwiebeln geben, die Masse grob zerstampfen und daraus 8 Küchlein mit etwa 5 cm Ø formen.

5 Öl und Butter in einer großen, schweren Pfanne auf höchster Stufe erhitzen und die Küchlein darin von jeder Seite 2–3 Minuten goldbraun braten.

6 Die Kartoffelküchlein auf Küchenpapier abtropfen lassen. Mit den Korianderblättern garnieren und nach Belieben mit Minz-Chutney, Ketchup oder Tamarindenrelish heiß servieren. Oder die Küchlein abkühlen lassen und später kalt verzehren.

*NÄHRWERT PRO PORTION (2 KÜCHLEIN):
194 kcal/815 kJ; 21 g Kohlenhydrate;
3 g Eiweiß; 12 g Fett (davon 3 g gesättigte
Fettsäuren); Vitamine: B-Gruppe und C.*

ZIEGENKÄSEBAGUETTE MIT TOMATENPASTE

Gegrilltes Baguette mit einem Belag aus italienischer Tomatenpaste und geschmolzenem Ziegenkäse ergibt mit einem Salat aus frischen und getrockneten Tomaten einen herzhaften Imbiss.

ZEIT: 15 MINUTEN
4 PORTIONEN

6–8 kleine Tomaten
12 getrocknete Tomaten in Öl
3 EL Olivenöl
1 EL Balsamessig
Salz und schwarzer Pfeffer
1 Baguette
4–5 EL Tomatenpaste aus dem Glas
175 g weicher Ziegenfrischkäse

1 Den Grill auf höchster Stufe vorheizen. Die frischen Tomaten waschen, abtrocknen, in Scheiben schneiden und auf 4 Tellern anrichten. Die getrockneten Tomaten in feine Streifen schneiden und auf den frischen Tomaten verteilen.

2 Tomaten mit Essig und Öl beträufeln und nach Geschmack würzen.

3 Vom Baguette 12 etwa 2,5 cm dicke Scheiben abschneiden, mit Tomatenpaste bestreichen, 1 EL Ziegenkäse darauf verteilen und pfeffern.

4 Das Brot für 1–2 Minuten unter den Grill schieben, bis der Käse leicht zerlaufen ist.

5 3 Brotscheiben auf jeden Teller zum Salat legen und servieren.

NÄHRWERT PRO PORTION: 567 kcal/2381 kJ; 27 g Kohlenhydrate; 17 g Eiweiß, 44 g Fett (davon 11 g gesättigte Fettsäuren), Vitamine: A, B-Gruppe, C und E.

GUT ZU WISSEN

Italienische Tomatenpaste, eine Variante des klassischen Pesto aus Genua, wird aus Olivenöl, würzigen, sonnengetrockneten Tomaten und je nach Zubereitungsform verschiedenen anderen Zutaten hergestellt. Sie ist in gut sortierten Feinkostgeschäften erhältlich

DREI EINFACHE VORSPEISEN

AVOCADOCREME MIT BRUNNENKRESSE

Dieser Dip kann auch als Vorspeise mit dem Löffel gegessen werden.

ZEIT: 20 MINUTEN
4 PORTIONEN

1 Bund Brunnenkresse

einige Zweige Petersilie

4–5 Frühlingszwiebeln

1 Knoblauchzehe

1 unbehandelte Zitrone

einige Blätter Basilikum

4 EL Olivenöl

2 große Avocados

Salz und schwarzer Pfeffer

1 EL eingelegte grüne Pfefferkörner

1 Die Stängel der Kresse abschneiden und die Blätter waschen und trockenschleudern. Die Petersilie waschen, trockentupfen und die Blätter von den Stängeln zupfen.
2 Die Frühlingszwiebeln waschen, die grünen Teile abschneiden, grob hacken (weiße für ein anderes Gericht aufheben) und mit der Petersilie und der Kresse in den Mixer füllen.
3 Den Knoblauch schälen, durch die Presse drücken und in den Mixer geben. Die Zitrone waschen, die Schale abraspeln und den Saft auspressen. Beides in den Mixer geben. Das Basilikum waschen und trockentupfen, einige Blätter klein hacken und beiseite legen; die übrigen mit dem Öl in den Mixer geben.
4 Die Avocados halbieren und den Kern entfernen. Das Fruchtfleisch mit einem Löffel herausholen, ohne die Schale zu beschädigen, und in den Mixer geben. Alles würzen und zu einer glatten Creme verarbeiten.
5 Die Creme in die Avocadoschalen füllen und mit den Pfefferkörnern und dem Basilikum bestreuen.

NÄHRWERT PRO PORTION: 321 kcal/1348 kJ; 2 g Kohlenhydrate; 3 g Eiweiß; 33 g Fett (davon 6 g gesättigte Fettsäuren); Vitamine: B-Gruppe, C und E.

KRÄUTERDIP MIT KICHERERBSEN-CRÊPES

Hauchdünne Pfannkuchen passen sehr gut zu dieser Creme.

ZEIT: 30 MINUTEN
4 PORTIONEN

einige Zweige Basilikum, Dill und Petersilie, einige Schnittlauchhalme

200 mg Crème fraîche

1/2 Zitrone

1 kleine Knoblauchzehe

Salz und schwarzer Pfeffer

120 g Kichererbsenmehl

120 g Weizenmehl

2 EL Olivenöl

400 ml lauwarmes Wasser

1 Die Kräuter waschen, trockentupfen und so viel davon fein hacken, dass es 4 EL ergibt. Zusammen mit der Crème fraîche und 1 EL Zitronensaft in eine Schüssel geben. Den Knoblauch schälen, durch die Presse drücken und dazugeben. Alles vermischen und mit Salz und Pfeffer abschmecken.
2 Das Mehl in eine Schüssel füllen. Öl und lauwarmes Wasser langsam hineinrühren und mit dem Schneebesen so lange schlagen, bis der Teig glatt ist. In einen Messbecher umfüllen.
3 Eine beschichtete Pfanne mit 15 cm Ø stark erhitzen, dann knapp 50 ml Teig hineingießen und die Pfanne dabei so schwenken, dass der Boden gleichmäßig bedeckt wird. Die Crêpe 30 Sekunden goldgelb braten, dann wenden und weitere 15 Sekunden braten.
4 Die Crêpe auf einen Teller geben, zusammenrollen und warm halten. Die restlichen Crêpes ebenso zubereiten. Alle in der Mitte durchschneiden und mit dem Dip servieren.

NÄHRWERT PRO PORTION: 429 kcal/1801 kJ; 38 g Kohlenhydrate; 10 g Eiweiß; 27 g Fett (davon 14 g gesättigte Fettsäuren); Vitamine: B-Gruppe und E.

LACHSCREME MIT KRÄUTERN

Die pikant gewürzte Creme schmeckt auch gut als Sandwich-Füllung.

ZEIT: 30 MINUTEN
4 PORTIONEN

1 kleines Bund Schnittlauch

1 kleines Bund Dill

1 kleines Bund Petersilie

400 g Lachs aus der Dose

150 g Doppelrahmfrischkäse

1 Zitrone

1 TL Tabascosauce

Salz und schwarzer Pfeffer

nach Belieben Cracker, Baguette oder eine andere Brotsorte

1 Schnittlauch, Dill und Petersilie waschen, trockentupfen, fein hacken und miteinander vermischen.
2 Den Lachs abtropfen lassen, etwaige Gräten und die Haut entfernen. In eine Schüssel geben und mit dem Doppelrahmfrischkäse vermengen.
3 Die Zitrone auspressen und zu der Lachs-Käse-Mischung geben. Die Tabascosauce und die gehackten Kräuter hinzufügen und alles im Mixer zu einer glatten Creme verarbeiten.
4 Mit Salz und Pfeffer abschmecken, in eine Servierschüssel füllen und 15 Minuten kalt stellen.
5 Die Lachscreme mit Roggenbrot, Toast, Baguette oder Crackern servieren.

NÄHRWERT PRO PORTION: 362 kcal/1520 kJ; 16 g Kohlenhydrate; 22 g Eiweiß; 24 g Fett (davon 12 g gesättigte Fettsäuren); Vitamine: A, B-Gruppe und E.

CREMIGE KÖSTLICHKEITEN:
AVOCADOCREME MIT BRUNNENKRESSE (OBEN), LACHSCREME (MITTE), KRÄUTER-DIP MIT KICHERERBSEN-CRÊPES (UNTEN)

MAISKÜCHLEIN MIT SALAT

Knackiger Eissalat mit gelbem Paprika, cremiger Avocado und einem sahnig sauren Dressing ist die perfekte Beilage zu kross gebratenen, mit Tabascosauce gewürzten Maispfannkuchen.

ZEIT: 30 MINUTEN
4 PORTIONEN

200 g Mais aus der Dose
100 ml Milch
Salz und schwarzer Pfeffer
einige Tropfen Tabascosauce
3 Lauchzwiebeln
4–5 Zweige Dill
150 g saure Sahne
1 Eissalat
1 gelbe Paprikaschote
2 Avocados
4 EL Olivenöl und 2–3 EL Pflanzenöl
1 EL Weinessig
½ TL Backpulver
100 g Mehl
2 große Eier

1 Den Mais abtropfen lassen und beiseite stellen. Die Milch zusammen mit Salz, Pfeffer und der Tabascosauce in einem kleinen Schälchen mischen.

2 Für das Dressing die Frühlingszwiebeln waschen und in feine Ringe schneiden. Den Dill waschen, trockentupfen, einen Zweig beiseite legen und den Rest fein hacken. Zwiebeln und Dill in einem Schälchen mit der sauren Sahne mischen und mit Salz und Pfeffer abschmecken.

3 Die Salatblätter waschen, trockenschleudern oder -tupfen und in eine große Schüssel geben. Paprika waschen, entkernen und in Scheiben schneiden. Die Avocados schälen und in Scheiben schneiden. Beides zum Eissalat geben. Olivenöl und Essig verrühren, abschmecken und mit dem Salat vermengen.

4 Das Mehl mit dem Backpulver mischen, in eine Schüssel geben, eine Mulde in die Mitte drücken und die Eier hineinschlagen. Die gewürzte Milch hinzufügen. Den Teig rühren, bis er glatt ist, und dann den Mais hineingeben.

5 Das Pflanzenöl auf 2 Bratpfannen verteilen, erhitzen und 6 EL Teig für 6 Pfannkuchen in jede Pfanne geben. 4–5 Minuten braten, bis die Küchlein auf der Unterseite goldgelb sind. Die Pfanne dabei wiederholt rütteln. Die Pfannkuchen wenden und 1–2 Minuten weiterbraten.

6 Den Salat auf 4 Teller verteilen. Die Maisküchlein auf Küchenpapier abtropfen lassen und 3 auf jeden Teller geben. Mit Dill garnieren und das Dressing getrennt dazu reichen.

NÄHRWERT PRO PORTION: 667 kcal/2801 kJ; 40 g Kohlenhydrate; 13 g Eiweiß; 52 g Fett (davon 13 g gesättigte Fettsäuren); Vitamine: A, B-Gruppe, C und E.

ÜBERBACKENER APFEL-KÄSE-TOAST

Für diese fruchtige Toastvariante, bei der sich unter einem goldgelben Käsemantel eine süße Apfelschicht verbirgt, eignen sich am besten dicke Scheiben saftiges Vollkornbrot.

ZEIT: 15 MINUTEN
4 PORTIONEN

---

2 kleine, rote Tafeläpfel

4 dicke Scheiben frisches Vollkornbrot

150 g Emmentaler

Butter zum Bestreichen der Brote

8 Salbeiblätter

schwarzer Pfeffer

---

1 Den Grill auf höchster Stufe vorheizen. Die Äpfel waschen, vierteln, entkernen und in Spalten schneiden.

2 Die Brotscheiben unter dem Grill auf einer Seite rösten. Inzwischen den Käse fein hobeln.

3 Das Brot umdrehen und die ungeröstete Seite buttern. Die Äpfel darauf verteilen und mit Käse bedecken. 4–5 Minuten überbacken, bis der Käse schmilzt und die Apfelscheiben warm geworden sind.

4 In der Zwischenzeit die Salbeiblätter waschen, trockentupfen und fein hacken. Wenn die Toasts fertig sind, Salbei und Pfeffer darüber streuen und sofort servieren.

NÄHRWERT PRO PORTION: 357 kcal/1499 kJ; 26 g Kohlenhydrate; 14 g Eiweiß; 23 g Fett (davon 14 g gesättigte Fettsäuren); Vitamine: A, B-Gruppe und E.

GUT ZU WISSEN

Sie können zum Überbacken der Toasts anstelle von Emmentaler auch eine andere leicht nussig schmeckende Käsesorte wie etwa Greyerzer, Raclette oder Cheddar verwenden.

GEBACKENE EIER MIT KREBSFLEISCH

*Auf einer mit Weinbrand aromatisierten Schicht Krebsfleisch werden die Eier gebacken,
mit Kräutern garniert und in den Souffléformen heiß serviert.*

ZEIT: 25 MINUTEN
4 PORTIONEN

Butter zum Ausfetten
125 g Krebsfleisch aus der Dose
4 TL Weinbrand
4 große Eier
Salz und schwarzer Pfeffer
4 EL Schlagsahne
Cayennepfeffer
einige Zweige Kerbel oder Petersilie
Toastbrot
Butter zum Bestreichen

1 Den Ofen auf 190 °C (Umluft 170 °C; Gas Stufe 3) vorheizen. 4 Souffléförmchen dünn mit Butter ausfetten.

2 Auf jeden Förmchenboden ein Viertel des Krebsfleisches geben und 1 TL Weinbrand darüber träufeln.

3 In jedes Förmchen ein Ei aufschlagen. Mit Salz und Pfeffer würzen und 1 EL Sahne um jedes Eigelb verteilen. Mit Cayennepfeffer bestäuben.

4 Die Förmchen auf ein Backblech stellen und 10–15 Minuten überbacken, bis das Eiweiß fest geworden, das Eigelb aber noch weich ist.

5 Inzwischen die Kräuter waschen, trockentupfen und grob hacken. Kurz vor Ende der Backzeit das Brot toasten und buttern.

6 Die Eier in den Förmchen mit Kräutern bestreut servieren und den Toast dazureichen.

VARIANTE
Statt Krebsfleisch und Weinbrand kann man für dieses Gericht auch Räucherlachs in Streifen und einen Schuss Sherry verwenden. Oder man nimmt 2 klein geschnittene Anchovisfilets mit ein wenig gehacktem Thymian und träufelt Weinbrand darüber.

NÄHRWERT PRO PORTION: 293 kcal/1231 kJ; 25 g Kohlenhydrate; 19 g Eiweiß; 13 g Fett (davon 5 g gesättigte Fettsäuren); Vitamine: A, B-Gruppe und E.

PITTA-PIZZA

*Wenn die Zeit nicht reicht, um eine echte Pizza herzustellen, ist überbackenes Pitta-Brot mit einem Belag
aus würziger Sauce sowie verschiedenen Käse- und Gemüsesorten eine schmackhafte Alternative.*

ZEIT: 25 MINUTEN
2 PORTIONEN

Pflanzenöl für das Backblech
2 Pitta-Brote aus Vollkornmehl
3 EL Tomatenketchup
½ TL Tabascosauce
je 50 g Mozzarella, Emmentaler und Taleggio bzw. Chaumes
1 rote Zwiebel
2 Tomaten
½ rote oder grüne Paprikaschote
1 Knoblauchzehe
1 EL Olivenöl
4 schwarze Oliven
einige Zweige Majoran bzw. Basilikum
25 g Parmesan

1 Den Backofen auf 190 °C (Umluft 170 °C; Gas Stufe 3) vorheizen. Ein Backblech mit etwas Öl dünn ausfetten. Die Pitta-Brote aufschneiden und halbieren.

2 Den Ketchup mit der Tabascosauce mischen, die Brote damit bestreichen und auf das Blech legen.

3 Mozzarella und Emmentaler reiben und über die Brote streuen.

4 Taleggio oder Chaumes in Würfel schneiden und auf die Brote geben.

5 Die Zwiebel schälen und in dünne Streifen schneiden. Die Tomaten und die Paprikaschote waschen und abtrocknen. Die Tomaten in runde Scheiben schneiden, die Paprika halbieren, entkernen und fein hacken. Die Zwiebel und die Tomaten auf den Käse legen und die Paprikastückchen darüber streuen.

6 Den Knoblauch schälen und durch die Presse drücken, mit dem Öl mischen und über die Pizzas träufeln. Je eine Olive in die Mitte legen und auf der obersten Einschubleiste 10 Minuten überbacken.

7 Inzwischen die Kräuter waschen und trockentupfen; die Blätter abzupfen und in eine Schüssel geben. Den Parmesan dazureiben und alles mischen.

8 Die Pizzas mit der Kräuter-Käse-Mischung bestreuen und servieren.

VARIANTE
Statt der Pitta-Brote aus Vollkornmehl, die einen weichen Teig ergeben, kann man helles Pitta-Brot nehmen, das beim Backen knuspriger wird.

NÄHRWERT PRO PORTION: *628 kcal/2638 kJ; 53 g Kohlenhydrate; 27 g Eiweiß; 36 g Fett (davon 13 g gesättigte Fettsäuren); Vitamine: A, B-Gruppe, C und E.*

81

AVOCADOSALAT MIT MELONE UND GARNELEN

KNACKIGE SALATE

*Das Aroma frischer Kräuter, vielfältige Dressings
mit erlesenen Ölen und bestem Essig sowie eine Fülle feinster Zutaten
zeichnen diese abwechslungsreichen Salate aus, deren Bandbreite
von vitaminreichen Vorspeisen und gesunden Beilagen bis hin zu
gehaltvollen Hauptgerichten reicht.*

SPARGELSALAT MIT FRISCHEM LACHS

Ein exotisches Dressing aus pürierter Mango, Joghurt, Senf und einem Hauch Anis macht aus diesem Salat mit frischem Spargel und gebratenem Lachs eine erlesene Köstlichkeit.

ZEIT: 25 MINUTEN
4 PORTIONEN

---

4 Lachsfilets
(je 150–175 g)

---

1 EL Oliven- oder Sonnenblumenöl

---

200 g Spargel

---

2 große Mangos
(je etwa 250 g)

---

4 Schnittlauchhalme

---

100 g Naturjoghurt

---

1 TL Ganzkornsenf

---

1 EL Anislikör oder -schnaps

---

schwarzer Pfeffer

---

1 große Stange Staudensellerie

---

250 g gemischter Blattsalat

---

1 ½ l Wasser zum Kochen bringen. Den Lachs enthäuten, sorgfältig entgräten und in große Würfel schneiden. Das Öl in einer großen Pfanne auf mittlerer Stufe erhitzen

und den Lachs 2–3 Minuten braten, bis er leicht gebräunt ist. Dabei mehrmals an der Pfanne rütteln. Auf Küchenpapier abtropfen lassen.

2 Den Spargel waschen und schälen, in etwa 4 cm lange Stücke zerteilen, mit dem kochenden Wasser übergießen und 2 Minuten blanchieren. Mit kaltem Wasser abschrecken und dann abtropfen lassen.

3 Für das Dressing die Mangos schälen, in Würfel schneiden und in den Mixer oder in eine Rührschüssel geben. Den Schnittlauch waschen, trockentupfen und zur Mango schneiden. Joghurt, Senf und Anislikör oder -schnaps hinzufügen und alles im Mixer oder mit dem Pürierstab zu einer cremigen Sauce verarbeiten. Mit Pfeffer abschmecken.

4 Die Selleriestange waschen, abziehen und in feine Scheiben schneiden. Mit dem Spargel und dem Lachs in eine Schüssel geben. Das Dressing vorsichtig mit dem Salat vermengen, damit der Fisch nicht zerfällt.

5 Die Salatblätter putzen, waschen und trockenschleudern, dann auf Teller verteilen und den Spargel-Lachs-Salat darauf anrichten.

VARIANTE
Wer den Anisgeschmack nicht mag, kann auch einen trockenen oder halb-trockenen weißen Wermut zum Aromatisieren verwenden.

NÄHRWERT PRO PORTION: 576 kcal/2419 kJ; 33 g Kohlenhydrate; 48 g Eiweiß; 28 g Fett (davon 5 g gesättigte Fettsäuren); Vitamine: A, B-Gruppe, C und E.

FENCHELSALAT MIT WILDREIS

*Mit seinem herben Aroma von Wildreis, dem feinen Anisgeschmack des Fenchels und einer
Mischung aus Früchten, Nüssen und Rosinen passt dieser Salat hervorragend zu Wild und Geflügel.*

ZEIT: 30 MINUTEN
4–6 PORTIONEN

175 g Fertigmischung aus Langkornreis und Wildreis
Salz und schwarzer Pfeffer
250 g Salatgurke
250 g Fenchel
6 Lauchzwiebeln
125 g kernlose blaurote Trauben
50 g geschälte Haselnüsse
25 g Rosinen
1 unbehandelte Orange
3 Zweige Kerbel
6–8 Zweige Estragon
2 Zweige Petersilie
6 EL Nussöl
1 EL Weißweinessig

1 425 ml Wasser zum Kochen bringen, den Reis mit etwas Salz hineingeben und zugedeckt 18–20 Minuten köcheln, bis er weich ist und alles Wasser aufgesogen hat.

2 Inzwischen die Gurke schälen und würfeln. Fenchel, Lauchzwiebeln und Weintrauben waschen und abtrocknen. Den Fenchel und die Lauchzwiebeln in dünne Scheiben schneiden; die Trauben halbieren und mit der Gurke in eine Schüssel geben. Die Nüsse hacken und mit den Rosinen hinzufügen.

3 Die Orange heiß abwaschen und die Schale in den Salat reiben.

4 Für das Dressing die Orange auspressen und 3 EL Saft in ein Schälchen gießen. Die Kräuter waschen, trockentupfen, fein hacken und

mit Essig und Öl zum Saft geben. Mit dem Schneebesen verrühren und abschmecken.

5 Den Reis abgießen und kurz unter fließendem kaltem Wasser abspülen. Gut abtropfen lassen, mit dem Gemüse mischen und das Dressing darüber geben. Mit Estragon garnieren.

NÄHRWERT PRO PORTION (BEI 4 PORTIONEN):
*459 kcal/1928 kJ; 50 g Kohlenhydrate;
7 g Eiweiß; 26 g Fett (davon 2 g gesättigte
Fettsäuren); Vitamine: B-Gruppe, C und E.*

GUT ZU WISSEN

*Der Salat schmeckt noch besser, wenn
man ihn vor dem Servieren etwa
30 Minuten lang ziehen lässt.*

THAILÄNDISCHER RINDFLEISCHSALAT

Zartrosa gebratenes Beefsteak und knackig frische Gemüsesorten verbinden sich bei dieser Salatspezialität, die auch als Hauptgang gereicht werden kann, mit zahlreichen Aromen der asiatischen Küche.

ZEIT: 30 MINUTEN
4 PORTIONEN

350 g feste Salatblätter
175 g Salatgurke
2 Möhren
120 g frische Bohnensprossen
1 Knoblauchzehe
1 Stängel Zitronengras
500 g mageres Beefsteak
1 kleines Bund Koriander

1 kleines Bund Basilikum
2 TL Pflanzenöl
2 Limonen
2 EL Olivenöl
1 EL süße Chilisauce

1 Den Salat waschen, putzen und in feine Streifen schneiden; die Gurke waschen, abtrocknen und würfeln; die Möhren schälen und grob raspeln; die Bohnensprossen waschen und abtropfen lassen. Alles auf einer großen Servierplatte anrichten.

2 Den Knoblauch schälen und durch die Presse drücken. Von dem Stängel Zitronengras so viel hacken, dass es 1 TL ergibt. Das Fleisch in dünne Streifen schneiden. Die Kräuter waschen, trockentupfen, fein hacken und alles beiseite stellen.

3 Das Pflanzenöl in einer großen Pfanne erhitzen und darin den

Knoblauch mit dem Zitronengras etwa 30 Sekunden braten.

4 Das Fleisch dazugeben und bei starker Hitze 1–2 Minuten unter ständigem Rühren anbraten. Das Fleisch auf dem Salat verteilen.

5 Die Limonen auspressen und 2 EL von dem Saft mit Kräutern, Olivenöl und Chilisauce in die Pfanne geben. Unter Rühren eine Minute kochen. Das Dressing über den Salat geben und servieren.

NÄHRWERT PRO PORTION: 272 kcal/1142 kJ; 7 g Kohlenhydrate; 29 g Eiweiß; 14 g Fett (davon 4 g gesättigte Fettsäuren); Vitamine: A, B-Gruppe, C und E.

GRIECHISCHER SALAT

Bei dieser Variante des Klassikers vom Mittelmeer werden süße Kirschtomaten mit würzigem Fetakäse und Oliven gemischt.

ZEIT: 15 MINUTEN
4–6 PORTIONEN

20 Kirschtomaten
1 Salatgurke
350 g griechischer Fetakäse
4 EL Olivenöl
1/2 Zitrone
12 schwarze Oliven
schwarzer Pfeffer

1 Die Tomaten waschen, abtrocknen, halbieren und in eine Servierschüssel geben. Die Gurke waschen, abtrocknen und längs halbieren; beide Hälften in 1 cm dicke Scheiben schneiden und zu den Tomaten geben.

2 Den Käse abtropfen lassen und in die Schüssel krümeln. Öl und 1 EL Zitronensaft darüber träufeln. Die Oliven dazugeben und mit Pfeffer abschmecken. Alles gut vermischen und servieren.

NÄHRWERT PRO PORTION (BEI 4 PORTIONEN): 365 kcal/1533 kJ; 5 g Kohlenhydrate; 16 g Eiweiß; 31 g Fett (davon 15 g gesättigte Fettsäuren); Vitamine: A, B-Gruppe, C und E

THAI-SALAT MIT KOKOSDRESSING

Sahnige Kokosmilch, milder Erdnussgeschmack, feurige Chilisauce und das Zitrusaroma von Limonen werden zu einem fernöstlichen Dressing für verschiedene Gemüsesorten kombiniert.

ZEIT: 25 MINUTEN
4 PORTIONEN

200 g Chinakohl

3 kleine Stangen
Staudensellerie

2 Möhren

200 g Maiskölbchen
(frisch oder aus dem Glas)

4 Frühlingszwiebeln

2 Limonen

5 EL Kokosmilch

3 EL Erdnusscreme

½ TL Chilisauce

1 TL thailändische Fischsauce oder
helle Sojasauce

Salz und schwarzer Pfeffer

1 Den Chinakohl waschen, trocken-schleudern, in Stücke zupfen und in eine Salatschüssel geben.

2 Den Sellerie waschen und ab-trocknen; die Möhren schälen. Beides in dünne Streifen schneiden und zum Chinakohl geben.

3 Maiskölbchen und Frühlings-zwiebeln waschen, abtrocknen, schräg in Stücke schneiden und zum Salat geben.

4 Für das Kokosdressing die Limonen auspressen und 3 EL Saft in ein Glas mit Schraubverschluss füllen. Kokosmilch, Erdnusscreme, Chilisauce sowie Fisch- bzw. Soja-sauce dazugeben und würzen.

Den Deckel schließen und das Glas schütteln. Erneut abschmecken.

5 Das Dressing mit dem Salat vermengen und sofort servieren.

NÄHRWERT PRO PORTION: 165 kcal/693 kJ; 15 g Kohlenhydrate; 6 g Eiweiß; 9 g Fett (davon 2 g gesättigte Fettsäuren); Vitamine: A, B-Gruppe, C und E.

GUT ZU WISSEN

Chinakohl kann man nicht nur als Salat, sondern auch als gedämpftes Gemüse mit einer würzigen Sauce verzehren.

Mozzarella mit Tomatendressing

Eine der bekanntesten italienischen Vorspeisen wird hier in einer würzigen Variante mit Blattsalat, getrockneten Tomaten, Kapern und mehreren Kräutern präsentiert.

Zeit: 15 Minuten
4 Portionen

150 g getrocknete Tomaten in Öl
etwa 100 ml Olivenöl
1 kleines Bund Basilikum
1 kleines Bund Petersilie
1 kleines Bund Majoran oder Oregano
1 EL Balsamessig
1 EL Kapern
1 Knoblauchzehe
schwarzer Pfeffer
125 g gemischter Blattsalat
500 g frischer Mozzarella (am besten aus Büffelmilch)

1 Für das Dressing die getrockneten Tomaten in den Mixer geben. Das Öl aus dem Glas, in dem die Tomaten waren, in einen Messbecher gießen und mit Olivenöl auf 150 ml auffüllen. Das Öl in den Mixer geben. Die Kräuter waschen und trockentupfen.

2 Kräuter, Balsamessig und Kapern in den Mixer füllen. Den Knoblauch schälen, in den Mixer geben und alles zu einem dicken Püree verarbeiten.

3 Das Dressing mit Pfeffer abschmecken.

4 Den gemischten Blattsalat putzen, waschen, trockenschleudern und auf Tellern anrichten.

5 Den Mozzarella gut abtropfen lassen, in etwa 1 cm dicke Scheiben schneiden und auf den Salatblättern anrichten. Das Dressing mit einem Löffel darüber träufeln und sofort servieren.

Variante

Bocconcini – kleine Mozzarellabällchen – bilden eine attraktive Alternative zu dem in Scheiben geschnittenen Mozzarella.

Nährwert pro Portion: 520 kcal/2184 kJ; 7 g Kohlenhydrate; 33 g Eiweiß; 40 g Fett (davon 17 g gesättigte Fettsäuren); Vitamine: A, B-Gruppe und E.

WARME ENTENBRUST MIT ROTWEIN UND APFEL

Dieser edle Salat eignet sich als Auftakt für ein festliches Menü ebenso wie für eine außergewöhnliche Zwischenmahlzeit.

ZEIT: 30 MINUTEN
4 PORTIONEN

4 Entenbrüste ohne Knochen (jeweils etwa 175 g)
Salz und schwarzer Pfeffer
einige Zweige Minze oder Petersilie
1 Knoblauchzehe
Salz und schwarzer Pfeffer
1 TL Zucker
2 TL Dijon- oder Ganzkornsenf
4–5 EL Rotwein
4 EL Olivenöl
2 Salatherzen
50 g Radicchio
75 g Brunnenkresse
1 kleine rote Zwiebel
1 roter Tafelapfel

1 Jede Entenbrust von Haut und Sehnen befreien. Das Fleisch großzügig mit Salz und Pfeffer würzen und beiseite stellen.

2 Für das Dressing die Minze bzw. Petersilie waschen, trockentupfen, fein hacken und in eine große Salatschüssel geben. Den Knoblauch schälen, durch die Presse drücken und dazugeben. Mit Salz und Pfeffer würzen, Zucker, Senf, 2 EL Rotwein und 3 EL Olivenöl hinzufügen und alles mit dem Schneebesen cremig schlagen.

3 Die Salatherzen und den Radicchio putzen, waschen und trockenschleudern. In kleine Stücke zupfen und ins Dressing geben. Die Brunnenkresse waschen und trockentupfen. Die rote Zwiebel halbieren, schälen und in dünne Scheiben schneiden. Den Apfel waschen, abtrocknen, vierteln, entkernen und in feine Spalten teilen. Alles in die Salatschüssel geben und behutsam vermengen.

4 1 EL Öl in einer Pfanne erhitzen und das Fleisch darin bei mäßiger Temperatur auf jeder Seite 4–5 Minuten braten, bis es außen goldbraun, aber im Inneren noch leicht rosa ist.

5 Das Fleisch herausnehmen und 2 Minuten ziehen lassen. Inzwischen das Fett aus der Pfanne gießen, die Kochplatte auf höchster Stufe erhitzen, 2–3 EL Rotwein in die Pfanne geben und den Bratensatz durch Rühren lösen.

6 Die Entenbrüste quer in dünne Scheiben schneiden und zum Salat geben. Den Bratensaft über den Salat gießen, gut mischen und servieren.

VARIANTE
Man kann die Enten- durch Hühnerbrüste ersetzen und in diesem Fall Weißwein statt Rotwein zum Bratersaft geben. Huhn muss gut durchgebraten werden, rechnen Sie also mit einer etwas längeren Zubereitungszeit.

NÄHRWERT PRO PORTION: 397 kcal/1667 kJ; 8 g Kohlenhydrate; 36 g Eiweiß; 23 g Fett (davon 5 g gesättigte Fettsäuren); Vitamine: B-Gruppe, C und E.

GEMISCHTER BOHNENSALAT

Verschiedene Bohnen- und andere Gemüsesorten sowie ein üppiges, nach reichlich Basilikum duftendes Joghurt-Senf-Dressing machen diesen herzhaften Salat zu einer vollwertigen Hauptmahlzeit.

ZEIT: 25 MINUTEN
4 PORTIONEN

250 g grüne Bohnen ohne Faden
je 450 g Kidney- und Cannellini-Bohnen sowie Linsen aus der Dose
300 g Artischockenherzen in Öl
150 g kleine Champignons
75 g Frühlingszwiebeln
200 g griechischer Naturjoghurt
1/2 Zitrone
1–2 TL Dijonsenf
1 kleines Bund Basilikum
Salz und schwarzer Pfeffer
1 Kopfsalat

1 Wasser in einem Topf erhitzen. Grüne Bohnen waschen, halbieren und 5–6 Minuten kochen, bis sie gerade weich werden. Unter kaltem Wasser abspülen, dann abtropfen lassen.

2 Die Bohnen und Linsen aus der Dose abspülen, abtropfen lassen und zum Trocknen auf einer doppelten Lage Küchenpapier ausbreiten.

3 Die Artischockenherzen auf Küchenpapier abtropfen lassen und vierteln. Die Pilze putzen und in Scheiben schneiden; die Frühlingszwiebeln putzen, waschen und ebenfalls in Scheiben schneiden.

4 Für das Dressing den Joghurt in eine große Schüssel geben; die Zitrone auspressen und den Saft dazugießen. Den Senf hinzufügen und alles gut verrühren.

5 Das Basilikum waschen und vorsichtig trockentupfen, ein paar Zweige zum Garnieren zurücklegen, den Rest zerrupfen und ins Dressing geben. Mit Pfeffer und Salz abschmecken.

6 Die Salatblätter waschen, trockenschleudern und auf einem Servierteller anrichten. Das Bohnengemüse in das Dressing mischen. Mit einem Löffel auf den Salatblättern verteilen und mit dem Basilikum garnieren.

NÄHRWERT PRO PORTION: 598 kcal/2512 kJ; 64 g Kohlenhydrate; 32 g Eiweiß; 24 g Fett (davon 5 g gesättigte Fettsäuren); Vitamine: B-Gruppe und C.

MELONEN-AVOCADO-SALAT MIT GARNELEN

Eine reife, duftende Melone, cremige Avocados und zartrosa Garnelen garniert mit aromatischen Korianderblättern – ein schöner Sommersalat, der sättigt, aber nicht zu gehaltvoll ist.

ZEIT: 20 MINUTEN
6 PORTIONEN

1 kleine Schalotte

125 g Crème fraîche

2 EL Olivenöl und 1 EL Apfelessig

Zucker, Salz und
schwarzer Pfeffer

einige Zweige Koriander

1 Cantaloupe-Melone oder
1 kleine Galia-Melone

2 Avocados

50 g gemischter Blattsalat

350 g gekochte und
geschälte Garnelen

1 Für das Dressing die Schalotte halbieren, schälen und hacken. In ein Schälchen füllen und Crème fraîche, Öl, Essig und Zucker dazugeben. Gut umrühren, mit Salz und Pfeffer abschmecken und beiseite stellen.

2 Den Koriander waschen und trockentupfen, die Blätter abzupfen und zurücklegen.

3 Die Melone vierteln und entkernen, die Schale abschneiden und das Fruchtfleisch längs in schmale Spalten teilen.

4 Die Avocados halbieren, entsteinen, schälen und das Fruchtfleisch längs in ebenso schmale Streifen wie die Melone schneiden.

5 Die Salatblätter waschen, trockenschleudern und mit den Melonen- und Avocadospalten auf 6 Tellern anrichten. Die Garnelen darüber streuen und das Dressing mit einem Löffel über den Salat träufeln. Mit den Korianderblättern garnieren und servieren.

NÄHRWERT PRO PORTION: 324 kcal/1361 kJ; 7 g Kohlenhydrate; 16 g Eiweiß; 26 g Fett (davon 9 g gesättigte Fettsäuren); Vitamine: B-Gruppe, C und E.

CHICORÉE MIT BIRNE UND ROQUEFORT

*Saftiges Obst, würziger Blauschimmelkäse, knackige Nüsse und bitterer Chicorée bilden eine
bunte Salatmischung, die im Herbst, wenn die Walnüsse frisch geerntet werden, am besten schmeckt.*

**ZEIT: 15 MINUTEN
4–6 PORTIONEN**

**6 ganze frische Walnüsse
oder 12 Walnusshälften ohne Schale**

3 Stauden Chicorée

2 Tafelbirnen

80 g Roquefort

**nach Belieben 1 kleines Bund Kerbel
oder 4 Zweige Estragon**

1 EL Weinessig

Salz

2 EL Olivenöl und 3 EL Walnussöl

1 Bei frischen Walnüssen die Schale
knacken und die Kerne herausholen.
Die Kerne bzw. Walnusshälften grob
hacken und beiseite stellen.
2 Den Chicorée waschen und
abtrocknen; die Blätter trennen und
auf Tellern anrichten. Die Birnen
waschen, abtrocknen, vierteln und
das Kerngehäuse entfernen.
Jedes Viertel in 3 Spalten schneiden
und auf den Chicorée legen.
3 Den Käse zerkrümeln und mit
den Nüssen über die Birnen streuen.
Die Kräuter waschen und trockentupfen. Die Blätter abzupfen und
beiseite legen.
4 Essig, Salz und Öl mit dem
Schneebesen gut verrühren.
Das Dressing über den Salat träufeln
und diesen gegebenenfalls mit den
Kräutern garnieren.

NÄHRWERT PRO PORTION (BEI 4 PORTIONEN):
306 kcal/1285 kJ; 9 g Kohlenhydrate;
6 g Eiweiß; 28 g Fett (davon 7 g gesättigte
Fettsäuren); Vitamine: B-Gruppe.

SO GEHT'S LEICHTER!

*Um frische Walnüsse zur Weiter-
verarbeitung vorzubereiten, knackt man
die Schale, holt den Nusskern heraus,
übergießt ihn erst kurz mit kochendem
und danach mit kaltem Wasser und reibt
dann die dünne, dunkle Haut ab.*

SALADE NIÇOISE

Dieser provenzalische Salat mit Bohnen, Artischockenherzen und Paprika hat viele Varianten, und nach Belieben können Zutaten ergänzt oder weggelassen werden – der Phantasie sind keine Grenzen gesetzt.

ZEIT: 25 MINUTEN
4 PORTIONEN

4 Eier
2 dicke Scheiben Vollkornbrot
5 EL Olivenöl
2 Knoblauchzehen
½ TL Zucker
Salz
1 EL Weißweinessig
1–2 TL Dijonsenf
400 g Thunfisch aus der Dose
1 rote Zwiebel
50 g Anchovisfilets aus dem Glas
50 g Kapern
100 g schwarze Oliven ohne Stein
3 Salatherzen (vom Romanasalat)
175 g Kirschtomaten

1 Die Eier in einen kleinen Topf geben und mit Wasser bedecken. Aufkochen, dann die Hitze zurückschalten und 4 Minuten köcheln lassen. Den Topf von der Hitze nehmen, einen Deckel auflegen und die Eier stehen lassen.

2 Für die Croûtons das Brot in 1 cm große Würfel schneiden. 2 EL Öl in die Pfanne geben und auf mittlerer Stufe erhitzen. Eine Knoblauchzehe schälen, durch die Presse in die Pfanne drücken und unter Rühren anbraten. Den Knoblauch mit dem Schaumlöffel entfernen, die Brotwürfel in die Pfanne geben und unter Rühren goldgelb braten. Abtropfen und erkalten lassen.

3 Für das Dressing wenig Salz, Zucker und Essig in eine Salatschüssel geben. Die zweite Knoblauchzehe schälen und dazupressen, dann Senf und 3 EL Olivenöl hinzufügen und alles zu einer dickflüssigen Sauce vermischen.

4 Den Thunfisch abtropfen lassen und zerpflückt ins Dressing geben. Die Zwiebel schälen, in sehr dünne Ringe schneiden und zusammen mit den Anchovis und ihrem Öl, den

Kapern und den Oliven ebenfalls hinzufügen. Behutsam vermengen.

5 Die Salatherzen in kleine Stücke zerschneiden; die Blätter trennen, waschen und trockenschleudern. Zur Thunfischmischung geben. Die Tomaten waschen, abtrocknen, halbieren und in den Salat geben.

6 Die Eier schälen und längs vierteln. Den Salat so vermengen, dass jedes Blatt vom Dressing überzogen ist, dann die Eiviertel hinzufügen. Die Croûtons getrennt reichen.

NÄHRWERT PRO PORTION. 525 kcal/2205 kJ; 17 g Kohlenhydrate; 33 g Eiweiß; 37 g Fett (davon 6 g gesättigte Fettsäuren); Vitamine A, B-Gruppe, C und E.

GUT ZU WISSEN

Da der Thunfisch und besonders die Anchovis sehr salzig sind, empfiehlt es sich, Salz nur sehr sparsam zu verwenden oder möglicherweise sogar ganz darauf zu verzichten.

DICKE BOHNEN MIT GARNELEN UND FETA

*Frische, duftende Minze, in der Molke gereifter griechischer Ziegenmilchkäse und ein kräftiges
Knoblauch-Zitronen-Dressing geben diesem knackigen Salat seine Würze.*

ZEIT: 20 MINUTEN
4 PORTIONEN

500 g dicke Bohnen
(TK-Ware)

2–3 Zweige Minze

200 g griechischer Feta

200 g gekochte, geschälte
Garnelen

1 große Zitrone

6 EL Olivenöl

1 Knoblauchzehe

Salz und schwarzer Pfeffer

1 1 l Wasser in einem Topf zum
Kochen bringen.
Die Bohnen mit einem Zweig Minze
in das kochende Wasser geben
und 6 Minuten köcheln lassen.
Die Bohnen abgießen, waschen und
abtropfen lassen.
2 Den Feta würfeln und mit den
Garnelen in eine Salatschüssel geben.
3 Für das Dressing eine Zitronenhälfte auspressen. 2 EL Zitronensaft
mit dem Öl vermischen und die
geschälte Knoblauchzehe durch die

Presse dazudrücken. Die restliche
Minze waschen, trockentupfen, fein
hacken und in das Dressing rühren.
Mit Salz und Pfeffer abschmecken.
4 Die Bohnen zur Käse-Garnelen-
Mischung geben. Das Dressing untermischen. Eine Zitronenhälfte in Spalten schneiden und zum Salat reichen.

*NÄHRWERT PRO PORTION: 428 kcal/1798 kJ;
16 g Kohlenhydrate; 29 g Eiweiß; 28 g Fett
(davon 9 g gesättigte Fettsäuren); Vitamine:
B-Gruppe, C und E.*

SPROSSENSALAT MIT FETA UND NÜSSEN

Anstelle der frischen Bohnensprossen eignet sich für diesen Salat auch eine Mischung aus Mungbohnenkeimen und Alfalfasprossen, die im Glas oder in der Dose angeboten werden.

ZEIT: 20 MINUTEN
4 PORTIONEN

1 Stück Salatgurke (5 cm lang)
2 Stangen Staudensellerie
350 g frische Bohnensprossen
100 g geschälte Haselnusskerne
2 Orangen
150 g griechischer Feta
2 EL Haselnuss- oder Walnussöl
Salz und schwarzer Pfeffer
1 TL Ganzkornsenf
1 Schachtel Gartenkresse

1 Den Backofen auf 200 °C (Umluft 180 °C; Gas Stufe 3–4) vorheizen und 1 1/2 l Wasser in einem Topf aufkochen.

2 Die Gurke und den Sellerie putzen, waschen und abtrocknen, in kleine Stücke schneiden und in eine Salatschüssel geben.

3 Die Bohnensprossen eine Minute blanchieren, dann abgießen und abspülen.

4 Die Haselnüsse etwas zerkleinern und auf einem Backblech 3–4 Minuten goldgelb rösten.

5 Mit einem Messer die Schale einer Orange samt der darunter liegenden weißen Haut abschneiden.
Die Segmente mit einem scharfen Messer filetieren und in die Schüssel geben.

6 Für das Dressing die zweite Orange auspressen und den Saft in eine kleine Schüssel gießen. Mit dem Schneebesen Nussöl, Gewürze und Senf unterrühren.

7 Den Käse abtropfen lassen und in die Salatschüssel krümeln, dann die Bohnensprossen und die Haselnüsse hinzufügen. Die Kresse waschen und trockentupfen. Das Dressing über den Salat gießen, behutsam untermischen und alles mit Kresse garnieren.

NÄHRWERT PRO PORTION: 352 kcal/1478 kJ; 9 g Kohlenhydrate; 13 g Eiweiß; 30 g Fett (davon 7 g gesättigte Fettsäuren); Vitamine: B-Gruppe, C und E.

SALATE ALS BEILAGE

ZUCKERERBSENSALAT MIT EINGELEGTEM INGWER

Für Braten und Rindfleisch, Hühnchen oder Fisch vom Grill ist dieser Salat eine hervorragende Ergänzung.

ZEIT: 15 MINUTEN
4 PORTIONEN

350 g Zuckererbsen

Salz

50 g eingelegter Ingwer (siehe Kasten unten)

3 EL Naturjoghurt

schwarzer Pfeffer

1 kleines Bund Schnittlauch

1 1 l Wasser in einem Topf aufkochen. Die Zuckererbsen putzen und waschen. Mit etwas Salz in den Topf schütten, aufkochen und 1–2 Minuten garen, sodass sie weich, aber noch bissfest sind. Abgießen und beiseite stellen.
2 Für das Dressing den eingelegten Ingwer mit der Flüssigkeit in eine Salatschüssel geben und die Scheiben voneinander trennen. Den Joghurt hinzufügen, mit schwarzem Pfeffer abschmecken und cremig rühren.
3 Die Zuckererbsen in die Salatschüssel geben und alles gut vermengen. Den Schnittlauch waschen, trockentupfen, klein schneiden und über den Salat streuen.

NÄHRWERT PRO PORTION: 60 kcal/252 kJ; 7 g Kohlenhydrate; 5 g Eiweiß; 1 g Fett (davon 0,6 g gesättigte Fettsäuren); Vitamine: B-Gruppe, C und E.

GUT ZU WISSEN

Dünne Scheiben eingelegter Ingwer, manchmal Ingwer-Pickles genannt, werden in größeren Supermärkten in der Abteilung für ausländische Spezialitäten sowie in fernöstlichen Feinkostläden und manchen Reformhäusern angeboten.

MÖHRENSALAT MIT INGWER

Dieser Salat mit einem ausgefallenen Ingwer-Zitrus-Dressing passt am besten zu gegrilltem Fisch.

ZEIT: 30 MINUTEN
4 PORTIONEN

150 g Sultaninen

1 Stück Ingwerwurzel (5 cm lang)

1 unbehandelte Zitrone

1 unbehandelte Orange

200 g saure Sahne oder 200 g Naturjoghurt

400 g junge Möhren

Salz

½ TL Honig oder Zucker

50 g gehackte Erd-, Pekan- oder Walnüsse

1 ½ l Wasser zum Kochen bringen. Die Sultaninen in ein kleines Schälchen füllen, mit dem Wasser übergießen und beiseite stellen.
2 Für das Dressing den Ingwer schälen und in eine kleine Schüssel raspeln.
3 Die Zitrone und die Orange mit heißem Wasser abwaschen und von jeder Frucht jeweils die Hälfte der Schale reiben und zum Ingwer geben. Die andere Fruchthälfte auspressen und den Saft dazugießen. Die saure Sahne oder den Joghurt unterrühren und das Dressing beiseite stellen.
4 Die Möhren schälen und in eine Salatschüssel reiben. Die Sultaninen abgießen und hinzufügen.
5 Das Dressing mit der Möhren-Sultaninen-Mischung verrühren, dann salzen und mit Honig oder Zucker abschmecken. Zum Schluss die gehackten Nüsse unterrühren und servieren.

NÄHRWERT PRO PORTION: 315 kcal/1323 kJ; 35 g Kohlenhydrate; 7 g Eiweiß; 18 g Fett (davon 8 g gesättigte Fettsäuren); Vitamine: A, B-Gruppe und E.

GURKE, BLATTSALATE UND ROTE ZWIEBELN

Eine bunte Mischung von Blattsalaten, Gurken und roten Zwiebeln rundet gebratenes Geflügel gut ab.

ZEIT: 10 MINUTEN
4 PORTIONEN

1 Kopf Friséesalat

1 Staude Chicorée

1 Kopf Radicchio

250 g Salatgurke

1 kleine rote Zwiebel

50 g Walnusshälften

1 Knoblauchzehe

3 EL Walnussöl

1 EL Weißweinessig

Salz und schwarzer Pfeffer

1 Die Friséesalat-, Chicorée- und Radicchioblätter jeweils voneinander trennen, waschen und trockenschleudern. Alle Blätter in eine große Salatschüssel geben und miteinander vermischen.
2 Die Gurke waschen, schälen und in dünne Scheiben schneiden; die Zwiebel schälen und in feine Ringe schneiden. Beides zu den Salatblättern geben und dann die Walnüsse hinzufügen.
3 Für das Dressing den Knoblauch schälen und durch die Presse in ein Schälchen drücken. Das Öl und den Essig dazugeben, mit Salz und Pfeffer abschmecken und alles mit dem Schneebesen gut verrühren.
4 Kurz vor dem Servieren das Dressing unter den Salat mischen.

NÄHRWERT PRO PORTION: 187 kcal/785 kJ; 5 g Kohlenhydrate; 4 g Eiweiß; 17 g Fett (davon 2 g gesättigte Fettsäuren); Vitamine: B-Gruppe.

IDEALE BEILAGEN: GURKE, BLATTSALATE UND ROTE ZWIEBELN (OBEN), ZUCKERERBSENSALAT MIT INGWER (MITTE), MÖHRENSALAT MIT INGWER (UNTEN)

SALAT CÄSAR

Parmesan weist auf den italienischen Ursprung dieses herzhaften Salates hin,
der heute besonders in Nordamerika auf keinem Salatbuffet fehlen darf.

ZEIT: 25 MINUTEN
4 PORTIONEN

2 Köpfe Romanasalat
5 dicke Scheiben Weißbrot
2 EL Erdnussöl und 8 EL Olivenöl
2 Knoblauchzehen
1 großes Ei
8 Anchovisfilets
1 Zitrone
Salz und schwarzer Pfeffer
80 g Parmesan

1 Vom Salat die äußeren Blätter entfernen, den Rest waschen, trockenschleudern und in eine Schüssel geben.

2 Etwas Wasser zum Eikochen in einem Topf aufsetzen.

3 Für die Croûtons die Kruste vom Weißbrot entfernen und die Scheiben in 1 cm große Würfel schneiden. In einer Bratpfanne das Erdnussöl mit 2 EL Olivenöl erhitzen. Den Knoblauch schälen und durch die Presse in die Pfanne drücken; das Brot hineingeben, unter Rühren knusprig braten und auf Küchenpapier abtropfen lassen.

4 Sobald das Wasser kocht, das Ei für eine Minute hineingeben, dann abschrecken, schälen und beiseite legen. Die Anchovisfilets in grobe

Stücke schneiden und ebenfalls beiseite legen.

5 Für das Dressing die Zitrone auspressen und 2 EL Saft mit dem restlichen Öl, etwas Salz und Pfeffer mischen. Das Ei hineinrühren.

6 Das Dressing mit den Salatblättern mischen, dann die Anchovis und die Croûtons unterheben.

7 Vom Parmesan dünne Streifen abhobeln und auf dem Salat verteilen.

NÄHRWERT PRO PORTION: 523 kcal/2197 kJ;
27 g Kohlenhydrate; 18 g Eiweiß; 39 g Fett
(davon 9 g gesättigte Fettsäuren); Vitamine:
B-Gruppe und E.

SOMMERSALAT MIT MELONE

*Gurken, Radieschen und Bohnen kombiniert mit Mandeln und Melone – ein ungewöhnlicher Salat,
der mit einem fruchtig süßen Dressing eine ideale Beilage für kaltes Fleisch und Geflügel ist.*

ZEIT: 20 MINUTEN

4 PORTIONEN

---

500 g Wasser- oder Honigmelone

100 g Salatgurke

Salz und schwarzer Pfeffer

Olivenöl zum Braten

25 g Mandelblättchen

100 g frische Bohnensprossen

150 g Radieschen

4 Lauchzwiebeln

1½ TL klarer Honig

3 EL Walnussöl und 1 EL Apfelessig

1 kleines Bund Brunnenkresse

---

1 Die Melone entkernen; die Gurke
waschen und abtrocknen. Beides
würfeln und in einen Durchschlag
geben, leicht salzen und mischen.
Mit einem Teller beschweren und die
Flüssigkeit abtropfen lassen.

2 In einer Bratpfanne etwas Öl
erhitzen und die Mandelblättchen
darin goldgelb braten. Auf Küchenpapier abtropfen lassen.

3 Die Bohnensprossen waschen und
abtropfen lassen; die Radieschen und
Lauchzwiebeln putzen, waschen und
abtrocknen. Die Radieschen vierteln;
die Lauchzwiebeln in Ringe schneiden. Alles in einer Schüssel mischen.

4 Honig, Walnussöl, Essig, Pfeffer
und Salz verrühren und über den
Salat gießen.

5 Die Brunnenkresse putzen,
waschen, trockentupfen und in
eine flache Schüssel geben.
Melonen- und Gurkenwürfel zur
Gemüsemischung geben, alles
behutsam vermengen und auf die
Brunnenkresse häufen. Zum
Schluss die Mandelblättchen
darüber streuen.

*NÄHRWERT PRO PORTION: 231 kcal/970 kJ;
15 g Kohlenhydrate; 4 g Eiweiß; 18 g Fett
(davon 2 g gesättigte Fettsäuren); Vitamine
B-Gruppe, C und E.*

KARTOFFELSALAT NACH SÜDSTAATENART

Grüner Paprika, Staudensellerie und Zwiebel sind die Zutaten der Cajun-Küche, die im 17. Jahrhundert von französischen Siedlern in Louisiana begründet wurde. Dieser Salat eignet sich sehr gut für Grillfeste.

ZEIT: 30 MINUTEN
4 PORTIONEN

500 g Salatkartoffeln
Salz und schwarzer Pfeffer
1 kleine grüne Paprikaschote
2 Stangen Staudensellerie
1 kleine rote Zwiebel
150 g Mayonnaise
2 TL Dijonsenf
einige Spritzer Tabascosauce

1 1 l Wasser in einem Topf zum Kochen bringen. Die Kartoffeln schälen, waschen, vierteln und mit etwas Salz in den Topf geben. 15–20 Minuten bei geschlossenem Deckel weich kochen.

2 Inzwischen die Paprikaschote waschen, abtrocknen, halbieren, entkernen, in schmale Streifen schneiden und in eine Salatschüssel geben. Den Sellerie putzen, waschen, abtrocknen, abziehen und in dünne Streifen schneiden; einige Blätter zum Garnieren aufheben. Die Zwiebel schälen, längs halbieren, in dünne Scheiben schneiden und mit dem Sellerie in die Schüssel geben.

3 In einer kleinen Schüssel Mayonnaise und Senf vermischen und mit Tabasco abschmecken.

4 Die Kartoffeln abgießen, unter fließendem Wasser abkühlen, abtropfen lassen, trockentupfen und zum Salat geben. Das Dressing hinzufügen, mit Pfeffer abschmecken und alles vermischen. Mit Sellerieblättern garnieren.

VARIANTE
Mit hart gekochten und klein gehackten Eiern angereichert, kann der Salat auch als Hauptgericht serviert werden.

NÄHRWERT PRO PORTION: 346 kcal/1453 kJ; 19 g Kohlenhydrate; 3 g Eiweiß; 29 g Fett (davon 4 g gesättigte Fettsäuren); Vitamine: B-Gruppe, C und E.

SPINATSALAT MIT MAISKÖLBCHEN

*Saftige Avocadostückchen in einem Knoblauchdressing überziehen zarte Spinatblätter,
leicht pfeffrigen Rucola und kleine, knackige Maiskölbchen.*

ZEIT: 15 MINUTEN
4 PORTIONEN

100 g junge Maiskölbchen
Salz
100 g Rucola und 200 g junger Spinat
1 Avocado
1 Knoblauchzehe
3 EL Olivenöl
1 EL Weißweinessig
1 TL Zucker und 1 TL Tabascosauce

1 ½ l Wasser in einem kleinen Topf zum Kochen bringen. Die jungen Maiskölbchen quer halbieren und mit etwas Salz in das kochende Wasser geben. Nach einer Minute abgießen und trockentupfen.

2 Die Rucola- und Spinatblätter waschen und trockenschleudern.

3 Die Avocado halbieren, den Stein entfernen und das Fruchtfleisch mit einem Teelöffel in eine Salatschüssel geben.

4 Den Knoblauch schälen und durch eine Presse in die Schüssel drücken, dann Öl, Essig, Zucker und Tabascosauce hinzufügen. Mit Salz abschmecken und alles gut verrühren.

5 Den Mais und die Spinat- und Rucolablätter in die Salatschüssel geben, mit dem Dressing vermengen und servieren.

VARIANTE
Anstelle von Rucola eignet sich für diesen Salat auch Brunnenkresse, die wie Rucola einen leicht pfeffrigen Geschmack hat.

*NÄHRWERT PRO PORTION: 174 kcal/731 kJ
8 g Kohlenhydrate; 3 g Eiweiß; 15 g Fett
(davon 3 g gesättigte Fettsäuren); Vitamine:
A, B-Gruppe, C und E.*

Gegrillte Scholle mit Butterzucchini

FISCH UND MEERESFRÜCHTE

Dank der kurzen Kochzeit und der überraschend unkomplizierten Zubereitung zählen Fische und Meeresfrüchte zu den Favoriten der schnellen Küche. Ein hoher Eiweißgehalt und die niedrige Kalorienzahl sind weitere Vorzüge dieser leichten, bekömmlichen Gerichte.

BACHFORELLE MIT WALNUSSDRESSING

Mit etwas Paprika und einem Dressing mit Kräutern und Walnüssen wird eine Bachforelle auf ungewöhnliche Weise abgewandelt.

ZEIT: 25 MINUTEN
4 PORTIONEN

1 Schalotte oder 2 Frühlingszwiebeln
ein paar Zweige Dill oder Selleriegrün
2 EL gewürzter Reis- oder Sherryessig
6 EL Walnussöl
Salz und schwarzer Pfeffer
2 EL Pflanzenöl
4 Forellenfilets (je etwa 175 g)
1/4 TL Paprika
10 Walnusshälften
125 g Rucola, Brunnenkresse oder gemischter Blattsalat

1 Den Grill auf höchster Stufe vorheizen. Für das Dressing die Schalotte schälen und fein hacken bzw. die Frühlingszwiebeln putzen, waschen und klein hacken; in eine kleine Schüssel geben. Den Dill bzw. das Selleriegrün waschen, trockentupfen und fein hacken. Mit Essig, Walnussöl, Salz und Pfeffer in die Schüssel geben. Alles vermischen und beiseite stellen.

2 Die Fettpfanne mit der Hälfte des Pflanzenöls gleichmäßig einfetten. Die Forellenfilets mit der Hautseite nach unten darauf legen und mit Salz und Paprika würzen. Den Fisch auf einer Seite 5–8 Minuten grillen, bis das Fleisch am Rand zart gebräunt ist.

3 Inzwischen das restliche Pflanzenöl in einer kleinen Bratpfanne erhitzen und darin die Walnüsse bei mittlerer Hitze braten; dabei ständig schütteln und rühren, damit sie zart geröstet werden, ohne anzubrennen. Auf Küchenpapier abtropfen lassen und grob zerhacken.

4 Die Salatblätter waschen, trockenschleudern und auf 4 Tellern anrichten. Je ein Forellenfilet auf den Salat legen. Das Dressing noch einmal umrühren, mit einem Löffel über dem Fisch verteilen und die Walnüsse darüber streuen.

NÄHRWERT PRO PORTION: 451 kcal/1894 kJ; 1 g Kohlenhydrate; 37 g Eiweiß; 33 g Fett (davon 4 g gesättigte Fettsäuren); Vitamine: B-Gruppe und C.

MEERESFRÜCHTE IN KNUSPERHÜLLE

Das mit edlem Senf, Worcestersauce und Cayennepfeffer pikant gewürzte Fleisch von Krebsen und Garnelen wird leicht paniert und zu goldbraunen Küchlein gebacken.

ZEIT: 30 MINUTEN

4 PORTIONEN

2 Scheiben altbackenes Brot
100 ml Milch
200 g frisches Krebsfleisch
200 g geschälte und gekochte Garnelen
2 große Eier
2 TL Dijonsenf
1 EL Worcestersauce
60 g geriebene Mandeln
1 große Prise Cayennepfeffer
1 EL Mayonnaise
½ Bund Petersilie
150 g Paniermehl
40 g Weizenmehl
Sonnenblumenöl zum Ausbacken

1 Das Brot 5 Minuten in der Milch einweichen. Das Krebsfleisch zerpflücken, die Garnelen klein schneiden; dann beides in einer Schüssel mischen.

2 Die Eier trennen und das Eiweiß beiseite stellen. Eigelb, Senf, Worcestersauce, Mandeln, Cayennepfeffer und Mayonnaise zum Krebsfleisch und den Garnelen geben. Die Petersilie waschen, trockenschleudern und so viel hacken, dass es 1 EL ergibt. Ebenfalls in die Schüssel geben.

3 Das Brot ausdrücken, zu der Krebsfleischmischung geben und alles verrühren, bis die Masse geschmeidig wird. Wenn sie zu feucht ist, etwas Paniermehl untermischen.

4 Für die Panade auf einen Teller das Weizenmehl und auf einen zweiten das Paniermehl geben. Das Eiweiß mit 1 EL Wasser verquirlen. Aus der Krebsfleischmischung 8 Frikadellen formen. Erst im Mehl, dann im Eiweiß und schließlich im Paniermehl wenden.

5 In eine große Bratpfanne 1 cm hoch Öl füllen und erhitzen. Die Fischküchlein auf beiden Seiten je 2–3 Minuten knusprig braten, dann auf Küchenpapier abtropfen lassen und pro Person 2 Stück reichen.

■ *SERVIERVORSCHLAG*

Sie können die Fischküchlein auch mit Zitronenspalten garnieren, mit einer Cocktailsauce servieren und dazu einen gemischten Salat reichen

NÄHRWERT PRO PORTION: 595 kcal/2499 kJ; 56 g Kohlenhydrate; 38 g Eiweiß, 26 g Fett (davon 4 g gesättigte Fettsäuren); Vitamine: B-Gruppe und E.

LACHSPIZZA MIT JOGHURT UND DILL

*Zu den unzähligen Pizzabelägen kommt diese ungewöhnliche Variante, eine Mischung
aus zartem Lachs und einer cremigen, mit Dill gewürzten Sauce.*

ZEIT: 30 MINUTEN
4 PORTIONEN

2 Lachsfilets ohne Haut
(je 150–170 g)

2 große Tomaten

1 kleine, milde, weiße oder
rote Zwiebel

2 dünne Pizzaböden mit
je 25 cm ⌀

1 Prise Salz und
schwarzer Pfeffer

8 Zweige Dill

150 g griechischer Joghurt oder
150 g saure Sahne

nach Belieben
4 EL Mango-Chutney

1 Den Backofen auf 220 °C
(Umluft 200 °C; Gas Stufe 4–5)
vorheizen. Den Lachs waschen und
trockentupfen, etwaige Gräten
entfernen und das Fleisch in
Würfel schneiden.

2 Die Tomaten waschen, abtrocknen und in kleine Stücke schneiden;
die Zwiebel schälen und fein hacken.
Die Pizzaböden auf 2 Backbleche
legen und mit den Tomaten- und
Zwiebelstücken bestreuen. Die
Lachswürfel darauf verteilen und
mit Salz und Pfeffer würzen.

3 15–20 Minuten backen, bis die
Böden leicht gebräunt sind; nach der
Hälfte der Zeit die Bleche tauschen.

4 Den Dill waschen und trockentupfen. Einige Zweige beiseite legen,
den Rest fein hacken und zusammen
mit etwas Pfeffer in den Joghurt bzw.
die saure Sahne mischen.

5 Die Pizzas aus dem Ofen holen,
mit einem Löffel den Joghurt bzw.
die saure Sahne darauf verteilen und
mit dem Dill garnieren.

6 Die Pizzas vierteln und pro Person 2 Stücke, nach Belieben mit
etwas Mango-Chutney, servieren.

*NÄHRWERT PRO PORTION: 509 kcal/2138 kJ;
37 g Kohlenhydrate; 25 g Eiweiß; 29 g Fett
(davon 15 g gesättigte Fettsäuren); Vitamine:
B-Gruppe und E.*

KREBSE MIT CHILI-MAYONNAISE

*Mit geringem Aufwand wird dieser köstliche Brotbelag zubereitet, der sich als
gehaltvoller Imbiss ebenso eignet wie als eigenständige Hauptmahlzeit.*

ZEIT: 20 MINUTEN
4 PORTIONEN

1 grüne Chilischote

1 kleine grüne
Paprikaschote

1 kleine rote Zwiebel

3 Frühlingszwiebeln

4 geputzte Krebse in der Schale
(500–600 g Krebsfleisch)

80 g Ricotta

Salz und schwarzer Pfeffer

300 g Mayonnaise

1 TL getrocknete
Chiliflocken

4 Scheiben Kastenweißbrot

1 Den Grill vorheizen, sofern kein
Toaster vorhanden ist.
2 Die Chili- und die Paprikaschote waschen, abtrocknen, entkernen und in Streifen schneiden.
Die Zwiebel halbieren, schälen und
in dünne Scheiben schneiden. Die
Frühlingszwiebeln putzen, waschen,
trocknen und mit einem Teil vom
Grün klein schneiden. Alles in eine
Schüssel geben.
3 Das Krebsfleisch aus den Schalen
entfernen und mit dem Ricotta in
die Schüssel geben. Alles miteinander gut mischen und mit Salz und
Pfeffer würzen.

4 Die Mayonnaise mit den Chiliflocken mischen und mit Salz und
Pfeffer abschmecken. In eine
Schüssel geben und beiseite stellen.
5 Die Brotscheiben im Backofen
oder im Toaster rösten und in
Dreiecke zerteilen.
6 Den Toast, die Krebs-Ricotta-
Mischung und die Chili-Mayonnaise
auf 4 Tellern dekorativ anrichten
und servieren.

*NÄHRWERT PRO PORTION: 821 kcal/3448 kJ;
22 g Kohlenhydrate; 33 g Eiweiß; 68 g Fett
(davon 11 g gesättigte Fettsäuren); Vitamine:
B-Gruppe, C und E.*

KABELJAUSTEAKS MIT BROKKOLI

In Alufolie verpackt, bleibt der Fisch im Backofen saftig, während der Brokkoli mit Estragon und Sahnesauce zubereitet wird.

ZEIT: 30 MINUTEN
4 PORTIONEN

4 dicke Kabeljausteaks (je etwa 175 g)
2 EL Olivenöl
Salz und schwarzer Pfeffer
1 Schalotte
350 g Brokkoli
10 kleine Zweige Estragon
200 g Crème double

1 Den Ofen auf 180 °C (Umluft 160 °C; Gas Stufe 2–3) vorheizen. Die Fischsteaks abwaschen, abtrocknen, mit 1 EL Öl bepinseln und mit Salz und Pfeffer würzen.

2 Jedes Fischsteak in ein Stück Aluminiumfolie einpacken, auf ein Backblech legen und 15 Minuten im Ofen garen.

3 Inzwischen die Schalotte schälen und fein hacken. Den Brokkoli waschen und in Röschen zerteilen.

4 Das restliche Öl in einer Bratpfanne erhitzen und die Schalotte darin glasig braten.

5 150 ml Wasser mit dem Brokkoli in die Pfanne geben, zum Kochen bringen und das Gemüse bei geschlossenem Deckel 4–5 Minuten köcheln lassen; es soll noch bissfest sein. Den Deckel entfernen, die Hitze erhöhen und den Brokkoli weiterkochen, bis noch 1–2 EL Flüssigkeit vorhanden sind. Darauf achten, dass er nicht anbrennt.

6 Den Estragon waschen und trockentupfen. 4 Zweige beiseite legen. Vom Rest die Blätter abzupfen und zum Brokkoli geben. Die Crème double unterrühren. Abschmecken und warm stellen.

7 Die Fischsteaks aus dem Ofen nehmen, auspacken und auf 4 vorgewärmte Teller geben. Den Brokkoli darauf verteilen, mit dem Estragon garnieren und servieren.

■ **SERVIERVORSCHLAG**
Dazu passen Salat und knusprige Brotscheiben oder Rösti aus Süßkartoffeln (siehe S. 266).

NÄHRWERT PRO PORTION: 450 kcal/1890 kJ; 3 g Kohlenhydrate; 37 g Eiweiß; 35 g Fett (davon 18 g gesättigte Fettsäuren); Vitamine: A, B-Gruppe, C und E.

KABELJAU AUF GRIECHISCHE ART

Plakis, gebackene Gerichte mit einer dicken Sauce, werden in Griechenland auf viele Arten serviert. Hier ist eine Variante, in der die typischen Aromen von Paprika, Tomaten und Knoblauch vereint sind.

ZEIT: 30 MINUTEN
4–6 PORTIONEN

2 EL Olivenöl
1 Zwiebel
1 grüne Paprikaschote
6 Tomaten
1 Knoblauchzehe
750 g Kabeljaufilet ohne Haut
1½ unbehandelte Zitronen
1 Bund Petersilie
3 EL trockener Weißwein
3 EL Tomatenmark
Salz und schwarzer Pfeffer

1 Das Olivenöl langsam in einer großen, feuerfesten Form erhitzen. Die Zwiebel schälen und in dünne Scheiben schneiden. Die Paprikaschote waschen, abtrocknen, entkernen und in Streifen schneiden. Die Tomaten waschen, abtrocknen und in Scheiben schneiden.

2 Das Gemüse in die Form geben; die Knoblauchzehe schälen und durch eine Presse in die Form drücken. Einen Deckel aufsetzen und bei großer Hitze 6–8 Minuten garen. Dabei die Form von Zeit zu Zeit rütteln, damit das Gemüse nicht anbrennt.

3 Inzwischen den Fisch in etwa 5 cm große Würfel schneiden und mit dem Saft einer halben Zitrone beträufeln. Die Petersilie waschen, trockentupfen, fein hacken und beiseite stellen.

4 Eine Zitrone mit heißem Wasser abwaschen, abtrocknen und in dünne Scheiben schneiden. Den Wein und das Tomatenmark unter das Gemüse mischen und die Zitronenscheiben darüber verteilen.

5 Die Fischwürfel auf die Zitronenscheiben legen. Mit Salz und Pfeffer würzen und die Petersilie darüber streuen. Die Hitze reduzieren und bei geschlossenem Deckel 15 Minuten köcheln lassen.

VARIANTE
Sie können auch andere Fische wie Schellfisch, Heilbutt oder Wittling und statt frischer Tomaten geschälte Dosentomaten verwenden.

NÄHRWERT PRO PORTION (BEI 4 PORTIONEN):
256 kcal/1075 kJ; 11 g Kohlenhydrate; 35 g Eiweiß; 8 g Fett (davon 1 g gesättigte Fettsäuren); Vitamin: A, B-Gruppe, C und E.

111

GEBACKENER KABELJAU MIT TOMATENPASTE

Mit einer typisch italienischen Sauce aus getrockneten Tomaten, Olivenöl und Basilikum gewürzt und von einem mit Sahne verfeinerten Kartoffelpüree begleitet, wird der gebackene Fisch zu einer Delikatesse.

ZEIT: 30 MINUTEN
4 PORTIONEN

650 g mehlig kochende Kartoffeln

Salz und schwarzer Pfeffer

4 dicke Kabeljaufilets
oder -steaks (je etwa 175 g)

1 EL italienische Tomatenpaste

1 EL Olivenöl

1 Knoblauchzehe

50 g Butter

50 ml Schlagsahne

4 Zweige Basilikum

1 Den Backofen auf 200 °C (Umluft 180 °C; Gas Stufe 3–4) vorheizen und in einem Topf Wasser aufkochen.

2 Die Kartoffeln schälen, waschen, in 2 cm große Würfel schneiden. In einen Topf geben, mit kochendem Wasser bedecken und salzen. Aufkochen lassen und bei geschlossenem Deckel 10–15 Minuten garen.

3 In der Zwischenzeit ein Backblech mit Aluminiumfolie auslegen. Den Fisch trockentupfen und auf das Blech legen. Tomatenpaste darüber verteilen. Salzen, pfeffern, mit dem Öl beträufeln und 15–20 Minuten auf die obere Backofenschiene schieben, bis der Fisch sich leicht zerteilen lässt, aber nicht zerfällt.

4 Das Kartoffelwasser abgießen und den Topf mit den Kartoffeln beiseite stellen. Den Knoblauch schälen, durch eine Presse zu den Kartoffeln drücken. Die Kartoffeln zerstampfen, Butter und Sahne darunter mischen und alles bei milder Hitze erwärmen. Mit Basilikum garnieren und mit dem Fisch servieren.

VARIANTE
Statt mit Tomatenpaste (siehe S. 75) können Sie auch Pesto verwenden, eine italienische Spezialität aus frischem Basilikum, Pinienkernen, Knoblauch, Olivenöl, Parmesan oder Pecorino, die Sie im Mixer zubereiten oder fertig kaufen können.

NÄHRWERT PRO PORTION: 431 kcal/1810 kJ; 23 g Kohlenhydrate; 37 g Eiweiß; 22 g Fett (davon 10 g gesättigte Fettsäuren); Vitamine: B-Gruppe, C und E.

SCHWEDISCHE BRATHERINGE

Zarte, knusprig gebratene Heringsfilets mit roten Zwiebeln und Dill serviert – ein einfach zubereitetes, preisgünstiges Gericht aus dem Norden Europas, das herzhaft schmeckt und wertvolle Nährstoffe enthält.

ZEIT: 20 MINUTEN
4 PORTIONEN

| 4 große oder 8 kleine Heringsfilets |
| 1 kleines Ei |
| Salz und schwarzer Pfeffer |
| 1 große rote Zwiebel |
| 1 Bund Dill |
| Mehl zum Bestäuben |
| Öl zum Braten |

1 Die Heringsfilets waschen und trockentupfen. Das Ei in einer kleinen Schüssel verquirlen und mit etwas Salz und Pfeffer würzen.

2 Die Zwiebel schälen, aus der Mitte 2 Scheiben schneiden, in Ringe zerteilen und für die Garnierung beiseite legen. Den Rest der Zwiebel fein hacken.

3 Den Dill waschen und trockentupfen. 4 kleine Zweige für die Garnierung beiseite legen und vom restlichen Dill so viel fein hacken, dass es 1 EL ergibt.

4 Die Arbeitsfläche großzügig mit Mehl bestäuben und die Heringsfilets mit der Hautseite nach unten darauf legen.

5 Die Hälfte der Filets mit dem verquirlten Ei bepinseln, die gehackten Zwiebeln und den gehackten Dill darauf verteilen.

6 Die restlichen Heringsfilets ebenfalls mit dem verquirlten Ei bestreichen und mit dieser Seite auf die anderen Filets legen. Kräftig zusammendrücken und durch ein Sieb mit etwas Mehl bestäuben.

7 So viel Öl erhitzen, dass der Boden einer großen Bratpfanne damit bedeckt ist. Wenn das Öl heiß ist, die zusammengelegten Filets in die Pfanne geben und bei mittlerer Hitze 2–3 Minuten braten, bis sie auf der Unterseite leicht gebräunt sind. Anschließend wenden und auf der anderen Seite ebenfalls 2–3 Minuten braten, bis das Fleisch durchgegart ist.

8 Die Filets auf Küchenpapier abtropfen lassen, auf eine Platte legen, mit den vorbereiteten Zwiebelringen und den Dillzweigen garnieren und sofort servieren.

■ **SERVIERVORSCHLAG**
Als Beilage zu den schwedischen Bratheringen passen gekochte Kartoffeln und Rote Beten oder gebratene Apfelspalten.

NÄHRWERT PRO PORTION: 520 kcal/2184 kJ; 5 g Kohlenhydrate; 45 g Eiweiß; 36 g Fett (davon 9 g gesättigte Fettsäuren); Vitamine: B-Gruppe und E.

113

FISCH MIT WÜRZIGEN BUTTERMISCHUNGEN

LACHS MIT LIMONEN-KRÄUTER-BUTTER

Die feinen Aromen von Ingwer, Koriander und Limone sind eine ungewöhnliche Ergänzung zu dem edlen Fisch.

ZEIT: 30 MINUTEN
4 PORTIONEN

---

1 Stück Ingwer (5 cm lang)

12 Zweige Koriander

2 Limonen

125 g Butter

Salz und schwarzer Pfeffer

Cayennepfeffer

2 EL Sonnenblumenöl

4 Lachsfilets (je etwa 175 g)

---

1 Den Backofen auf 220 °C (Umluft 200 °C; Gas Stufe 4–5) vorheizen. Den Ingwer schälen, in Scheiben schneiden und in den Mixer geben. Den Koriander waschen und trockentupfen. Einige Zweige beiseite legen und den Rest zum Ingwer geben. Die Limonen waschen und eine davon in Spalten schneiden. Von der anderen die Schale abraspeln, den Saft auspressen und zusammen mit Butter, Salz, Pfeffer und Cayennepfeffer im Mixer pürieren.
2 Aus der Mischung eine Rolle formen, in Klarsichtfolie wickeln und im Kühlschrank kalt stellen.
3 Ein Backblech ausfetten, die Lachsfilets darauf anordnen und mit Öl bestreichen. Mit Salz würzen und etwa 8 Minuten backen, bis das Fleisch leicht zerteilt werden kann, aber noch nicht zerfällt.
4 Die Butterrolle in 4 Scheiben schneiden.
5 Den Fisch mit den Butterscheiben sowie mit Limonenspalten und Koriander servieren.

NÄHRWERT PRO PORTION: 624 kcal/2621 kJ; 2 g Kohlenhydrate; 26 g Eiweiß; 57 g Fett (davon 33 g gesättigte Fettsäuren); Vitamine: A und E.

THUNFISCHSTEAKS MIT WASABIBUTTER

Japanische Wasabipaste mit ihrem leichten Meerrettichgeschmack, frische Kräuter und Tabasco würzen eine zu Thunfisch passende Buttermischung.

ZEIT: 25 MINUTEN
4 PORTIONEN

---

1 TL Sesamsamen

1/2 Zitrone

einige Zweige Basilikum, Schnittlauch, Koriander und Petersilie

125 g Butter

1 EL Wasabipaste

1 TL Sojasauce

3 Tropfen Tabascosauce

4 Thunfischsteaks (je etwa 175 g)

1 EL Olivenöl oder 1 EL Sonnenblumenöl

---

1 Die Sesamsamen ohne Fett in einer kleinen Bratpfanne leicht bräunen und beiseite stellen.
2 Die halbe Zitrone auspressen und 1 TL Saft zu den Samen geben. Die Kräuter waschen, trockentupfen, einige Zweige beiseite legen und den Rest fein hacken. Kräuter, Sesamsamen, Butter, Wasabipaste sowie Soja- und Tabascosauce zu einer geschmeidigen Mischung verrühren.
3 Die gewürzte Butter zu einer Rolle formen, in Klarsichtfolie wickeln und im Kühlschrank kalt stellen.
4 Eine Grill- oder Bratpfanne bei mittlerer Hitze erwärmen. Die Thunfischsteaks auf beiden Seiten mit Öl bepinseln und auf jeder Seite 3–4 Minuten braten.
5 Die Butter in 4 Scheiben schneiden. Die Steaks auf 4 Teller verteilen, mit der Butter belegen und mit den Kräuterzweigen garnieren.

NÄHRWERT PRO PORTION: 512 kcal/2150 kJ; 1 g Kohlenhydrate; 42 g Eiweiß; 38 g Fett (davon 19 g gesättigte Fettsäuren); Vitamine: A, B-Gruppe und E.

HEILBUTT MIT MEERRETTICHBUTTER

Frischer Schnittlauch wird mit pikantem Meerrettich kombiniert und rundet den Geschmack des schnell gebratenen Fisches würzig ab.

ZEIT: 25 MINUTEN
4 PORTIONEN

---

125 g Butter

1 kleines Bund Schnittlauch

1 1/2 EL scharfe Meerrettichsauce

4 Heilbuttsteaks oder -filets (je etwa 175 g)

Salz und schwarzer Pfeffer

2 TL Maiskeimöl

---

1 Von der Butter 1 EL zum Braten wegnehmen. Vom frischen Schnittlauch so viel klein schneiden, dass es 2 EL ergibt. In eine kleine Schüssel geben und mit der Meerrettichsauce und der Butter mischen.
2 Die Buttermischung zu einer Rolle formen, in Klarsichtfolie wickeln und im Kühlschrank kalt stellen.
3 Die Heilbuttsteaks waschen, trockentupfen und auf beiden Seiten mit Salz und Pfeffer würzen. Die restliche Butter und das Öl in einer Bratpfanne auf höchster Stufe erhitzen. Die Fischfilets etwa 4–6 Minuten braten, bis sie sich gut zerteilen lassen. Heilbuttfilets sind schneller gar als Steaks.
4 Die Butter in Scheiben schneiden. Den gebratenen Fisch auf 4 Teller verteilen und mit je einer Butterscheibe belegen.

NÄHRWERT PRO PORTION: 438 kcal/1840 kJ; 1 g Kohlenhydrate; 38 g Eiweiß; 31 g Fett (davon 18 g gesättigte Fettsäuren); Vitamine: A, B-Gruppe und E.

BUTTERMISCHUNGEN: HEILBUTT MIT MEERRETTICHBUTTER (OBEN), THUNFISCHSTEAKS MIT WASABIBUTTER (MITTE), LACHS MIT LIMONEN-KRÄUTER-BUTTER (UNTEN)

GEBACKENER ROCHEN

Mit Butterflocken belegt und mit fein gehackten Schalotten bestreut,
werden die Rochenflügel im Ofen gebacken und mit würzig pikanten Kapern serviert.

ZEIT: 30 MINUTEN
4 PORTIONEN

2 Schalotten
3 kleine Essiggurken
80 g Butter
2 große Rochenflügel (je etwa 500 g)
2 EL Balsam- oder Sherryessig
Salz und schwarzer Pfeffer
2 EL Kapern

1 Den Backofen auf 190 °C (Umluft 170 °C; Gas Stufe 3) vorheizen. Die Schalotten putzen und hacken; die Gurken klein schneiden.

2 Eine flache, ofenfeste Form, in die die Rochenflügel nebeneinander passen, mit wenig Butter ausfetten. Die Rochenflügel waschen, trockentupfen und in Hälften teilen. In die Form geben und mit Butterflocken belegen.

3 Die Fischstücke mit den gehackten Schalotten bestreuen, mit Essig beträufeln und mit Salz und Pfeffer würzen. Den Fisch ohne Deckel 20 Minuten backen, bis er sich an der dicksten Stelle leicht mit einer Gabel zerteilen lässt.

4 Die Fischstücke mit Kapern und gehackten Gurken bestreuen und

unmittelbar vor dem Servieren mit dem ausgetretenen Fischsud beträufeln.

■ *SERVIERVORSCHLAG*
Als Beilage für die gebackenen Rochenflügel eignen sich Tomatenhälften, die mit dem Fisch gegart werden, und Kartoffeln, die man kocht, während der Fisch im Ofen ist.

NÄHRWERT PRO PORTION: 321 kcal/1348 kJ; 0,5 g Kohlenhydrate; 38 g Eiweiß; 18 g Fett (davon 12 g gesättigte Fettsäuren); Vitamine: A, B-Gruppe und E.

LACHS MIT TROPISCHEN FRÜCHTEN

Saftige, im Backofen gegrillte Lachssteaks erhalten eine exotische Geschmacksnote, wenn sie mit einer durch Ingwer und Minze verfeinerten Sauce aus tropischen Früchten serviert werden.

ZEIT: 25 MINUTEN
4 PORTIONEN

1 kleine Mango
1 kleine Papaya
1 kleines Stück Ingwer (2,5 cm lang)
einige Zweige Minze
1 unbehandelte Limone
Salz und schwarzer Pfeffer
4 Lachssteaks (je etwa 175 g)
1 EL Olivenöl

1 Den Grill bei mittlerer Hitze aufheizen und den Rost mit Aluminiumfolie belegen.

2 Für die Sauce die Mango schälen, vom Stein trennen, in sehr kleine Würfel schneiden und in eine Schüssel geben. Die Papaya halbieren, aushöhlen und alle Kerne entfernen. Das Fleisch in feine Würfel schneiden und zur Mango geben.

3 Den Ingwer schälen und zu den Früchten raspeln. Die Minze waschen, trockentupfen, fein hacken und mit den Früchten mischen.

4 Die Limone mit heißem Wasser abwaschen. Mit dem Zestenreißer einige feine Streifen abhobeln und beiseite legen. Die restliche Schale fein reiben und zu den Früchten geben. Den Saft auspressen und die Hälfte davon in die Schüssel geben; den Rest beiseite stellen.

5 Die Sauce gut mischen und mit Salz und Pfeffer abschmecken.

6 Die Lachssteaks mit der Hautseite nach unten auf die Aluminiumfolie im Backofen legen. Mit Olivenöl bepinseln und mit dem restlichen Limonensaft beträufeln. Ohne zu wenden, 6–8 Minuten grillen. Der Fisch ist gar, wenn sich das Fleisch leicht zerteilen lässt.

7 Den Fisch mit der Limonenschale bestreuen und mit der Sauce servieren.

■ **SERVIERVORSCHLAG**
Dieses Gericht kann mit einem grünen Salat und neuen Kartoffeln gereicht werden.

NÄHRWERT PRO PORTION: 424 kcal/1781 kJ; 15 g Kohlenhydrate; 26 g Eiweiß; 29 g Fett (davon 15 g gesättigte Fettsäuren); Vitamine: A, C und E.

FRISCH AUS DER DOSE

Ein gut gefüllter Vorratsschrank, einige Tiefkühlwaren in der Truhe, ein paar frische Kräuter auf dem Balkon und ein Dosenöffner sorgen dafür, dass Sie im Handumdrehen ein schmackhaftes Gericht auf den Tisch zaubern können. Und auch für die Alltagsküche bieten Konserven bester Qualität eine unschätzbare Hilfe.

Bruschetta mit Sardinen und Tomaten

Einige Zweige Basilikum oder etwas Brunnenkresse oder ein kleines Bund Rucola waschen, trockentupfen und beiseite legen. 200 g Sardinen aus der Dose abtropfen lassen und ebenfalls beiseite stellen. 2 kleine Ciabatta-Brote toasten. Inzwischen eine Knoblauchzehe schälen und halbieren und 4–6 Tomaten waschen, abtrocknen und in Viertel schneiden. Die Brote halbieren und die Schnittflächen mit den aufgeschnittenen Knoblauchzehen einreiben. Die Tomaten auf die Brote verteilen, würzen und großzügig mit Olivenöl beträufeln. Die Sardinen auf den Tomaten verteilen und nach Belieben etwas Balsamessig oder Zitronensaft darüber träufeln. Mit Basilikum, Rucola oder Brunnenkresse garnieren.

Geräucherte Austern mit Bratkartoffeln

800 g Kartoffeln waschen, schälen, in 1 cm große Würfel schneiden und beiseite stellen. Ein großes Bund Schnittlauch waschen, trockentupfen und klein schneiden oder 6–8 Frühlingszwiebeln mit den grünen Teilen waschen, trocknen und klein hacken. 1 EL Olivenöl in eine beschichtete Pfanne geben und auf niedriger Stufe erhitzen. 2 Knoblauchzehen schälen, in dicke Scheiben schneiden, in die Pfanne geben und 3–4 Minuten unter Rühren braten. Den Knoblauch aus der Pfanne entfernen, 2 EL Olivenöl in die Pfanne geben und die Kartoffelwürfel darin bei starker Hitze unter häufigem Rühren goldbraun braten. Inzwischen 200 g geräucherte Austern aus der Dose abtropfen lassen, trocknen und halbieren. 8 getrocknete Tomaten aus dem Glas abtropfen lassen und klein hacken. Wenn die Kartoffeln fast gar sind, die Frühlingszwiebeln oder den Schnitt-

lauch zufügen und eine Minute mitbraten. Austern und Tomaten mit den Kartoffeln mischen und 2 Minuten erhitzen. Würzen und servieren.

Lachspastete in Blätterteig

Den Backofen auf 190 °C (Umluft 170 °C; Gas Stufe 3) vorheizen. 50 g Butter zerlassen, 2–3 EL Mehl einrühren und kurz anschwitzen lassen, ¼ l Milch zugeben und aufkochen. Dann bei mittlerer Hitze köcheln lassen, bis die Sauce sämig wird. Noch eine Minute weiterkochen und durch ein feines Sieb in eine Schüssel gießen. 400 g Lachs aus der Dose gut abtropfen lassen, etwaige Hautstücke oder Gräten entfernen, das Fleisch zerteilen und in die Sauce geben. 350 g Spargelspitzen aus der Dose gut abtropfen lassen und hinzufügen. 2–3 Zweige frischen Dill waschen, trockentupfen, die Blätter fein hacken und zu der Sauce geben. Mit Salz und schwarzem Pfeffer aus der Mühle würzen. Wieder 50 g Butter zerlassen. 4 Scheiben Blätterteig ausrollen und daraus jeweils ein Quadrat mit etwa 20 cm Seitenlänge ausschneiden. Die Blätterteigscheiben mit Butter bepinseln (ein wenig Butter übrig lassen) und je ein Viertel der Lachsmischung in die Mitte der Teigblätter geben. Die Teigblätter zusammenfalten, die Ränder zusammendrücken und mit der restlichen Butter bepinseln. Ein Backblech mit Backpapier belegen, die Teigtaschen darauf geben und 12–15 Minuten backen.

Krebspastete mit Erbsen

Den Backofen auf 200 °C (Umluft 180 °C; Gas Stufe 3–4) vorheizen. In einer Schüssel 2 Eier mit Salz und Pfeffer verquirlen und mit ½ TL gemahlener Muskatblüte würzen. 175 g Krebsfleisch aus der Dose samt Flüssigkeit beifügen. 100 g Erbsen

aus der Dose abgießen. 2 Frühlingszwiebeln putzen, waschen, hacken und mit den Erbsen zu der Eiermischung geben. 100 g Crème double, 3 TL süßen Sherry und 1 EL Parmesan darunter mischen. Einen vorgebackenen Tortenboden mit 20–25 cm Ø mit der Mischung belegen, mit 1 EL Parmesan bestreuen und 20 Minuten im Ofen backen.

Nudeln mit Sardellensauce

In einem großen Topf Wasser aufkochen und etwas Salz hineingeben. 250 g Nudeln (am besten Orecchiette) hineingeben und nach den Angaben auf der Packung kochen. Ein wenig von dem Kochwasser in eine Tasse füllen und darin 1 EL Korinthen einweichen. Einige Zweige Rosmarin waschen, trockentupfen, die Nadeln abstreifen, klein hacken und beiseite stellen. 1–2 Zweige Minze waschen, trockentupfen, fein hacken und beiseite stellen. Von einer unbehandelten Zitrone die Schale abraspeln und beiseite stellen. In einer Pfanne 1 EL Olivenöl erhitzen. Eine Knoblauchzehe schälen und durch die Presse in die Pfanne drücken. Den Rosmarin dazugeben und beides unter ständigem Rühren braten, bis der Knoblauch leicht bräunlich ist. Knoblauch und Rosmarin aus der Pfanne nehmen und die Pfanne von der Hitze nehmen. Die Sardellen aus der Dose mit dem Öl nehmen, 2 TL Pinienkerne, die abgetropften Korinthen und die Zitronenschale in die Pfanne geben. Diese wieder auf die Kochplatte stellen und bei schwacher Hitze erwärmen, bis eine sämige Sauce entsteht. Wenn diese zu dickflüssig ist, 1–2 EL des Nudelwassers hinzufügen. Die Sauce mit schwarzem Pfeffer aus der Mühle abschmecken und über die abgetropften Nudeln verteilen. Mit der Minze garnieren.

Thunfischsalat

³/₄ l Wasser aufkochen; 500 g kleine neue Kartoffeln waschen, in einen Topf geben, mit dem kochenden Wasser bedecken und gar kochen. In einem Topf oder einem Eierkocher 4 Eier hart kochen. 200 g Erbsen aus der Dose abgießen und in eine Schüssel geben. 400 g in Öl eingelegten Thunfisch aus der Dose abtropfen lassen, dabei das Öl auffangen und beiseite stellen. Den Fisch mit einer Gabel etwas zerteilen und zu den Erbsen geben. 2 Möhren schälen und dazuraspeln. Die Eier abschrecken und schälen, in Viertel schneiden und in die Schüssel geben. Eine Zitrone auspressen und den Saft zu dem Öl geben, in dem der Thunfisch eingelegt war. Salz, schwarzen Pfeffer und 300 g Mayonnaise hinzufügen und alles miteinander verrühren. Die Kartoffeln abgießen, mit kaltem Wasser abschrecken, schälen, vierteln, kurz abkühlen lassen und dann zu den übrigen Zutaten geben. Alles gut miteinander vermengen. Etwas Schnittlauch waschen, trockentupfen, klein schneiden und über den Salat geben. Sofort servieren oder vorher an einem kühlen Ort etwas durchziehen lassen.

Thunfischpizza

Den Backofen auf 220 °C (Umluft 200 °C; Gas Stufe 4) vorheizen. Eine Zwiebel schälen und in dünne Scheiben schneiden. 1 EL Olivenöl in einer Pfanne erhitzen und die Zwiebel darin unter Rühren etwa 5 Minuten braten. 400 g abgetropfte gehackte Tomaten aus der Dose auf einem fertig gekauften Pizzateig verteilen und die Zwiebelscheiben darüber geben. 200 g Thunfisch aus der Dose abgießen, den Fisch mit einer Gabel zerteilen und auf der Pizza verteilen. 1 TL getrockneten Thymian darüber streuen und etwas schwarzen Pfeffer darüber mahlen. 50 g Parmesan reiben und darüber verteilen. Die Pizza etwa 20–25 Minuten backen.

Aus der Dose frisch auf den Tisch: Thunfischsalat

RÄUCHERLACHS MIT JUNGEM GEMÜSE

Zartes Pfannengemüse und mildwürziger, mit orientalischen Aromen verfeinerter Räucherlachs ergänzen sich auf ideale Weise.

ZEIT: 25 MINUTEN
4 PORTIONEN

200 g gemischte Salatblätter
1 frische grüne Chilischote
80 g junge grüne Bohnen
80 g kleine junge Möhren
100 g Schalotten
80 g junger grüner Spargel
einige Zweige Koriander
1 EL Olivenöl
1 EL Sesamöl
1 Knoblauchzehe
100 ml trockener Sherry
125 g Räucherlachs (am Stück oder in Scheiben)
1 EL helle Sojasauce
½ TL Zucker

1 Den Salat waschen, trockenschleudern und auf einer Servierplatte anrichten.

2 Die Chilischote entkernen, waschen, abtrocknen und in Streifen schneiden. Bohnen und Möhren putzen, waschen und abtrocknen; dickere Möhren längs halbieren.

3 Die Schalotten putzen und vierteln. Den Spargel putzen, waschen, abtrocknen und in 2,5 cm lange Stücke schneiden. Den Koriander waschen und trockentupfen.

4 Oliven- und Sesamöl in einer großen Pfanne erhitzen. Den Knoblauch schälen, durch eine Presse drücken, mit der Chilischote in die Pfanne geben und eine Minute bei mäßiger Hitze unter Rühren braten. Bohnen und Möhren dazugeben und 1–2 Minuten unter Rühren braten.

5 Schalotten und Spargel dazugeben und noch eine Minute braten. Den Sherry dazugießen und das Gemüse bei geschlossenem Deckel eine weitere Minute garen.

6 Den Lachs in Stücke oder Streifen schneiden, in die Pfanne geben und bei geschlossenem Deckel eine Minute garen. Sojasauce und Zucker einrühren und die Sauce erhitzen.

7 Die Mischung über den Salat geben und mit Koriander garnieren.

NÄHRWERT PRO PORTION: 155 kcal/651 kJ; 5 g Kohlenhydrate; 10 g Eiweiß; 8 g Fett (davon 1 g gesättigte Fettsäuren); Vitamine: A, B-Gruppe, C und E.

MAKRELEN MIT DILLMAYONNAISE

*Frische gegrillte Fischfilets und neue Kartoffeln werden durch eine cremige, mit Dill
und pikanten Kapern abgeschmeckte Joghurt-Mayonnaise-Sauce bereichert.*

ZEIT: 30 MINUTEN
4 PORTIONEN

1 kleines Bund frischer Dill
700 g neue Kartoffeln
Salz
1 TL gemischte Pfefferkörner
Öl für den Grillrost
4 Makrelenfilets (je etwa 175 g)
4 EL Mayonnaise
4 TL griechischer Joghurt
25 g Kapern
1 unbehandelte Zitrone

1 750 ml Wasser aufkochen. Den
Dill waschen und trockentupfen,
dann die Blättchen von den Stängeln
trennen und beides beiseite stellen.
2 Die neuen Kartoffeln putzen,
waschen und mit etwas Salz und den
Dillstängeln in eine große Pfanne
geben. Mit dem kochenden Wasser
gerade bedecken und 15–20 Minuten garen.
3 Inzwischen den Grill auf höchster Stufe vorheizen. Den Pfeffer
im Mörser zerstoßen. Den Grillrost
mit etwas Öl bestreichen, die Fischfilets mit der Hautseite nach unten
darauf legen und mit dem Pfeffer
bestreuen.
4 Die Fischfilets 5 Minuten grillen,
wenden und weitere 5 Minuten
oder bis die Haut Blasen wirft im
Ofen lassen. Nochmals wenden und
weitere 2 Minuten grillen.
5 In der Zwischenzeit die Mayonnaise und den Joghurt in einer kleinen Schüssel verrühren. Die Dill-
blätter und die Kapern fein hacken
und untermischen. Die Zitrone in
Spalten schneiden und beiseite
stellen.
6 Die gebratenen Makrelen auf der
Seite, auf der sich keine Haut befin-
det, mit etwas Salz bestreuen. Die
Kartoffeln abgießen, kurz mit kaltem
Wasser abschrecken und die Dill-
stängel entfernen. Die Makrelen mit
den Kartoffeln, der Dillmayonnaise
und den Zitronenspalten servieren.

■ *SERVIERVORSCHLAG*
Zu diesem Gericht passt in der
Pfanne gebratener Lauch mit Möh-
ren (siehe S. 256) oder ein grüner
Salat mit süßen Kirschtomaten.

*NÄHRWERT PRO PORTION: 883 kcal/ 3709 kJ;
26 g Kohlenhydrate; 39 g Eiweiß; 70 g Fett
(davon 32 g gesättigte Fettsäuren); Vitamine:
B-Gruppe, C und E.*

GEGRILLTE SEEZUNGE MIT ZUCCHINI

*Knuspriger Fisch aus dem Ofen bildet zusammen mit in Butter
gebratenen Zucchini ein leichtes Sommeressen.*

ZEIT: 30 MINUTEN
4 PORTIONEN

500 g Zucchini
Salz und schwarzer Pfeffer
4 Seezungen ohne Haut und Köpfe (je etwa 450 g)
1 kleines Bund Schnittlauch
einige Zweige Dill und Petersilie
70 g Butter
Öl für den Grillrost
1½ Zitronen

1 Den Grill auf höchster Stufe vorheizen. Die Zucchini waschen, trocknen und in feine Streifen hobeln. Mit etwas Salz in einen Durchschlag geben und mit einem Stück Küchenpapier auf das Gemüse drücken; dabei möglichst viel Wasser aus den Zucchini entfernen.

2 Die Seezungen waschen, mit Küchenpapier trockentupfen und jeden Fisch auf der weißen Seite dreimal schräg einschneiden.

3 Schnittlauch, Dill und Petersilie waschen, trockentupfen, hacken und je 1 EL zusammen mit insgesamt 40 g Butter in eine kleine Schüssel geben. Mit Pfeffer bestreuen und alles mit einer Gabel gut vermischen. In 4 Portionen aufteilen und beiseite stellen.

4 Die restliche Butter in einer Pfanne schmelzen. Die Zucchini bei mittlerer Hitze etwa 5 Minuten braten, sodass sie noch etwas Biss haben. Von Zeit zu Zeit an der Pfanne rütteln, damit die Gemüsestreifen nicht aneinander haften.

5 Inzwischen den Grillrost mit etwas Öl bestreichen und den Fisch mit der weißen Seite nach oben über einer Fettpfanne 5 Minuten grillen. Die halbe Zitrone auspressen. Den Fisch wenden, mit dem Zitronensaft beträufeln und noch 2–3 Minuten grillen, bis sich das Fleisch leicht zerteilen lässt.

6 Die ganze Zitrone in 8 Spalten teilen und beiseite legen. Auf jeden Fisch eine Portion Kräuterbutter geben und unter dem Grill einige Sekunden warm werden lassen, bis die Butter zu schmelzen beginnt. Zusammen mit den Zucchini und den Zitronenspalten servieren.

■ SERVIERVORSCHLAG
Einige Tomatenhälften mit den Seezungen grillen und das Ganze mit neuen Kartoffeln und Rosmarin (siehe S. 267) servieren.

VARIANTE
Kabeljau, Schellfisch oder Lachssteaks können ebenfalls nach diesem Rezept zubereitet werden. Den Fisch vor dem Grillen mit geschmolzener Butter bestreichen.

NÄHRWERT PRO PORTION: 554 kcal/2327 kJ; 2 g Kohlenhydrate; 84 g Eiweiß; 23 g Fett (davon 10 g gesättigte Fettsäuren); Vitamine: A, B-Gruppe, C und E.

SCHELLFISCH MIT REISNUDELN

Reisnudeln, eine asiatische Spezialität, die in China langes Leben symbolisiert, werden mit jungem Gemüse und einer süßsauren Sauce zu geräuchertem Schellfisch gereicht.

ZEIT: 30 MINUTEN
4 PORTIONEN

4 geräucherte Schellfischfilets (je etwa 175 g)
250 g Reisnudeln
1 frische grüne Chilischote
80 g junge Möhren
80 g kleine junge Bohnen
200 g junger zarter Spargel
1 EL Erdnussöl oder 1 EL Maisöl
1 Knoblauchzehe
1–2 EL thailändische Fischsauce oder helle Sojasauce
3 EL Weißwein
1 EL flüssiger Honig
1 TL Sesamöl

1 1 l Wasser aufkochen. Den Fisch häuten (siehe S. 11). Die Reisnudeln in eine Schüssel geben, mit dem kochenden Wasser übergießen, 5 Minuten stehen lassen und dann das Wasser abgießen.

2 Inzwischen die Chilischote waschen, trocknen, entkernen und klein schneiden. Die Möhren schälen; Bohnen und Spargel waschen und trocknen. Den Spargel in jeweils 2–3 Stücke schneiden.

3 In einer großen Pfanne das Öl erhitzen. Den Knoblauch schälen und durch die Presse in das Öl drücken; die Chilischote hinzufügen und bei schwacher Hitze 2 Minuten anschwitzen.

4 Das Gemüse hinzufügen, die Hitze erhöhen und Fisch- bzw. Sojasauce, Wein und Honig dazugeben.

5 Den Fisch auf das Gemüse legen, zugedeckt 5 Minuten erhitzen, dann herausheben und warm stellen.

6 Die Nudeln und das Sesamöl in die Pfanne geben, alles mischen und unter Rühren 1–2 Minuten braten.

7 Gemüse und Nudeln auf 4 Teller verteilen. Den Fisch darauf legen.

NÄHRWERT PRO PORTION: 451 kcal/1894 kJ; 59 g Kohlenhydrate; 38 g Eiweiß; 6 g Fett (davon 1 g gesättigte Fettsäuren); Vitamine: A, B-Gruppe und E.

WOLFSBARSCH NACH CHINESISCHER ART

Schonend gedämpft und mit Knoblauch, Ingwer und Sojasauce gewürzt, ist diese asiatische Spezialität ein gesunder Genuss.

ZEIT: 30 MINUTEN
4 PORTIONEN

1 ganzer ausgenommener Wolfsbarsch (etwa 1 kg)
Salz
1 Stück Ingwerwurzel (etwa 5 cm lang)
4 Frühlingszwiebeln
2 EL Sojasauce
1 EL Sesamöl
4 Knoblauchzehen
3 EL Pflanzenöl

1 Den Fisch putzen, waschen und innen und außen mit etwas Salz einreiben; 10 Minuten beiseite stellen.

2 Den Ingwer schälen und fein raspeln, die Frühlingszwiebeln in 7–8 cm lange Streifen schneiden und beiseite stellen. In einer kleinen Schüssel Sojasauce und Sesamöl verrühren.

3 Einen großen Topf mit Dämpfeinsatz 6–8 cm hoch mit Wasser füllen und das Wasser aufkochen.

4 Den Fisch waschen und abtrocknen. Auf einen hitzebeständigen Teller legen, mit dem Ingwer bestreuen und auf den Dämpfeinsatz stellen. Das Geschirr darf mit dem Wasser nicht in Berührung kommen. Zudecken, die Hitze reduzieren und den Fisch 15–20 Minuten dämpfen, bis er gar ist und sich leicht zerteilen lässt, ohne zu zerfallen.

5 In der Zwischenzeit die Knoblauchzehen schälen und in sehr dünne Scheiben schneiden.

6 Das Pflanzenöl in einer kleinen Bratpfanne erhitzen und den Knoblauch rasch bei großer Hitze unter ständigem Umrühren braten, bis er leicht gebräunt ist.

7 Den Fisch auf eine Servierplatte geben und mit den Frühlingszwiebeln und den gebratenen Knoblauchscheiben bestreuen. Die Sojasauce-Sesamöl-Mischung darüber verteilen. Sofort servieren.

■ *SERVIERVORSCHLAG*
Zu diesem asiatischen Gericht passt weißer Reis, der gekocht werden kann, während der Fisch gedämpft wird. Stattdessen können Sie auch chinesische Reisnudeln mit Sesamsamen und etwas fein gehackter roter Chilischote servieren. Als weitere Beilage eignet sich pfannengerührtes Gemüse, z. B. Möhren und Lauch (siehe S. 256).

VARIANTE
Anstelle von Wolfsbarsch können Sie auch Schellfisch, Makrele und See- oder Lachsforelle nach diesem Rezept zubereiten. Eine schmackhafte Alternative ist auch der Red Snapper mit seinem wohlschmeckenden Fleisch. Berücksichtigen Sie bei der Dämpfzeit der verwendeten Fische die Festigkeit des Fleisches.

NÄHRWERT PRO PORTION: 372 kcal/1562 kJ; 2 g Kohlenhydrate; 50 g Eiweiß; 18 g Fett (davon 2 g gesättigte Fettsäuren); Vitamine: B-Gruppe.

SEETEUFELRAGOUT MIT WERMUTSAUCE

Seeteufel, dessen festes Fleisch an das von Hummer erinnert, behält auch in einem Ragout seine Form.
Nach französischer Art wird der Fisch hier mit Knoblauch, Tomaten und Crème fraîche zubereitet.

ZEIT: 30 MINUTEN
4 PORTIONEN

500 g geputzter Seeteufel
Salz und schwarzer Pfeffer
3 EL Olivenöl
1 kleine Zwiebel
2 Knoblauchzehen
400 g Tomaten
100 ml weißer trockener Wermut
1 Zweig Estragon
1 unbehandelte Zitrone
2 EL Crème fraîche

1 1 l Wasser in einem Topf aufkochen. Den Fisch in Würfel schneiden und mit wenig Salz und Pfeffer würzen. Das Öl in einer Bratpfanne stark erhitzen und die Hälfte der Fischwürfel 2 Minuten braten, bis sie hellweiß sind. Aus der Pfanne nehmen, warm stellen und mit dem Rest ebenso verfahren.

2 Die Zwiebel und die Knoblauchzehe schälen, fein hacken und im Bratensatz weich braten.

3 Die Tomaten in das kochende Wasser geben, den Topf von der Hitze nehmen und 1–2 Minuten stehen lassen. Das Wasser abgießen und die Tomaten schälen. Das Fleisch fein würfeln und zu den Zwiebeln geben.

4 Den Wermut in die Pfanne gießen und die Temperatur erhöhen. Den Estragon abspülen, trockentupfen und zum Wermut geben. Die Zitrone mit heißem Wasser abwaschen und die Schale in die Pfanne reiben. Alles 5 Minuten kochen.

5 Den Fisch wieder in die Pfanne geben, die Hitze sofort reduzieren und die Crème fraîche unterrühren. Das Ganze noch etwa 5 Minuten köcheln lassen, bis der Seeteufel gar ist.

NÄHRWERT PRO PORTION: 257 kcal/1079 kJ; 6 g Kohlenhydrate; 21 g Eiweiß; 14 g Fett (davon 5 g gesättigte Fettsäuren); Vitamine: B-Gruppe, C und E.

SEETEUFEL NACH INDISCHER ART

*Mildes, zartgrünes Erbsenpüree ist eine ideale Ergänzung zu der exotischen Gewürzpaste,
die auf dem im Backofen zubereiteten Edelfisch eine goldbraune Kruste bildet.*

ZEIT: 30 MINUTEN
2 PORTIONEN

1 Seeteufelschwanz, gehäutet (etwa 400 g)
2 Knoblauchzehen
½ frische rote Chilischote
1 EL Olivenöl
1 TL gemahlener Kümmel
1 TL gemahlener Koriander
½ TL Zucker
½ Zitrone
150 g TK-Erbsen
350 ml Gemüsebrühe
1 EL Schlagsahne
Salz und schwarzer Pfeffer

1 Den Ofen auf 200 °C (Umluft 180 °C; Gas Stufe 3–4) vorheizen. Etwaige Gräten oder Knorpel beim Fisch entfernen und den Seeteufelschwanz auf den Backofenrost legen.

2 Eine Knoblauchzehe schälen und durch die Presse drücken. Die Chilischote halbieren, entkernen, waschen, abtrocknen und fein hacken. Mit Öl, Kümmel, Koriander und Zucker in ein Schüsselchen geben. Die halbe Zitrone auspressen, 1 TL Saft zu der Mischung geben und diese zu einer Paste verarbeiten.

3 Den Fisch mit der Paste bestreichen und im Ofen 20 Minuten garen.

4 Die Erbsen mit der Brühe in eine Pfanne geben und aufkochen.

5 Die zweite Knoblauchzehe schälen, pressen und zu den Erbsen geben. 5 Minuten köcheln lassen; dabei etwaigen Schaum immer wieder abschöpfen.

6 Die Brühe in einen Messbecher abgießen. Die Erbsen mit der Sahne und 150 ml Brühe im Mixer pürieren. Abschmecken und warm halten.

7 Die Fischfilets auf beiden Seiten von der Wirbelsäule schneiden. Das Püree auf 2 Teller verteilen und die Filets darauf legen.

*NÄHRWERT PRO PORTION: 259 kcal/1088 kJ;
10 g Kohlenhydrate; 37 g Eiweiß; 10 g Fett
(davon 2 g gesättigte Fettsäuren); Vitamine:
Vitamine B-Gruppe, C und E.*

JAKOBSMUSCHELN IN KRÄUTERSAUCE

Die Schaltiere werden bei großer Hitze gegart und mit Bandnudeln sowie einer
pikanten Sauce aus frischen Kräutern, Kapern und Oliven serviert.

ZEIT: 30 MINUTEN
4 PORTIONEN

1 Bund Petersilie
1 Bund Minze
1 Bund Schnittlauch
1 unbehandelte Zitrone
2 EL Weißwein- oder Sherryessig
1 EL Kapern
6 entsteinte schwarze Oliven
Salz und schwarzer Pfeffer
500 g frische Jakobsmuscheln
350 g Bandnudeln (Tagliatelle)
8 EL Olivenöl

1 Einen großen Topf mit Wasser aufkochen lassen. Für die Sauce die Kräuter waschen und trockentupfen. Petersilie und Minze fein hacken, den Schnittlauch klein schneiden und alles in einen Messbecher geben.

2 Die Zitrone waschen und die Schale in den Messbecher reiben. Wein- oder Sherryessig und das Olivenöl hinzufügen. Die Kapern und die schwarzen Oliven grob hacken und dazugeben. Mit Salz und schwarzem Pfeffer abschmecken, alles gut mischen und den Messbecher beiseite stellen.

3 Prüfen, ob bei jeder Muschel der kleine Muskel entfernt ist. Die Muscheln abspülen und trockentupfen. Wenn große Muscheln verwendet werden, den Rogen abtrennen und die Muscheln zerkleinern (siehe Kasten rechts). Würzen.

4 Die Nudeln ins kochende Wasser geben und gemäß der Anleitung auf der Packung kochen.

5 Inzwischen das Olivenöl in einer großen Bratpfanne bei hoher Temperatur erhitzen und die Muscheln darin 4–6 Minuten braten, bis sie leicht gebräunt und gar sind.

6 Von der Hitze nehmen und die Kräutermischung darüber geben. Die Nudeln gut abtropfen lassen und mit den Muscheln servieren.

NÄHRWERT PRO PORTION: 687 kcal/2885 kJ;
77 g Kohlenhydrate; 39 g Eiweiß; 25 g Fett
(davon 4 g gesättigte Fettsäuren); Vitamine: E.

SO GEHT'S LEICHTER!

Wenn Sie dicke Jakobsmuscheln gekauft haben, lässt sich die Kochzeit reduzieren, wenn Sie die Muscheln mit einem scharfen Messer waagrecht in 2 oder 3 dünne Scheiben schneiden.

JAKOBSMUSCHELN NACH THAI-ART

*Fruchtiger Zitrusgeschmack, sahnige Kokosmilch, würzige Currypaste und
feines Korianderaroma verleihen diesem Muschelgericht seinen fernöstlichen Charakter.*

**ZEIT: 20 MINUTEN
4 PORTIONEN**

125 ml Hühnerbrühe
2 Schalotten
1 Stängel Zitronengras
3 frische oder getrocknete
Kaffir–Zitronenblätter
350 g frische Jakobsmuscheln
175 g Zuckererbsen
2 EL Erdnussöl
2 TL grüne Thai-Currypaste
150 ml Kokosmilch
einige Zweige Koriander

1 Die Hühnerbrühe in einem kleinen Topf bei milder Hitze erwärmen.
2 Die Schalotten schälen und fein hacken. Vom Zitronengras die äußere harte Schicht entfernen und das Innere fein hacken. Die Zitronenblätter hacken oder zerrupfen.
3 Die Jakobsmuscheln waschen und trockentupfen. Falls es sich um große Muscheln handelt, den Rogen abtrennen und das Fleisch in Scheiben schneiden (siehe S. 128). Die Zuckererbsen waschen, putzen und quer halbieren.
4 Das Öl in einer schweren Bratpfanne bei hoher Stufe erhitzen. Schalotten, Zitronengras und Zitronenblätter, Muscheln und Zuckererbsen hinzugeben und 3 Minuten unter Rühren braten.
5 Die Currypaste in die Brühe rühren und mit der Kokosmilch in die Bratpfanne gießen. Aufkochen lassen, die Hitze reduzieren und 3 Minuten sanft köcheln lassen.
6 Inzwischen den Koriander waschen, abtrocknen und hacken. Die Muscheln in ein Serviergeschirr geben und mit dem Koriander bestreuen.

*NÄHRWERT PRO PORTION: 186 kcal/781 kJ;
7 g Kohlenhydrate; 23 g Eiweß; 8 g Fett
(davon 1 g gesättigte Fettsäuren); Vitamine:
B-Gruppe, C und E.*

GUT ZU WISSEN

*Kaffir-Zitrone ist eine südostasiatische
Zitrusfrucht, deren Blätter und Schale
einen sehr starken Zitronenduft
verströmen. Frische oder getrocknete
Zitronenblätter sind in Lebensmittelläden
mit asiatischen Spezialitäten erhältlich.*

THUNFISCH MIT CHILISAUCE

*Schnell gebratene, saftige Fischsteaks erhalten ihre Würze durch ein Püree aus
Zwiebeln, Knoblauch und gegrillten Paprika- und Chilischoten.*

ZEIT: 20 MINUTEN
4 PORTIONEN

2 rote Paprikaschoten
1 Zwiebel
2 Knoblauchzehen
1 kleine frische rote Chilischote
1 große Scheibe Vollkornbrot
1 unbehandelte Limone
1 EL Tomatenmark
4 EL Olivenöl
Salz und schwarzer Pfeffer
4 Thunfisch- oder Schwertfisch-steaks (je etwa 175 g)

1 Den Grill auf größter Stufe vorheizen. Für die Sauce die Paprikaschoten waschen, der Länge nach halbieren und entkernen. Die Zwiebel quer halbieren. Die Gemüsestücke mit der aufgeschnittenen Seite nach unten zusammen mit der ungeschälten Knoblauchzehe auf den Grill legen. Etwa 10 Minuten grillen, bis die Haut Blasen wirft und leicht schwärzlich wird. Beiseite legen.

2 Inzwischen die Chilischote waschen, entkernen und fein hacken. Das Brot in Würfel schneiden. Die Limone mit heißem Wasser waschen, die Schale abreiben und den Saft auspressen.

3 Wenn Paprikaschoten, Zwiebeln und Knoblauch so weit abgekühlt sind, dass sie angefasst werden können, die Häute entfernen und das Gemüse mit der Chilischote, den Brotwürfeln, dem Tomatenmark und 3 EL Olivenöl in den Mixer geben. Die Hälfte der abgeriebenen Limonenschale und des Limonensaftes hinzufügen und den Rest beiseite stellen. Den Inhalt des Mixers pürieren, abschmecken und ebenfalls beiseite stellen.

4 Das restliche Olivenöl in eine große Grillpfanne oder eine andere große Bratpfanne geben und sehr stark erhitzen. Die Fischsteaks leicht würzen und 4–6 Minuten braten, bis sie goldbraun und gar sind. Dabei einmal wenden.

5 Die restliche Limonenschale und den verbliebenen Limonensaft über die Steaks verteilen. Die Pfeffersauce rund um die Steaks verteilen oder getrennt servieren.

*NÄHRWERT PRO PORTION: 409 kcal/1718 kJ;
14 g Kohlenhydrate; 44 g Eiweiß, 20 g Fett
(davon 4 g gesättigte Fettsäuren); Vitamine:
A, B-Gruppe, C und E.*

WEISSFISCH IM KRÄUTERMANTEL

*Nach Südstaatenart zubereitete Weißfischfilets mit einer knusprigen Maisgrießkruste
sind für die Freunde scharfer Speisen eine feurige Verlockung.*

ZEIT: 20 MINUTEN
4 PORTIONEN

1 TL schwarze Pfefferkörner
je 1 TL Fenchelsamen, getrockneter Oregano und Thymian
1/2 – 1 TL Cayennepfeffer
Salz
3 Knoblauchzehen
2 EL Maisgrieß
4 Weißfischfilets ohne Haut, je 200 g schwer (siehe Kasten)
3 EL Erdnussöl
1 Zitrone

1 Die Pfefferkörner in der Mühle grob mahlen oder im Mörser zerstoßen und in eine große Schüssel geben. Die Kräuter und Gewürze dazugeben. Den Knoblauch schälen und durch die Presse in die Schüssel drücken. Den Maisgrieß hinzufügen und alles gut mischen.

2 Die Fischfilets in der Gewürzmischung wenden.

3 Das Öl in einer großen Pfanne auf hoher Stufe erhitzen. Die Fische auf jeder Seite etwa 1 1/2 Minuten braten, bis sie leicht gebräunt sind.

4 Inzwischen die Zitrone in Spalten schneiden. Die Fische auf Küchenpapier abtropfen lassen. Auf eine vorgewärmte Servierplatte legen und mit den Zitronenspalten garnieren.

■ **SERVIERVORSCHLAG**
Servieren Sie diesen Fisch mit neuen Kartoffeln und einem grünen Salat oder mit dem Kartoffelsalat nach Südstaatenart (siehe S. 102).

*NÄHRWERT PRO PORTION (MIT BRASSE
ZUBEREITET): 258 kcal/1084 kJ; 9 g Kohlenhydrate; 34 g Eiweiß; 10 g Fett (davon
2 g gesättigte Fettsäuren); Vitamine: E.*

GUT ZU WISSEN

*Jeder runde Weißfisch wie Brasse, Kabeljau, Schellfisch, Heilbutt oder Petersfisch
kann auf diese Art zubereitet werden.
Seeteufel oder Haifisch sind ebenfalls
geeignet, ihre Garzeit ist jedoch etwas
länger und beträgt 6–8 Minuten.*

PIKANTER FISCHGENUSS:
THUNFISCH MIT CHILISAUCE (OBEN),
WEISSFISCH IM KRÄUTERMANTEL (UNTEN)

TINTENFISCH MIT MINZE UND BUTTER

Fangfrischer Tintenfisch, kurz in der Pfanne gebraten und zusammen mit knusprigem Weißbrot und knackigem, grünem Salat serviert, ist ideal als erster Gang oder leichtes Sommergericht.

ZEIT: 30 MINUTEN
4 PORTIONEN

500 g geputzter Tintenfisch (ohne Kopf und Tentakel)
3 Salatherzen vom Romanasalat
2 Schalotten
2 unbehandelte Limonen
6 Zweige Pfefferminze
80 g Butter
2 Knoblauchzehen
2 EL Olivenöl
Salz und schwarzer Pfeffer
1 Baguette

1 Die Tintenfische der Länge nach halbieren und, falls die Stücke länger als 10 cm sind, noch einmal durchschneiden. Die Innenseiten kreuzweise einschneiden.

2 Die Salatherzen putzen, quer in feine Streifen schneiden und in eine große Servierschüssel geben.

3 Die Schalotten schälen und fein hacken. Die Limonen waschen und abtrocknen. Von der einen Frucht die Schale abreiben, dann den Saft auspressen; die andere in Scheiben schneiden und beiseite stellen. Die Minze waschen, trockentupfen, die Blättchen abzupfen und fein hacken.

4 Die Butter in einer kleinen Pfanne erwärmen. Die Knoblauchzehen schälen und durch die Presse in die Pfanne drücken. Die Schalotten hinzufügen und eine Minute braten. Die Limonenschale und den Saft hinzufügen und beiseite stellen.

5 Das Öl in einer großen Pfanne stark erhitzen und die Tintenfische portionsweise 2–3 Minuten braten, bis die Stücke weiß werden und sich zu Röllchen zusammenziehen.

6 Die Tintenfische und die Bratflüssigkeit mit dem Inhalt der kleinen Pfanne auf den Salat geben, würzen und mit dem Salat mischen.

7 Die Minze über den Salat streuen. Mit den Limonenscheiben und warmem Baguette servieren.

■ *SERVIERVORSCHLAG*
Als Beilage mit mediterranem Charakter eignet sich ein griechischer Salat (siehe S. 87).

NÄHRWERT PRO PORTION: 536 kcal/2251 kJ; 47 g Kohlenhydrate; 25 g Eiweiß; 26 g Fett (davon 13 g gesättigte Fettsäuren); Vitamine: A, B-Gruppe und E.

GARNELEN NACH INDISCHER ART

*Eine orientalische Gewürzmischung und eine sahnige Sauce aus Kokosnusscreme
verleihen den Meeresfrüchten ihren exotischen Charakter.*

ZEIT: 20 MINUTEN
4 PORTIONEN

1 Zwiebel
2 Knoblauchzehen
1 Stück Ingwerwurzel (5 cm lang)
2 EL Sonnenblumenöl
2 TL gemahlener Koriander
2 TL gemahlener Kümmel
1 TL gemahlene Gelbwurz
400 g geschälte, gekochte große Garnelen
200 mg Kokosnusscreme
Salz und schwarzer Pfeffer
1 kleines Bund Koriander

1 Zwiebel, Knoblauch und Ingwer schälen und fein hacken. Das Öl in einer schweren Bratpfanne erhitzen und Zwiebel und Knoblauch darin einige Minuten weich braten. Dann Ingwer, gemahlenen Koriander, Kümmel und Gelbwurz hinzufügen und weitere 1–2 Minuten braten, bis die Gewürze ihr Aroma entfalten.

2 Die Garnelen und die Kokosnusscreme in die Pfanne geben und mit Salz und Pfeffer würzen. Alles zum Kochen bringen, die Temperatur reduzieren und das Gericht 2–3 Minuten köcheln lassen.

3 Inzwischen den Koriander waschen und trockentupfen. Einige Zweige für die Garnitur beiseite legen und den Rest fein hacken. Die Garnelen in ein Serviergeschirr geben und mit dem gehackten Koriander bestreuen. Mit den Korianderzweigen garnieren und sofort servieren.

■ **SERVIERVORSCHLAG**
Zu diesem leichten Gericht passt gekochter Langkornreis oder Naan-Brot (in Asienläden erhältlich).

NÄHRWERT PRO PORTION: 341 kcal/1432 kJ; 7 g Kohlenhydrate; 26 g Eiweiß; 24 g Fett (davon 16 g gesättigte Fettsäuren); Vitamine: B-Gruppe und E.

GLASIERTE SCHWEINEKOTELETTS MIT WIRSING

FLEISCHGERICHTE

Zarte Steaks, deftige Burger, würzige Lammkoteletts, butterweich gebratene Kalbsleber oder delikates Schweinefilet – Fleisch bester Qualität ist die Grundlage verlockender Rezepte, mit denen rustikale Familiengerichte für jeden Tag ebenso gelingen wie köstliche Festessen für besondere Anlässe.

BŒUF STROGANOFF

Dieses Gericht aus feinen Rinderfiletstreifen in einer Sahnesauce soll auf einen französischen Koch zurückgehen, der es im 18. Jahrhundert nach seinem Herrn, einem russischen Kaufmann, benannte.

ZEIT: 30 MINUTEN
4 PORTIONEN

3 EL Olivenöl
1 große rote Zwiebel
250 g Maronenröhrlinge oder Steinpilze oder Steinchampignons
550 g Rinderfilet
2 TL grüne Pfefferkörner in Lake
Salz
2 EL Dijonsenf
300 g Crème fraîche
80 g kleine Essiggurken
1 kleines Bund Schnittlauch

1 In einer großen Bratpfanne 1 EL Öl erhitzen. Die Zwiebel schälen, halbieren, in dünne Scheiben schneiden und bei mäßiger Hitze 2–3 Minuten weich braten.

2 Inzwischen die Pilze putzen, halbieren und zu den Zwiebeln geben. Die Temperatur erhöhen und unter Rühren etwa 5 Minuten braten, bis sie gar sind und der größte Teil der ausgetretenen Flüssigkeit verdampft ist.

3 Während die Pilze kochen, das Rinderfilet in sehr dünne Scheiben und dann gegen die Faser in dünne Streifen schneiden (um den Vorgang zu beschleunigen, legt man mehrere Scheiben aufeinander).

4 Die Pilze und die Zwiebel in eine Schüssel geben und beiseite stellen.

5 Wieder 1 EL Öl in die Pfanne geben und auf hoher Stufe erhitzen. Die Hälfte des Fleisches in die Pfanne geben und 2–3 Minuten unter Rühren leicht anbräunen. Aus der Pfanne nehmen und warm stellen. Das restliche Öl erhitzen und den Rest des Fleisches ebenso braten.

6 Zwiebel, Pilze und die erste Hälfte des Fleisches in die Pfanne geben. Die grünen Pfefferkörner im Mörser zerstoßen und ebenfalls in die Pfanne geben. Wenig Salz hinzufügen und alles 2 Minuten erhitzen.

7 Senf und Crème fraîche verquirlen, die Gurken abtropfen lassen und alles unter das Fleisch mischen. Erwärmen, aber nicht zum Kochen bringen. Den Schnittlauch waschen, abtrocknen, in Röllchen schneiden und über das Fleisch streuen.

■ *SERVIERVORSCHLAG*
Bœuf Stroganoff kann mit Reis, Kartoffelbrei oder Nudeln und einem grünen Salat serviert werden.

VARIANTE
Dieses Gericht kann auch mit Schweine- oder Lammfilet oder mit Hühnerbrust zubereitet werden.

NÄHRWERT PRO PORTION: 563 kcal/2365 kJ; 14 g Kohlenhydrate; 35 g Eiweiß; 41 g Fett (davon 16 g gesättigte Fettsäuren); Vitamine: A, B-Gruppe und E.

STEAKS MIT RATATOUILLE

*Aus mild gewürzten Zucchini, Auberginen und Tomaten entsteht ein zartes Ratatouille,
das die mit einer Mischung aus pikanten Kräutern eingeriebenen Steaks hervorragend ergänzt.*

ZEIT: 30 MINUTEN
4 PORTIONEN

4 EL Olivenöl
2–3 Schalotten
2 Knoblauchzehen
500 g Zucchini
1 Aubergine (etwa 300 g)
$\frac{1}{2}$ TL getrockneter Thymian
$\frac{1}{2}$ TL getrockneter Oregano
4 EL Rotwein
400 g Pizzatomaten aus der Dose
2 EL Tomatenmark
Salz
1 TL gemahlener Koriander
1 TL gemahlener Kümmel
$\frac{1}{2}$ TL Cayennepfeffer
4 Rumpsteaks (je etwa 175 g)

1 2 EL Olivenöl in einem großen Topf erhitzen. Die Schalotten und den Knoblauch schälen und fein hacken, ins Öl geben und bei mäßiger Hitze 3–4 Minuten braten.

2 In der Zwischenzeit die Zucchini und die Aubergine waschen, abtrocknen und in 1 cm große Stücke schneiden. Zusammen mit dem Thymian und dem Oregano zu den Schalotten geben und 5 Minuten köcheln lassen.

3 Den Wein und die Tomaten mit ihrem Saft sowie Tomatenmark und etwas Salz hinzufügen und 15 Minuten unter gelegentlichem Umrühren gar köcheln lassen.

4 Inzwischen die Gewürze in eine kleine Schüssel geben. Eine Prise Salz hinzufügen, alles gut mischen und die Steaks auf beiden Seiten damit einreiben.

5 Das restliche Olivenöl in einer schweren Bratpfanne erhitzen, bis ein schwacher Rauch aufsteigt. Die Steaks je nach Dicke der Fleischstücke darin braten: auf jeder Seite 3–4$\frac{1}{2}$ Minuten, wenn sie blutig sein sollen; 4–5 Minuten, wenn sie medium sein sollen, und 6–7 Minuten, wenn sie durch sein sollen. Mit dem Ratatouille servieren.

■ *SERVIERVORSCHLAG*
Für dieses Gericht ist Polenta mit Räucherkäse (siehe S. 271) eine geeignete Beilage.

*NÄHRWERT PRO PORTION: 407 kcal/1709 kJ;
9 g Kohlenhydrate; 46 g Eiweiß; 20 g Fett
(davon 5 g gesättigte Fettsäuren); Vitamine:
A, B-Gruppe, C und E.*

KÖSTLICHE SAUCEN AUS DER BRATPFANNE

*Beim Braten eines saftigen Steaks oder eines anderen Fleischstücks setzt in der Pfanne
ein Fond an, der als wertvolle Grundlage für delikate Saucen dienen kann.
Meist werden die Rückstände mit Brühe, Wein oder einer anderen Flüssigkeit abgelöscht
und dann zu einer sämigen Sauce eingekocht.*

Für jedes der folgenden Saucenrezepte gelten einige Grundregeln: Zuerst das jeweilige Fleischstück aus der Pfanne nehmen und im Backofen auf niedriger Stufe warm stellen. In der Pfanne noch vorhandenes Öl bis auf 1 TL entfernen und dabei darauf achten, dass alle anderen Rückstände in der Pfanne bleiben.

Rotweinsauce mit Schalotten

Für diese Sauce, die besonders gut zu einem Stück Rindfleisch passt, einige Zweige Petersilie waschen, trockentupfen und so viel davon hacken, dass es etwa 2 EL ergibt. 4 Schalotten schälen und in Scheiben schneiden. Eine Knoblauchzehe schälen und durch die Presse in die Bratpfanne drücken. Die Zwiebelscheiben dazugeben und 1–2 Minuten unter ständigem Rühren bei mittlerer Hitze braten. Mit $1/4$ l Rotwein ablöschen und 1 EL Petersilie hinzufügen. Die Hitze erhöhen, den Wein zum Kochen bringen und auf etwa ein Drittel der Menge einkochen; dabei den Bratfond vom Pfannenboden lösen. Mit Salz und Pfeffer abschmecken, das Fleisch auf Portionsteller verteilen, die Sauce darüber geben und mit der restlichen Petersilie bestreuen.

Senf-Sahne-Sauce

Den Fond mit 5 EL Weißwein ablöschen, 300 g Crème double und 2 EL Dijonsenf unterrühren. Erhitzen, mit Salz und schwarzem Pfeffer würzen und über das Fleisch gießen. Die Sauce ist eine gute Ergänzung zu Schweinefilet oder zu Kalbfleisch.

STEAKS PERFEKT BRATEN

Ein goldbraun gebratenes, zartes Rindersteak gehört zu den Klassikern der schnellen Küche und wird zusammen mit einer delikaten Sauce ein unvergleichlicher Genuss.

1 2 EL Olivenöl in einer schweren Bratpfanne auf hoher Stufe erhitzen.
2 Das Steak mit schwarzem Pfeffer bestreuen und beidseitig 1–1$1/2$ Minuten braten.
3 Die Hitze etwas reduzieren und weitere 2–3 Minuten auf jeder Seite braten für ein blutiges Steak, 3–3$1/2$ Minuten auf jeder Seite, wenn das Steak medium sein soll, und jeweils 5–5$1/2$ Minuten für ein gut durchgebratenes Steak. Bei einem Filetsteak reduzieren sich die Bratzeiten um etwa eine Minute.

Wenn man den Dijonsenf durch Estragonsenf ersetzt, passt sie ebenfalls gut zu in Butter und Öl gebratenem Hühnchen.

Salbei-Apfel-Sauce

Eine halbe rote Zwiebel schälen, fein hacken und beiseite stellen. Einen Kochapfel waschen, raspeln und in die Pfanne geben. 8 Salbeiblätter waschen, zerzupfen und die Hälfte davon mit 1 EL Obstessig und 2–3 EL Wasser hinzufügen. Unter Rühren bei mittlerer Hitze kurz kochen, bis der Apfel weich ist. Gegebenenfalls noch etwas Wasser dazugeben. Die Zwiebel mit dem Salbei in die Pfanne geben. Abschmecken und mit dem Fleisch (z. B. Schweinekoteletts) servieren.

Rotwein-Johannisbeer-Sauce

2 TL Kreuzkümmelsamen und je $1/2$ TL mittelscharfen Paprika, gemahlenen Zimt und gemahlenen Koriander mit 300 ml Rotwein in die Pfanne geben. Erhitzen und unter Rühren den Fond lösen. Wenn der Wein zu kochen beginnt, 2–3 EL Johannisbeergelee dazugeben. Unter Rühren 5 Minuten erhitzen, bis die Flüssigkeit auf ungefähr die Hälfte eingekocht ist. Abschmecken und über das Fleisch (etwa Lammkoteletts oder -steaks) geben.

Würzige Tomatensauce

Eine Knoblauchzehe schälen, durch die Presse in die Pfanne drücken und braten, bis sie weich ist. 200 g gehackte Dosentomaten samt Flüssigkeit hinzufügen. Die Sauce unter Rühren einige Minuten einkochen lassen und dabei die Rückstände vom Pfannenboden lösen. Abschmecken, 1 TL Worcestersauce und nach Belieben einige Tropfen Tabasco hinzufügen und servieren. Die Sauce kann zu Bratwürstchen oder zu Lamm- bzw. Schweinekoteletts serviert werden.

Cognac-Sahne-Sauce

4 EL Cognac in die Pfanne geben, aufkochen lassen und dabei die Rückstände vom Pfannenboden lösen. 1 TL getrockneten Thymian oder 1 TL gehackten frischen Thymian mit 1 EL Tomatenmark und 1 EL Balsamessig dazugeben und eine Minute unter ständigem Rühren köcheln lassen. 100 g Crème double hinzufügen und aufkochen lassen. Mit Salz und Pfeffer abschmecken und über das Fleisch (z. B. Rindersteak oder Hirschbraten) geben.

KLASSISCHE SAUCE FÜR RINDERSTEAKS:
ROTWEINSAUCE MIT SCHALOTTEN

CHILI CON CARNE

Dieses klassische mexikanische Gericht aus bestem Rinderhack mit roten Kidneybohnen, Zwiebeln, Tomaten und Gewürzen wird nach traditioneller Art mit Tortillas serviert.

ZEIT: 30 MINUTEN
4 PORTIONEN

1 kleine rote Paprikaschote
1 kleine rote Chilischote
1 Zwiebel
2 EL Sonnenblumenöl
500 g mageres Rinderhack
1 EL gemahlener edelsüßer Paprika
1 EL gemahlener Kümmel
3 Knoblauchzehen
400 g Pizzatomaten aus der Dose
2 TL Tomatenmark
1 TL getrockneter Oregano
125 ml Rotwein oder Fleischbrühe
Salz
½ TL Zucker
2 Frühlingszwiebeln
400 g Kidneybohnen aus der Dose
8 weiche Tortillas
4 EL Crème fraîche

1 Die Paprika- und die Chilischote waschen, abtrocknen, entkernen und grob hacken. Die Chilischote beiseite stellen. Die Zwiebel schälen und fein hacken.

2 Das Sonnenblumenöl in einem großen Topf erhitzen und darin Paprikaschote, Zwiebel, Rinderhack, gemahlenen Paprika und Kümmel bei mäßiger Hitze unter ständigem Umrühren braten, bis das Fleisch gebräunt ist.

3 Die Knoblauchzehen schälen und durch die Presse drücken. Mit der Chilischote, den Pizzatomaten mit ihrer Flüssigkeit, Tomatenmark, Oregano, Wein oder Brühe, Salz und Zucker in den Topf geben. Aufkochen lassen, die Temperatur reduzieren und bei geschlossenem Deckel 15 Minuten schmoren.

4 Die Frühlingszwiebeln waschen, abtrocknen, fein hacken und beiseite stellen. Den Grill auf mittlerer Stufe vorheizen.

5 Die Kidneybohnen abgießen, abspülen und zum Fleisch geben. Das Ganze nochmals 5 Minuten kochen. Die Tortillas im Grill aufwärmen.

6 Das Chili con carne auf 4 Teller verteilen. Mit je 1 EL Crème fraîche garnieren, mit den gehackten Frühlingszwiebeln bestreuen und mit den Tortillas servieren.

NÄHRWERT PRO PORTION: 575 kcal/2415 kJ; 53 g Kohlenhydrate; 39 g Eiweiß; 22 g Fett (davon 8 g gesättigte Fettsäuren); Vitamine: A, B-Gruppe, C und E.

GUT ZU WISSEN

Tortillas sind hauchdünne Teigfladen aus Mais- oder Weizenmehl, die mit einer kräftigen Fleisch- oder Gemüsesauce gefüllt werden. Man kann sie selbst zubereiten oder – wenn es schnell gehen soll – fertig kaufen und wie in diesem Rezept im Backofen aufwärmen.

FLEISCHKLÖSSCHEN MIT KREOLENSAUCE

Eine schmackhafte Sauce aus knackigem, nach Südstaatenart scharf gewürztem Gemüse macht aus einfachen Fleischbällchen ein raffiniertes und dennoch schnell zubereitetes Gericht.

ZEIT: 30 MINUTEN
4 PORTIONEN

1 große Zwiebel
600 g Rinderhack
1 großes Ei
3 EL Mehl
1 ¹/₄ TL Cayennepfeffer
1 ¹/₄ TL scharfer Paprika
Salz und schwarzer Pfeffer
3 EL Olivenöl
1 grüne Paprikaschote
1 rote Paprikaschote
2 Knoblauchzehen
2 Stangen Staudensellerie
400 g Pizzatomaten aus der Dose
1 Lorbeerblatt
1 TL dunkler Zuckerrohrsirup

1 Für die Fleischklößchen die Zwiebel schälen und hacken. Die Hälfte davon zusammen mit Rinderhack, Ei, Mehl, ¹/₄ TL Cayennepfeffer, ¹/₄ TL scharfem Paprika sowie Salz und Pfeffer in eine Schüssel geben Alles gut mischen und beiseite stellen.

2 Für die Kreolensauce 1 EL Olivenöl bei mäßiger Temperatur in einer Pfanne erhitzen und die restliche Zwiebel darin braten, bis sie weich ist. Die Paprikaschoten waschen, abtrocknen, halbieren, entkernen, grob hacken und zu der Zwiebel geben.

3 Die Knoblauchzehen schälen, durch die Presse drücken und zu den Paprikaschoten geben. Nochmals 2 Minuten braten.

4 Die Tomaten zusammen mit ihrem Saft, dem Lorbeerblatt, 1 TL Cayennepfeffer, 1 TL scharfem Paprika, dem Zuckerrohrsirup und 100 ml Wasser in die Pfanne geben und zum Kochen bringen. Unbedeckt knapp 15 Minuten sanft köcheln lassen, bis die Sauce sämig wird, das Gemüse aber noch etwas Biss hat.

5 In der Zwischenzeit die Fleischklößchen zubereiten. 2 EL Olivenöl in einer großen Bratpfanne erhitzen. Mit nassen Händen aus der Fleischmasse 16 Kugeln mit etwa 4 cm Ø formen und in das heiße Öl geben. Bei großer Hitze rund 10 Minuten braten, bis sie gebräunt und völlig durchgegart sind.

6 Die Kreolensauce mit Salz und Pfeffer abschmecken und mit den Fleischkugeln servieren.

■ *SERVIERVORSCHLAG*
Als Beilage eignet sich eine Mischung aus weißem Reis und Wildreis oder der ebenfalls zur kreolischen Cajun-Küche gehörende Kartoffelsalat auf Südstaatenart (siehe S. 102).

NÄHRWERT PRO PORTION: 526 kcal/2209 kJ; 19 g Kohlenhydrate; 35 g Eiweiß; 35 g Fett (davon 12 g gesättigte Fettsäuren); Vitamine: A, B-Gruppe, C und E.

RINDFLEISCH BALTI

Balti-Gerichte sind pfannengerührte, mit Brot servierte Currys und haben ihren Ursprung im indischen Kaschmir.

ZEIT: 25 MINUTEN 4 PORTIONEN	
1 Zwiebel	1 grüne Paprikaschote
2 EL Sonnenblumenöl	1 rote Paprikaschote
500 g Rindersteaks	3 Tomaten
1 Knoblauchzehe	½ Zitrone
1 Stück Ingwerwurzel (4 cm lang)	1 EL Garam Masala
1 kleine frische rote Chilischote	1 TL gemahlener Kümmel
	Salz
	nach Belieben 3 EL Kokosnussraspel
	4 Naan-Brote

1 Den Ofen auf 50 °C vorheizen. Die Zwiebel schälen und in dünne Scheiben schneiden. 1 EL Öl in einer großen Bratpfanne mit hohem Rand oder in einem Wok erhitzen. Die Zwiebel bei hoher Temperatur unter gelegentlichem Rühren 3–4 Minuten weich braten und leicht bräunen.

2 Inzwischen etwaige Fettränder von den Steaks entfernen und das Fleisch in dünne Streifen schneiden. Die Knoblauchzehe schälen und durch die Presse drücken. Den Ingwer schälen und fein raspeln. Die Chilischote waschen, abtrocknen, entkernen und grob hacken. Alles zur Zwiebel geben und bei hoher Temperatur unter gelegentlichem Umrühren 5 Minuten braten, bis das Fleisch leicht gebräunt ist. Von der Hitze nehmen und im Ofen warm halten.

3 Die Paprika waschen, abtrocknen, entkernen und in dünne Streifen schneiden. In die Pfanne geben und das restliche Öl hinzufügen. 3 Minuten unter Rühren weich braten, bis sie leicht gebräunt sind.

4 Inzwischen die Tomaten waschen, abtrocknen und grob hacken. Den Saft der Zitrone auspressen und den Grill auf hoher Stufe vorheizen.

5 Garam Masala und Kümmel in die Pfanne geben und unter ständigem Rühren eine Minute mitkochen. Tomaten, Zitronensaft und etwas Salz dazugeben und unter Rühren 3–4 Minuten köcheln lassen. Falls nötig, etwas Wasser hinzufügen.

6 Die Brote mit Wasser beträufeln und etwa eine Minute auf jeder Seite grillen. Das Fleisch in die Pfanne geben und nochmals erwärmen. Nach Belieben mit den Kokosnussraspeln bestreuen.

NÄHRWERT PRO PORTION: 923 kcal/3877 kJ; 90 g Kohlenhydrate; 43 g Eiweiß; 46 g Fett (davon 12 g gesättigte Fettsäuren); Vitamine: A, B-Gruppe, C und E.

GUT ZU WISSEN

Garam Masala, eine Mischung aus Kardamom, Koriander, Kümmel, Pfeffer, Zimt und anderen Gewürzen, ist in Geschäften mit indischen Spezialitäten erhältlich.

FLEISCHSPIESSE MIT ZWIEBELN

Bester Dijonsenf, pikante Worcestersauce und aromatischer Rotweinessig verbinden sich zu einer würzigen Marinade, die den gegrillten Fleischwürfeln einen kräftigen Geschmack verleiht.

ZEIT: 25 MINUTEN
4 PORTIONEN

750 g Rumpsteak
2 rote Zwiebeln
8–10 Frühlingszwiebeln
1 EL Dijonsenf
1 TL Worcestersauce
½ TL Rotweinessig
Salz und schwarzer Pfeffer
4 EL Olivenöl
nach Belieben 6 EL Rotwein

1 Den Grill auf höchster Stufe vorheizen. Von den Steaks etwaige Fettränder abschneiden und das Fleisch in 20 Würfel teilen. Die roten Zwiebeln schälen, der Länge nach halbieren und in je 4 Spalten schneiden. Die Frühlingszwiebeln waschen, abtrocknen und in 5–6 cm lange Abschnitte teilen.

2 Auf 4 mit backofenfesten Griffen versehene Metallspieße von jeweils 30–35 cm Länge abwechselnd rote Zwiebeln, Frühlingszwiebeln und Fleischstücke stecken.

3 Den Senf und die Worcestersauce mit Essig, Salz und Pfeffer in einer kleinen Schüssel mischen und das Öl unterrühren.

4 Die Spieße mit der Hälfte der Mischung rundum bestreichen, auf den Grillrost legen und eine Bratpfanne mit backofenfesten Griffen darunter stellen. Nach 3–5 Minuten wenden, mit der restlichen Mischung bestreichen und weitere 3–5 Minuten grillen.

5 Die Spieße warm stellen und die Sauce vorbereiten. Dazu den Wein in die Pfanne gießen, die den Fleischsaft aufgefangen hat, und bei mittlerer Hitze erwärmen.

Dabei den Bratensatz vollständig lösen. Die Sauce auf die Hälfte einkochen, abschmecken und mit den Spießen servieren.

■ *SERVIERVORSCHLAG*
Zu diesem Gericht können Kartoffelbrei und Gemüse gereicht werden oder man serviert dazu Möhren mit Orange und Sesam (siehe S. 256).

NÄHRWERT PRO PORTION: 375 kcal/1575 kJ; 8 g Kohlenhydrate; 43 g Eiweiß; 20 g Fett (davon 5 g gesättigte Fettsäuren); Vitamine: B-Gruppe und E.

HACKFLEISCH ARABISCHER ART MIT FLADENBROT

Dieses mit frischem Rind- oder Lammfleisch schnell zubereitete Gericht verzehren Sie wie die Araber direkt aus der Hand.

ZEIT: 30 MINUTEN
4 PORTIONEN

100 g Pinienkerne
1 EL Olivenöl
1 große Zwiebel
500 g mageres Rinder- oder Lammhack
1 EL gemahlener Kümmel
1 TL Lebkuchengewürz
200 g Pizzatomaten aus der Dose
1 Bund Koriander
1 Gurke
½ Kopfsalat
8 Tortillas oder Pitta-Brote
200 g Crème fraîche

SO GEHT'S LEICHTER!

Wenn Sie Pitta verwenden, dann schneiden Sie das Brot an der Seite auf, um eine Tasche für die Füllung zu schaffen. Geben Sie erst 1 EL von der Fleischmischung und dann etwas Salat und Gurke hinein. Zum Schluss träufeln Sie etwas von der Crème fraîche darüber und essen das Brot aus der Hand.

1 Den Ofen auf 50 °C vorheizen. Die Pinienkerne in einer Bratpfanne ohne Fettzugabe unter häufigem Wenden rösten, bis sie leicht gebräunt sind. In einer kleinen Schüssel beiseite stellen.

2 Das Olivenöl in die Pfanne geben und langsam erhitzen. Die Zwiebel halbieren, schälen und fein hacken, dann bei mittlerer Hitze unter Umrühren 3 Minuten braten, bis sie weich ist. Das Fleisch hinzufügen und anbraten, bis es gebräunt ist. Dabei immer wieder umrühren, damit sich keine Klumpen bilden. Die Gewürze und die Tomaten mit ihrer Flüssigkeit hinzufügen und 10–15 Minuten unter gelegentlichem Umrühren köcheln lassen.

3 Den Koriander waschen, abtrocknen und so viel davon hacken, dass es 4 EL ergibt. Beiseite stellen. Die Gurke waschen, abtrocknen und grob hacken; den Kopfsalat zerzupfen. Beides in verschiedene Servierschüsseln geben.

Die Brote in den Ofen legen, um sie aufzuwärmen.

4 Wenn das Fleisch gar ist, Koriander und Pinienkerne dazugeben, noch 1–2 Minuten erwärmen und in eine Schüssel geben.

5 Zum Verzehr nimmt jeder eine Tortilla und gibt 1 EL Fleisch in die Mitte. Kopfsalat und Gurke darüber streuen und etwas Crème fraîche hinzufügen. Dann das Fladenbrot zusammenrollen und mit den Fingern essen. Bei der Verwendung von Pitta-Brot siehe Kasten oben.

NÄHRWERT PRO PORTION: 689 kcal/2894 kJ; 41 g Kohlenhydrate; 38 g Eiweiß; 43 g Fett (davon 13 g gesättigte Fettsäuren); Vitamine: A, B-Gruppe, C und E.

KALBSLEBER MIT ZWIEBELSAUCE

Butterzarte Kalbsleber und sanft angedünstete Zwiebeln werden mit einer cremigen, mildwürzigen Sauce aus bestem Balsamessig, französischem Senf, einem Schuss Sahne und frischem Salbei serviert.

ZEIT: 25 MINUTEN
4 PORTIONEN

| 1 große Gemüsezwiebel |
| 2 EL Olivenöl |
| 1 kleines Bund Salbei |
| 4 Scheiben Kalbsleber (je etwa 125 g) |
| schwarzer Pfeffer |
| 3 EL Balsamessig |
| 1 EL Dijonsenf |
| 100 ml Schlagsahne |

1 Den Ofen auf niedriger Stufe vorheizen. Die Zwiebel halbieren, schälen und in dünne Scheiben schneiden.

2 1 EL Olivenöl in einer großen Bratpfanne bei hoher Temperatur erhitzen und die Zwiebel unter Rühren eine Minute braten. Die Temperatur reduzieren und die Zwiebel bei geschlossenem Deckel 6 Minuten leicht bräunen. Aus der Pfanne nehmen und warm halten.

3 Inzwischen den Salbei waschen, abtrocknen, die Blätter abzupfen und so viel davon hacken, dass es 1 EL ergibt. Beiseite stellen.

4 Die Leber mit Pfeffer würzen. 1 EL Öl stark erhitzen und die Leber auf jeder Seite 1–2 Minuten braten. Aus der Pfanne nehmen und warm stellen.

5 Für die Sauce den Balsamessig und 3 EL Wasser in die Pfanne geben und aufkochen. Dabei den Bratfond lösen. Die Hitze reduzieren und Senf und Sahne unterrühren.

6 Leber und Zwiebel wieder in die Pfanne geben, 1–2 Minuten bei milder Hitze erwärmen, mit Salbei bestreuen und servieren.

VARIANTE
Die Sauce aus Balsamessig, Senf und Sahne kann auch zu Lammleber oder gebratenem Hähnchen oder Schweinefleisch serviert werden.

NÄHRWERT PRO PORTION: 271 kcal/1138 kJ; 8 g Kohlenhydrate; 25 g Eiweiß; 15 g Fett (davon 5 g gesättigte Fettsäuren); Vitamine: A, B-Gruppe, C und E.

GUT ZU WISSEN

Italienischer Balsamessig, ein unverzichtbarer Bestandteil der feinen Küche, wird aus unfermentierten, süßen Trebbiano-Trauben hergestellt, die man zu einer Art Sirup verkocht, dem Weinessig zugesetzt wird. In Holzfässern reift die Mischung mindestens 5 Jahre, bei besseren Qualitäten sogar wesentlich länger.

KALBSSCHNITZEL MIT SALBEI UND ZITRONE

Dank ihrer raschen Zubereitung zählen Kalbsschnitzel in unterschiedlichen Varianten zu den absoluten Klassikern der schnellen Feinschmeckerküche.

ZEIT: 15 MINUTEN
2 PORTIONEN

1 EL Mehl
Salz und schwarzer Pfeffer
2 Kalbsschnitzel (je etwa 100 g)
6 frische Salbeiblätter
1 EL Olivenöl
40 g Butter
½ Zitrone
4 EL Hühnerbrühe oder Wasser

1 Den Backofen auf 50 °C vorheizen. Das Mehl auf einen großen Teller streuen und mit Salz und Pfeffer mischen. Jedes Kalbsschnitzel in 3 gleich große Stücke schneiden, je ein Salbeiblatt darauf drücken und gleichmäßig im Mehl wenden.

2 ½ EL Öl und die Hälfte der Butter in einer Bratpfanne erhitzen, bis die Butter geschmolzen ist. Das Fleisch hineingeben und bei hoher Temperatur auf jeder Seite 2 Minuten braten, dann herausnehmen und warm stellen.

halbe Zitrone auspressen,
in die Pfanne geben,
ühe oder Wasser hinzu-
bei mittlerer Hitze
s die Flüssigkeit zur Hälfte
ist. Die restliche Butter
nd weiterrühren, bis
tter mit der Sauce
hat.

schstücke wieder in die
n und auf jeder Seite
len erwärmen. Sofort

SCHLAG
en Kalbsschnitzeln
Chicorée (siehe
chini-Apfel-Gemüse
d Petersilie

ON: 324 kcal/1361 kJ;
g Eiweiß; 24 g Fett
e Fettsäuren); Vitamine:

LAMMKOTELETTS PROVENZALISCHER ART

Dass die einfachsten Genüsse oft die besten sind, beweist dieses schlichte, aber umso köstlichere Gericht aus Südfrankreich, in dem der Duft von Kräutern und Knoblauch mit dem Lammgeschmack perfekt harmoniert.

ZEIT: 30 MINUTEN
4 PORTIONEN

700 g mehlig kochende Kartoffeln
Salz und schwarzer Pfeffer
2 EL Olivenöl
2 Zwiebeln
2 Knoblauchzehen
8 Lammkoteletts (je etwa 100 g)
4 Zweige Rosmarin
250 g Tomaten
200 ml Lamm- oder Hühnerbrühe
400 g Cannellini-Bohnen oder andere weiße Bohnen (aus der Dose)
3–4 EL Milch

1 In einem großen Topf Wasser aufkochen. Die Kartoffeln schälen, in Würfel schneiden und mit etwas Salz in das kochende Wasser geben. Bei reduzierter Hitze und geschlosse-nem Deckel 15–20 Minuten garen, bis sie weich sind.

2 Inzwischen das Olivenöl in einer großen Pfanne erhitzen. Die Zwie-beln schälen, halbieren, in Scheiben schneiden und in die Pfanne geben. Den Knoblauch durch die Presse drücken und zu den Zwiebeln geben. Beides bei großer Hitze unter stän-digem Rühren anbräunen, dann aus der Pfanne nehmen und warm stellen.

3 Die Temperatur leicht reduzieren und die Koteletts auf jeder Seite 2–3 Minuten braun braten.

4 Während die Koteletts braten, den Rosmarin waschen, abtrocknen und die Nadeln abzupfen. Die Toma-ten waschen und grob hacken.

5 Die Hälfte der Zwiebeln und des Knoblauchs zum Fleisch geben.

Tomaten, Brühe und Rosmarin hinzufügen und die Temperatur erhöhen.

6 Die Bohnenflüssigkeit abgießen und die Bohnen in die Pfanne geben. Mit Salz und Pfeffer abschmecken. Alles zum Kochen bringen und 8–10 Minuten köcheln lassen. Dabei darauf achten, dass nichts anbrennt.

7 Inzwischen das Kartoffelwasser abgießen, die Milch in den Topf geben und die Kartoffeln zerstampfen. Die restlichen Zwiebeln und den Knoblauch dazugeben. Abschmecken und mit den Lamm-koteletts servieren.

NÄHRWERT PRO PORTION: 711 kcal/2986 kJ; 45 g Kohlenhydrate; 39 g Eiweiß; 43 g Fett (davon 18 g gesättigte Fettsäuren); Vitamine: B-Gruppe, C und E.

LAMMFILET MIT GEBRATENEM GEMÜSE

*Saftige Scheiben vom zartesten Stück des Lamms werden kurz gebraten und
leicht rosa mit knackigem, pfannengerührtem Gemüse serviert.*

ZEIT: 30 MINUTEN
4 PORTIONEN

ck Ingwerwurzel (1 cm lang)
125 g Brokkoli
125 g Lauch
125 g Brunnenkresse
125 g Zuckerschoten
125 g Maiskölbchen
500 g Lammfilet
1–2 EL Olivenöl
alz und schwarzer Pfeffer
2 EL Erdnussöl
L Lamm- oder Hühnerbrühe
1–2 EL helle Sojasauce

n Ingwer schälen und fein
. Den Brokkoli waschen, in
en trennen und diese in je
tücke schneiden. Den Lauch
neiden, waschen, abtrocknen,
in etwa 10 cm lange Stücke und dann
in dünne Streifen schneiden. Die
Brunnenkresse waschen, trocknen
und hacken; die Zuckerschoten und
die Maiskölbchen waschen und
trocknen. Alles beiseite stellen.
2 Das Lammfilet in 8 etwa 2,5 cm
dicke Medaillons schneiden, mit dem
Olivenöl bepinseln und mit Salz und
Pfeffer würzen.
3 Eine Bratpfanne bei mäßiger
Temperatur erhitzen und das
Lammfleisch darin etwa 2 Minuten
braten, bis es auf der Unterseite
gebräunt ist. Wenden und auf der
anderen Seite 3–4 Minuten braten.
Die Pfanne zudecken und warm
stellen.
4 Inzwischen das Erdnussöl in
einem Wok oder einer großen
Bratpfanne erhitzen. Den Ingwer
und das Gemüse hinzufügen und
3–4 Minuten unter Rühren braten.
Brühe und Sojasauce hinzufügen
und abschmecken. Zudecken und
unter gelegentlichem Rühren weitere
2 Minuten garen.
5 Je 2 Lamm-Medaillons und etwas
Gemüse auf einem Teller anrichten
und servieren.

NÄHRWERT PRO PORTION: *405 kcal/1701 kJ;
8 g Kohlenhydrate; 30 g Eiweiß; 28 g Fett
(davon 10 g gesättigte Fettsäuren); Vitamine:
A, B-Gruppe, C und E.*

GUT ZU WISSEN

*Anstelle von Lammfilet können für
dieses Rezept auch zarte Lammnüsschen verwendet werden.*

LAMMSTEAKS MIT JOHANNISBEERSAUCE

*Eine Kräuterkruste bedeckt die Lammsteaks, die mit einer Sauce aus in Rotwein gekochten
Johannisbeeren zu einem dekorativen Festessen werden.*

ZEIT: 25 MINUTEN
4 PORTIONEN

2 TL Kreuzkümmelsamen
1 TL gemahlener Koriander
1 TL gemahlener Zimt
1 TL gemahlener Paprika
schwarzer Pfeffer
200 ml Rotwein
50 g Zucker
200 g frische Johannisbeeren
4 Lammsteaks aus der Keule (je etwa 125 g)
1 Bund Brunnenkresse

1 Den Grill auf höchster Stufe vorheizen. Für die Sauce alle Gewürze mit reichlich schwarzem Pfeffer mischen. Die Hälfte davon mit dem Wein und dem Zucker in einen kleinen Topf geben. Den Rest beiseite stellen.

2 Die Johannisbeeren waschen und einige schöne Zweige beiseite legen. Die übrigen mithilfe einer Gabel von den Stielen streifen und zum Wein geben. Bei mäßiger Hitze unter leichtem Rühren zum Kochen bringen, die Hitze reduzieren und die Sauce 12–15 Minuten sanft köcheln lassen, bis sie eine sirupähnliche Beschaffenheit aufweist.

3 Die Steaks auf beiden Seiten mit den restlichen Gewürzen einreiben und 6–8 Minuten grillen; dabei einmal wenden. Inzwischen die Brunnenkresse waschen, trockentupfen und alle dicken Stängel entfernen.

4 Etwas Sauce auf jeden Teller gießen und das Fleisch darauf legen. Mit der Kresse und den Johannisbeerzweigen garnieren.

VARIANTE
Anstelle der Johannisbeeren können auch frische oder tiefgefrorene Preiselbeeren verwendet werden.

*NÄHRWERT PRO PORTION: 400 kcal/1680 kJ;
16 g Kohlenhydrate; 24 g Eiweiß; 24 g Fett
(davon 11 g gesättigte Fettsäuren); Vitamine:
B-Gruppe, C und E.*

LAMMNÜSSCHEN MIT SPINAT

Rosinen und Pinienkerne geben dem Lammfleisch, das mit feinem Senf und duftendem Rosmarin gewürzt und auf einem Spinatbett serviert wird, eine orientalische Note.

ZEIT: 30 MINUTEN

4 PORTIONEN

2 EL Olivenöl
2 EL Senf (mit Honig- oder Kräutergeschmack)
8–12 Lammnüsschen (insgesamt etwa 800 g)
1 Zweig Rosmarin
Salz und schwarzer Pfeffer
1/2 rote Zwiebel
3 Knoblauchzehen
1 Tomate
50 g Pinienkerne
40 g Rosinen
500 g junger Spinat
Baguette oder Ciabatta-Brot

1 Den Backofen auf 220 °C (Umluft 200 °C; Gas Stufe 4–5) vorheizen. Ein kleines Backblech mit wenig Öl bestreichen.

2 Das Fleisch auf der Oberseite mit 1 EL Senf bestreichen. Den Rosmarin waschen, trockentupfen und einige Nadeln über die Lammnüsschen geben. Mit Salz und Pfeffer würzen und beiseite stellen.

3 Zwiebel und Knoblauch schälen und in dünne Scheiben schneiden. Die Tomate waschen, abtrocknen, grob hacken und beiseite stellen.

4 Wenn der Backofen vorgeheizt ist, die Lammnüsschen auf der obersten Einschubleiste 10 Minuten backen, dann wenden, mit dem restlichen Senf bestreichen, mit etwas Rosmarin bestreuen und mit Salz und Pfeffer würzen. 5–8 Minuten weiter backen, bis sie gar, aber im Innern noch rosa sind.

5 In der Zwischenzeit das restliche Öl in einer großen Pfanne erhitzen. Zwiebel und Knoblauch hineingeben und zugedeckt bei schwacher Hitze 5 Minuten dünsten, bis die Zwiebeln weich sind. Pinienkerne und Rosinen hinzufügen und weitere 3 Minuten dünsten.

6 Den Spinat putzen, waschen und trockentupfen. Die Tomate in die Pfanne geben und ohne Deckel eine Minute kochen. Dann den Spinat und wenig Salz dazugeben und 3–4 Minuten unter Rühren braten, bis der Spinat zusammengefallen ist.

7 Den Spinat auf Teller verteilen und das Fleisch darauf legen Mit dem Brot servieren.

NÄHRWERT PRO PORTION: 705 kcal/2961 kJ; 48 g Kohlenhydrate; 54 g Eiweiß; 34 g Fett (davon 9 g gesättigte Fettsäuren); Vitamine: A, B-Gruppe, C und E.

LAMMLEBER MIT SPECK UND ZWIEBELN

Das kräftige Aroma von frischem Salbei harmoniert bestens mit dem würzigen Geschmack von Lammleber und Speck, die mit einer sahnigen Zwiebelsauce serviert werden.

ZEIT: 25 MINUTEN
4 PORTIONEN

| 1 Zwiebel |
| 8 große und 8 kleine Blätter Salbei |
| 2 EL Olivenöl |
| 4 Scheiben Lammleber (je etwa 80 g) |
| 2 EL Mehl |
| Salz und schwarzer Pfeffer |
| 300 ml Lammbrühe |
| 4 Scheiben geräucherter Rückenspeck ohne Schwarte (etwa 150 g) |
| 150 g Crème fraîche |

1 Den Backofen auf 50 °C vorheizen. Die Zwiebel halbieren, schälen und in Scheiben schneiden. Die Salbeiblätter waschen und trockentupfen. Die großen Blätter zerzupfen und beiseite legen, die kleinen für die Garnierung zurücklegen.

2 1 EL Olivenöl in einer Pfanne erhitzen. Die Zwiebelscheiben hineingeben und bei mäßiger Hitze 4–5 Minuten bräunen.

3 Inzwischen die Leber waschen und trockentupfen. Das Mehl mit etwas Salz und Pfeffer in einen Teller geben und jede Leberscheibe auf beiden Seiten darin wenden.

4 Das verbliebene Mehl und die zerkleinerten Salbeiblätter zu den Zwiebeln geben und unter Rühren eine Minute braten. Die Brühe dazugeben und unter Rühren aufkochen. Die Temperatur reduzieren und den Pfanneninhalt köcheln lassen.

5 1 EL Öl in einer Bratpfanne erhitzen und den Speck auf jeder Seite 1–2 Minuten braten. Aus der Pfanne nehmen und im Ofen warm halten. Die Leber in die Pfanne geben und bei mittlerer

Hitze auf jeder Seite etwa 2 Minuten braten, bis sie leicht gebräunt ist.

6 Den Speck wieder in die Pfanne geben. Die Sauce hinzufügen und die Rückstände vom Pfannenboden lösen. 3–4 Minuten kochen, bis die Leber gar, im Innern aber noch leicht rosa ist.

7 Die Crème fraîche in die Pfanne geben und unterrühren. Mit Pfeffer und nach Bedarf auch mit etwas Salz abschmecken. Noch 1–2 Minuten unter Rühren die Crème fraîche warm werden lassen.

8 Anrichten, mit den kleinen Salbeiblättern garnieren und sofort servieren.

NÄHRWERT PRO PORTION: 374 kcal/1571 kJ; 10 g Kohlenhydrate; 26 g Eiweiß; 26 g Fett (davon 10 g gesättigte Fettsäuren); Vitamine: A, B-Gruppe und C.

LAMMKOTELETTS MIT BOHNEN

*Die gebratenen Lammkoteletts mit Rosmarin und Bohnen erhalten durch Kapern
eine pikante Note und werden mit einer Wein-Sahne-Sauce verfeinert.*

ZEIT: 30 MINUTEN
4 PORTIONEN

150 ml Lamm- oder Hühnerbrühe
150 g grüne Bohnen
Salz und schwarzer Pfeffer
1 EL Olivenöl
4 EL Butter
1 unbehandelte Zitrone
2 Zweige Rosmarin
8 Lammkoteletts (je etwa 100 g)
1 Zwiebel
800 g Flageolett-Bohnen aus der Dose
2 Knoblauchzehen
300 ml trockener Weißwein
2 TL Maismehl
4 EL Crème double
2 EL Kapern oder 25 g Kapernäpfel

1 1 l Wasser aufkochen lassen und in einem Topf die Brühe erhitzen. Den Ofen auf 50° vorheizen.

2 Die grünen Bohnen putzen, waschen und in 2,5 cm lange Stücke schneiden. Mit etwas Salz in einen Topf geben, mit dem siedenden Wasser übergießen und 5–6 Minuten gar kochen.

3 Inzwischen das Öl und 2 EL Butter in eine Pfanne geben und zerlassen. Die Zitrone waschen, die Schale in die Pfanne reiben, eine Hälfte auspressen und den Saft beiseite stellen. Den Rosmarin waschen und in die Pfanne geben. Die Temperatur erhöhen.

4 Die Koteletts mit Pfeffer würzen. Wenn die Butter zu schäumen beginnt, das Fleisch hineingeben, die Temperatur reduzieren und die Koteletts auf jeder Seite 4–5 Minuten braten, bis sie außen goldbraun, im Innern aber noch leicht rosa sind.

5 2 EL Butter in einer anderen Pfanne zerlassen. Die Zwiebel schälen und hacken, in die Butter geben und bei mäßiger Hitze 5 Minuten braten.

6 Die Bohnen aus der Dose und die grünen Bohnen in ein Sieb geben.

7 Den Knoblauch schälen, durch die Presse drücken, zu den Zwiebeln geben und 30 Sekunden braten. Die Bohnen hinzufügen, mit Salz und Pfeffer würzen, die Temperatur reduzieren und die Bohnen unter gelegentlichem Rühren erwärmen.

8 Die Lammkoteletts und den Rosmarin aus der Pfanne nehmen und im Ofen warm halten.

9 Das überschüssige Fett abgießen; den Wein und den Zitronensaft in die Pfanne geben, alles rasch aufkochen und dabei den Bratensatz lösen. Die Flüssigkeit auf die Hälfte einkochen lassen.

10 Inzwischen das Mehl mit 1 EL Wasser anrühren und in die Brühe geben. Die Brühe zum Wein gießen und aufkochen. Die Hitze reduzieren und die Crème double hinzufügen. Würzen, die Kapern oder Kapernäpfel hineingeben und erhitzen, ohne die Sauce aufzukochen.

11 Die Koteletts mit dem Rosmarin in die Pfanne zurückgeben, erwärmen und mit den Bohnen servieren.

*NÄHRWERT PRO PORTION: 944 kcal/3965 kJ;
26 g Kohlenhydrate; 33 g Eiweiß; 73 g Fett
(davon 39 g gesättigte Fettsäuren); Vitamine:
A, B-Gruppe und E.*

LAMM-KEBAB MIT PITTA-BROT

*Scharf gewürztes Lammfleisch wird in warmem Pitta-Brot mit knackigem
gemischtem Salat und einer erfrischenden Joghurtsauce gereicht.*

ZEIT: 30 MINUTEN
4 PORTIONEN

2 EL Olivenöl
2 Knoblauchzehen
2 TL gemahlener Kümmel
½ TL Cayennepfeffer
700 g Lammfilet oder mageres Lammsteak
1 kleiner Kopfsalat
4 Zweige Minze
½ Gurke
4 Tomaten
1 rote Zwiebel
Salz und schwarzer Pfeffer
200 g griechischer Joghurt
8 kleine Pitta-Brote

1 Den Grill auf höchster Stufe vorheizen. Das Öl in eine Schüssel geben, den Knoblauch schälen, durch die Presse drücken und mit den Gewürzen hinzufügen.

2 Das Fleisch in 2,5 cm große Würfel schneiden. Im Öl wenden, auf Spieße stecken und beiseite legen.

3 Den Salat waschen, trockenschleudern, zerzupfen und in eine Schüssel geben. Minze, Gurke und Tomate waschen und abtrocknen. Die Minze zerzupfen, einige Blätter zurückbehalten. Die Gurke schälen und würfeln; die Tomate hacken; die Zwiebel schälen und fein hacken. Alles in die Salatschüssel geben.

4 Das Fleisch würzen und 4–6 Minuten grillen, dabei einmal wenden.

5 Den Joghurt mit wenig Wasser verdünnen und abschmecken.

6 Die Spieße vom Grill nehmen und beiseite legen. Die Pitta-Brote erhitzen, bis sie aufgehen; dabei einmal wenden.

7 Die Brote aufschneiden und mit dem Salat füllen. Das Fleisch und die Sauce dazu geben, mit den Minzeblättchen garnieren und servieren.

NÄHRWERT PRO PORTION: 899 kcal/3776 kJ; 95 g Kohlenhydrate; 53 g Eiweiß; 37 g Fett (davon 15 g gesättigte Fettsäuren); Vitamine: A, B-Gruppe, C und E.

LAMM-KÖFTE MIT TOMATENSAUCE

*Am Spieß gegrillt, wird aus zartem magerem Lammfleisch eine orientalische Spezialität,
zu der Reis und eine scharf gewürzte Sauce am besten schmecken.*

ZEIT: 30 MINUTEN
4 PORTIONEN

1 EL Butter
1 Zwiebel
300 g Langkorn- oder Basmatireis
Salz und schwarzer Pfeffer
1 Stück Ingwerwurzel (0,5 cm lang)
2 Knoblauchzehen
500 g Lammhack
1 kleines Bund Koriander
1 EL Mangopulver oder 1 EL Zitronensaft
1 TL Garam Masala
1 TL gemahlener Kümmel
1 TL Chilipulver
1½ EL Kichererbsenmehl
3 EL griechischer Joghurt
1–2 EL Pflanzenöl
3 EL Olivenöl
1 EL Weißweinessig
200 g Pizzatomaten aus der Dose
1 kleine frische grüne Chilischote

1 In einem Topf ¾ l Wasser aufkochen. Die Butter in einem anderen Topf zerlassen. Die Zwiebel schälen, ein Viertel davon in feine Scheiben schneiden, zur Butter geben und 3 Minuten unter Rühren braten. Den Reis unterrühren und eine Minute mitbraten.

2 Das kochende Wasser zum Reis gießen, Salz hinzufügen und aufkochen. Die Hitze stark reduzieren und den Reis 15 Minuten garen. Den Grill auf höchster Stufe vorheizen.

3 Den Ingwer und eine Knoblauchzehe schälen und hacken; die restliche Zwiebel grob hacken und alles mit dem Fleisch in den Mixer geben.

4 Den Koriander waschen und einige Zweige beiseite legen. Den Rest hacken, zwei Drittel davon beiseite stellen und den übrigen gehackten Koriander mit Mangopulver oder Zitronensaft, Gewürzen, Kichererbsenmehl, Joghurt und Salz und Pfeffer im Mixer pürieren.

5 Aus der Mischung 8 kleine Würste bilden und jede auf einen Metallspieß stecken. Mit dem Pflanzenöl bepinseln und 6–8 Minuten grillen. Dabei einmal wenden.

6 Olivenöl, Essig und Tomaten in eine Schüssel geben. Die zweite Knoblauchzehe schälen und durch eine Presse dazudrücken. Die Chilischote waschen, abtrocknen, hacken und mit dem restlichen Koriander hinzufügen. Die Sauce abschmecken.

7 Den Reis und die Spieße auf Teller verteilen und die Sauce darüber geben. Mit Koriander garnieren.

NÄHRWERT PRO PORTION: 683 kcal/2869 kJ; 69 g Kohlenhydrate; 36 g Eiweiß; 29 g Fett (davon 5 g gesättigte Fettsäuren); Vitamine: B-Gruppe, C und E.

GUT ZU WISSEN

Kichererbsenmehl und Mangopulver sind in Geschäften mit asiatischen Spezialitäten erhältlich.

LAMM NACH ORIENTALISCHER ART:
LAMM-KEBAB MIT PITTA-BROT (OBEN),
LAMM-KÖFTE MIT TOMATENSAUCE (UNTEN)

RIESENBURGER MIT GEMÜSE

Zu diesem üppigen Burger aus Hackfleisch und Gemüse, dessen Zutaten nach Belieben abgewandelt werden können, schmecken ein grüner Salat und Tomatenketchup.

ZEIT: 30 MINUTEN
4 PORTIONEN

Öl zum Ausfetten
des Backblechs

275 g mageres Lammhack

275 g mageres Schweinehack

2 TL italienische Kräutermischung

1 kleines Ei

80 g Paniermehl

Salz und schwarzer Pfeffer

einige Tropfen Worcestersauce

2 EL Olivenöl

1 Zwiebel

1 große Knoblauchzehe

nach Belieben 1–2 TL Chilipulver

1 kleine rote Paprikaschote

2 Tomaten

50 g Champignons

125 g Mozzarella

125 g Cheddar oder Greyerzer

1 Den Backofen auf 190 °C (Umluft 170 °C; Gas Stufe 3) vorheizen. Ein Pizzablech mit 25 cm Ø oder ein Backblech mit dem Öl ausfetten.

2 Das Hackfleisch in eine Schüssel geben. Kräuter, Ei, Paniermehl, Salz, Pfeffer sowie Worcestersauce hinzufügen und alles vermengen.

3 Die Mischung gleichmäßig auf dem Pizzablech verteilen oder auf einem Backblech zu einem Kreis mit 25 cm Ø formen und 15–20 Minuten im Ofen backen.

4 Inzwischen das Olivenöl in einer Pfanne erhitzen. Zwiebel und Knoblauch schälen und hacken, ins Öl geben und etwa 5 Minuten braten, bis sie weich sind. Nach Belieben das Chilipulver dazugeben und die Pfanne von der Hitze nehmen.

5 Die Paprikaschote und die Tomaten waschen; die Pilze putzen; die Paprika entkernen und würfeln und Tomaten und Pilze in Scheiben schneiden. Den Mozzarella in Scheibchen schneiden und den Käse reiben.

6 Den Burger aus dem Ofen nehmen und alle Flüssigkeit abgießen. Die Ofentemperatur auf 220 °C (Umluft 200 °C; Gas Stufe 4–5) erhöhen.

7 Die Zwiebelmischung auf dem Burger verteilen; Paprika, Tomaten und Pilze dazugeben und den Käse darüber streuen. Noch etwa 5 Minuten backen, bis der Käse schmilzt.

8 Den Burger in Stücke schneiden und servieren.

VARIANTEN

Anstelle von Lamm- und Schweinehack können auch andere beliebige Hackfleischsorten kombiniert werden oder man verwendet nur Hack von einer Fleischsorte. Die Wahl der Kräuter wird dem verwendeten Fleisch angepasst; für einen reinen Lamm-Burger eignen sich beispielsweise Rosmarin und Pfefferminze. Der Belag kann nach Belieben durch Maiskörner, Oliven oder andere Zutaten ergänzt werden.

NÄHRWERT PRO PORTION: 630 kcal/2646 kJ; 23 g Kohlenhydrate; 48 g Eiweiß; 39 g Fett (davon 15 g gesättigte Fettsäuren); Vitamine: B-Gruppe und E.

SCHWEINEFLEISCH-BURGER MIT GUACAMOLE

Nach mexikanischer Art zubereitetes Avocadopüree und scharf gewürzte Burger eignen sich als nahrhafte Party-Snacks oder, mit Maischips oder Tortillas serviert, als eigenständige Hauptmahlzeit.

ZEIT: 30 MINUTEN
4 PORTIONEN

3 EL Sonnenblumenöl
2 Knoblauchzehen
1 kleine Zwiebel
2 frische rote oder grüne Chilischoten
1 TL gemahlener Koriander
1 TL gemahlener Kümmel
1 kleines Bund frischer Koriander
500 g Schweinehack
1 kleines Ei
Salz und schwarzer Pfeffer
1 unbehandelte Zitrone oder Limone
1 große Avocado
Maischips oder weiche Tortillas

1 1 EL Öl in einer kleinen Pfanne erhitzen. Eine Knoblauchzehe schälen und durch die Presse drücken; die Zwiebel schälen und fein hacken und beides etwa 5 Minuten bei milder Hitze in der Pfanne weich braten.

2 Die Chilischoten waschen und mit den Kernen fein hacken. Die eine Hälfte beiseite legen, die andere zu den Zwiebeln geben. Die Gewürze hinzufügen und alles unter Rühren etwa 3 Minuten braten, bis die Mischung weich, aber nicht braun ist.

3 Den Koriander waschen, trockenschleudern oder -tupfen und so viel davon grob hacken, dass es 2 EL ergibt. Die Hälfte davon zu den beiseite gestellten Chilischoten, den Rest in eine große Schüssel geben und die Zwiebelmischung, Schweinefleisch, Ei, Salz und Pfeffer hinzufügen. Die Zitrone oder Limone mit heißem Wasser abwaschen, die Schale in die Schüssel reiben und die Zutaten zu einer weichen Mischung verarbeiten.

4 Das restliche Öl in einer großen Bratpfanne erhitzen. Die Fleischmasse in 4 Portionen teilen und jede zu einem flachen Burger formen.

Bei mäßiger Hitze auf jeder Seite etwa 6 Minuten braten, bis sie völlig durch sind.

5 Inzwischen das Guacamole zubereiten. Dafür eine halbe Zitrone oder Limone auspressen und zusammen mit den beiseite gestellten Chilischoten in eine Schüssel geben. Die zweite Knoblauchzehe schälen und durch die Presse dazudrücken. Die Avocado halbieren und den Stein entfernen. Das Fleisch mit einem Löffel aus der Schale heben und in die Schüssel geben. Würzen und alles mit einer Gabel zerdrücken und vermengen.

6 Die Burger auf Küchenpapier abtropfen lassen und mit Guacamole und Maischips oder weichen Tortillas servieren.

NÄHRWERT PRO PORTION: 678 kcal/2848 kJ; 33 g Kohlenhydrate; 32 g Eiweiß; 48 g Fett (davon 11 g gesättigte Fettsäuren); Vitamine: B-Gruppe und E.

SCHWEINEFILET MIT ÄPFELN UND SENFSAUCE

Eine cremige, mit fruchtigem Calvados aromatisierte und süßen Äpfeln angereicherte Senfsauce gibt dem zarten Fleisch die Würze.

ZEIT: 30 MINUTEN
4 PORTIONEN

175 ml Hühnerbrühe
600 g Schweinefilet
2 kleine Tafeläpfel
4 Frühlingszwiebeln
2 EL Olivenöl
1 EL Mehl
5 Zweige Thymian
3 EL grobkörniger Senf
Salz und schwarzer Pfeffer
5 EL Crème double
2 EL Calvados

1 Die Hühnerbrühe erwärmen. Vom Schweinefilet Fett und Sehnen entfernen und das Fleisch in 1 cm dicke Scheiben schneiden.

2 Die Äpfel waschen, vierteln, das Kerngehäuse entfernen und die Viertel in Scheiben schneiden. Die Frühlingszwiebeln waschen, putzen und hacken. Alles beiseite stellen.

3 Das Öl in einer großen Bratpfanne erhitzen, die Fleischscheiben hineingeben und bei großer Hitze auf jeder Seite eine Minute braten, bis das Fleisch leicht gebräunt ist.

4 Das Mehl in die Pfanne geben und unter Rühren 2 Minuten braten. Die Zwiebeln und die Brühe hinzufügen und unter Rühren zum Kochen bringen.

5 Einen Thymianzweig waschen und trockentupfen, die Blätter abzupfen und mit Äpfeln, Senf, Salz und Pfeffer in die Pfanne geben. Etwa 4 Minuten bei mäßiger Hitze kochen, bis das Fleisch durch ist.

6 Die Crème double in die Sauce rühren und 2 Minuten sanft köcheln lassen. Den Calvados hinzufügen, die Temperatur etwas erhöhen und weitere 2 Minuten kochen. Auf 4 Tellern anrichten und jeden mit einem Thymianzweig garnieren.

■ **SERVIERVORSCHLAG**
Zarte Erbsen mit zerzupften Kopfsalatblättern und ein Sellerie-Kastanien-Püree (siehe S. 254) bilden eine gute Ergänzung zu diesem Gericht.

NÄHRWERT PRO PORTION: 520 kcal/2184 kJ; 11 g Kohlenhydrate; 36 g Eiweiß; 35 g Fett (davon 16 g gesättigte Fettsäuren); Vitamine: A, B-Gruppe und E.

SCHWEINEFILET MIT INGWER AUF KRESSE

Der pfeffrige Geschmack der Brunnenkresse bildet eine hervorragende Ergänzung zu dem gebratenen Fleisch und den Kartoffelscheiben, die in einer asiatisch angehauchten Sauce angerichtet sind.

ZEIT: 30 MINUTEN
2 PORTIONEN

1 Bund Brunnenkresse
200 g Schweinefilet
1½ TL gemahlener Ingwer
250 g fest kochende Kartoffeln
Salz und schwarzer Pfeffer
2 TL Sesamsamen
1 großes Ei
2 TL Sesamöl und 2 EL Pflanzenöl
½ TL Maismehl
3 EL trockener Sherry
1 EL Sojasauce

1 Den Backofen auf niedriger Stufe vorheizen. Die Brunnenkresse putzen, waschen und trockentupfen.

2 Vom Schweinefilet Fett und Sehnen entfernen. Das Fleisch in 1 cm dicke Scheiben schneiden und in eine Schüssel geben. Den gemahlenen Ingwer mit dem Fleisch verrühren und beiseite stellen.

3 Die Kartoffeln gründlich waschen, in 1 cm dicke Scheiben schneiden und in einen Topf geben. Mit kaltem Wasser bedecken, Salz hinzufügen und aufkochen. Zugedeckt 10–12 Minuten weich garen.

4 Inzwischen die Sesamsamen ohne Fettzugabe in einer Bratpfanne bei mäßiger Hitze unter gelegentlichem Rühren leicht bräunen, dann auskühlen lassen.

5 Das Ei verquirlen, salzen, pfeffern und die Sesamsamen unterrühren. Sesamöl und 1 TL Pflanzenöl in einer Pfanne erhitzen. Das Ei hineingeben und zu einem dünnen Omelett backen. Herausnehmen, aufrollen und in Streifen schneiden.

6 Das Mehl erst mit 2½ EL Wasser, dann mit Sherry und Sojasauce verquirlen. Das restliche Öl in einer Pfanne bei hoher Temperatur erhitzen und das Fleisch auf jeder Seite 1–2 Minuten braten. Warm halten.

7 Die Maismehlmischung in die Pfanne gießen und bei mäßiger Hitze unter Rühren kochen, bis die Sauce andickt. Das Fleisch mit dem ausgetretenen Saft wieder in die Pfanne geben und nochmals erwärmen.

8 Die Kartoffeln abgießen und auf 2 Teller legen. Kresse und Fleisch darauf geben und mit Sauce begießen. Mit Omelettstreifen garnieren.

NÄHRWERT PRO PORTION: 508 kcal/2134 kJ; 19 g Kohlenhydrate; 34 g Eiweiß; 31 g Fett (davon 6 g gesättigte Fettsäuren); Vitamine: A, B-Gruppe und C.

GLASIERTE SCHWEINE-KOTELETTS MIT WIRSING

Eine pikantsüße Mischung aus Pflaumenmarmelade, Sojasauce, Piment und Cayennepfeffer harmoniert besonders gut mit Schweinefleisch. Der Kohl wird mit Chili und Knoblauch gewürzt.

ZEIT: 30 MINUTEN
4 PORTIONEN

1 Wirsing, etwa 700 g
1 große, frische rote Chilischote
2 Knoblauchzehen
3 EL Pflaumenmarmelade
1½ EL Sojasauce
½ TL Piment
½ TL Cayennepfeffer
4 Schweinekoteletts (je etwa 175 g)
2 EL Obstessig
Salz und schwarzer Pfeffer
3 EL Olivenöl

1 Den Grill auf höchster Stufe vorheizen. Den Wirsing halbieren und den Strunk herausschneiden. Die Blätter grob hacken, waschen und in einem Durchschlag abtropfen lassen.

2 Die Chilischote waschen, halbieren, entkernen und in feine Streifen schneiden. Den Knoblauch schälen und hacken. Beides beiseite stellen.

3 Die Pflaumenmarmelade und die Sojasauce bei milder Hitze in einem kleinen Topf erwärmen und mit Piment und Cayennepfeffer würzen.

4 Die Koteletts auf jeder Seite 5–7 Minuten grillen und jeweils nach der Hälfte der Grillzeit mit der angerührten Mischung bestreichen.

5 Inzwischen den Obstessig mit 3 EL Wasser sowie etwas Salz und Pfeffer verrühren.

6 Das Öl in einem Topf erhitzen, Chili und Knoblauch hineingeben und 30–40 Sekunden braten. Den Wirsing hinzufügen und mit dem Öl vermischen. Den Essig dazugießen und das Gemüse bei geschlossenem Deckel 4 Minuten garen.

7 Den Deckel entfernen, die Temperatur erhöhen und den Wirsing weitergaren, bis die Flüssigkeit verdampft ist. Abschmecken und mit den Koteletts servieren.

■ **SERVIERVORSCHLAG**
Reis ist eine gute Beilage zu diesem pikanten Gericht.

NÄHRWERT PRO PORTION: 568 kcal/2386 kJ; 19 g Kohlenhydrate; 32 g Eiweiß; 41 g Fett (davon 13 g gesättigte Fettsäuren); Vitamine: A, B-Gruppe, C und E.

SCHWEINEFILET MIT FADENNUDELN

Europäische und asiatische Küchentraditionen verbinden sich in diesem pfannengerührten Gericht aus Schweinefleisch, Gemüse und Nudeln, die mit einer cremigen Senfsauce serviert werden.

ZEIT: 20 MINUTEN

4 PORTIONEN

500 g Schweinefilet
Salz und schwarzer Pfeffer
8 Frühlingszwiebeln
300 g Staudensellerie
300 g kleine Maronenröhrlinge
1 EL Olivenöl
250 g Fadennudeln
3 EL grobkörniger Senf
175 g Crème fraîche

1 Den Backofen auf niedriger Stufe vorheizen. In einem großen Topf Wasser für die Nudeln zum Kochen bringen und etwas Salz hinzufügen.

2 Das Schweinefleisch in schmale Streifen schneiden und mit Pfeffer würzen. Frühlingszwiebeln und Selleriestangen putzen, waschen und in Scheiben schneiden. Die Pilze putzen und in Scheiben schneiden.

3 In einem Wok oder einer großen Pfanne ½ EL Öl erhitzen. Das Fleisch darin 4–5 Minuten unter Rühren braten, bis es etwas Farbe angenommen hat. Herausnehmen und warm stellen.

4 Wieder ½ EL Öl in den Wok oder die Pfanne geben und darin den Sellerie und die Hälfte der Frühlingszwiebeln 5 Minuten unter Rühren

braten. Die Pilze dazugeben und weich braten.

5 Die Nudeln in das kochende Wasser geben, 3 Minuten kochen lassen und dann abgießen.

6 Senf und Crème fraîche unter das Gemüse rühren und aufkochen lassen. Das Fleisch hinzufügen, erwärmen und abschmecken.

7 Das Fleisch über die Nudeln geben und mit den restlichen Frühlingszwiebeln bestreuen.

NÄHRWERT PRO PORTION: 662 kcal/2780 kj; 48 g Kohlenhydrate; 40 g Eiweiß; 36 g Fett (davon 16 g gesättigte Fettsäuren); Vitamine B-Gruppe.

WÜRSTCHEN MIT ÄPFELN IN WEINSAUCE

*Für diese süßsaure Zubereitung mit Wein, Äpfeln und Schalotten sollten
die Schweinswürstchen nicht zu stark gewürzt sein.*

ZEIT: 25 MINUTEN
2 PORTIONEN

---

300 ml trockener Weißwein

250 g Schweinswürste

1 Schalotte oder 1/2 kleine Zwiebel

2 Tafeläpfel

70 g Butter

200 ml Hühner- oder Gemüsebrühe

2 EL brauner Zucker

1/2 TL gemahlener Zimt

---

1 Den Wein in einer großen Pfanne zum Kochen bringen und die Würste darin bei reduzierter Hitze 10 Minuten ziehen lassen.

2 Inzwischen die Schalotte oder Zwiebel schälen und auf einer Reibe fein raspeln. Die Äpfel schälen, vierteln, das Kerngehäuse entfernen und die Viertel in nicht zu dünne Scheiben schneiden.

3 Ein kleines Stück Butter in einer zweiten Pfanne zerlassen. Die Würste aus der ersten Pfanne nehmen und den Wein darin lassen. Etwaige lose Hautstücke entfernen und die Würste in der zweiten Pfanne langsam braten, bis sie gleichmäßig gebräunt sind.

4 Inzwischen die Schalotte oder Zwiebel zusammen mit Äpfeln, Brühe, Zucker, Zimt und der restlichen Butter zum Wein geben. Aufkochen lassen, die Hitze reduzieren und alles köcheln lassen, bis die Äpfel weich sind und die Flüssigkeit zu einem dünnen Sirup eingekocht ist. Die Würste mit der Apfelsauce servieren.

■ *SERVIERVORSCHLAG*

Dieses Gericht eignet sich vorzüglich für einen Brunch. Als Hauptmahlzeit können die Würste mit Kartoffelbrei, grünem Salat und glasierten Zwiebeln (siehe S. 272) oder mit Rosenkohl mit Speck und Kastanien (siehe S. 255) serviert werden.

VARIANTE

Anstelle der Schweinswürste können auch Würstchen aus Hühnerfleisch verwendet werden, deren milder Geschmack hervorragend mit der Apfelsauce harmoniert.

NÄHRWERT PRO PORTION: 929 kcal/3902 kJ; 42 g Kohlenhydrate; 15 g Eiweiß; 69 g Fett (davon 34 g gesättigte Fettsäuren); Vitamine: A, B-Gruppe und E.

ITALIENISCHE BRATWURST MIT TOMATEN

*Vollreife Kirschtomaten, die in einer Sauce aus Olivenöl, Knoblauch, Chiliflocken und Oregano
gedünstet werden, sind eine ideale Beilage zu pikanten italienischen Bratwürsten.*

ZEIT: 30 MINUTEN
4 PORTIONEN

---

500 g lange, dünne und pikante italienische Bratwurst (Salsiccia)

2 EL Olivenöl

2 Knoblauchzehen

1 TL getrockneter Oregano

1/2 TL Chiliflocken

700 g Kirschtomaten

Salz und schwarzer Pfeffer

einige Zweige Basilikum

---

1 Den Grill auf höchster Stufe vorheizen. Die Wurst in vier Stücke teilen und jedes davon zu einer Spirale formen, die mit einem dünnen Metallspieß zusammengehalten wird. Alle vier Spiralen auf den Grillrost legen.

2 Das Öl in einer großen Pfanne erhitzen. Den Knoblauch durch die Presse drücken und in das Öl geben. Den Oregano und die Chiliflocken hinzufügen und etwa 30 Sekunden braten; der Chili sollte seine Farbe nicht verändern.

3 Die Tomaten in die Pfanne legen und bei geschlossenem Deckel und schwacher Hitze 10–12 Minuten dünsten, bis die meisten geplatzt sind und Saft abgegeben haben.

4 Inzwischen die Wurstspiralen auf jeder Seite 5–6 Minuten grillen und dabei mehrmals wenden, damit sie gleichmäßig bräunen.

5 Den Deckel von den Tomaten entfernen, die Hitze etwas erhöhen und etwa 5 Minuten weiterkochen, bis die Sauce sämig ist. Von Zeit zu Zeit mit einem Löffel oder einer Gabel auf die Tomaten drücken, die bis dahin noch nicht geplatzt sind.

6 Die Tomatensauce mit etwas Salz und Pfeffer abschmecken, auf 4 vorgewärmte Teller verteilen und je eine Wurstspirale darauf legen. Das Basilikum waschen und vorsichtig trockentupfen, die Stiele entfernen und die Würste mit den Blättern garnieren.

■ *SERVIERVORSCHLAG*

Kartoffelbrei oder Polenta mit Räucherkäse (siehe S. 271) passt zu diesem würzigen Gericht.

VARIANTE

Anstelle von Salsiccia können auch andere dünne, gut gewürzte Würste verwendet werden.

NÄHRWERT PRO PORTION: 472 kcal/1982 kJ; 6,5 g Kohlenhydrate; 30 g Eiweiß; 36 g Fett (davon 15 g gesättigte Fettsäuren); Vitamine: B-Gruppe, C und E.

PIKANTE WÜRSTE MIT BEILAGEN:
WÜRSTCHEN MIT ÄPFELN IN WEINSAUCE
(OBEN), ITALIENISCHE BRATWURST MIT
TOMATEN (UNTEN)

CASSOULET

Dieser Eintopf aus Würsten, Speck und Bohnen in einer Tomatensauce ist eine schnelle Variante des gleichnamigen Gerichts, das zu den Klassikern der französischen Regionalküche zählt.

ZEIT: 30 MINUTEN
4 PORTIONEN

8 große, magere Schweinswürste
125 g geräucherter Speck ohne Schwarte
1 EL Maisöl
1 große Zwiebel
2 Knoblauchzehen
je 400 g Flageolett-Bohnen und Cannellini-Bohnen aus der Dose
400 g Pizzatomaten aus der Dose
1–2 TL gemischte getrocknete Kräuter
1 EL grobkörniger Senf
3 EL Tomatenmark
Salz und schwarzer Pfeffer

1 Die Würste in 2,5 cm lange Stücke schneiden und den Speck würfeln. Das Öl in einem großen Topf erhitzen, Würste und Speck hineingeben und 8 Minuten bei mittlerer Hitze braten. Dabei die Würste mehrmals wenden, damit sie gleichmäßig bräunen.

2 Inzwischen die Zwiebel halbieren, schälen und in Scheiben schneiden. Den Knoblauch schälen, durch die Presse drücken und beiseite stellen. Die Bohnen im Durchschlag kalt abspülen und abtropfen lassen.

3 Die Würste und den Speck aus dem Topf nehmen und auf Küchenpapier abtropfen lassen. Alles Fett bis auf 2 EL weggießen. Die Zwiebel und den Knoblauch hineingeben und bei mäßiger Hitze 5 Minuten braten, bis sie weich sind.

4 Die Tomaten mit ihrem Saft in den Topf geben und unterrühren. Kräuter, Senf, Tomatenmark und 150 ml Wasser hinzufügen. Das Ganze unter Rühren zum Kochen bringen und anschließend die Bohnen dazugeben.

5 Würste und Speck hinzufügen und abschmecken. Die Temperatur reduzieren und alles einige Minuten köcheln lassen, bis die Würste heiß sind.

■ *SERVIERVORSCHLAG*
Das Cassoulet zusammen mit einem grünen Salat und Kartoffelbrei oder mit knusprigem Baguette servieren.

VARIANTE
Anstelle der hier verwendeten Bohnen können Sie Kidney- und Wachsbohnen oder TK-Maiskörner verwenden.

NÄHRWERT PRO PORTION: 700 kcal/2940 kJ; 41 g Kohlenhydrate; 29 g Eiweiß; 47 g Fett (davon 17 g gesättigte Fettsäuren); Vitamine: B-Gruppe, C und E.

SCHINKENAUFLAUF MIT LAUCH

Ein englisches Bauerngericht ist das Vorbild für diesen rustikalen Auflauf mit geräuchertem Schinken, gebratenem Lauch, Käsesauce, überbackenem Kartoffelbrei und Kirschtomaten.

ZEIT: 30 MINUTEN
4 PORTIONEN

900 g Kartoffeln
Salz und schwarzer Pfeffer
500 g Lauch
70 g Butter
500 g magerer Räucherschinken
80 g reifer Cheddar oder Greyerzer
100 g Kirschtomaten
1 TL gemischte getrocknete Kräuter
2 EL Mehl
300 ml Milch
einige Zweige glattblättrige Petersilie

1 Wasser zum Kochen der Kartoffeln in einem Topf erhitzen. Die Kartoffeln schälen und würfeln und in das kochende Wasser geben. Salz hinzufügen und die Kartoffeln etwa 10 Minuten kochen, bis sie weich sind.

2 Inzwischen den Lauch in dünne Ringe schneiden, waschen und abtropfen lassen. 2 EL Butter in einer Pfanne bei milder Hitze zerlassen und den Lauch darin 6–8 Minuten unter häufigem Rühren braten, bis er weich, aber nicht gebräunt ist. Den Grill auf höchster Stufe vorheizen.

3 Den Schinken würfeln. 1 EL der restlichen Butter in einer Pfanne zerlassen und den Schinken darin bei milder Hitze 5 Minuten unter Rühren braten.

4 Den Käse reiben und die Kirschtomaten halbieren. Beiseite stellen.

5 Kräuter und Mehl zum Schinken geben und eine Minute braten. Die Milch bis auf 2 EL dazugießen und unter Rühren aufkochen. Den Käse hinzufügen und rühren, bis er schmilzt. Den Lauch dazugeben; abschmecken und die Hitze reduzieren.

6 Die Kartoffeln abgießen, zerstampfen, mit Pfeffer abschmecken und die restliche Butter und Milch unterrühren. Den Kartoffelbrei auf der Schinken-Lauch-Mischung verteilen und die Kirschtomaten in die Mitte geben.

7 Den Auflauf 2–3 Minuten unter den Grill stellen, bis die Oberfläche leicht gebräunt ist. Die Petersilie waschen, trockentupfen, hacken und über dem Auflauf verteilen. Servieren.

NÄHRWERT PRO PORTION: 576 kcal/2419 kJ; 42 g Kohlenhydrate; 37 g Eiweiß; 30 g Fett (davon 18 g gesättigte Fettsäuren); Vitamine: A, B-Gruppe, C und E.

KASSLER MIT GRAPEFRUIT

Die herbe Süße der rosa Grapefruits und das würzige Ingweraroma mildern den salzigen Geschmack der Kasslerkoteletts. Reis passt gut als Beilage.

ZEIT: 20 MINUTEN
4 PORTIONEN

200 g Langkornreis

Salz und schwarzer Pfeffer

2 rote oder rosa Grapefruits
(je etwa 375 g)

50 g kandierter Ingwer in Sirup

4 EL Ingwersirup aus dem Glas

4 magere Kasslerkoteletts
(je etwa 125 g)

1 Bund Brunnenkresse

1 In einem großen Topf Wasser aufkochen, den Reis hineingeben und etwas Salz hinzufügen. Etwa 15 Minuten köcheln lassen, bis der Reis gar ist.

2 Inzwischen die Grapefruits schälen, die Segmente trennen, ihre Haut entfernen und die Fruchtstücke in eine Schüssel geben.

3 Den kandierten Ingwer grob hacken und mit dem Ingwersirup zu den Grapefruits geben.

4 Den Fettrand der Koteletts mit einem scharfen Messer einschneiden und das Fleisch auf jeder Seite etwa 2½ Minuten ohne Fettzugabe in einer Pfanne braten, bis es goldbraun ist. Das ausgetretene Fett abgießen.

5 Die Ingwer-Grapefruit-Mischung zu den Kasslerkoteletts in die Bratpfanne geben, etwa eine Minute köcheln lassen und dann mit Pfeffer abschmecken.

6 Inzwischen die Brunnenkresse waschen, trockentupfen und die Stiele entfernen.

7 Den Reis abtropfen lassen und auf 4 Teller verteilen. Die Koteletts und die Sauce darüber geben. Mit der Brunnenkresse garnieren.

■ *SERVIERVORSCHLAG*
Reichen Sie dazu grüne Bohnen, Brokkoli, Möhren und Zuckerschoten, die erst gedämpft und dann mit Crème fraîche verfeinert werden.

NÄHRWERT PRO PORTION: 580 kcal/2436 kJ; 72 g Kohlenhydrate; 40 g Eiweiß; 15 g Fett (davon 6 g gesättigte Fettsäuren); Vitamine: B-Gruppe, C und E.

BEINSCHINKEN MIT SHERRYSAUCE

Die goldbraun gebratenen, mit Gewürznelken und pikantscharfem Dijonsenf gewürzten Schinkensteaks sind im Nu zubereitet.

ZEIT: 20 MINUTEN
4 PORTIONEN

| 4 Scheiben Beinschinken (je etwa 1 cm dick und 225 g schwer) |
| 2 EL Butter |
| 3 Gewürznelken |
| 200 ml halbtrockener Sherry |
| 2 TL Dijonsenf |

1 Den Backofen auf niedriger Stufe vorheizen.

2 Den Beinschinken mit Küchenpapier trockentupfen und danach alles Fett entfernen. Die Butter in einer großen Bratpfanne erhitzen, bis sich feiner Schaum bildet; die Gewürznelken hinzufügen und 2 Scheiben Beinschinken bei großer Hitze auf jeder Seite etwa 3 Minuten braten, bis sie goldbraun sind. Auf ein Serviergeschirr geben und im Backofen warm stellen.

3 Die zwei anderen Scheiben Beinschinken braten und warm stellen.

4 Den Sherry in die Pfanne gießen und unter Rühren aufkochen. Dabei den Bratensatz vom Pfannenboden lösen. Den Senf unterrühren und die Mischung 2 Minuten köcheln lassen, bis die Sauce etwas eindickt. Die Nelken entfernen; die Sauce über den Beinschinken gießen und servieren.

■ *SERVIERVORSCHLAG*
Mit Reis und Brokkoli oder mit Sellerie und Äpfeln (siehe S. 272) reichen.

NÄHRWERT PRO PORTION: 648 kcal/2722 kJ; 4 g Kohlenhydrate; 40 g Eiweiß; 47 g Fett (davon 19 g gesättigte Fettsäuren); Vitamine: B-Gruppe.

HÄHNCHENBRUST IN PILZSAUCE

GEFLÜGEL UND WILD

Schmackhaft, fettarm, eiweißreich und preiswert – die Vorzüge von Geflügel sind ebenso vielfältig wie die Zubereitungsarten. Alle, die schnelle Gerichte zaubern wollen, werden die hier vorgestellten Rezepte mit Wild zu schätzen wissen, mit denen Sie Ihrem Speiseplan Glanzlichter aufsetzen können.

HÄHNCHENBRUST IN PILZSAUCE

Ein delikates und nahrhaftes Gericht sind diese zarten Hähnchenbrüste, die in Butter und Olivenöl gebraten werden. Dazu gibt es eine feine Sahnesauce mit Champignons und Frühlingszwiebeln.

ZEIT: 30 MINUTEN
4 PORTIONEN

1 EL Olivenöl
2 EL Butter
4 Hähnchenbrustfilets (je etwa 175 g)
Salz und schwarzer Pfeffer
4 Frühlingszwiebeln
350 g Champignons
1 EL Mehl
150 ml Hühnerbrühe
150 ml Schlagsahne

1 Den Backofen schwach vorheizen; 4 Teller vorwärmen. Olivenöl und Butter in einer Bratpfanne stark erhitzen. Inzwischen die Hähnchenbrüste auf beiden Seiten salzen und pfeffern.

2 Die Hähnchenbrüste in die Pfanne geben und auf jeder Seite 2–3 Minuten braten, bis sie gebräunt sind. Anschließend die Temperatur reduzieren und das Fleisch bei schwacher Hitze zugedeckt 8–10 Minuten schmoren; dabei einmal wenden.

3 Währenddessen die Frühlingszwiebeln und die Pilze putzen. Die Zwiebeln waschen; beides in dünne Scheiben schneiden.

4 Den Garzustand der Hähnchenbrüste prüfen. Dazu in das Fleisch stechen; sobald klarer Saft austritt, die Brüste im Ofen warm stellen.

5 Frühlingszwiebeln und Pilze in die Pfanne geben und bei mäßiger Hitze in 3–4 Minuten weich braten.

6 Mit Mehl bestäuben und eine Minute weiterbraten. Die Brühe hinzufügen, unter ständigem Rühren auf-

kochen und 2–3 Minuten kochen lassen. Die Hitze reduzieren und die Sahne unterrühren. Das Fleisch wieder in die Pfanne geben und noch 2–3 Minuten in der Sauce erhitzen.

7 Die Hähnchenbrüste auf die vorgewärmten Teller geben, die Sauce darüber gießen und sofort servieren.

■ *SERVIERVORSCHLAG*
Eine passende Ergänzung zum Hähnchenfleisch sind neue Kartoffeln und grüne Bohnen oder ein leichter Salat, z. B. Sommersalat mit Melone (siehe S. 101).

NÄHRWERT PRO PORTION: 371 kcal/1558 kJ; 4 g Kohlenhydrate; 41 g Eiweiß; 21 g Fett (davon 10 g gesättigte Fettsäuren); Vitamine: A, B-Gruppe und E.

HÄHNCHENBRUST MIT ESTRAGON

Estragon mit seinem leichten Anisgeschmack ist eines der delikatesten frischen Kräuter und passt besonders gut zu dieser Kombination von Hähnchenbrust und einer hellen Sauce.

ZEIT: 30 MINUTEN
4 PORTIONEN

4 Hähnchenbrustfilets (je etwa 175 g)
2 EL Mehl
Salz und schwarzer Pfeffer
2 EL Butter
1½ EL Sonnenblumenöl
2 Schalotten
4 Estragonzweige
200 ml trockener Weißwein
350 ml Hühnerbrühe
4 EL Crème fraîche

1 Den Backofen schwach vorheizen. Eventuell vorhandenes Fett von den Hähnchenbrüsten wegschneiden und das Fleisch mit Küchenpapier trockentupfen. Mit dem Mehl bestäuben und leicht mit Salz und Pfeffer würzen.

2 Die Butter und 1 EL Öl in einer Bratpfanne bei mäßiger Temperatur erhitzen und die Hähnchenbrüste auf jeder Seite etwa 6 Minuten braten.

3 Inzwischen die Schalotten schälen und hacken. Den Estragon abspülen und trockentupfen, dann die Spitzen der Zweige abschneiden und für die Garnierung beiseite legen. Die Blätter von den Stielen zupfen, grob hacken und ebenfalls beiseite legen.

4 Das Fleisch im Ofen warm stellen. Das restliche Öl in die Pfanne geben und die Schalotten darin unter Rühren eine Minute dünsten. Den Wein und die Hälfte des gehackten Estragons hinzufügen. Kochen lassen, bis der Wein auf die Hälfte reduziert ist. Die Brühe hineingießen und auf die Hälfte einkochen lassen.

5 Die Crème fraîche und den restlichen gehackten Estragon unterrühren. Das Fleisch erneut in die Pfanne geben und je eine Minute auf jeder Seite wieder heiß werden lassen. Abschmecken und mit den Estragonspitzen garniert servieren.

NÄHRWERT PRO PORTION: 405 kcal/1701 kJ; 5 g Kohlenhydrate; 40 g Eiweiß; 21 g Fett (davon 10 g gesättigte Fettsäuren); Vitamine: E.

GOUJONS IN KNOBLAUCHSAUCE

Einige der traditionellen Aromen Frankreichs – Knoblauch, Weinessig und Dijonsenf – werden hier mit Hähnchenfleisch zu einem würzigen Gericht kombiniert. Dazu reicht man Vermicelli.

ZEIT: 30 MINUTEN
4 PORTIONEN

500 g Hähnchenbrustfilet
4–6 Knoblauchzehen
2 EL Dijonsenf
1 EL Tomatenmark
2 EL Weinessig
4 EL Hühnerbrühe oder Wasser
4 Frühlingszwiebeln
2 EL Olivenöl
250 g Vermicelli
Salz und schwarzer Pfeffer
2 TL Maismehl
225 ml Schlagsahne

1 In einem großen Topf Wasser für die Vermicelli zum Kochen bringen. Die Hähnchenbrüste schräg in lange, sehr dünne Streifen schneiden.

2 Die Knoblauchzehen schälen und durch die Presse in eine Schüssel drücken. Senf, Tomatenmark, Essig und Brühe oder Wasser dazurühren.

3 Die Frühlingszwiebeln putzen, waschen und trocknen. Grüne und weiße Teile getrennt klein schneiden und beiseite legen.

4 1½ EL Öl bei hoher Temperatur in einer Bratpfanne erhitzen und das Hähnchenfleisch darin in 1–2 Minuten unter Rühren weiß braten.

5 Die Knoblauchmischung und die weißen Teile der Zwiebeln zugeben. Aufkochen, einen Deckel aufsetzen und 5 Minuten köcheln lassen.

6 Inzwischen die Vermicelli mit etwas Salz in das siedende Wasser geben und nach den Angaben auf der Packung kochen. Anschließend abgießen, gut abtropfen lassen und mit ½ EL Öl vermengen.

7 Das Maismehl mit wenig Sahne anrühren und unter das Hähnchenfleisch mengen. Das Grün der Zwiebeln hinzufügen, dabei etwas zum Garnieren zurückbehalten. Die restliche Sahne dazugeben und abschmecken. 2–3 Minuten erhitzen, bis die Sahne etwas eindickt.

8 Das Fleisch mit der Sauce auf die Vermicelli geben und das Gericht mit dem restlichen Grün der Frühlingszwiebeln garnieren.

■ SERVIERVORSCHLAG
Zu diesem Gericht passt gedünsteter Rosenkohl (siehe S. 255); die Süße des gewürfelten Schinkens harmoniert mit dem Knoblauch- und Essiggeschmack.

NÄHRWERT PRO PORTION: 563 kcal/2365 kJ; 56 g Kohlenhydrate; 36 g Eiweiß; 22 g Fett (davon 9 g gesättigte Fettsäuren); Vitamine: A, B-Gruppe und E.

GUT ZU WISSEN

Goujons sind sehr dünne Streifen von Hähnchenbrust, üblicherweise schräg geschnitten. Sie sparen Zeit, wenn Sie die Streifen beim Fleischer schneiden lassen, aber verlangen Sie Brustfleisch.

HÄHNCHEN NACH SPANISCHER ART

*Ein leicht zuzubereitendes Familienessen ist dieses Hähnchen, dem salzige schwarze Oliven,
milde rote und gelbe Paprikaschoten, pikante Chorizo-Wurst und Weißwein Aroma verleihen.*

ZEIT: 30 MINUTEN
4 PORTIONEN

2 EL Olivenöl

8 Hähnchenschenkel
ohne Knochen und Haut

1 rote Zwiebel

1 Knoblauchzehe

1 große rote Paprikaschote

1 große gelbe Paprikaschote

400 g gehackte Dosentomaten

150 ml trockener Weißwein

1 EL Paprikapulver

75 g Chorizo

25 g entsteinte schwarze Oliven

Salz und schwarzer Pfeffer

1 Bund Petersilie

knuspriges Weißbrot

1 Das Öl in einer großen Kasserolle
stark erhitzen. Die Hähnchenstücke
halbieren und goldbraun braten.

2 Zwiebel und Knoblauch schälen.
Den Knoblauch durch eine Presse
drücken; die Zwiebel in dünne Scheiben schneiden. Beides zum Fleisch
geben. Die Paprika vorbereiten (siehe
Kasten rechts), in Streifen schneiden
und kurz mitbraten.

3 Tomaten, Wein und Paprikapulver
zufügen. Aufkochen lassen. Den
Chorizo in Scheiben schneiden und
dazugeben. Alles etwa 15 Minuten
köcheln, bis das Fleisch gar ist.

4 Die Oliven halbieren und hinzufügen. Das Gericht abschmecken.
Die Petersilie abspülen, trockentupfen, hacken und über das fertige Gericht streuen. Mit Weißbrot servieren.

*NÄHRWERT PRO PORTION: 566 kcal/2.377 kJ;
49 g Kohlenhydrate; 44 g Eiweiß; 21 g Fett
(davon 5 g gesättigte Fettsäuren); Vitamine:
A, B-Gruppe, C und E.*

SO GEHT'S LEICHTER!

*Die Paprikaschoten waschen und der
Länge nach halbieren. Putzen, dann die
Hälften – Schnittseite unten – auf das
Schneidbrett klopfen, um alle noch vorhan-
denen Samen zu entfernen. Zum Schneiden die Schnittseite nach oben drehen; so
gleitet das Messer auf der Haut nicht aus.*

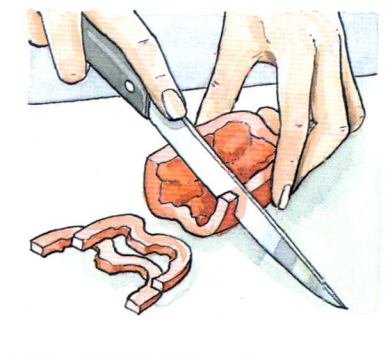

GEGRILLTES ROSMARIN-HÄHNCHEN

*Zarte Hähnchenoberschenkel werden vor dem Grillen kräftig mit Rosmarin gewürzt. Dazu
gibt es zerdrückte neue Kartoffeln und eine cremige, mit Knoblauch abgeschmeckte Mayonnaise.*

ZEIT: 30 MINUTEN
4 PORTIONEN

2–3 Rosmarinzweige
8 große Hähnchenoberschenkel
500 g fest kochende neue Kartoffeln
Salz und schwarzer Pfeffer
5 EL Olivenöl
2 große Knoblauchzehen
6 EL Mayonnaise

1 Den Grill stark vorheizen. Wasser zum Kochen bringen. Den Rosmarin abspülen, trockentupfen und in 8 jeweils 5 cm lange Stücke schneiden. Je ein Stück unter die Haut der Hähnchenoberschenkel schieben.
2 Die Kartoffeln bürsten, in einen Topf geben und mit kochendem Wasser bedecken. Wenig Salz hinzufügen, das Wasser wieder zum Kochen bringen und die Kartoffeln in etwa 15 Minuten weich garen.
3 Inzwischen die Hähnchenoberschenkel mit der Hautseite nach unten auf den Grillrost legen. Mit 1½ EL Öl bepinseln und mit Salz und Pfeffer bestreuen, dann 10 Minuten mit etwa 10 cm Abstand zur Heizschlange grillen. Wenden, wieder mit 1½ EL Öl bepinseln, salzen, pfeffern und weitere 10 Minuten grillen, bis die Haut goldbraun und knusprig ist. Den Grill ausschalten. Das Fleisch darunter lassen, damit es warm bleibt.
4 Inzwischen 2 EL Öl in einen kleinen Topf geben. Den Knoblauch schälen und durch eine Presse in das Öl drücken. Bei mäßiger Hitze leicht rösten, aber nicht braun werden lassen. Die Hitze ausschalten und die Mayonnaise zusammen mit 2 EL sehr heißem Wasser darunter mengen. Zugedeckt warm halten.
5 Die Kartoffeln abgießen, in den Topf zurückgeben und mit einer Gabel drücken, bis sie aufgebrochen und ein wenig flach gepresst sind.
6 Die Mayonnaise auf das Hähnchenfleisch und die Kartoffeln geben. Pfeffer darüber mahlen und servieren.

*NÄHRWERT PRO PORTION: 552 kcal/2318 kJ;
19 g Kohlenhydrate; 31 g Eiweiß; 40 g Fett
(davon 7 g gesättigte Fettsäuren); Vitamine:
B-Gruppe, C und E.*

RICOTTA-HÄHNCHEN MIT TOMATENSALSA

Hübsch anzusehen sind diese Hähnchenbrüste, gefüllt mit einer Mischung aus Ricotta und Pesto.
Die Salsa aus Tomaten, roter Zwiebel, Knoblauch und Basilikum macht das Gericht pikant.

ZEIT: 25 MINUTEN
4 PORTIONEN

4 Hähnchenbrustfilets (je etwa 175 g)
100 g Ricotta
5 EL Pesto
2 TL Olivenöl
schwarzer Pfeffer
1 kleine rote Zwiebel
1 Knoblauchzehe
2 Flaschentomaten
einige Zweige Basilikum
1 Ciabatta-Brot

1 Den Grill auf mittlerer Stufe vorheizen. In jede Hähnchenbrust seitlich eine Tasche schneiden.

2 Den Ricotta mit 1 EL Pesto in einer kleinen Schüssel vermengen.

Je ein Viertel der Mischung in die Taschen der 4 Hähnchenbrüste füllen. Gut zudrücken.

3 Die Hähnchenbrüste in eine mit Öl ausgefettete Grillpfanne legen. Mit Olivenöl bepinseln, pfeffern und anschließend auf jeder Seite etwa 7–8 Minuten grillen, bis das Fleisch gar ist.

4 Inzwischen Zwiebel und Knoblauch schälen, die Tomaten waschen. Alles fein hacken, gut mischen und mit Pfeffer würzen. Das Basilikum abspülen, trockentupfen, zerzupfen und dazugeben.

5 4 Scheiben Brot schneiden und mit dem restlichen Pesto bestreichen. Den Grillrost über die Hähnchenbrüste legen, die Brote darauf anordnen und grillen, bis sie zu bräunen

beginnen. Die Hähnchenbrüste mit dem Brot und der Salsa servieren.

VARIANTE
Statt Ricotta können Sie auch Quark oder Frischkäse verwenden.

NÄHRWERT PRO PORTION: 420 kcal/1764 kJ; 21 g Kohlenhydrate; 53 g Eiweiß; 21 g Fett (davon 7 g gesättigte Fettsäuren); Vitamine: A, B-Gruppe, C und E.

GUT ZU WISSEN

Um die Zubereitungszeit abzukürzen, können Tomaten, Zwiebel und Knoblauch im Mixer gehackt werden. Die Zutaten nicht zu fein zerkleinern, damit die Salsa noch etwas Biss hat.

HÄHNCHENBRUST MIT PAPRIKASALSA

Eine Sauce aus milder Paprika und scharfer Chilischote, verfeinert mit Olivenöl und Limonensaft, macht aus diesem Gericht mit einfachen gegrillten Hähnchenbrüsten eine Köstlichkeit für Auge und Gaumen.

ZEIT: 30 MINUTEN
4 PORTIONEN

je 1 rote und gelbe Paprikaschote
1 grüne Chilischote
5 EL Olivenöl
2 kleine Knoblauchzehen
4 Hähnchenbrustfilets (je etwa 175 g)
Salz und schwarzer Pfeffer
½ Limone oder Zitrone

1 Den Grill stark vorheizen. Paprika- und Pfefferschoten waschen und trocknen. Die Paprika vierteln und die Samen entfernen; die Viertel mit der Hautseite nach oben auf den Grillrost legen. Die Chilischote daneben legen und beides etwa 15 Minuten grillen, bis die Häute Blasen werfen und bräunen, aber nicht verbrannt sind. Die Chilischote nach der Hälfte der Zeit umdrehen.

2 In der Zwischenzeit ½ EL Öl in eine große Schüssel und 4½ EL Öl in eine kleine geben. Die Knoblauchzehen schälen und je eine durch die Presse in die Schüsseln mit dem Öl drücken.

3 Die Hähnchenbrüste in die größere Schüssel geben und so im Öl wenden, dass sie ganz davon überzogen sind. Pfeffern und mit der Hautseite nach oben neben die Schoten auf den Grillrost legen. 7–8 Minuten grillen, bis die Haut goldbraun und knusprig ist, dann wenden und weitere 7–8 Minuten grillen.

4 Die Schoten, sobald sie fertig sind, in eine Schüssel geben und zugedeckt etwas abkühlen lassen.

5 Während das Fleisch fertig gart, für die Salsa den Saft der halben Limone oder Zitrone auspressen und zusammen mit Salz und Pfeffer in die kleine Schüssel geben.

6 Die Paprikaschoten schälen und in sehr kleine Würfel schneiden. Die Chilischote schälen, halbieren, entkernen und fein hacken. Beides in die Salsa rühren und diese über den Hähnchenbrüsten verteilen.

■ **SERVIERVORSCHLAG**
Zur Hähnchenbrust mit Paprikasalsa schmeckt gebackener Chicorée (siehe S. 258).

VARIANTE
Die Paprikasalsa passt auch sehr gut zu gegrilltem Fisch. Man kann sie 1–2 Tage im Voraus zubereiten und im verschlossenen Behälter im Kühlschrank aufbewahren.

NÄHRWERT PRO PORTION: 352 kcal/1478 kJ; 5 g Kohlenhydrate; 39 g Eiweiß; 20 g Fett (davon 4 g gesättigte Fettsäuren); Vitamine: A, B-Gruppe, C und E.

HÄHNCHEN MIT WASSERKASTANIEN

Ein Duft von Limone und Kokosnuss steigt von diesen pfannengerührten Hähnchenstreifen auf, die zusammen mit knusprigen Wasserkastanien und Reisnudeln in einer cremigen Sauce serviert werden.

ZEIT: 25 MINUTEN
4 PORTIONEN

125 g Reisnudeln
500 g Hähnchenbrustfilet
25 g frische Ingwerwurzel
1 frische grüne Chilischote
2 Knoblauchzehen
3 unbehandelte Limonen
225 g Wasserkastanien aus der Dose
1 EL Erdnussöl
1/2 TL Zucker
5 Frühlingszwiebeln
125 ml Kokosmilch
Fisch- oder Sojasauce

1 Wasser zum Kochen bringen. Die Reisnudeln in eine große Schüssel geben, mit kochendem Wasser übergießen und gemäß Packungsanweisung stehen lassen.

2 Das Hähnchenfleisch in dünne Streifen schneiden und beiseite stellen. Die Ingwerwurzel schälen und fein hacken. Die Chilischote waschen, entkernen und in kleine Würfel schneiden. Die Knoblauchzehe schälen und durch die Presse drücken.

3 Die Limonen mit heißem Wasser gründlich waschen und die Schale von 2 Früchten zum Ingwer reiben. Von allen 3 Limonen den Fruchtsaft auspressen und beiseite stellen. Die Wasserkastanien abgießen, halbieren und beiseite stellen.

4 Das Erdnussöl in einen Wok oder eine große Bratpfanne geben. Ingwer, abgeriebene Limonenschale, Pfefferschote und Knoblauch hinzufügen und alles bei hoher Temperatur erhitzen. Sobald das Öl sehr heiß ist, das

Hähnchenfleisch hinzugeben und unter Rühren 2 Minuten braten.

5 Limonensaft, Zucker und Wasserkastanien hinzufügen. Gut umrühren, einen Deckel aufsetzen und bei mäßiger Hitze 3–5 Minuten garen, bis das Fleisch durchgebraten ist.

6 Inzwischen die Frühlingszwiebeln putzen, waschen, trocknen und in dünne Scheiben schneiden.

7 Die Nudeln gut abtropfen lassen. Mit den Zwiebeln und der Kokosmilch zum Fleisch geben und alles vermengen. Mit Fisch- oder Sojasauce abschmecken und sofort servieren.

NÄHRWERT PRO PORTION: 313 kcal/1315 kJ; 32 g Kohlenhydrate; 30 g Eiweiß; 7 g Fett (davon 2 g gesättigte Fettsäuren); Vitamine: B-Gruppe und E.

MILDES HÄHNCHENCURRY

Würfel von zartem Hähnchenfleisch werden mit indischen Gewürzen, Rosinen und Mandeln abgeschmeckt und mit Joghurt und Crème double zu einem milden Currygericht verfeinert.

ZEIT: 30 MINUTEN
4 PORTIONEN

350 ml Hühner- oder Gemüsebrühe
1 Zwiebel
2 Knoblauchzehen
3 EL Pflanzenöl
750 g Hähnchenbrustfilet
3 EL Mehl
2 EL Currypulver
einige Zweige Koriander
2 EL kernlose Rosinen
25 g Mandelblättchen
½ Zitrone
2 EL Joghurt
2 EL Crème double
Salz und schwarzer Pfeffer

1 Die Brühe aufkochen. Zwiebel und Knoblauch schälen und hacken und in einer großen Bratpfanne im Öl in 5 Minuten weich dünsten.

2 Das Hähnchenfleisch in 2 – 3 cm große Würfel schneiden. In einer großen Schüssel das Mehl und das Currypulver mischen und das Fleisch darin wenden. Die bemehlten Fleischwürfel in die Pfanne geben und unter Wenden 3 Minuten braten.

3 Den Koriander waschen und trocknen. 1 EL hacken und etwas für die Garnierung beiseite legen. Mit den Rosinen und der Brühe zum Fleisch geben. Unter Rühren zum Kochen bringen, die Temperatur reduzieren und 10 Minuten schmoren lassen.

4 Die Mandeln ohne Fettzugabe in einer Pfanne rösten. Den Saft der Zitrone auspressen und beiseite stellen.

5 Das Fleisch, sobald es gar ist, von der Hitze nehmen und Mandeln, Zitronensaft, Joghurt, Crème double, Salz und Pfeffer hinzufügen. Wieder erwärmen, aber nicht kochen lassen. Mit dem Koriander garnieren.

■ **SERVIERVORSCHLAG**
Zu dem Gericht passt Reis, den man kocht, während das Fleisch schmort.

NÄHRWERT PRO PORTION: 508 kcal/2134 kJ; 22 g Kohlenhydrate; 46 g Eiweiß; 26 g Fett (davon 8 g gesättigte Fettsäuren); Vitamine: B-Gruppe und E.

INDISCHES HÄHNCHEN MIT SPINAT

Dieses delikate Hähnchengericht mit Tomaten, Spinat und verschiedenen Gewürzen wird in einem einzigen Topf zubereitet und mit heißem Naan, einem indischen Fladenbrot, serviert.

ZEIT: 25 MINUTEN
4 PORTIONEN

3 EL Sonnenblumenöl
1 kleine Zwiebel
1 Knoblauchzehe
2 dünne Scheiben frische Ingwerwurzel
je 1/2 TL Kurkuma, Kümmel und Koriander (gemahlen)
1/4 TL Chilipulver
1/4 TL Garam Masala
2 reife Tomaten
4 Hähnchenbrustfilets (je etwa 175 g)
Salz und schwarzer Pfeffer
150 g Crème double
4 große Naan–Brote
200 g zarter Spinat

1 Das Öl in einem großen Topf bei mäßiger Temperatur erhitzen. Die Zwiebel schälen, hacken und im Öl braten. Den Knoblauch schälen und durch die Presse dazudrücken.

2 Den Ingwer schälen, hacken und mit den Gewürzen in den Topf geben. Etwa eine Minute braten, bis die Zwiebel leicht gebräunt ist.

3 Die Tomaten waschen, grob hacken und in den Topf geben. Bei schwacher Hitze etwa 7 Minuten kochen, bis die Früchte zu einem trockenen Brei reduziert sind.

4 Inzwischen von den Hähnchenbrustfilets alle Sehnen wegschneiden und das Fleisch in mundgerechte Stücke zerteilen.

5 Den Grill für die Brote stark vorheizen. Sobald die Tomaten eingekocht sind, die Temperatur stark erhöhen. Das Hähnchenfleisch dazugeben und unter Rühren braten, bis es weiß ist. Salzen und pfeffern, die Crème double hinzufügen und alles etwa 6 Minuten schmoren lassen.

6 Die Brote unter den Grill legen. Den Spinat abspülen, trockentupfen und in den Topf geben. Zusammendrücken und wenden, bis er zusammenfällt. Aufkochen, den Topf sofort von der Kochstelle nehmen und das Gericht mit dem Brot servieren.

NÄHRWERT PRO PORTION: 1010 kcal/4242 kJ; 85 g Kohlenhydrate; 55 g Eiweiß; 53 g Fett (davon 14 g gesättigte Fettsäuren); Vitamine: A, B-Gruppe und E.

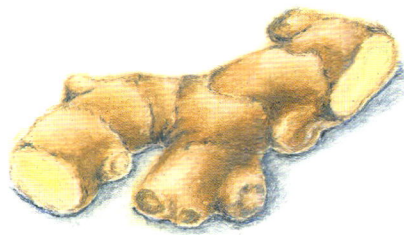

HÄHNCHENBRUST MIT ÄPFELN UND APFELWEIN

Diese Hähnchenbrustfilets werden mit einer feinen, sahnigen Sauce serviert, die nach Apfelwein schmeckt und in braunem Zucker karamellisierte Äpfel enthält.

ZEIT: 30 MINUTEN
2 PORTIONEN

1 EL Olivenöl
1 EL Butter
2 Schalotten
2 süße, feste Äpfel mit roter Schale (je etwa 175 g)
1/2 EL brauner Zucker
2 Hähnchenbrustfilets (je etwa 175 g)
150 ml trockener Apfelwein
1–2 TL Worcestersauce
2 EL Crème fraîche
Salz und schwarzer Pfeffer

1 Öl und Butter in eine Bratpfanne oder einen Topf geben und bei schwacher Hitze erwärmen.

2 Die Schalotten schälen und fein hacken. In die Pfanne geben, die Temperatur etwas erhöhen und in 3–4 Minuten unter gelegentlichem Wenden weich braten.

3 Inzwischen die Äpfel waschen, trocknen und vierteln. Das Kerngehäuse entfernen und die Viertel in Scheiben schneiden. Zu den Schalotten geben und mit dem braunen Zucker bestreuen. Bei ziemlich hoher Temperatur braten, bis die Mischung eine goldbraune Farbe annimmt. Mit einem Schaumlöffel aus der Pfanne nehmen und beiseite stellen.

4 Bei Bedarf noch etwas Öl in die Pfanne geben. Die Hähnchenbrustfilets hineinlegen und bei ziemlich starker Hitze etwa 6 Minuten braten, bis sie goldbraun sind; dabei einmal wenden.

5 Den Apfelwein über die Fleischstücke gießen. Zum Kochen bringen und die Hähnchenbrustfilets ohne Deckel unter gelegentlichem Umrühren 8–10 Minuten schmoren, bis sie durchgebraten sind. Dies ist der Fall, wenn beim Hineinstechen mit einer Messerspitze klarer Saft aus dem Fleisch austritt. Während des Schmorens einmal wenden.

6 Sobald das Fleisch gar ist, Worcestersauce und Crème fraîche unterrühren und mit Salz und Pfeffer würzen. Schalotten und Äpfel dazugeben und noch 1–2 Minuten erwärmen; die Sauce darf nicht kochen.

■ *SERVIERVORSCHLAG*
Die Hähnchenbrustfilets mit Schalenkartoffeln aus dem Mikrowellengerät (siehe Kasten unten) servieren. Auch Reis oder Nudeln mit Butter und ein grüner Salat oder Gemüse passen gut.

VARIANTE
Die Sauce kann auch mit trockenem Weißwein oder einer kräftigen Hühnerbrühe anstelle des Apfelweins zubereitet werden. Nehmen Sie feste Äpfel, die beim Kochen nicht zerfallen.

NÄHRWERT PRO PORTION: 495 kcal/2079 kJ; 28 g Kohlenhydrate; 40 g Eiweiß; 23 g Fett (davon 11 g gesättigte Fettsäuren); Vitamine: B-Gruppe, C und E.

SO GEHT'S LEICHTER!

Im Mikrowellengerät gegarte Schalenkartoffeln sind eine schnell zubereitete Beilage. Stechen Sie die Haut von 2 gleich großen Kartoffeln an verschiedenen Stellen ein. Auf einem Stück Küchenpapier in das Gerät geben und bei voller Leistung 6–8 Minuten garen. Nach der halben Zeit wenden. In Aluminiumfolie wickeln und noch 3–4 Minuten liegen lassen.

WÜRZIGE PUTENBURGER

*Diese fettarmen Burger werden mit Zuckererbsen und Bohnensprossen serviert
und eignen sich ausgezeichnet für ein schnelles, nahrhaftes Familienessen.*

ZEIT: 30 MINUTEN
4 PORTIONEN

2 frische grüne Chilischoten
2 Knoblauchzehen
einige Zweige Koriander
2 Limonen
700 g Putenhack
2 TL Sojasauce
2 TL Sesamöl
1 EL Maismehl
Salz und schwarzer Pfeffer
1 EL Maisöl
350 g Zuckererbsen
225 g frische Bohnensprossen

1 Den Grill auf mittlerer Stufe vorheizen. Die Chilischoten waschen, entkernen, fein hacken und in eine große Schüssel geben. Den Knoblauch schälen und durch die Presse drücken. Den Koriander abspülen, trockentupfen und hacken; 3 EL zusammen mit dem Knoblauch in die Schüssel geben.

2 Die Limonen mit heißem Wasser gründlich waschen. Von einer Frucht die Schale in die Schüssel reiben. Die andere Limone für die Garnierung beiseite legen.

3 Putenhack, Sojasauce, Sesamöl, Maismehl, Salz und Pfeffer in die Schüssel geben und alle Zutaten mit den Händen rasch, aber sorgfältig zu einer zusammenhängenden Masse vermengen.

4 In 4 gleichmäßig große Portionen teilen. Jede zu einem Burger mit etwa 10 cm Ø formen und von beiden Seiten mit der gezackten Seite eines Buntschneidemessers flach drücken.

5 Die Putenburger auf einer Seite mit Maisöl bepinseln und mit dieser Seite nach unten auf den Grillrost legen. Die obere Seite mit dem restlichen Öl bestreichen und die Burger 10–12 Minuten grillen, bis sie goldbraun und durchgebraten sind. Nach der halben Garzeit wenden.

6 Inzwischen in einem Gemüsedämpfer etwas Wasser zum Kochen bringen. Die Zuckererbsen waschen und putzen, die Bohnensprossen abspülen und abtropfen lassen.

7 Sobald das Wasser kocht, die Erbsen in den Siebeinsatz geben, mit wenig Salz bestreuen und zugedeckt 3 Minuten dämpfen. Die Sprossen hinzufügen, den Deckel wieder aufsetzen und 1–2 Minuten dämpfen.

8 Das Gemüse auf Teller verteilen, die Burger darauf geben. Die zweite Limone in Schnitze schneiden und das Gericht damit garnieren. Nach Belieben mit Sojasauce servieren.

NÄHRWERT PRO PORTION: 282 kcal/1184 kJ; 9 g Kohlenhydrate; 43 g Eiweiß; 8 g Fett (davon 2 g gesättigte Fettsäuren); Vitamine: B-Gruppe, C und E.

SO GEHT'S LEICHTER!

Zuckererbsen lassen sich schneller putzen, wenn Sie mehrere zu einem Bund zusammennehmen, auf gleiche Länge bringen und mit einer Küchenschere die Spitzen abschneiden. Drehen und wiederholen.

ORIENTALISCHES PUTENRAGOUT

Wasserkastanien, Bohnensprossen, Cashewnüsse und Reisessig geben diesem Putengericht eine orientalische Note. Die kräftige Sauce aus Honig, Sojasauce und Sake harmoniert mit der Reisbeilage.

ZEIT: 30 MINUTEN
4 PORTIONEN

300 g Langkornreis
Erdnussöl
Salz
10 kleine getrocknete
rote Chilischoten
1 Knoblauchzehe
2 EL Maismehl
1 großes Eiweiß
500 g Putenbrust ohne Knochen
2 EL flüssiger Honig, 6 EL Sojasauce
2 EL Sake oder trockener Sherry
225 g Wasserkastanien aus der Dose
8 Frühlingszwiebeln
200 g frische Bohnensprossen
85 g geröstete gesalzene
Cashewnüsse
2 TL Reis- oder Weißweinessig

1 750 ml Wasser zum Kochen bringen. Den Reis in einen Topf geben. 1 TL Erdnussöl, etwas Salz und das kochende Wasser hinzufügen. Zudecken, das Wasser erneut zum Kochen bringen und den Reis 10–15 Minuten köcheln lassen.

2 Die Chilischoten in eine kleine Pfanne mit Wasser geben, 1 TL Öl zufügen, zum Kochen bringen und 10 Minuten köcheln lassen.

3 Die Knoblauchzehe schälen und durch die Presse in eine Schüssel drücken. Maismehl und Eiweiß hinzufügen. Alles gut vermischen. Das Putenfleisch würfeln und in der Mischung wenden. Beiseite stellen.

4 Honig, Sojasauce und Sake oder trockenen Sherry mit 4 EL Wasser verrühren und beiseite stellen

5 Die Kastanien abspülen und würfeln. Die Frühlingszwiebeln putzen und waschen, in Stücke der gleichen Größe wie die Kastanien schneiden und alles vermischen. Die Chilischoten abgießen. Die Bohnensprossen abspülen und abtropfen lassen.

6 3 EL Öl in einem Wok oder einer großen Bratpfanne bei hoher Temperatur rauchheiß erhitzen. Das Fleisch hineingeben und unter Rühren weiß braten. Nüsse und abgetropfte Chilischoten hinzufügen und 30 Sekunden unter Rühren braten; den Essig dazugeben. Die Putenwürfel herausnehmen und in eine Schüssel geben.

7 1 EL Öl in die Pfanne geben und stark erhitzen. Kastanien und Zwiebeln dazugeben und 30 Sekunden unter Rühren braten.

8 Das Fleisch zusammen mit den Sprossen in die Pfanne geben. 30 Sekunden unter Rühren braten. Die Honigsauce dazugeben und erhitzen.

9 Den Reis abgießen, anrichten und das Putenfleisch darauf geben.

NÄHRWERT PRO PORTION: 811 kcal/3406 kJ; 82 g Kohlenhydrate; 43 g Eiweiß; 34 g Fett (davon 8 g gesättigte Fettsäuren); Vitamine: B-Gruppe, C und E.

PUTENSCHNITZEL MIT ZITRONE UND PETERSILIE

Zarte Putenschnitzel und eine leichte, mit Zitrone abgeschmeckte Sauce ergeben ein elegantes und aromatisches Gericht.

ZEIT: 20 MINUTEN
4 PORTIONEN

2 unbehandelte Zitronen
8 Petersilienzweige
4 dünne Scheiben Putenbrust oder Putenschnitzel (je 125 g)
Salz und schwarzer Pfeffer
2 EL Olivenöl
50 g Butter
5 EL Hühnerbrühe

1 Eine Platte vorwärmen. Den Saft einer Zitrone in eine Schüssel pressen und beiseite stellen. Die andere Zitrone mit heißem Wasser gründlich waschen, in dünne Scheiben schneiden und für die Garnierung beiseite stellen. Die Petersilie waschen und trockentupfen. 4 Zweige für die Garnierung beiseite legen, die übrigen fein hacken und beiseite stellen.

2 Die Putenschnitzel jeweils zwischen 2 Lagen Klarsichtfolie legen und vorsichtig mit der Teigrolle sehr dünn klopfen. Salzen und pfeffern.

3 Das Öl und die Hälfte der Butter in einer großen Bratpfanne bei hoher Temperatur erhitzen, bis das Fett aufschäumt. Die Schnitzel auf jeder Seite 1½ Minuten braten, bis sie leicht gebräunt und im Innern nicht mehr rosa sind. Auf die Platte legen.

4 Die Brühe in die Pfanne geben, erhitzen und unter Rühren alle Rückstände vom Pfannenboden lösen. Die Hälfte des Zitronensafts, die restliche Butter und die Petersilie hinzufügen. Die Hitze stark reduzieren. Alle Schnitzel mit dem Fleischsaft in die Pfanne geben und nochmals erhitzen. Würzen und nach Belieben Zitronensaft hinzufügen, dann mit den Zitronenscheiben garnieren und mit der zurückbehaltenen Petersilie servieren.

■ **SERVIERVORSCHLAG**
Als Beilage eignen sich ein gemischter grüner Salat und knuspriges Brot. Oder bereiten Sie ein Gemüsegericht wie pfannengerührten Lauch mit Möhren (siehe S. 256) oder neue Kartoffeln mit Rosmarin (siehe S. 267).

NÄHRWERT PRO PORTION: 281 kcal/1180 kJ; 0,5 g Kohlenhydrate; 31 g Eiweiß; 17 g Fett (davon 8 g gesättigte Fettsäuren); Vitamine: A, B-Gruppe und E.

PUTENSPIESSE SALTIMBOCCA

Diese Variante des italienischen Kalbfleischklassikers Saltimbocca besteht aus Putenschnitzeln, mit Parma-schinken, frischem Salbei und Tomatenpaste gerollt, und wird mit Kirschtomaten auf Reis serviert.

ZEIT: 25 MINUTEN
4 PORTIONEN

225 g Langkornreis
Salz und schwarzer Pfeffer
12 große frische Salbeiblätter
500 g Putenschnitzel
2 EL Tomatenpaste
4 Scheiben Parmaschinken (insgesamt etwa 50 g)
Fett für das Blech
8 Kirschtomaten
2 Zitronen

1 Den Grill stark vorheizen; Wasser zum Kochen bringen; 4 Teller vor-wärmen.

2 Den Reis in einen Topf geben, Salz und 600 ml von dem kochenden Wasser hinzufügen. Umrühren und 10 Minuten köcheln lassen, dann von der Kochstelle nehmen und zugedeckt noch 5 Minuten quellen lassen.

3 Inzwischen die Salbeiblätter ab-spülen und trockentupfen. Die Puten-schnitzel mit der Teigrolle zwischen zwei Lagen Klarsichtfolie etwa 1 cm dick klopfen. Auf einer Seite mit der Tomatenpaste (siehe S. 75) bestrei-chen, mit je einer Scheibe Schinken und 3 Salbeiblättern belegen und mit Pfeffer würzen.

4 Die Schnitzel von der Längsseite her aufrollen und in etwa 2,5 cm lange Stücke schneiden.

5 Die Röllchen auf 4 Spieße vertei-len und von der Seite her aufstecken, dabei gut festhalten.

6 Ein Backblech fetten, die Puten-spieße darauf legen und auf jeder Seite 5–6 Minuten grillen, bis das Fleisch goldbraun und der austre-tende Saft nicht mehr rosa gefärbt ist.

7 Die Kirschtomaten waschen, hal-bieren und unter den Reis mischen. Die Zitronen mit heißem Wasser gründlich waschen. Von der einen die Schale über den Reis reiben und gut damit mischen. Die andere in Schnitze schneiden; beiseite legen.

8 Den Reis auf die Teller geben. Die Spieße darauf legen, mit dem aus-getretenen Fleischsaft beträufeln und mit Zitrone garniert servieren.

■ *SERVIERVORSCHLAG*
Zu diesem Gericht schmeckt am besten ein einfacher grüner Salat.

NÄHRWERT PRO PORTION: 437 kcal/1835 kJ 46 g Kohlenhydrate; 40 g Eiweiß; 10 g Fett (davon 3 g gesättigte Fettsäuren); Vitamine: B-Gruppe und E.

ENTENBRUST MIT INGWERSAUCE

*Vielerlei Ingwer ergänzt diese Ente, die mit fruchtigem Himbeeressig
abgeschmeckt und auf pfannengerührtem Lauch serviert wird.*

ZEIT: 30 MINUTEN
4 PORTIONEN

4 entbeinte Entenbrüste (je 200 g)	2 Stangen Lauch
20 g frische Ingwerwurzel	3 EL Himbeeressig
1 Stück in Zuckerlösung kandierter Stem-Ingwer	2 EL Stem-Ingwersirup
	225 ml grüner Ingwerwein
	225 ml Hühnerbrühe
	1 EL Butter
	Salz und schwarzer Pfeffer

1 Die Entenbrüste ohne Fettzugabe mit der Haut nach unten bei mäßiger Hitze etwa 8 Minuten braten, wenden und weitere 6 Minuten braten. Den Ofen auf niedriger Stufe vorheizen.

2 Inzwischen den frischen Ingwer schälen und in dünne Streifen schneiden. Den Stem-Ingwer hacken; beides beiseite stellen.

3 Den Lauch putzen, längs halbieren, waschen, in streichholzgroße Streifen schneiden und beiseite stellen.

4 Die gebratenen Entenbrüste in den Ofen stellen. Das ausgetretene Fett bis auf 1 EL weggießen und den Essig hinzufügen. Aufkochen lassen, dabei alle Rückstände vom Pfannenboden lösen. Den frischen Ingwer und die Ingwerstücke, Ingwersirup, Ingwerwein und die Brühe hinzufügen. Wieder zum Kochen bringen, die Temperatur reduzieren und die Sauce in 8–10 Minuten auf die Hälfte einkochen lassen.

5 In der Zwischenzeit in einer kleinen Bratpfanne die Butter zerlassen. Den Lauch hineingeben, mit Salz und Pfeffer würzen und in 3–4 Minuten unter Rühren gar braten.

6 Die Entenbrüste in die Ingwersauce legen und 2 Minuten erhitzen, dann mit Salz und Pfeffer würzen.

7 Den Lauch auf einer Platte anrichten, die Entenbrüste darauf legen und die Ingwersauce darüber verteilen.

■ **SERVIERVORSCHLAG**
Süßkartoffelrösti (siehe S. 266) oder Kartoffelpuffer passen zum würzigen Geschmack der Entenbrüste.

VARIANTE
Für eine dickere Sauce lösen Sie 1 TL Stärkemehl in 3 EL kaltem Wasser auf. In die Sauce rühren, bevor Sie die Entenbrüste wieder in die Pfanne geben; 2 Minuten köcheln lassen.

NÄHRWERT PRO PORTION: 914 kcal/3839 kJ; 15 g Kohlenhydrate; 27 g Eiweiß; 78 g Fett (davon 23 g gesättigte Fettsäuren); Vitamine: B-Gruppe.

ENTENBRUST MIT BROMBEERSAUCE

Dieses Gericht überrascht dank der exotisch gewürzten Weinsauce durch seinen außergewöhnlichen Geschmack. Es eignet sich gut für ein Gästeessen oder einen anderen besonderen Anlass.

ZEIT: 25 MINUTEN
4 PORTIONEN

4 entbeinte Entenbrüste mit Haut (je etwa 175 g)
¼ TL chinesisches Fünfgewürzpulver
Salz und schwarzer Pfeffer
5 EL Brombeerlikör
5 EL Rotwein
½ kleine Zimtstange
nach Belieben 1 Sternanis
1 kleine Orange
300 g frische Brombeeren
2 gestrichene TL Stärkemehl

1 Eventuell vorhandene Sehnen von den Entenbrüsten abtrennen; die Hautseite kreuzweise leicht einschneiden. Das Fünfgewürzpulver mit etwas Salz und Pfeffer mischen und das Fleisch damit einreiben.

2 Likör, Wein, Zimt und nach Belieben Sternanis in eine kleine Pfanne geben. Die Orange mit heißem Wasser gut waschen und die Schale in die Pfanne reiben. Zum Kochen bringen.

3 Inzwischen die Entenbrüste mit der Hautseite nach unten ohne Fettzugabe in einer Pfanne 4–5 Minuten braten, bis die Haut goldbraun ist und sich genügend Fett zum Braten der Fleischseite angesammelt hat. Die Brüste wenden und nach Geschmack 5–6 Minuten oder länger braten. Noch vorhandenes Fett weggießen.

4 Während das Fleisch gart, die Brombeeren abspülen und zur Weinmischung geben. Die Orange auspressen und die Hälfte des Saftes zufügen. Wieder zum Kochen bringen, die Hitze reduzieren und die Sauce 5 Minuten köcheln lassen. Den restlichen Saft mit der Stärke verrühren.

5 Die Brombeeren durch ein Sieb abgießen, in eine Schüssel geben und beiseite stellen. Die Flüssigkeit in die Pfanne zurückgeben und das Stärkemehl untermischen. Unter Rühren zum Kochen bringen und eindicken lassen. Die Brombeeren wieder zufügen und erhitzen. Die gebratenen Entenbrüste in Scheiben schneiden und mit der Brombeersauce servieren.

■ **SERVIERVORSCHLAG**
Gekochte Frühkartoffeln klein schneiden und mit Crème fraîche mischen.

NÄHRWERT PRO PORTION: 772 kcal/3242 kJ; 13 g Kohlenhydrate; 24 g Eiweiß; 65 g Fett (davon 19 g gesättigte Fettsäuren); Vitamine: B-Gruppe, C und E.

ENTENSPIESSE MIT ORANGE

Der Klassiker Canard à l'orange erhält bei diesen raffinierten Spießen
durch Honig und Sojasauce eine chinesische Note. Dazu gibt es Reis.

ZEIT: 30 MINUTEN
2 PORTIONEN

150 g Langkorn- oder Basmatireis
Salz
1 Lorbeerblatt oder 1 Zimtstange
1 große grüne Paprikaschote
2 entbeinte Entenbrüste mit Haut (insgesamt etwa 350 g)
1 Orange
4 EL dicker Honig
2 EL Sojasauce

1 Den Grill stark vorheizen; Wasser zum Kochen bringen.

2 Den Reis, eine Prise Salz und das Lorbeerblatt oder die Zimtstange in einen Topf geben und kochendes Wasser bis zu einer Höhe von 2,5 cm über dem Reis dazugießen. Das Wasser wieder aufkochen, einen Deckel aufsetzen und den Reis in ungefähr 15 Minuten gar köcheln lassen.

3 Inzwischen die Paprikaschote waschen, trocknen und entkernen. Die Schote und die Entenbrüste mit der Haut in gleich große Stücke schneiden und abwechselnd auf 2 Metallspieße stecken.

4 Die Orange mit heißem Wasser gut waschen. Die Schale abreiben und in eine kleine Pfanne geben. 2 EL Saft auspressen und mit Honig und Soja-sauce zur abgeriebenen Schale geben.

5 Die Spieße auf den Rost einer Grillpfanne legen und mit der Sauce bestreichen. 4–5 Minuten grillen, dann wenden, wieder mit Sauce sowie dem ausgetretenen Fleischsaft bestreichen und weitere 4–5 Minuten grillen, bis das Entenfleisch gar, die Haut am Rand knusprig und die Paprikaschote weich und leicht ge-bräunt ist.

6 Die restliche Sauce erwärmen. Den Reis abtropfen lassen, Lorbeer-blatt oder Zimtstange entfernen und den Reis mit den Spießen servieren. Den ausgetretenen Saft in der Grill-pfanne zur Sauce gießen, nochmals erhitzen und getrennt servieren.

■ SERVIERVORSCHLAG
Zu den Entenspießen passt ein ein-faches pfannengerührtes Gemüse aus Bohnensprossen, Zuckerschoten und in dünne Scheiben geschnittenen Möhren und Zucchini.

NÄHRWERT PRO PORTION: 724 kcal/3041 kJ; 49 g Kohlenhydrate; 41 g Eiweiß; 42 g Fett (davon 16 g gesättigte Fettsäuren); Vitamine: A, B-Gruppe, C und E.

KANINCHEN MIT SENFKRUSTE

Milder Senf, Zitrone und Joghurt bilden hier eine knusprige Kruste auf gegrillten Kaninchenstücken.
Goldgelbe, in aromatischem Fett gebratene Kartoffelwürfel reichen als Beilage vollkommen aus.

ZEIT: 30 MINUTEN
2 PORTIONEN

---

4 Kartoffeln

Salz und schwarzer Pfeffer

**2 entbeinte Kaninchenschenkel
(je etwa 140 g)**

1 unbehandelte Zitrone

1 EL Pflanzenöl

**2 TL Dijon- oder
Estragonsenf**

3 EL griechischer Joghurt

**50 g Enten-, Gänse- oder
Schweinefett oder 2 EL Olivenöl
und 25 g Butter**

2 Zweige Estragon

---

1 Den Grill stark vorheizen und Wasser zum Kochen bringen.

2 Die Kartoffeln abbürsten und mit etwas Salz in einen Topf geben. Mit kochendem Wasser bedecken, wieder zum Kochen bringen und zugedeckt 8 Minuten garen; abgießen und abkühlen lassen.

3 Die Fleischstücke auf den Grillrost legen. Die Zitrone halbieren und aus einer Hälfte den Saft auspressen.

4 Das Pflanzenöl mit Senf, Joghurt, 1 TL Zitronensaft sowie Salz und Pfeffer vermengen. Die Hälfte dieser Mischung auf die Kaninchenstücke streichen und diese mit etwa 10 cm Abstand zur Hitze 6–7 Minuten grillen. Das Fleisch wenden, mit dem Rest der Mischung bestreichen und weitere 6–7 Minuten grillen.

5 Inzwischen die abgekühlten Kartoffeln in 3 cm große Würfel schneiden. Das Fett oder das Olivenöl und die Butter in einer Bratpfanne erhitzen und die Kartoffelstücke darin 10–12 Minuten bei mäßiger Hitze braten, dabei die Pfanne immer wieder schütteln und die Kartoffeln häufig wenden, bis sie allseitig eine goldbraune Farbe angenommen haben. Die Würfel auf Küchenpapier abtropfen lassen und mit Salz bestreuen.

6 Den Estragon abspülen und trockentupfen und die zweite Hälfte der Zitrone in Schnitze schneiden.

7 Die Kaninchenstücke auf 2 Tellern anrichten und jeden Schenkel mit einem Estragonzweig garnieren. Mit den Bratkartoffeln und den Zitronenschnitzen servieren.

NÄHRWERT PRO PORTION: 724 kcal/3041 J; 49 g Kohlenhydrate; 41 g Eiweiß; 42 g Fett (davon 16 g gesättigte Fettsäuren); Vitamine: A, B-Gruppe, C und E.

FASANENBRUST MIT PANCETTA UND GELBEN PAPRIKASCHOTEN

Fasanenbrüste, ein beliebtes Gästeessen, werden mit Lorbeerblättern und einem Streifen Bauchspeck umwickelt und mit gelben Paprikaschoten gebraten.

ZEIT: 30 MINUTEN
4 PORTIONEN

4 Fasanenbrustfilets (je etwa 120 g)
schwarzer Pfeffer
4 Scheiben Pancetta (Bauchspeck vom Schwein; je etwa 15 g)
4 Lorbeerblätter
2 große gelbe Paprikaschoten
Olivenöl

GUT ZU WISSEN

Fasan wird heute meist gezüchtet, ist aber auf jeden Fall während der Fasanenjagdsaison erhältlich. Diese dauert vom 1. Oktober bis Mitte Februar. Sie können auch Freiland-perlhühner oder Freilandhähnchen für dieses Rezept verwenden.

1 Den Backofen auf 230 °C (Umluft 210 °C; Gas Stufe 5) vorheizen. Den Pfeffer über die Fasanenbrüste mahlen. Die Stücke mit je einer Scheibe Pancetta umwickeln und je ein Lorbeerblatt zwischen Speck und Fleisch schieben.

2 Die Paprika waschen, abtrocknen und vierteln. Die Kerne und weißen Häute entfernen und die Stücke von allen Seiten mit 1–2 EL Öl bepinseln.

3 Mit dem restlichen Öl eine Grillpfanne fetten. Die umwickelten Fasanenbrüste mit den Paprikaschoten, Hautseite nach oben, darin anordnen und im Backofen auf der oberen Einschubleiste 20 Minuten garen. Das Gericht ist fertig, wenn die Brüste durchgebraten, die Pancetta knusprig und die Paprikaschoten etwas angebrannt sind.

◾ SERVIERVORSCHLAG
In Großbritannien wird Wildgeflügel traditionell mit gebackenen Kartoffeln gereicht. Dazu 4 fest kochende Kartoffeln bürsten, in 3 mm dicke Scheiben schneiden und auf ein eingefettetes Backblech legen. Mit einer Mischung aus geschmolzener Butter und Öl beträufeln, mit Salz bestreuen und zusammen mit dem Fasan etwa 25 Minuten backen, bis sie goldbraun sind. Brunnenkresse oder einen grünen Salat zu dem Gericht servieren. Hinterher reichen Sie frisches Brot und einen Weich- oder Schimmelkäse. Für eine herzhaftere Mahlzeit ist gebackenes Wurzelgemüse die richtige Beilage.

NÄHRWERT PRO PORTION: 253 kcal/1063 kJ; 5 g Kohlenhydrate; 33 g Eiweiß; 11 g Fett (davon 1 g gesättigte Fettsäuren); Vitamine: B-Gruppe, C und E.

FASANENBRUST MIT WEINSAUCE

Damit sie saftig bleiben, werden die zarten Fasanenbrüste mit einer Kräuterschicht umhüllt und nur kurz gebraten. Serviert wird der Gaumenschmaus mit einer delikaten Weißwein-Orangen-Sauce.

ZEIT: 30 MINUTEN
4 PORTIONEN

---

200 ml Wild-, Kalbs-
oder Hühnerbrühe

1 kleines Bund Petersilie

2 EL Olivenöl

2 TL getrocknete italienische
Kräutermischung

Salz, schwarzer Pfeffer aus der Mühle

800 g entbeinte Fasanenbrüste

1 große unbehandelte Orange

50 g Butter

2 EL Weinbrand

100 ml trockener Weißwein

1½ EL Mehl

1 TL Zucker

3 EL Crème double
oder Crème fraîche

1 Den Backofen auf kleiner Stufe vorheizen. Die Brühe erhitzen. Die Petersilie abspülen, trockentupfen und 4 Zweige für die Garnierung beiseite legen. Vom Rest genügend für 3 EL hacken.

2 Petersilie, Öl, Trockenkräuter, Salz und reichlich Pfeffer in eine Schüssel geben.

3 Die Brüste von der Haut befreien, jeweils waagrecht in 2 dünne Scheiben schneiden und in der Kräutermischung sorgfältig wenden.

4 Die Orange mit heißem Wasser gut abwaschen. Die Schale abreiben und beiseite stellen. Den Saft auspressen und ebenfalls beiseite stellen.

5 Die Hälfte der Butter in einer großen Bratpfanne stark erhitzen,

den Rest bei Zimmertemperatur beiseite stellen. Die halbierten Fasanenbrüste in die Pfanne geben und bei ziemlich großer Hitze auf jeder Seite etwa 1 Minute braten, bis sie leicht gebräunt sind. Nicht zu lange braten, da sie sonst austrocknen.

6 Orangenschale und Weinbrand zufügen und 1–2 Minuten kochen, bis der Weinbrand fast vollständig verdampft ist. Das Fleisch herausnehmen, auf eine Platte geben und zugedeckt im Ofen warm stellen.

7 Orangensaft und Wein in die Pfanne gießen und auf die Hälfte einkochen lassen. Inzwischen die restliche Butter mit dem Mehl zu einer Paste verarbeiten.

8 Die heiße Brühe in die Pfanne gießen und aufkochen, dann nach und nach die Butter-Mehl-Mischung unterrühren. Die Hitze reduzieren. Den Zucker zufügen und die Sauce ohne Deckel 3 Minuten köcheln lassen. Crème double oder Crème fraîche unterrühren und eine Minute heiß werden lassen.

9 Die Fasanenscheiben auf Tellern anrichten, mit der Sauce übergießen und mit Petersilie garnieren.

■ **SERVIERVORSCHLAG**
Die beste Beilage für dieses Gericht sind grüne Nudeln, die gekocht werden können, während Sie die Sauce zubereiten.

NÄHRWERT PRO PORTION: 559 kcal/2348 kJ; 8 g Kohlenhydrate; 53 g Eiweiß; 32 g Fett (davon 16 g gesättigte Fettsäuren); Vitamine: A und E.

REBHUHN MIT MARMELADENSAUCE

Gebratene Rebhühner mit ihrem delikaten Geschmack werden hier mit einer fruchtigen
Sauce aus süßer Orangenmarmelade und trockenem Weißwein kombiniert.

ZEIT: 30 MINUTEN
4 PORTIONEN

4 junge küchenfertige Rebhühner, zimmerwarm
40 g Butter
3 EL Olivenöl
Salz und schwarzer Pfeffer
nach Belieben 4–6 Lorbeerblätter
1 unbehandelte Zitrone
100 ml trockener Weißwein
3 EL Orangenmarmelade

1 Den Backofen auf 230 °C (Umluft 210 °C; Gas Stufe 5) vorheizen. Eine Platte vorwärmen. Die Rebhühner mit der Geflügelschere oder einem Messer in Hälften schneiden und mit der Schnittfläche nach unten in einen flachen Bratentopf legen.

2 Butter und Öl in einer kleinen Pfanne sehr stark erhitzen und über das Fleisch träufeln. Die Hühnerhälften salzen und pfeffern und nach Belieben die Lorbeerblätter zwischen die Stücke schieben. Das Fleisch auf der oberen Einschubleiste des Backofens etwa 15 Minuten braten, bis es goldbraun und durchgegart ist.

3 Inzwischen die Zitrone mit heißem Wasser gründlich waschen. Die Schale in eine kleine Pfanne reiben; den Saft dazupressen.

4 Wein und Orangenmarmelade hinzufügen und unter Rühren mäßig erhitzen, bis die Marmelade flüssig wird und eine glatte Masse entsteht; dann die Hitze reduzieren und die Sauce warm halten.

5 Die gebratenen Rebhühner auf der vorgewärmten Platte anrichten; die Lorbeerblätter entfernen.

6 Die Marmeladensauce zum ausgetretenen Saft im Bratentopf geben, aufkochen lassen und den Bratensatz vom Pfannenboden lösen. Die Sauce in eine Sauciere gießen und zu den Rebhühnern servieren.

■ **SERVIERVORSCHLAG**
Als elegante Beilage zu den gebratenen Rebhühnern bietet sich ein Sellerie-Kastanien-Püree an (siehe S. 254). Eine etwas nahrhaftere Ergänzung ist ein Fenchelsalat mit Wildreis (siehe S. 85).

NÄHRWERT PRO PORTION: 910 kcal/3322 kJ; 13 g Kohlenhydrate 121 g Eiweiß; 40 g Fett (davon 13 g gesättigte Fettsäuren).

HIRSCHSTEAKS MIT PREISELBEERSAUCE

Die Hirschsteaks werden vor dem Grillen mit einer Preiselbeersauce überzogen und mit zerstoßenem Piment und Wacholder bestreut. Dazu gibt es ein aromatisches Wurzelgemüsepüree.

ZEIT: 30 MINUTEN
4 PORTIONEN

500 g große Möhren
500 g Steckrüben
Salz und schwarzer Pfeffer
1 kleines Bund glattblättrige Petersilie
4 Hirschsteaks (je etwa 120 g)
3 EL Preiselbeergelee
1 EL Port- oder Rotwein
1 EL Olivenöl
1 TL Pimentkörner
10 Wacholderbeeren
50 g Butter

1 Wasser zum Kochen bringen. Möhren und Steckrüben schälen und in kleine Stücke schneiden. In einen Topf geben, mit kochendem Wasser bedecken und etwas Salz zufügen. Erneut zum Kochen bringen, einen Deckel aufsetzen und etwa 12 Minuten köcheln lassen, bis das Gemüse weich ist.

2 Inzwischen den Grill sehr stark vorheizen. Die Petersilie abspülen und trockentupfen. 4 Zweige ganz lassen, den Rest fein hacken und beides für die Garnierung beiseite stellen.

3 Die Hirschsteaks auf den Grillrost legen. Preiselbeergelee, Port- oder Rotwein und Öl mischen und mit der Hälfte davon die Steaks bepinseln; den Rest beiseite stellen.

4 Pimentkörner und Wacholderbeeren in einem Mörser grob zerstoßen oder in einem Plastikbeutel mit der Teigrolle zerkleinern. Die Hälfte davon über die Steaks streuen. Mit Pfeffer würzen.

5 Die Steaks 7–8 Minuten grillen, nach 5 Minuten mit Salz bestreuen. Wenden und die andere Seite genauso würzen und grillen.

6 Das Gemüse abgießen und bei mäßiger Hitze wieder in den Topf geben. Schütteln, damit alles Wasser verdampft, dann mit der Butter zerstampfen und mit Pfeffer würzen. Das Püree mit Petersilie garnieren und zu den Hirschsteaks servieren.

NÄHRWERT PRO PORTION: 324 kcal/1361 kJ; 19 g Kohlenhydrate; 27 g Eiweiß; 15 g Fett (davon 8 g gesättigte Fettsäuren); Vitamine: A, B-Gruppe, C und E.

194

GEFLÜGELBRATWÜRSTE MIT STILTONPÜREE

*Zusammen mit einem cremigen Püree aus Knollensellerie, Kartoffeln und Blauschimmelkäse
bilden diese goldbraun gebratenen Geflügelbratwürste ein würziges Abendessen.*

ZEIT: 30 MINUTEN

4 PORTIONEN

**700 g mehlig kochende
Kartoffeln**

400 g Knollensellerie

Salz und schwarzer Pfeffer

2 EL Olivenöl

8 kleine Geflügelbratwürste

3 EL Milch

50 g Butter

50 g Stilton

1 Prise gemahlene Muskatblüte

**verschiedene Senfsorten,
Chutneys und Pickles**

1 Wasser zum Kochen bringen.
Den Backofen auf niedriger Stufe vorheizen. Eine Platte vorwärmen. Kartoffeln und Sellerie schälen, in kleine Stücke schneiden und in getrennte Töpfe geben. Mit kochendem Wasser bedecken, salzen und in ungefähr 15 Minuten gar kochen.

2 Inzwischen das Öl bei mäßiger Temperatur erhitzen. Die Würste darin 10 Minuten braten, dabei öfter wenden, damit sie rundum gebräunt werden, dann im Ofen warm stellen.

3 Den Sellerie abgießen und mit der Milch pürieren. Die Kartoffeln abgießen und mit der Butter zerdrücken. Die beiden Pürees gut miteinander mischen. Den Stilton zerkrümeln und zufügen, mit Salz, Pfeffer und Muskatblüte würzen und gut mischen.

4 Das Püree auf die warme Platte geben und die Würste darauf oder daneben anrichten. Mit verschiedenen Senfsorten, Chutneys und Pickles (eingelegtem Gemüse) servieren.

*NÄHRWERT PRO PORTION: 531 kcal/2230 kJ;
41 g Kohlenhydrate; 29 g Eiweiß; 60 g Fett
(davon 27 g gesättigte Fettsäuren); Vitamine:
A, B-Gruppe, C und E.*

MARINIERTE HIRSCHSTEAKS

Steak und Pommes frites einmal anders! Mageres Hirschfleisch wird mit Ingwer mariniert und in einer dunklen, süßsauren Reisweinsauce gegart. Die Pommes frites sind aus Süßkartoffeln.

ZEIT: 30 MINUTEN
4 PERSONEN

---

frische Ingwerwurzel (5 cm lang)

1 TL Meersalz

4 Hirschsteaks
(je etwa 120 g)

600 g Süßkartoffeln

Öl zum Frittieren

2½ EL Sake

2½ EL Mirin (süßer Reiswein)
oder süßer Sherry

2 EL dunkle Sojasauce

---

1 Den Backofen auf niedriger Stufe vorheizen, um später das Fleisch warm zu halten. 4 Teller vorwärmen. Den Ingwer schälen und reiben und mit dem Salz mischen. Die Mischung auf einer Seite der Steaks auftragen; 10 Minuten ziehen lassen.

2 Die Süßkartoffeln dünn schälen und der Länge nach in dicke Stäbchen schneiden.

3 Eine Fritteuse oder einen großen Wok zur Hälfte mit Öl füllen und das Fett auf 170 °C erhitzen. Die Temperatur mit einem Fettthermometer prüfen oder einen kleinen Brotwürfel in das kochende Öl geben; das Fett ist heiß genug, wenn das Brot in etwa 45 Sekunden bräunt. Die Süßkartoffeln in dem Öl 12 Minuten frittieren.

4 Während die Süßkartoffeln ausbacken, eine Bratpfanne mit etwas Öl fetten und erhitzen, bis es leicht raucht. Die Hirschsteaks hineingeben und auf jeder Seite 2 Minuten braten. Aus der Pfanne nehmen und im Ofen warm halten.

5 Sake, Mirin oder Sherry und Sojasauce in die Pfanne gießen und unter Rühren aufkochen, dabei den Bratensatz vom Pfannenboden lösen. Die Fleischstücke wieder in die Pfanne geben und auf jeder Seite noch etwa 3 Minuten braten.

6 Die Pommes frites gut abtropfen lassen. Die Hirschsteaks auf den vorgewärmten Tellern verteilen und die Sauce darüber oder daneben gießen. Mit den Pommes frites servieren.

NÄHRWERT PRO PORTION: 497 kcal/2087 kJ; 33 g Kohlenhydrate; 28 g Eiweiß; 27 g Fett (davon 4 g gesättigte Fettsäuren); Vitamine: B-Gruppe.

HIRSCHSTEAKS MIT PFEFFER

Gepfefferte Hirschsteaks werden mit einer gehaltvollen, flambierten Sauce aus Weinbrand, Madeira und Crème double serviert, der Wacholderbeeren einen intensiven Geschmack verleihen.

ZEIT: 20 MINUTEN
4 PORTIONEN

1 EL schwarze Pfefferkörner
25 g Mehl
Salz
2 EL Olivenöl
4 Hirschsteaks (je etwa 150 g)
6 Wacholderbeeren
3 EL Weinbrand
150 ml Madeira oder Portwein
150 g Crème double

1 Den Backofen auf niedriger Stufe vorheizen. Die Pfefferkörner in einem Mörser grob zerstoßen oder in einem Plastikbeutel mit der Teigrolle zerkleinern. Auf einen Teller geben und mit dem Mehl und wenig Salz mischen.
2 Das Olivenöl in einer Bratpfanne erhitzen. Die Steaks im gewürzten Mehl wenden. Die Pfefferkörner fest ins Fleisch pressen. Sobald das Öl heiß ist, die Steaks bei großer Hitze auf jeder Seite 2¹/₂–4 Minuten braten, je nachdem, ob sie eher blutig oder durchgebraten gewünscht werden.
3 Inzwischen den Wacholder auf die gleiche Weise wie den Pfeffer zerstoßen; den Weinbrand abmessen.
4 Sobald die Steaks gebraten sind, die Hitze reduzieren. Den Weinbrand dazugießen und vorsichtig anzünden, dabei ausreichend Abstand zur Pfanne halten. Nachdem die Flammen erloschen sind, die Fleischstücke aus der Pfanne nehmen, auf eine Platte geben und zugedeckt im Ofen warm halten.
5 Madeira oder Portwein in die Pfanne gießen; die Wacholderbeeren zufügen. Aufkochen lassen, dabei unter Rühren den Bratensatz vom Pfannenboden lösen. Die Flüssigkeit auf die Hälfte einkochen lassen.

6 Die Hitze reduzieren. Die Crème double unterrühren und die Sauce 2 Minuten kochen lassen. Über die Hirschsteaks gießen und servieren.

SERVIERVORSCHLAG
Dazu passen neue Kartoffeln, bestreut mit Meersalz, und Bohnen.

NÄHRWERT PRO PORTION: 477 kcal/2003 kJ; 10 g Kohlenhydrate; 35 g Eiweiß; 26 g Fett (davon 13 g gesättigte Fettsäuren); Vitamine: A, B-Gruppe und E.

GUT ZU WISSEN

Das meiste in Supermärkten verkaufte Wildfleisch stammt aus Zuchtbetrieben und ist zarter als das Fleisch von in Freiheit lebenden Tieren. Es kann wie mageres Rindersteck zubereitet werden.

FETTUCCINE MIT BROKKOLI

NUDELN UND GETREIDE

Ob Sie eine nahrhafte Zwischenmahlzeit oder ein vollwertiges Hauptgericht zubereiten wollen – Nudeln, Reis und Getreide bieten Ihnen zahllose Möglichkeiten für köstliche, gesunde Rezepte, die ohne Schwierigkeiten gelingen und mit vielerlei Zutaten nach Ihrem persönlichen Geschmack abgewandelt werden können.

PAPPARDELLE MIT HÜHNERLEBER

Die Hühnerleber können Sie durch Entenleber ersetzen. Die Sauce schmeckt mit Marsala genauso gut wie mit Portwein.

ZEIT: 25 MINUTEN
4 PORTIONEN

4 EL Olivenöl
1 Zwiebel
3 Knoblauchzehen
4 große Zweige Petersilie
2 Salbeiblätter
800 g frische Hühnerleber
450 g frische oder 350 g trockene Pappardelle oder Tagliatelle
Salz und schwarzer Pfeffer
1 EL Pflanzenöl
8 EL Portwein
4 EL Butter

1 Einen großen Topf mit Wasser zum Kochen aufsetzen. Den Backofen auf niedriger Stufe vorheizen.

2 Das Olivenöl in einer Bratpfanne bei niedriger Temperatur erhitzen. Die Zwiebel schälen, hacken und in die Pfanne geben. Die Knoblauchzehen schälen, durch die Presse drücken, zur Zwiebel geben und beides vorsichtig braten.

3 Die Kräuter waschen, trockentupfen, hacken und ebenfalls in die Pfanne geben.

4 Die Hühnerleber von allen verfärbten Teilen, Muskeln und Sehnen befreien, in große Stücke schneiden und beiseite stellen.

5 Die Teigwaren, etwas Salz und das Pflanzenöl ins kochende Wasser geben und frische Teigwaren 3 Minuten, trockene 10–12 Minuten kochen. Abgießen und warm halten.

6 Inzwischen die Leber in die Pfanne geben, die Hitze höher schalten und die Leber unter Rühren braun braten. Den Portwein hinzufügen und bei starker Hitze kochen, bis er auf die Hälfte reduziert ist.

7 Die Butter unterrühren. Die Lebermischung mit Salz und Pfeffer würzen, unter die Teigwaren heben und sofort servieren.

SERVIERVORSCHLAG
Wenn Sie die Pappardelle als Hauptgericht servieren, reichen Sie grünen Salat dazu.

NÄHRWERT PRO PORTION (BEI 4 PORTIONEN): 934 kcal/3923 kJ; 31 g Kohlenhydrate; 28 g Eiweiß; 21 g Fett (davon 6 g gesättigte Fettsäuren); Vitamine: A, B-Gruppe, C und E.

FETTUCCINE MIT BROKKOLI

Frische Fettuccine und knackige grüne Brokkoliröschen werden hier in einer würzigen Sauce aus Butter, Dijonsenf, Basilikum und Petersilie gewendet und mit saftigen Kirschtomaten garniert.

ZEIT: 20 MINUTEN
4 PORTIONEN

10 Basilikumblätter
3 Zweige Petersilie
2 Frühlingszwiebeln
2 kleine Knoblauchzehen
2 EL Dijonsenf
125 g weiche Butter
2 große Brokkoliköpfe (550 g Brokkoliröschen)
1 EL Olivenöl
Salz und schwarzer Pfeffer
500 g frische Fettuccine oder Tagliatelle
10 Kirschtomaten

1 Einen großen Topf mit Wasser zum Kochen aufsetzen. Das Basilikum und die Petersilie waschen, trockentupfen und fein hacken. Die Frühlingszwiebeln putzen, waschen und in dünne Scheiben schneiden. Die Knoblauchzehen schälen.

2 Den Senf und die Butter in einer Schüssel vermischen. Die Kräuter und die weißen Teile der Zwiebeln hinzufügen und den Knoblauch durch die Presse hineindrücken; dabei alle Zutaten gegen den Schüsselboden drücken, damit sie ihre Aromen freigeben.

3 Den Brokkoli waschen, putzen und in Röschen teilen. Öl, Salz, Teigwaren und Brokkoli in das kochende Wasser geben und 4 Minuten kochen.

4 Inzwischen die Kirschtomaten waschen und halbieren.

5 Die Teigwaren und den Brokkoli gut abtropfen lassen. Die Butter-mischung im Topf zerlassen. Teigwaren und Brokkoli wieder hineingeben und in der Butter wenden.

6 In eine große Schüssel geben, würzen und mit dem Grün der Zwiebeln und den Tomaten garnieren.

NÄHRWERT PRO PORTION: 450 kcal/1890 kJ; 32 g Kohlenhydrate; 12 g Eiweiß; 31 g Fett (davon 18 g gesättigte Fettsäuren); Vitamine: A, B-Gruppe, C und E.

FARFALLE MIT PESTO UND SPECK

Ein gehaltvoller Gaumenschmaus: Kartoffeln, geräucherter Speck, Erbsen, Pesto und Sauerrahm oder griechischer Joghurt werden hier mit Farfalle, schmetterlingsförmigen Teigwaren, gemischt.

ZEIT: 30 MINUTEN
4 PORTIONEN

500 g fest kochende Kartoffeln
300 g geräucherter Rückenspeck
1 Zwiebel
1 kleines Bund Basilikum
Salz und schwarzer Pfeffer
200 g Farfalle oder andere kleine Teigwaren
175 g TK-Erbsen
1½ EL Olivenöl
80 g Pesto
300 g saure Sahne oder griechischer Joghurt
40 g Parmesan

1 Einen großen Topf für die Teigwaren und einen mittelgroßen Topf für die Kartoffeln mit Wasser füllen und zum Kochen aufsetzen.

2 Die Kartoffeln schälen und in 1 cm große Würfel schneiden. Den Rückenspeck von der Schwarte und überschüssigem Fett befreien und in 1 cm große Würfel schneiden. Die Zwiebel schälen und hacken. Das Basilikum waschen, trockentupfen und beiseite stellen.

3 Das Wasser im großen Topf salzen, die Teigwaren hineingeben und ohne Deckel 6–10 Minuten kochen, dann die Erbsen hinzufügen und weitere 4 Minuten kochen, bis die Teigwaren bissfest sind.

4 Das Wasser im mittelgroßen Topf salzen, die Kartoffelwürfel hineingeben und halb zugedeckt bei mittlerer Hitze 7 Minuten kochen, bis sie weich sind. Die Kartoffelwürfel abgießen und warm halten.

5 Inzwischen ½ EL Olivenöl in einer Bratpfanne erhitzen und die Speckwürfel darin bei starker Hitze unter ständigem Rühren 2–3 Minuten braten, bis sie leicht gebräunt sind. Die Speckwürfel mit einem Schaumlöffel in eine Schüssel geben und beiseite stellen.

6 1 EL Olivenöl in der Bratpfanne erhitzen, die gehackte Zwiebel hineingeben und 5 Minuten braten, bis sie

weich, aber nicht braun ist. Die Speckwürfel wieder in die Pfanne geben, das Pesto und die saure Sahne oder den Joghurt hinzufügen. Mit schwarzem Pfeffer würzen, zudecken und warm halten.

7 Die Teigwaren und die Erbsen abgießen und wieder in den Topf geben. Die Kartoffelwürfel hinzufügen und

die Speckmischung behutsam unterrühren. Mit geriebenem Parmesan bestreuen und mit den Basilikumblättern garnieren.

NÄHRWERT PRO PORTION: 855 kcal/3591 kJ; 75 g Kohlenhydrate; 33 g Eiweiß; 48 g Fett (davon 21 g gesättigte Fettsäuren); Vitamine: A, B-Gruppe, C und E.

PENNE NACH BAUERNART

Diese Nudelpfanne mit Penne, Erbsen, Tomaten und zerkleinerten Würsten schmeckt Kindern genauso gut wie Erwachsenen. Sie ist nahrhaft, preiswert und eine gute Alternative zu Spaghetti bolognese.

ZEIT: 25 MINUTEN
4 PORTIONEN

1 Zwiebel
1 Knoblauchzehe
1 EL Olivenöl
500 g magere Schweinswürste
3 EL Cognac, Weißwein oder Hühnerbrühe
400 g gehackte Tomaten aus der Dose
Salz und schwarzer Pfeffer
500 g frische oder 350 g trockene Penne
150 g TK-Erbsen
1 kleines Bund Schnittlauch
frisch geriebener Parmesan

1 In einem großen Topf Wasser zum Kochen aufsetzen. Die Zwiebel schälen und hacken; den Knoblauch schälen und durch die Presse drücken. Das Öl in einer Pfanne erhitzen und die Zwiebel und den Knoblauch darin 4 Minuten braten.

2 Die Würste grob zerkleinern oder von der Haut befreien und mit einer Gabel zerdrücken. Das Fleisch in die Pfanne geben und bei starker Hitze 7 Minuten braun braten.

3 Den Cognac, den Wein oder die Hühnerbrühe und die Tomaten hinzugeben und nach Belieben würzen. Zum Kochen bringen, die Temperatur herunterschalten und alles unter Rühren 10 Minuten köcheln lassen.

4 Währenddessen die frischen Penne, die Erbsen und etwas Salz in das kochende Wasser geben und 4–5 Minuten kochen. Werden trockene Penne verwendet, diese 6–7 Minuten kochen, dann die Erbsen hinzufügen und weitere 4–5 Minuten kochen.

5 Inzwischen den Schnittlauch waschen und zerkleinern.

6 Die Penne und die Erbsen abgießen und mit der Sauce mischen. Abschmecken und mit Schnittlauch bestreuen. Mit Parmesan servieren.

NÄHRWERT PRO PORTION: 662 kcal/2780 kJ; 80 g Kohlenhydrate; 36 g Eiweiß; 22 g Fett (davon 8 g gesättigte Fettsäuren); Vitamine: B-Gruppe, C und E.

GUT ZU WISSEN

Am besten schmeckt dieses Nudelgericht, wenn Sie Schweinswürste aus grob zerkleinertem Fleisch oder aus Brät von bester Qualität wählen.

SPAGHETTI MIT VENUSMUSCHELN

Aus Tomaten und Muscheln lässt sich eine leichte Nudelsauce zubereiten, eine willkommene Abwechslung zu den gehaltvollen Fleischsaucen, die sonst häufig zu Spaghetti serviert werden.

ZEIT: 30 MINUTEN
4–6 PORTIONEN

---

2 EL Olivenöl

1 große Knoblauchzehe

400 g gehackte Tomaten
aus der Dose

290 g Venusmuscheln aus der Dose
oder dem Glas

4 EL trockener Weißwein

350 g Spaghetti

Salz und schwarzer Pfeffer

nach Belieben Petersilie

---

1 Einen großen Topf mit Wasser zum Kochen aufsetzen. Das Öl in einem Bratentopf erhitzen. Die Knoblauchzehe schälen, durch die Presse drücken, in den Topf geben und kurz anbraten. Dann die Tomaten mit dem Saft aus der Dose hinzufügen.

2 Die Muscheln abgießen – dabei die Flüssigkeit auffangen – und beiseite stellen. Die Hälfte der Flüssigkeit und den Wein zu den Tomaten geben. Bei mäßiger Hitze 20 Minuten unter gelegentlichem Rühren kochen, bis die Mischung auf eine dicke Sauce reduziert ist.

3 Wenn das Wasser im Topf kocht, die Spaghetti, etwas Salz und nach Belieben die restliche Muschelflüssigkeit hineingeben und ohne Deckel 10–12 Minuten kochen.

4 Inzwischen die Petersilie waschen, trockentupfen, hacken und beiseite stellen.

5 Die Muscheln in die Tomatensauce rühren und vorsichtig erhitzen; die Sauce darf nicht kochen. Mit Salz und Pfeffer abschmecken.

6 Die Spaghetti abgießen, in einer Schüssel oder auf Tellern anrichten und die Sauce darüber verteilen. Mit der Petersilie bestreuen. Zu Fischsaucen wird üblicherweise kein Parmesan serviert.

VARIANTE
Sie können statt der Venusmuscheln auch Thunfisch aus der Dose oder geschälte Garnelen nehmen.

NÄHRWERT PRO PORTION (BEI 4 PORTIONEN): 415 kcal/1743 kJ; 70 g Kohlenhydrate; 18 g Eiweiß; 8 g Fett (davon 1 g gesättigte Fettsäuren); Vitamine: B-Gruppe, C und E.

FUSILLI MIT SCHINKEN UND GORGONZOLA

Die Sauce zu den spiralförmigen Fusilli wird mit Crème double und Champignons zubereitet und bekommt durch geräucherten Schinken und Blauschimmelkäse ihren kräftigen Geschmack.

ZEIT: 25 MINUTEN
4 PORTIONEN

---

175 g dick geschnittener
geräucherter Schinken

225 g Champignons

225 g Crème double

1/4 TL frisch geriebene Muskatnuss

Salz und schwarzer Pfeffer

450 g frische Fusilli oder andere
kleine Teigwaren

60 g Gorgonzola

einige Zweige glattblättrige Petersilie

1 1/2 TL Mohnsamen

GUT ZU WISSEN

Frisch geriebene Muskatnuss ist wesentlich kräftiger im Geschmack als fertig gekaufte gemahlene Muskatnuss.

1 Einen großen Topf mit Wasser zum Kochen aufsetzen. Den Schinken von überschüssigem Fett befreien und in Würfel oder Stäbchen schneiden.

2 Die Pilze putzen und in Scheiben schneiden. Mit Crème double, Muskatnuss und Pfeffer in einen Bratentopf geben und zum Kochen bringen, dann die Hitze zurückschalten und weiterkochen, bis die Sauce eindickt.

3 Wenn das Wasser im Topf kocht, die Teigwaren und etwas Salz hineingeben und ohne Deckel 3–5 Minuten kochen.

4 Inzwischen den Käse in kleine Stücke schneiden und die Petersilie waschen, trockentupfen und hacken.

5 Wenn die Sauce so stark eingedickt ist, dass sie den Rücken eines eingetauchten Löffels überzieht, den Topf von der Hitze nehmen, den Käse hineingeben und rühren, bis er schmilzt.

6 Den Schinken hinzufügen, den Topf wieder auf die Kochplatte stellen und die Sauce vorsichtig erwärmen. Die Petersilie unterrühren und die Sauce warm stellen.

7 Die Teigwaren abgießen, in einer Schüssel anrichten und mit den Mohnsamen bestreuen. Die Sauce darüber gießen, unterheben und das Gericht servieren.

NÄHRWERT PRO PORTION: 653 kcal/2743 kJ; 56 g Kohlenhydrate; 25 g Eiweiß; 39 g Fett (davon 22 g gesättigte Fettsäuren); Vitamine: A, B-Gruppe und E.

PASTAVARIATIONEN: SPAGHETTI MIT VENUSMUSCHELN (OBEN), FUSILLI MIT SCHINKEN UND GORGONZOLA (UNTEN)

PAGLIA E FIENO MIT RÄUCHERLACHS

Die Italiener nennen die Kombination von weißen und grünen Bandnudeln ihrer Farbe wegen paglia e fieno, auf Deutsch Stroh und Heu. Besonders hübsch sieht eine Sauce mit Räucherlachs dazu aus.

ZEIT: 25 MINUTEN
4–6 PORTIONEN

---

1 kleine Zwiebel

---

6 EL Weißwein oder
weißer Wermut

---

375 g frische schmale weiße und
grüne Bandnudeln wie Linguine
oder Fettuccine
oder 250 g trockene weiße und
grüne Bandnudeln

Salz und Pfeffer

---

350 g Räucherlachs

---

4 große Zweige Dill

---

25 g Kapern

---

1 Einen großen Topf Wasser für die Teigwaren zum Kochen aufsetzen. Die Zwiebel schälen, fein hacken und beiseite stellen.

2 In einer Bratpfanne den Wein oder Wermut zum Kochen bringen und 1–2 Minuten kochen lassen, bis die Flüssigkeit auf die Hälfte reduziert ist. Die gehackte Zwiebel hineinrühren und braten, bis sie weich ist, dann die Hitze sehr stark zurückschalten.

3 Die Bandnudeln und etwas Salz ins kochende Wasser geben und mit einer Gabel umrühren. Dann die Hitze etwas zurückschalten. Frische Bandnudeln 4–5 Minuten, trockene 10–12 Minuten kochen, bis sie bissfest sind.

4 Während die Teigwaren kochen, den Räucherlachs in schmale Streifen schneiden. Die Lachsstreifen zur Zwiebel-Wein-Mischung in die Bratpfanne geben und vorsichtig heiß werden lassen.

5 Den Dill waschen, trockentupfen und grob hacken. Die Kapern ebenfalls hacken und beides zur Lachsmischung in die Bratpfanne geben.

6 Sobald die Bandnudeln gar sind, absieben und gut abtropfen lassen. In einer großen Schüssel anrichten.

7 Die Lachsmischung mit Pfeffer würzen (es ist nicht notwendig, zusätzlich mit Salz zu würzen, da die Kapern sehr salzig sind), dann auf den Bandnudeln verteilen, vorsichtig unterheben und das Gericht servieren.

SERVIERVORSCHLAG
Dieses Gericht eignet sich gut als Vorspeise. Es wird zu einer nahrhaften Hauptmahlzeit, wenn ein gemischter grüner Salat oder ein Tomatensalat aus dünnen Tomatenscheiben, Fenchel, schwarzen Oliven und einer Olivenöl-Zitronen-Sauce dazu gereicht wird.

NÄHRWERT PRO PORTION (BEI 6 PORTIONEN):
249 kcal/1046 kJ; 31 g Kohlenhydrate;
21 g Eiweiß; 4 g Fett (davon 0,8 g gesättigte Fettsäuren); Vitamine: B-Gruppe.

TAGLIATELLE MIT GERÖSTETEM BROT

*Semmelbrösel, Pinienkerne, Knoblauch und viele frische Kräuter werden diesem
einfachen Nudelgericht beigemischt. Ein Tomatensalat schmeckt gut dazu.*

ZEIT: 30 MINUTEN
4 PORTIONEN

1 Bund glatte Petersilie
einige Zweige Oregano
etwas Schnittlauch
4 EL Semmelbrösel
Olivenöl
3 Knoblauchzehen
60 g Pinienkerne
Salz und schwarzer Pfeffer
500 g frische Tagliatelle
60 g Parmesan

1 Einen Topf mit Wasser für die
Tagliatelle zum Kochen aufsetzen.
2 Die Petersilie, den Oregano und
den Schnittlauch waschen und
trockentupfen. So viele Kräuter
hacken, dass man etwa 4 EL Petersilie
und je etwa 1½ EL Oregano und
Schnittlauch erhält. Die Kräuter
zerkleinern und mit den Semmelbröseln (siehe S. 14) vermischen.
3 In einer Bratpfanne 3 EL Olivenöl
bei mittlerer Temperatur erhitzen. Die
Knoblauchzehen schälen, durch die
Presse drücken und in die Pfanne
geben. Die Pinienkerne und die
Semmelbröselmischung hinzufügen.
Mit Salz und Pfeffer würzen und
5–6 Minuten unter Rühren rösten.
Die Pfanne von der Hitze nehmen
und warm halten.
4 Inzwischen die Tagliatelle und
etwas Salz in das kochende Wasser
geben und 3–4 Minuten kochen, bis
die Teigwaren bissfest sind. Den
Parmesan reiben und beiseite stellen.
5 Die Tagliatelle absieben, gut
abtropfen lassen und in eine Schüssel
geben. Die gerösteten Semmelbrösel
und Pinienkerne hinzufügen und mit
den Teigwaren vermischen. Den
geriebenen Parmesan und nach Belieben Olivenöl dazu servieren.

SERVIERVORSCHLAG
Reichen Sie zu diesem Nudelgericht
einen Tomatensalat, der mit schwarzem Pfeffer gewürzt und mit Basili-
kumblättchen bestreut ist.

*NÄHRWERT PRO PORTION: 702 kcal/
2948 kJ; 91 g Kohlenhydrate; 27 g Eiweiß;
29 g Fett (davon 5 g gesättigte Fettsäuren);
Vitamine: B-Gruppe und E.*

PASTA MIT DICKEN BOHNEN, ARTISCHOCKEN UND SPINAT

Dieses würzige Nudelgericht aus buntem Gemüse und kurzen Teigwaren schmeckt der ganzen Familie.

ZEIT: 30 MINUTEN
4 PORTIONEN

2 EL Olivenöl
1 Zwiebel
1 große Knoblauchzehe
1 rote Paprikaschote
175 g trockene kurze Teigwaren (z. B. Elicoidali oder Rigatoni)
Salz und schwarzer Pfeffer
400 g gehackte Tomaten aus der Dose
1 Prise getrockneter Oregano
½ TL brauner Zucker
1 Laib italienisches Brot
225 g dicke Bohnen (TK-Bohnen)
350 g junger Spinat
300 g Artischockenherzen aus der Dose
50 g frisch geriebener Parmesan

1   Einen großen Topf mit Wasser zum Kochen bringen. Den Backofen auf niedrigster Stufe vorheizen. Das Olivenöl in einem großen Topf auf kleiner Stufe erhitzen. Die Zwiebel schälen und grob hacken, die Knoblauchzehe schälen und durch die Presse drücken; beides im Öl 5 Minuten weich braten.

2   Die Paprikaschote waschen, halbieren, entkernen und in Streifen schneiden. In den Topf geben und alles 2 Minuten braten.

3   Die Teigwaren und etwas Salz in das kochende Wasser geben. Etwa 10–12 Minuten kochen.

4   Die Tomaten, den Oregano, den Zucker und etwas schwarzen Pfeffer zur Paprikamischung geben. Zum Kochen bringen und halb zugedeckt 10 Minuten köcheln lassen.

5   Das Brot im Backofen heiß werden lassen. Die dicken Bohnen in die Tomatensauce geben, die Sauce wieder zum Kochen bringen und 3 Minuten köcheln lassen.

6   Den Spinat waschen, abtropfen lassen und von groben Rippen befreien. Die Blätter in die Sauce geben und weitere 3 Minuten kochen.

7   Die Artischockenherzen abgießen und vierteln. Die Teigwaren abgießen. Beides zur Sauce geben und 1–2 Minuten erhitzen.

8   Die Teigwaren mit der Sauce in einer großen Schüssel anrichten, mit geriebenem Parmesan bestreuen und mit dem heißen Brot servieren.

NÄHRWERT PRO PORTION: 741 kcal/3112 kJ; 92 g Kohlenhydrate; 26 g Eiweiß; 30 g Fett (davon 6 g gesättigte Fettsäuren); Vitamine: A, B-Gruppe, C und E.

GUT ZU WISSEN

Statt Artischockenherzen können Sie nach Belieben auch Artischockenböden aus der Dose nehmen. Schneiden Sie die Böden in Scheiben und geben Sie sie wie die Artischockenherzen zum Schluss in die Sauce.

NUDELSALAT AUF THAILÄNDISCHE ART

*Knackfrisches Gemüse, Garnelen und Reisnudeln, scharf gewürzt mit Chilischoten
und Zitronengras – ein leicht zubereiteter Salat aus der asiatischen Küche.*

ZEIT: 30 MINUTEN
4 PORTIONEN

8 Frühlingszwiebeln
200 g Zuckererbsen
1 gelbe Paprikaschote
200 g Reisnudeln
2 Stängel Zitronengras
2 frische rote Chilischoten
1 Stück Ingwerwurzel (7,5 cm lang)
einige Zweige Koriander
2 Limonen
4 EL Sonnenblumen- oder Maisöl
2 EL dunkles Sesamöl
3 EL Sojasauce
250 g geschälte und gekochte Garnelen
nach Belieben Kroepoek

1 Einen Topf mit Wasser zum Kochen aufsetzen. Die Frühlingszwiebeln putzen, waschen, trockentupfen, schräg in 1 cm dicke Stücke schneiden und beiseite stellen. Die Zuckererbsen putzen und waschen.

2 Wenn das Wasser kocht, die Erbsen in den Topf geben und dann bei schwacher Hitze 3 Minuten köcheln lassen. Die Paprikaschote waschen, entkernen und in Streifen schneiden.

3 Die Zuckererbsen von der Hitze nehmen. Die Paprikaschote und die Reisnudeln dazugeben und 2 Minuten stehen lassen. Absieben.

4 Für die Sauce das Zitronengras in Stücke schneiden. Die Chilischoten waschen, entkernen und in Stücke schneiden. Den Ingwer schälen und in Scheiben schneiden. Den Koriander waschen, trockentupfen und hacken. Alles in einer Küchenmaschine oder mit einem Mixer zerkleinern.

5 Die Limonen auspressen und den Saft mit beiden Ölsorten und der Sojasauce ebenfalls in den Mixer geben und kurz verrühren; die Sauce sollte eine grobe Konsistenz behalten.

6 Die Frühlingszwiebeln, die Garnelen und die Nudelmischung in eine Schüssel geben und die Sauce darüber gießen. Alles gut vermischen und nach Belieben mit Kroepoek servieren.

*NÄHRWERT PRO PORTION: 654 kcal/2746 kJ;
71 g Kohlenhydrate; 71 g Eiweiß; 31 g Fett
(davon 4 g gesättigte Fettsäuren); Vitamine:
B-Gruppe, C und E.*

GUT ZU WISSEN

*Kroepoek, auch Krupuk genannt, ist ein
indonesisches Gebäck aus Tapiokamehl,
gemahlenen Shrimps und Gewürzen. Es
ist in guten Supermärkten erhältlich.*

CHINESISCHE NUDELPFANNE

Chow mein – gebratene Nudeln – heißt dieses Pfannengericht mit gemischtem Gemüse und Entenbrust-filets. Es wird mit Hoisinsauce gewürzt, einer süßen, bräunlichen Sauce auf der Basis von Sojabohnen.

ZEIT: 30 MINUTEN
4 PORTIONEN

1/4 l Gemüse- oder Hühnerbrühe
250 g chinesische Nudeln
3–4 Entenbrustfilets
3 EL Sojasauce
1 Knoblauchzehe
3 große Frühlingszwiebeln
300 g Mischgemüse, z. B. Möhren, Brokkoli, rote Paprikaschote und Lauch
115 g Babymais aus der Dose
2 EL Erdnussöl
2 EL Hoisinsauce
1 gestrichener TL Stärkemehl
50 g Bohnensprossen

1 Wasser zum Kochen aufsetzen. Den Backofen auf niedriger Stufe vorheizen. Die Brühe erhitzen.

2 Die Nudeln in eine Schüssel geben, mit kochendem Wasser übergießen und 6 Minuten quellen lassen.

3 Die Entenbrustfilets enthäuten und in 1 cm breite und 7 cm lange Streifen schneiden. In einer Schüssel mit 1 EL Sojasauce vermischen.

4 Den Knoblauch schälen und hacken. Die Frühlingszwiebeln putzen, waschen und in Scheiben schneiden. Das Mischgemüse putzen, waschen und in streichholzgroße Streifen schneiden. Den Mais abtropfen lassen. Die Nudeln absieben.

5 1 EL Öl in einem Wok oder einer Bratpfanne erhitzen. Das Fleisch darin 4–5 Minuten unter Rühren braten. In eine Schüssel geben und im Ofen warm halten.

6 Wieder 1 EL Öl im Wok oder in der Pfanne erhitzen. Den Knoblauch, die Frühlingszwiebeln, das Mischgemüse und den Mais unter Rühren etwa 15 Sekunden im Wok oder 30 Sekunden in der Pfanne braten.

7 Das Fleisch wieder in die Pfanne geben, die Hoisinsauce und die heiße Brühe hinzufügen und einige Minuten köcheln lassen.

8 Das Stärkemehl mit 1 TL kaltem Wasser mischen, mit den Sprossen in die Pfanne rühren und 1–2 Minuten kochen. Die Nudeln und 2 EL Sojasauce hinzufügen. Gut vermischen und die Nudeln etwa 3–5 Minuten heiß werden lassen.

NÄHRWERT PRO PORTION: 765 kcal/3213 kJ; 59 g Kohlenhydrate; 25 g Eiweiß; 50 g Fett (davon 13 g gesättigte Fettsäurer); Vitamine: A, B-Gruppe, C und E.

ZUCCHINI UND KÜRBIS MIT POLENTA

*Das bunte Sommergemüse, das hier mit Polenta serviert wird,
kann durch Auberginen und Paprikaschoten ergänzt werden.*

ZEIT: 30 MINUTEN
4 PORTIONEN

175 g Instant-Polenta
175 g Hartkäse
2 EL Butter
Salz und schwarzer Pfeffer
3 EL Olivenöl
1 kleine Zwiebel
1 Knoblauchzehe
je 250 g Zucchini und Kürbis (Patisson)
4 Zweige Thymian
2 Fleischtomaten
1 unbehandelte Zitrone
einige Zweige Petersilie

1 700 ml Wasser und die Polenta in einen Topf geben und zum Kochen bringen. Bei schwacher Hitze etwa 8 Minuten köcheln lassen; dabei ständig rühren, damit sich keine Klümpchen bilden.

2 Wenn die Polenta sich vom Topfboden leicht löst, den Topf von der Hitze nehmen. Den Käse reiben und mit der Butter in die Polenta einrühren. Abschmecken, zudecken und warm halten.

3 Das Olivenöl in einer flachen Pfanne bei mittlerer Hitze langsam erhitzen. Die Zwiebel schälen und hacken; den Knoblauch schälen und durch die Presse drücken. Beides 5–8 Minuten weich braten.

4 Inzwischen die Zucchini und den Kürbis putzen. Die Zucchini in Scheiben und den Kürbis in Stücke schneiden. Den Thymian waschen und trocknen. Alles in die Pfanne geben, würzen und 10 Minuten garen.

5 Die Tomaten waschen, würfeln und zum Gemüse geben.

6 Die Zitrone waschen und die Schale fein reiben. Die Petersilie waschen, trockentupfen und fein hacken. Beides zum Gemüse geben. Den Thymian entfernen und das Gemüse mit der Polenta servieren.

VARIANTE
Das Gemüse können Sie mit etwas Crème fraîche noch verfeinern.

NÄHRWERT PRO PORTION: 485 kcal/2037 kJ; 39 g Kohlenhydrate; 18 g Eiweiß; 29 g Fett (davon 14 g gesättigte Fettsäuren); Vitamine: A, B-Gruppe, C und E.

BULGURPILAW MIT PILZEN

Für dieses nahrhafte Gericht wird Weizenschrot in Gemüsebrühe gegart und mit Pilzen, Nüssen und Petersilie gemischt. Der Pilaw kann als Hauptmahlzeit, aber auch als Beilage serviert werden.

ZEIT: 30 MINUTEN

4 PORTIONEN

1 Zwiebel

115 g Butter

350 g Bulgur

850 ml Gemüsebrühe

200–250 g gemischte Pilze, z. B. kleine, geschlossene Champignons, Austernpilze und Wildpilze

1 kleines Bund Petersilie

1 EL Olivenöl

Salz und schwarzer Pfeffer

50 g Mandelblättchen

50 g gehackte Haselnüsse

1 Die Zwiebel schälen und fein hacken. Die Hälfte der Butter in einem ofenfesten Bratentopf erhitzen und die Zwiebel darin glasig braten.

2 Den Bulgur dazugeben und unter häufigem Rühren 3 Minuten braten. Die Brühe hinzufügen, zum Kochen bringen und bei schwacher Hitze zugedeckt 10–15 Minuten köcheln lassen, bis sie aufgesogen ist.

3 Inzwischen die Pilze putzen, säubern und in dünne Scheiben schneiden. Die Petersilie waschen, trockentupfen, hacken und beiseite stellen.

4 Das Olivenöl in einer Bratpfanne erhitzen und die Pilze darin braten, bis sie weich und leicht gebräunt sind. Mit Salz und Pfeffer würzen. Die Pilze und gegebenenfalls den ausgetretenen Saft zum Bulgur geben den Topf wieder zudecken und alles weiterkochen lassen.

5 Die Mandeln in die Pfanne geben und bei mittlerer Hitze unter ständi-

gem Rütteln 2 Minuten braten, dann die gehackten Haselnüsse hinzufügen und beides leicht anbräunen.

6 Die restliche Butter, die gerösteten Mandeln und Nüsse und die Petersilie in den fertigen Bulgur rühren. Abschmecken und direkt aus dem Topf servieren.

NÄHRWERT PRO PORTION: 732 kcal/3074 kJ; 73 g Kohlenhydrate; 15 g Eiweiß; 44 g Fett (davon 17 g gesättigte Fettsäuren); Vitamine: B-Gruppe und E.

TABBOULEH MIT LACHS

Ein erfrischender Salat aus der arabischen Küche, der mit nussartig schmeckendem Bulgur, Petersilie, Minze und Zitronensaft zubereitet wird. Hier wird er durch pochierten Lachs ergänzt.

ZEIT: 30 MINUTEN
4 PORTIONEN

100 g Bulgur
600 g enthäutetes Lachsfilet
175–200 g glatte Petersilie
60 g Minze
8 Frühlingszwiebeln
1 große Zitrone
einige Blätter Romanasalat
Pitta-Brot
6 EL Olivenöl
Salz und schwarzer Pfeffer
einige Zitronenviertel

1 Wasser in einer tiefen Pfanne zum Kochen aufsetzen. Den Bulgur mit 300 ml Wasser in einen Topf geben, zum Kochen bringen und bei schwacher Hitze 8–10 Minuten köcheln lassen, bis das Wasser aufgesogen ist.

2 Inzwischen den Lachs in 4 Stücke schneiden. Wenn das Wasser in der Pfanne kocht, den Lachs hineinlegen, die Hitze zurückschalten und 3 Minuten köcheln lassen. Den Lachs auf einem Teller abkühlen lassen.

3 Die Petersilie und die Minze waschen, trockentupfen und hacken. Die Frühlingszwiebeln putzen, waschen, trockentupfen und klein schneiden. Diese Zutaten in eine Schüssel geben.

4 Die Zitrone auspressen und den Saft beiseite stellen. Die Salatblätter waschen und trockenschleudern. Das Pitta-Brot im Backofen erwärmen.

5 Den Bulgur mit kaltem Wasser durchspülen, absieben und das restliche Wasser mit den Händen herausdrücken. In die Schüssel geben und den Zitronensaft und das Olivenöl hinzufügen. Mit Salz und Pfeffer würzen und alles gut vermischen.

6 Den Lachs zerpflücken und eventuell vorhandene Gräten entfernen. Zum Bulgur geben und unterheben.

7 Eine Platte oder Schüssel mit den Salatblättern auslegen. Das Tabbouleh darauf anrichten, mit Zitronenvierteln garnieren und mit Pitta-Brot servieren.

NÄHRWERT PRO PORTION: 755 kcal/3171 kJ; 66 g Kohlenhydrate; 33 g Eiweiß; 41 g Fett (davon 15 g gesättigte Fettsäuren); Vitamine: A, B-Gruppe, C und E.

SOMMER-TABBOULEH

Bulgur passt ausgezeichnet zu knackigem, bissfest gegartem Sommergemüse. Frische Kräuter und eine delikate Honig-Senf-Sauce runden diese Tabbouleh-Variante ab.

ZEIT: 30 MINUTEN
4 PORTIONEN

250 g Bulgur
200 g junge grüne Bohnen
200 g TK-Erbsen
Salz und schwarzer Pfeffer
5 große Frühlingszwiebeln
300 g Tomaten
1 unbehandelte Zitrone
einige Zweige Petersilie
einige Zweige Minze
1 Hand voll Schnittlauch oder Dill
einige Salatherzen
3 EL Olivenöl
1 EL Rotweinessig
1 TL Honig
1 EL Dijonsenf

1 Wasser zum Kochen aufsetzen. Den Bulgur mit 700 ml kaltem Wasser in einen Topf geben und zum Kochen bringen. Bei schwacher Hitze 8–10 Minuten köcheln lassen, bis das Wasser aufgesogen ist.

2 Inzwischen die grünen Bohnen waschen, putzen und in 2,5 cm lange Stücke schneiden. Die Bohnen, die Erbsen und etwas Salz in einen Topf geben, mit dem kochenden Wasser übergießen, 1–2 Minuten kochen lassen und dann absieben.

3 Die Frühlingszwiebeln putzen, waschen, trockentupfen und in dünne Scheiben schneiden. Die Tomaten waschen, trocknen und würfeln. Die Zitrone abwaschen, die Schale reiben und den Saft auspressen. Alles zum Bulgur geben und die Mischung mit einer Gabel auflockern.

4 Die Bohnen und die Erbsen dazugeben. Die Kräuter waschen, trockentupfen, hacken und ebenfalls hinzufügen. Die Salatherzen waschen, trocknen und beiseite stellen.

5 Für die Sauce Öl, Essig, Honig, Senf, Salz und Pfeffer in einer Schüssel verrühren. Die Sauce über den Salat gießen, gut damit vermischen und das Tabbouleh mit den Salatherzen auf Tellern anrichten.

NÄHRWERT PRO PORTION: 382 kcal/1604 kJ; 60 g Kohlenhydrate; 12 g Eiweiß; 11 g Fett (davon 1,5 g gesättigte Fettsäuren); Vitamine: A, B-Gruppe, C und E.

> ### GUT ZU WISSEN
> *Im Nahen und Mittleren Osten legt man einen Löffel voll Tabbouleh auf ein Salatblatt, rollt es zusammen und isst es mit den Fingern.*

ZWEI SALATE MIT BULGUR:
TABBOULEH MIT LACHS (OBEN),
SOMMER-TABBOULEH (UNTEN)

GEMÜSE-COUSCOUS

Wintergemüse und Hülsenfrüchte werden in diesem nicht alltäglichen Gericht mit Trockenaprikosen und exotischen Gewürzen kombiniert und zu Couscous gereicht.

ZEIT: 30 MINUTEN
2 PORTIONEN

1 kleine Zwiebel
1 EL Butter
1 EL Olivenöl
2 kleine Möhren
½ kleine Kohlrübe
1 Pastinake
1 Prise Cayennepfeffer und Kurkuma
½ TL gemahlener Ingwer
½ TL gemahlener Zimt
nach Belieben einige Safranfäden
Salz und schwarzer Pfeffer
50 g Trockenaprikosen
60 g kleine TK-Erbsen
100 g Kichererbsen aus der Dose
125 g Couscous
2 Zweige Koriander

1 Einen Topf mit ¼ l Wasser zum Kochen aufsetzen. Die Zwiebel schälen und hacken. Die Butter und das Olivenöl in einem großen, ofenfesten Bratentopf erhitzen. Die Zwiebel darin bei schwacher Hitze weich braten.

2 Die Möhren, die Kohlrübe und die Pastinake schälen, in 1 cm große Würfel schneiden und zur Zwiebel geben. Cayennepfeffer, Kurkuma, Ingwer, Zimt und nach Belieben Safran hineinrühren. Mit Salz und schwarzem Pfeffer abschmecken.

3 Die Aprikosen zerkleinern und mit den Erbsen zur Gemüsemischung in den Topf geben. Die Kichererbsen abtropfen lassen, waschen und mit 300 ml heißem Wasser hinzufügen. Zum Kochen bringen und dann bei schwacher Hitze zugedeckt 15 Minuten köcheln lassen.

4 Den Couscous in den Topf mit kochendem Wasser geben und umrühren. Den Topf von der Hitze nehmen und den Couscous zugedeckt quellen lassen, bis das Gemüse gar ist. In der Zwischenzeit den Koriander waschen, trockentupfen und beiseite stellen.

5 Den Couscous mit einer Gabel auflockern, abschmecken und auf Tellern anrichten.

6 Das Gemüse abschmecken, dann zusammen mit der Kochbrühe zum Couscous geben. Das Gericht mit dem Koriander garnieren.

VARIANTE
Die Möhren, die Kohlrübe und die Pastinake können durch anderes frisches Gemüse wie Knollensellerie, Fenchel, Kartoffeln und weiße Rüben ersetzt werden.

NÄHRWERT PRO PORTION: 600 kcal/2520 kJ; 95 g Kohlenhydrate; 20 g Eiweiß; 17 g Fett (davon 5 g gesättigte Fettsäuren); Vitamine: A, B-Gruppe, C und E.

COUSCOUS MIT GARNELEN UND MINZE

In Nordafrika ein Grundnahrungsmittel, ist Couscous eine ausgezeichnete Basis für eine Vielzahl leichter Gerichte. Während er quillt, haben Sie Zeit, die anderen Zutaten zuzubereiten.

ZEIT: 25 MINUTEN
4 PORTIONEN

400 ml Fisch- oder Hühnerbrühe

2 Schalotten

1 Knoblauchzehe

350 g kleine feste Zucchini

3 EL Olivenöl

Salz und schwarzer Pfeffer

250 g Couscous

einige Zweige Minze

250 g geschälte und gekochte
mittelgroße Garnelen

nach Belieben Harissa

1 Die Brühe zum Kochen bringen. Die Schalotten und die Knoblauchzehe schälen und hacken. Die Zucchini waschen, putzen und in dünne Scheiben schneiden.

2 2 EL Olivenöl in einer Bratpfanne erhitzen. Die Schalotten, den Knoblauch und die Zucchini in die Pfanne geben, rühren, bis alles mit Öl überzogen ist, und 4 Minuten weich braten. Mit Salz und Pfeffer würzen.

3 Die heiße Brühe hinzufügen, wieder zum Kochen bringen und dann den Couscous hineinrühren. Von der Hitze nehmen, zudecken und 10 Minuten stehen lassen.

4 Die Minze waschen, trockentupfen, hacken und beiseite stellen. 1 EL Olivenöl in einer kleinen Pfanne erhitzen, die Garnelen hineingeben und heiß werden lassen.

5 Die Minze und die Garnelen zur Couscousmischung geben, unterrühren und abschmecken. Nach Belieben mit Harissa servieren.

NÄHRWERT PRO PORTION: 304 kcal/1277 kJ; 35 g Kohlenhydrate; 20 g Eiweiß; 10 g Fett (davon 1 g gesättigte Fettsäuren); Vitamine: B-Gruppe, C und E.

GUT ZU WISSEN

Harissa ist eine feurige Würzpaste aus roten Chilischoten, Knoblauch, Olivenöl und verschiedenen Kräutern.

GARNELENPILAW

Pilaws sind Reisgerichte, die aus dem Vorderen Orient stammen. In dieser Variante wird der Reis mit Garnelen und frischen Kräutern gemischt. Safran gibt dem Pilaw eine appetitlich goldene Farbe.

ZEIT: 30 MINUTEN
4 PORTIONEN

700 ml Fischbrühe
1 kleine Zwiebel
2 EL Butter
2 EL Olivenöl
1 Knoblauchzehe
2 getrocknete rote Chilischoten
225 g Langkornreis, z. B. Basmatireis
1 Prise Safran
3 Lorbeerblätter
500 g geschälte rohe mittelgroße Garnelen
Salz und schwarzer Pfeffer
einige Zweige glatte Petersilie oder Dill

1 Die Brühe zum Kochen bringen. Die Zwiebel schälen und in dünne Scheiben schneiden. Das Fett in einem Topf erhitzen und die Zwiebel hineingeben. Den Knoblauch schälen und in Scheiben schneiden, die Chilischoten zerkrümeln, beides zur Zwiebel geben und einige Minuten braten. Den Reis hinzufügen und rühren, bis er mit Öl überzogen ist.

2 Die Brühe und den Safran dazugeben und aufkochen. Dann die Lorbeerblätter, die Garnelen und etwas Salz hinzufügen. Zudecken und bei schwacher Hitze 10 Minuten köcheln lassen. Von der Hitze nehmen und zugedeckt 4 Minuten stehen lassen.

3 Die Kräuter waschen, trockentupfen und hacken. Den Pilaw in eine Schüssel geben, salzen, pfeffern und mit den Kräutern garnieren.

NÄHRWERT PRO PORTION: 400 kcal/1680 kJ; 46 g Kohlenhydrate; 27 g Eiweiß; 12 g Fett (davon 4 g gesättigte Fettsäuren); Vitamine: E.

GUT ZU WISSEN

Safran ist zwar teuer, aber man braucht nur sehr wenig davon, um einem Gericht Farbe und Aroma zu geben.

SAFRANPILAW MIT DICKEN BOHNEN

Dieser Pilaw wird mit Rosinen und Mandelblättchen zubereitet und ist delikat gewürzt. Er wird mit zarten dicken Bohnen und einer cremigen Joghurt-Kräuter-Sauce serviert.

ZEIT: 30 MINUTEN
4–6 PORTIONEN

300 g Langkornreis, z. B. Basmatireis
50 g Butter
1 Zwiebel
2 Knoblauchzehen
1 TL gemahlener Koriander
1 Zimtstange, 1 Prise Safran
50 g kernlose Rosinen
50 g Mandelblättchen
Salz und schwarzer Pfeffer
450 g dicke Bohnen (TK-Bohnen)
150 g Joghurt
einige Zweige Koriander
2–3 EL Chili-Öl

1 Den Reis in eine Schüssel geben, mit kaltem Wasser übergießen und quellen lassen. Wasser zum Kochen aufsetzen.

2 Die Butter in einem schweren Topf bei schwacher Hitze zerlassen. Die Zwiebel und die Knoblauchzehen schälen, hacken und in den Topf geben. Die Hitze höher stellen und beides 1–2 Minuten braten, bis die Zwiebel weich ist. Den gemahlenen Koriander hineinrühren und die Hitze sehr klein stellen.

3 Den Reis absieben und durchspülen. Zur Mischung in den Topf geben und mit ³/₈ l kochendem Wasser übergießen. Zimtstange, Safran, Rosinen und Mandeln hinzufügen. Mit Salz und Pfeffer würzen.

4 Das Wasser zum Kochen bringen, dann die Hitze reduzieren, bis das Wasser gerade noch köchelt. Den Topf zudecken und den Reis 15 Minuten kochen lassen.

5 Inzwischen die Bohnen in einen Topf geben, mit kochendem Wasser übergießen und aufkochen. Die Hitze reduzieren, zudecken und die Bohnen 5–6 Minuten köcheln lassen.

6 Den Joghurt in eine Schüssel geben. Den Koriander waschen, trockentupfen, hacken und mit dem Joghurt verrühren.

7 Die Bohnen absieben, in eine andere Schüssel geben und mit dem Chili-Öl beträufeln.

8 Den Pilaw von der Hitze nehmen und zugedeckt 3 Minuten stehen lassen. Mit einer Gabel auflockern. Die Zimtstange entfernen und den Pilaw mit Bohnen und Joghurt servieren.

NÄHRWERT PRO PORTION (BEI 4 PORTIONEN):
646 kcal/2713 kJ; 84 g Kohlenhydrate; 18 g Eiweiß; 27 g Fett (davon 9 g gesättigte Fettsäuren); Vitamine: B-Gruppe, C und E.

RAGOUT LOUISIANA-ART

*Gumbo heißt das beliebte Ragout aus den Südstaaten Amerikas.
Hier eine schnell zubereitete Version.*

ZEIT: 30 MINUTEN
4 PORTIONEN

1 EL Olivenöl
2 EL Butter
1 Zwiebel
1 kleine grüne Paprikaschote
2 Stangen Staudensellerie
Salz
350 g weißer Langkornreis
2 EL Mehl
400 g gehackte Tomaten aus der Dose
300 ml Fisch- oder Gemüsebrühe
1 Lorbeerblatt
$\frac{1}{2}$–1 TL Cayennepfeffer
$\frac{1}{2}$ TL Paprikapulver
300 g frische Okraschoten
200 g Kabanos oder Frankfurter Würstchen
170 g Krabbenfleisch aus der Dose
250 g Muscheln aus der Dose

1 Wasser in einem großen Topf zum Kochen aufsetzen. Das Öl und die Butter langsam in einem anderen großen Topf erhitzen. Die Zwiebel schälen, in Scheiben schneiden, in den Topf geben und glasig braten.
2 Inzwischen die Paprikaschote waschen, entkernen und grob zerkleinern. Den Sellerie waschen und in Stücke schneiden. Zur Zwiebel geben und einige Minuten weiter braten.

3 Wenn das Wasser kocht, etwas Salz und den Reis hineingeben. Den Topf zudecken und den Reis 15 Minuten weich garen.
4 Das Mehl zum Gemüse in den Topf geben, rühren, bis sich eine Mehlschwitze bildet, und dann 2 Minuten kochen lassen. Die Tomaten, die Fisch- oder Gemüsebrühe und das Lorbeerblatt hinzufügen und die Gemüsemischung mit Cayennepfeffer würzen. Die Hitze höher stellen und das Ragout 15 Minuten köcheln lassen, bis es fast gar ist und wie eine dicke Suppe aussieht.
5 Inzwischen die Okraschoten waschen, putzen, in 1 cm große Stücke schneiden und nach und nach zum Ragout geben. 15 Minuten kochen lassen.
6 Inzwischen die Kabanos oder die Frankfurter Würstchen in kleine Stücke schneiden und kurz vor Ende der Kochzeit des Ragouts hinzufügen.
7 Das Krabbenfleisch und die Muscheln abtropfen lassen und ebenfalls hinzufügen. Weitere 2–3 Minuten kochen, sodass die Würstchen und die Meeresfrüchte gründlich erhitzt werden.
8 Den Reis absieben, abtropfen lassen und auf 4 vorgewärmte Teller geben. Das Ragout darüber verteilen und das Gericht servieren.

NÄHRWERT PRO PORTION: 727 kcal/3053 kJ; 85 g Kohlenhydrate; 30 g Eiweiß; 30 g Fett (davon 12 g gesättigte Fettsäuren); Vitamine: A, B-Gruppe, C und E.

GUT ZU WISSEN

Okraschoten enthalten einen gelatineartigen Saft, der beim Kochen wie Speisestärke wirkt. Dadurch und durch die Mehlschwitze wird das Ragout eingedickt. Bei der traditionellen Art der Zubereitung wird die Mehlschwitze bis zu 45 Minuten gekocht, damit das Ragout etwas rauchig schmeckt. Hier sorgen geräucherte Würstchen für das entsprechende Aroma.

REIS MIT MEERESFRÜCHTEN

Ein indisches Reisgericht, das in Großbritannien durch den Zusatz von Eiern und Fisch abgewandelt wurde. Ideal zum Brunch.

ZEIT: 30 MINUTEN
4 PORTIONEN

300 g Langkornreis
Salz und schwarzer Pfeffer
50 g Butter
1 kleine Zwiebel
250 g enthäuteter Räucherfisch, z. B. Dorsch oder Makrele
einige Zweige Petersilie
1 EL Weißweinessig
4 große Eier
8 Sardellenfilets
20 Kapern
½ Zitrone
100 g geschälte, gekochte Garnelen
3 EL Schlagsahne

1 Wasser in einem Topf zum Kochen bringen, etwas Salz und den Reis ins kochende Wasser geben und den Reis zugedeckt 15 Minuten garen.

2 Inzwischen die Butter in einem großen Topf zerlassen. Die Zwiebel schälen, hacken und einige Minuten in der Butter weich braten.

3 Den Fisch würfeln, dabei noch vorhandene Gräten entfernen. Zu der Zwiebel geben und 5 Minuten braten. Die Petersilie waschen, trockentupfen, hacken und beiseite stellen.

4 Eine hochwandige Pfanne etwa 6 cm hoch mit Wasser füllen, den Essig dazugeben und zum Kochen bringen. Die Eier aufschlagen, ins kochende Wasser gleiten lassen und bei reduzierter Hitze 3 Minuten ziehen lassen, bis das Eiweiß fest ist.

5 Inzwischen die Sardellenfilets und die Kapern hacken und 1 EL Saft aus der Zitrone pressen.

6 Den Reis abtropfen lassen, zum Fisch geben und unterrühren. Die Garnelen hinzufügen und bei schwacher Hitze heiß werden lassen. Mit Salz und schwarzem Pfeffer abschmecken und auf 4 Teller verteilen.

7 Die Mischung mit Petersilie, Sardellen und Kapern bestreuen und mit Zitronensaft beträufeln. In die Mitte jeder Portion eine Vertiefung drücken und ein Ei hineinlegen. Die Sahne in einem Kännchen separat servieren.

NÄHRWERT PRO PORTION: 592 kcal/2486 kJ; 63 g Kohlenhydrate; 33 g Eiweiß; 23 g Fett (davon 11 g gesättigte Fettsäuren); Vitamine: A, B-Gruppe und E.

GEBRATENER REIS MIT GEMÜSE

*Dieses Reisgericht aus der asiatischen Küche kann leicht variiert werden, indem man
das im Rezept angegebene Gemüse durch beliebige andere Sorten ersetzt.*

**ZEIT: 30 MINUTEN
4 PORTIONEN**

300 g Langkornreis, z. B. Basmatireis
Salz
3 EL Pflanzenöl
4 Eier
250 g Rückenspeck (Gewicht ohne Schwarte)
3 Möhren
8 Frühlingszwiebeln
2 Knoblauchzehen
150 g junge TK-Erbsen
200 g Bohnensprossen
250 g geschälte, gekochte Garnelen
4 EL Sojasauce
4 EL Sake oder trockener Sherry
4 EL Mirin (süßer Reiswein) oder 1 TL Honig
2 EL dunkles Sesamöl

1 Wasser in einem Topf zum
Kochen bringen. Den Reis und etwas
Salz ins kochende Wasser geben und
1/2 EL Pflanzenöl hinzufügen. Die
Hitze herunterschalten, den Topf
zudecken und den Reis 10–15 Minuten köcheln lassen.

2 Inzwischen 1 EL Pflanzenöl in
einem Wok oder einer großen Bratpfanne erhitzen. Die Eier leicht
verschlagen. Im Wok oder in der
Pfanne bei mittlerer Hitze ein dünnes
Omelett backen. Auf einem Teller
abkühlen lassen.

3 Den Speck in Streifen schneiden.
1 1/2 EL Öl in die Pfanne geben und
den Speck darin bei mittlerer Hitze
knusprig braten.

4 Die Möhren schälen, würfeln und
zum Speck geben. Die Hitze reduzieren und die Möhren braten. Die
Frühlingszwiebeln putzen, waschen,
in Scheiben schneiden und hinzufügen. Den Knoblauch schälen, durch
die Presse drücken und in die Pfanne
geben. Die Erbsen hineinrühren.

5 Die Bohnensprossen waschen und
abtropfen lassen. Zur Mischung in die
Pfanne geben, die Hitze höher schalten und alles eine Minute braten. Die
Garnelen hinzufügen.

6 Die Hälfte der Mischung in einen
zweiten Wok oder eine zweite Pfanne
geben. (Werden zwei Pfannen benutzt, wird verhindert, dass das Gericht gedämpft statt gebraten wird.)
Den Reis absieben, das Omelett in
dünne Streifen schneiden und beides
gleichmäßig auf die Pfannen verteilen.

7 Sojasauce, Sake oder Sherry, Mirin
oder Honig und Sesamöl miteinander
verrühren und je die Hälfte in die
beiden Pfannen geben. Alles gut
vermischen und bei starker Hitze
unter Rühren 5 Minuten braten, bis
die Flüssigkeit verdampft ist. Sofort
servieren.

*NÄHRWERT PRO PORTION: 792 kcal/3326 kJ;
73 g Kohlenhydrate; 44 g Eiweiß; 33 g Fett
(davon 6 g gesättigte Fettsäuren); Vitamine:
A und B-Gruppe.*

GUT ZU WISSEN

*Sake ist ein alkoholisches Getränk, das aus
Reis, Wasser, Malz und Hefe hergestellt
wird. Es wird meist heiß getrunken, in der
asiatischen Küche aber auch zum Würzen
von Speisen verwendet. Mirin ist ein süßer
Reiswein. Sake und Mirin sind in
asiatischen Lebensmittelgeschäften und
einigen Supermärkten erhältlich.*

SPANISCHER REISTOPF MIT TOMATEN

Für diesen herzhaften Eintopf werden Reis, verschiedene Gemüsesorten und Chorizo-Wurst in einer Pfanne gegart. Kurkuma gibt dem Reistopf seine warme, goldene Farbe.

ZEIT: 30 MINUTEN
4 PORTIONEN

300 ml Hühnerbrühe
2 EL Olivenöl
1 rote Zwiebel
1 Knoblauchzehe
1 rote Paprikaschote
200 g Langkornreis
1 TL Kurkuma
400 g gehackte Tomaten aus der Dose
Salz und schwarzer Pfeffer
200 g Chorizo-Wurst
1 kleines Bund Salbei
150 g TK-Erbsen

1 Die Brühe in einem kleinen Topf heiß werden lassen. Das Olivenöl in einer großen Bratpfanne erhitzen.
2 Die Zwiebel und die Knoblauchzehe schälen und hacken. In die Pfanne geben und bei recht starker Hitze etwa 3 Minuten unter Rühren braten, bis die Zwiebel weich ist.
3 Inzwischen die Paprikaschote waschen, halbieren, entkernen und grob zerkleinern. Zur Zwiebel geben, Reis und Kurkuma hinzufügen und unter Rühren 3 Minuten braten.
4 Die heiße Brühe und die Tomaten mit dem Saft dazugeben und mit Salz und Pfeffer würzen. Zum Kochen bringen, die Hitze reduzieren, zudecken und etwa 5 Minuten unter gelegentlichem Rühren köcheln lassen.
5 Die Chorizo-Wurst in recht dicke Stücke schneiden, zur Reismischung geben und weitere 5 Minuten kochen.
6 Den Salbei waschen und grob hacken. Mit den Erbsen zur Reismischung geben. Wieder zum Kochen bringen, dann die Hitze reduzieren und 5 Minuten köcheln lassen, bis der Reis gar und die Flüssigkeit fast vollständig aufgesogen ist. Wird die Mischung zu trocken, etwas mehr Brühe hinzufügen. Heiß servieren.

VARIANTE
Statt der Chorizo-Wurst kann man auch Kabanos oder würzige Salami nehmen.

NÄHRWERT PRO PORTION: 411 kcal/1726 kJ; 53 g Kohlenhydrate; 15 g Eiweiß; 16 g Fett (davon 4 g gesättigte Fettsäuren); Vitamine: A, B-Gruppe, C und E.

RISOTTO MIT JUNGEM SPINAT

Vom jungen, zarten Blattspinat erhält dieser vitaminreiche Risotto seinen frischen Geschmack und seine kräftige Farbe. Sie können grünen Salat und italienisches Fladen- oder Walnussbrot dazu servieren.

ZEIT: 30 MINUTEN

4 PORTIONEN

1,2 l Gemüsebrühe oder
4 EL Instant-Gemüsebrühe

5 EL Weißwein

250 g junger Spinat

4 EL Olivenöl

1 kleine Zwiebel

2 Knoblauchzehen

350 g Rundkornreis
(Arborio oder Vialone)

Salz und schwarzer Pfeffer

frisch geriebene Muskatnuss

nach Belieben geriebener Parmesan

1 Die Gemüsebrühe zum Kochen bringen oder 1,2 l Wasser aufkochen und die Instant-Gemüsebrühe darin auflösen. Den Wein hinzufügen, die Hitze kleiner stellen und die Brühe köcheln lassen.

2 Den Spinat waschen, von den Blattrippen befreien, grob zerkleinern und beiseite stellen.

3 Das Öl in einem großen Topf oder einem Wok erhitzen. Die Zwiebel und die Knoblauchzehen schälen, fein hacken und 2–3 Minuten im Öl weich braten, aber nicht bräunen. Den Reis dazugeben und unter Rühren braten, bis die Körner glasig und mit Öl überzogen sind.

4 Einen Schöpflöffel Brühe hinzufügen, die Hitze so einstellen, dass die Brühe leicht köchelt, und rühren, bis die Flüssigkeit fast vollständig aufgesogen ist. Nach und nach weitere Brühe dazugeben und den Reis 15 Minuten unter ständigem Rühren garen.

5 Den Spinat und die restliche Brühe hinzufügen und so lange unter ständigem Rühren kochen, bis der Reis gar ist. Der Risotto soll bissfest sein, aber eine dickflüssige Konsistenz haben.

6 Mit Salz, schwarzem Pfeffer und etwas Muskatnuss abschmecken. Den Risotto direkt aus dem Kochtopf servieren. Nach Belieben geriebenen Parmesan dazu reichen.

NÄHRWERT PRO PORTION: 448 kcal/1882 kJ; 73 g Kohlenhydrate; 8 g Eiweiß; 14 g Fett (davon 2 g gesättigte Fettsäuren); Vitamine: A, B-Gruppe, C und E.

GUT ZU WISSEN

Für Risotto nimmt man italienischen Rundkornreis, dessen Körner beim Kochen stark aufquellen. Der Reis sollte nicht gewaschen werden, da die Stärke, die an den Körnern haftet, den Risotto sämig macht.

OMELETT MIT PILZEN, SPINAT UND NÜSSEN

GEMÜSE ALS HAUPTGERICHT

In der modernen Ernährung spielt Gemüse eine Hauptrolle.
Frisch vom Markt, aus der Dose oder als Tiefkühlkost kann es
zu vitamin- und nährstoffreichen Mahlzeiten verarbeitet werden,
die nicht nur bekömmlich sind, sondern dank phantasievoller
Zubereitungsformen auch jedem schmecken.

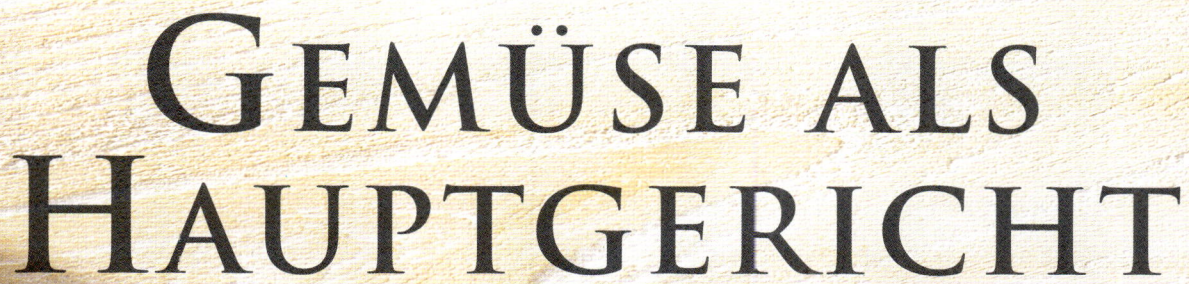

GEMÜSE PRIMAVERA

Gemischtes, feines Frühlingsgemüse, schonend gegart, ist das Geheimnis dieses Gerichts.
Knackig und von frischem Geschmack passt es ausgezeichnet zu gefüllter Pasta.

ZEIT: 30 MINUTEN
4 PORTIONEN

---

200 g kleine Möhren

150 g kleine Maiskolben

200 g junge, grüne Bohnen

Salz und schwarzer Pfeffer

250 g kleine Zucchini

einige Zweige frische Petersilie
oder frischer Kerbel

400 g frische Tortellini,
gefüllt mit Spinat und Ricotta

1 EL Olivenöl

$^1/_2$ Zitrone

1 TL körniger Senf

---

1 In einem großen Topf und einem Kessel Wasser zum Kochen bringen. Den Ofen auf niedriger Stufe vorheizen. Eine Servierschüssel vorwärmen.
2 Möhren, Maiskolben und Bohnen waschen und putzen, großes Gemüse klein schneiden. Das Gemüse in das

kochende Wasser geben, salzen, wieder aufkochen lassen und in 4–5 Minuten bissfest garen.
3 In der Zwischenzeit die Zucchini waschen und putzen. Sehr kleine Früchte der Länge nach halbieren, andere in Scheiben schneiden; beiseite stellen. Petersilie oder Kerbel waschen, trockentupfen und hacken.
4 Das Gemüse aus dem Wasser nehmen und in einer Schüssel im Ofen warm halten. Das Wasser wieder zum Kochen bringen, bei Bedarf aus dem Kessel auffüllen und die Pasta darin 5–6 Minuten kochen.
5 In der Zwischenzeit das Olivenöl in einem großen Topf erhitzen und die Zucchini darin unter ständigem Rühren 2–3 Minuten braten.
6 Die Zitrone über den Zucchini auspressen; das Gemüse und den Senf hinzufügen. Mit Salz und Pfeffer abschmecken. Behutsam vermengen.

7 Die Pasta abtropfen lassen und mit dem Gemüse mischen. In die Servierschüssel geben, mit Petersilie oder Kerbel bestreuen und heiß servieren.

VARIANTE
Man kann die Bohnen durch Spargel ersetzen und das Gericht vor dem Servieren mit saurer Sahne oder griechischem Joghurt cremig abrunden.

NÄHRWERT PRO PORTION: 400 kcal/1680 kJ; 55 g Kohlenhydrate; 18 g Eiweiß; 12 g Fett (davon 5 g gesättigte Fettsäuren); Vitamine: A, B-Gruppe, C und E.

GUT ZU WISSEN

Außer Tortellini eignen sich auch Agnolotti, Cappelletti oder Ravioli für dieses Gericht. Damit sie zum Gemüse passen, sollten sie auf jeden Fall frisch sein.

ZWIEBELKUCHEN MIT FETA

*Ein Teigboden wird hier mit einer dicken, cremigen Mischung aus Zwiebeln und
griechischem Schafskäse gefüllt. Frischer Thymian sorgt für ein feines Aroma.*

ZEIT: 30 MINUTEN
4 PORTIONEN

175 g Mehl
1 TL Backpulver
85 g Butter, zimmerwarm
150 g saure Sahne
500 g Zwiebeln
2 Zweige Thymian
3–4 EL Olivenöl
125 g kleine, geschlossene Champignons
1 Bund Schnittlauch
250 g Feta
Salz und schwarzer Pfeffer

1 Den Ofen auf 220 °C (Gas Stufe
4–5) vorheizen. Mehl und Backpulver in eine Schüssel sieben und mit
den Fingern gut 3 EL Butter untermengen. 5 EL saure Sahne dazugeben
und zu einem weichen Teig kneten.

2 Den Teig auf der leicht bemehlten
Arbeitsfläche zu einer runden Platte
mit etwa 28 cm Ø ausrollen und damit eine Springform mit 25 cm Ø
auslegen; den Teigrand einkürzen.
Den Teigboden mit einer Gabel mehrmals einstechen, mit Pergamentpapier
auslegen und mit Trockenbohnen
bedecken; 10 Minuten blind backen.

3 Inzwischen die Zwiebeln halbieren, schälen und in dünne Scheiben
schneiden. Den Thymian waschen
und trockentupfen, die Blätter abzupfen und fein hacken. Das Öl in einer
großen Bratpfanne erhitzen. Zwiebeln
und Thymianblätter hineingeben und
bei mittlerer Hitze braten, bis die
Zwiebeln weich und goldbraun sind.

4 Die Pilze säubern und halbieren.
Die restliche Butter in einer zweiten
Pfanne schmelzen und die Pilze
darin leicht bräunen. Die restliche
saure Sahne hinzufügen; warm halten.

5 Papier und Trockenbohnen aus
der Form entfernen. Nochmals für
einige Minuten in den Ofen stellen,
bis der Teig goldbraun gebacken ist.

6 Den Schnittlauch waschen,
trockentupfen und in Röllchen
schneiden. Den Käse zu den Zwiebeln

krümeln. Eine Minute erhitzen und
abschmecken, dann in die Teigform
geben. Die Pilze darüber löffeln; mit
Schnittlauch und Pfeffer bestreuen.

*NÄHRWERT PRO PORTION: 674 kcal/2831 kJ;
46 g Kohlenhydrate; 17 g Eiweiß; 48 g Fett
(davon 26 g gesättigte Fettsäuren); Vitamine:
A, B-Gruppe und E.*

OMELETT MIT PILZEN, SPINAT UND NÜSSEN

Ob heiß serviert oder kalt und in dicke Stücke geschnitten – das mit zarten Champignons, jungem Spinat und knackigen Nüssen gebratene und dann gegrillte Omelett schmeckt immer.

ZEIT: 25 MINUTEN
4 PORTIONEN

250 g junge Spinatblätter
1 kleines Bund Petersilie
350 g kleine, noch geschlossene Champignons
85 g Parmesan
1 kleine Zwiebel
2 EL Olivenöl
75 g geröstete Cashewnüsse
5 Eier
Salz und schwarzer Pfeffer

1 Den Grill auf höchster Stufe vorheizen. Den Spinat und die Petersilie waschen und trockentupfen. Genügend Petersilie für 2 EL hacken. Die Pilze putzen und vierteln. Den Käse reiben. Alles beiseite stellen.

2 Die Zwiebel abziehen und fein hacken. Das Öl in einer Bratpfanne erhitzen. Die Zwiebel bei mittlerer Hitze 3–4 Minuten braten.

3 Die Pilze hinzufügen und unter Rühren 3–4 Minuten braten.

4 Den Spinat dazugeben. Bei starker Hitze unter Rühren 3–4 Minuten garen, bis die Blätter zusammenfallen und die Flüssigkeit verdampft ist. Die Nüsse hinzufügen und die Hitze zurückschalten.

5 Die Eier in eine Schüssel schlagen, 2 EL kaltes Wasser und die Petersilie dazugeben. Mit Salz und Pfeffer würzen und verquirlen.

6 Die Eiermischung zum Gemüse gießen und 5 Minuten erhitzen, bis die Eier gestockt sind und die Unterseite goldgelb ist. Die Ränder anheben, damit die noch flüssige Eiermischung darunter laufen kann.

7 Den Käse darüber streuen. Das Omelett unter dem Grill goldbraun backen; dabei Acht geben, dass der Griff der Pfanne nicht heiß wird. Oder das Omelett auf einem Backblech grillen.

■ **SERVIERVORSCHLAG**
Reichen Sie das Omelett mit knusprigem Brot und Tomatensalat.

NÄHRWERT PRO PORTION: 395 kcal/1659 kJ; 6 g Kohlenhydrate; 22 g Eiweiß; 32 g Fett (davon 10 g gesättigte Fettsäuren); Vitamine: A, B-Gruppe, C und E.

GEFÜLLTE TORTILLAS MIT KÄSE

Diese herzhaften Maisfladen werden mit Tomaten und Kichererbsen gefüllt, mit einer Chilischote pikant gewürzt und mit Käse überbacken. Die Tortillas können durch einfache Eierkuchen ersetzt werden.

ZEIT: 30 MINUTEN
4 PORTIONEN

1 Knoblauchzehe
1 kleine frische rote Chilischote
500 g Tomaten
450 g Kichererbsen aus der Dose
100 g Hartkäse
einige Zweige Koriander
1 kleiner Kopf Eisbergsalat
1 rote Zwiebel
2 EL Maisöl
1 TL gemahlener Kreuzkümmel
Salz und schwarzer Pfeffer
4 gekaufte Tortillas, 18–20 cm Ø
nach Belieben Joghurt oder saure Sahne

1 Den Grill auf höchster Stufe vorheizen. Den Knoblauch schälen und zerdrücken. Die Chilischote waschen, entkernen und in Scheiben schneiden. Die Tomaten abziehen und hacken. Den Käse reiben. Den Koriander und den Salat waschen und trocknen, den Salat in Streifen schneiden. Alles beiseite stellen.

2 Die Zwiebel schälen und in dünne Scheiben schneiden. Das Öl in einer Bratpfanne erhitzen und die Zwiebel bei starker Hitze unter Rühren braten, bis sie braun wird.

3 Den Kreuzkümmel unter die Zwiebelscheiben rühren, Knoblauch, Chilischote, Tomaten und Erbsen dazugeben. Bei mittlerer Hitze unter Rühren 5–8 Minuten garen, bis die Flüssigkeit fast verdampft ist, dann abschmecken.

4 Den Salat auf den Tortillas verteilen. Das Gemüse in die Mitte geben und die Ränder übereinander klappen. Die Tortillas in eine feuerfeste Form legen, mit Käse bestreuen und grillen, bis der Käse schmilzt.

5 Joghurt oder saure Sahne glatt rühren und zu den Tortillas servieren. Mit Koriander garnieren.

NÄHRWERT PRO PORTION: 526 kcal/2209 kJ; 61 g Kohlenhydrate; 27 g Eiweiß; 21 g Fett (davon 7 g gesättigte Fettsäuren); Vitamine: B-Gruppe.

GUT ZU WISSEN

Gefüllte Tortillas, Enchiladas genannt, sind eine mexikanische Spezialität. Traditionell werden sie gebacken, aber Grillen verkürzt die Zubereitungszeit.

ORIGINELLE OMELETTS

Zu den einfachsten und köstlichsten Gerichten der schnellen Küche zählen Omeletts.
Ob Sie die klassische Zubereitungsart mit frischen Kräutern oder eine gehaltvolle Füllung
bevorzugen – diese Vorschläge bieten etwas für jeden Geschmack.
Die Mengen reichen für zwei bis drei Omeletts.

Erbsen in Kräuterbutter

2–3 Zweige Estragon waschen, trockentupfen und fein hacken. 40 g Butter bei mittlerer Hitze in einer Pfanne zerlassen. 4 EL gekochte Erbsen (frisch oder TK-Ware) darin erwärmen und mit Salz und Pfeffer abschmecken. Anstelle von Estragon können Sie auch nach Belieben andere aromatische Kräuter, wie etwa Pfefferminze, verwenden.

Pilze in Sahne mit Trüffelaroma

100 g Champignons putzen und in dünne Scheiben schneiden. In einer Bratpfanne 2 EL Butter bei mittlerer Hitze zerlassen und darin die Champignons unter Rühren braten. 2 EL Crème fraîche oder saure Sahne und 1 TL Trüffelöl hinzufügen und alles miteinander vermengen. Mit etwas Salz und reichlich schwarzem Pfeffer abschmecken.

Gemischte Kräuter mit Crème double

Eine Frühlingszwiebel putzen und in feine Streifen schneiden. Einige Zweige Kerbel, Petersilie und Estragon sowie einige Halme Schnittlauch waschen, trockentupfen und fein hacken. 2 EL Crème double in einer beschichteten Pfanne erwärmen, die Kräuter einrühren und die Omeletts damit füllen. Wenn Sie weniger gehaltvolle Omeletts backen wollen, können Sie auf die Crème double verzichten.

Kartoffel, Zwiebel und Käse

In einem Topf etwas Wasser erhitzen und darin eine Kartoffel kochen. Eine kleine Zwiebel schälen und in feine Scheiben schneiden. 40–50 g Hartkäse, etwa Greyerzer oder Cheddar, reiben und beiseite stellen. In einer Pfanne 2 EL Öl erhitzen und die Zwiebelscheiben darin braten, bis sie weich und leicht gebräunt sind. Die Kartoffel schälen, würfeln, in die Pfanne geben und erwärmen. Mit Salz und reichlich schwarzem Pfeffer abschmecken und mit dem Käse vermengen.

Speck und Croûtons

4 Scheiben durchwachsenen Speck würfeln. In einer Pfanne 1 EL Speiseöl erhitzen und den Speck darin knusprig braten. Die Würfel mit einem Schaumlöffel aus der Pfanne nehmen und beiseite stellen; das ausgelassene Fett in der Pfanne lassen. Von einer Scheibe Weißbrot die Kruste abschneiden, das Brot in Würfel schneiden und in der Pfanne bei starker Hitze von allen Seiten knusprig braten; bei Bedarf etwas Öl dazugeben. Den Speck wieder in die Pfanne geben und erwärmen.

Geräucherte Forelle mit Petersiliencreme

100 g geräuchertes Forellenfilet würfeln. 2–3 Zweige glattblättrige Petersilie waschen, trockentupfen und fein hacken. In einer beschichteten Pfanne den Fisch in 3 EL Crème double erwärmen, die Petersilie dazugeben und schwarzen Pfeffer darüber mahlen. Anstelle der Forelle können Sie auch Lachs oder anderen Fisch verwenden.

Avocado, Frühlingszwiebel und Tomaten

Eine Avocado schälen, den Kern entfernen, das Fruchtfleisch in Würfel schneiden und in eine Schüssel geben. 2 feste Tomaten schälen, würfeln und in die Schüssel geben. 4 EL passierte Tomaten aus der Packung hinzufügen. Eine Frühlingszwiebel ohne die grünen Teile fein hacken. In einer Pfanne 1 TL Olivenöl erhitzen und die Frühlingszwiebel darin kurz anbraten. Danach mit der Avocado-Tomaten-Mischung vermengen und alles mit Salz und Pfeffer abschmecken.

PERFEKTE OMELETTS

Damit die Omeletts immer gelingen, ist es notwendig, eine gute Gusseisen- oder Edelstahlpfanne oder eine beschichtete Pfanne zu verwenden. Für ein kleines Omelett aus 2–3 Eiern sollte die Pfanne einen Durchmesser von 18 cm haben, für ein großes Omelett nehmen Sie 4–5 Eier und eine Pfanne mit einem Durchmesser von 23 cm.

1 Die Eier mit etwas Salz und schwarzem Pfeffer würzen und verquirlen, bis sie leicht schaumig sind.

2 1–1½ EL Butter bei mäßiger Temperatur in der Pfanne zerlassen. Die Hitze erhöhen, die Eiermischung in das heiße Fett gießen und auf dem Pfannenboden gleichmäßig verteilen.

3 Das Omelett 2–3 Minuten backen, bis es auf der Unterseite leicht gebräunt und oben etwas gestockt ist.

4 Die warme Füllung vorsichtig auf einer Hälfte der Oberseite des Omeletts verteilen und die andere Hälfte darüber schlagen.

5 Sofort servieren oder mit Aluminiumfolie bedecken und im Ofen warm halten, während die anderen Omeletts zubereitet werden.

OMELETT AUF KLASSISCHE ART:
MIT GEMISCHTEN KRÄUTERN
UND CRÈME DOUBLE

BROKKOLI-BLUMENKOHL-AUFLAUF

Kapern und eingelegte grüne Pfefferkörner verleihen dieser leckeren Kombination aus Brokkoli und Blumenkohl die Würze. Das Gemüse steckt unter einer knusprigen Haube aus Käse und Paniermehl.

ZEIT: 25 MINUTEN
4 PORTIONEN

5 Knoblauchzehen
1 grüne Chilischote
500 g Brokkoliröschen
500 g Blumenkohlröschen
2 EL Olivenöl
Salz und schwarzer Pfeffer
50 g Greyerzer
50 g Parmesan
3 EL Paniermehl
2 EL Kapern
1–2 EL eingelegte grüne Pfefferkörner

1 Den Grill vorheizen; Wasser zum Kochen bringen.
2 Die Knoblauchzehen schälen und in dünne Scheiben schneiden. Die Chilischote waschen, entkernen und hacken. Brokkoli- und Blumenkohlröschen waschen.
3 Das Öl in einer Pfanne oder einem Wok mit Deckel erhitzen. Knoblauch, Chilischote, Brokkoli- und Blumenkohlröschen zugeben, mit Salz und Pfeffer bestreuen und 150 ml kochendes Wasser zugießen. Die Pfanne zudecken und das Gemüse bei starker Hitze 4–5 Minuten garen. Nach der Hälfte der Kochzeit umrühren.
4 In der Zwischenzeit Greyerzer und Parmesan reiben und mit dem Paniermehl vermischen.
5 Kapern und Pfefferkörner unter das Gemüse mischen. In eine flache, feuerfeste Form geben, die Paniermehl-Käse-Mischung darüber streuen und das Gericht unter dem Grill garen, bis der Käse schmilzt und der Belag goldbraun wird. Heiß servieren.

■ **SERVIERVORSCHLAG**
Servieren Sie das Gericht mit Reis, Kartoffeln oder Bulgurpilaw (siehe S. 213) als vegetarische Mahlzeit.

NÄHRWERT PRO PORTION: 286 kcal/1201 kJ; 16 g Kohlenhydrate; 20 g Eiweiß; 16 g Fett (davon 6 g gesättigte Fettsäuren); Vitamine: A, B-Gruppe, C und E.

GEMÜSE MIT BOHNENSAUCE

Eine einfache, cremige Sauce aus pürierten Wachsbohnen, Oregano und Zitronensaft
rundet den intensiven Geschmack des kurz gegrillten, grob zerkleinerten Gemüses ab.

ZEIT: 25 MINUTEN
2 PORTIONEN

1 Aubergine
2 große Zucchini
1 rote Zwiebel
1 gelbe Paprikaschote
3 EL Olivenöl
200 g Wachsbohnen aus der Dose
1/2 Zitrone, 1 Knoblauchzehe
6 Zweige Oregano
Salz und schwarzer Pfeffer
6 schwarze Oliven
Olivenbrot

1 Den Grill stark vorheizen. Die Aubergine und die Zucchini waschen, trocknen und die Enden abschneiden.

Die Aubergine längs in 1 cm dicke Scheiben schneiden, die Zucchini längs halbieren. Die Zwiebel schälen und vierteln. Die Paprika waschen, entkernen und vierteln.

2 1 1/2 EL Öl auf eine Untertasse geben. Mit einem Backpinsel das Gemüse mit Öl einstreichen, dann 6–8 Minuten grillen. Nach der Hälfte der Grillzeit wenden und nach Bedarf nochmals mit Öl einstreichen.

3 Inzwischen die Bohnen zusammen mit der Flüssigkeit und dem Saft der Zitrone in eine Küchenmaschine geben. Die Knoblauchzehe schälen und hinzufügen. Alles glatt pürieren.

4 Den Oregano waschen, die Blätter zerpflücken und in das Bohnenpüree

geben. 1 1/2 EL Öl hinzufügen, würzen und kurz umrühren.

5 Das Gemüse auf 2 Teller verteilen und die Sauce zufügen. Mit den Oliven garnieren und mit Olivenbrot servieren.

NÄHRWERT PRO PORTION: 708 kcal/2974 kJ;
103 g Kohlenhydrate; 26 g Eiweiß; 22 g Fett
(davon 4 g gesättigte Fettsäuren); Vitamine:
B-Gruppe, C und E.

LAUCHKUCHEN MIT CHEDDAR

Mit fertig gekauftem Blätterteig verwandeln Sie Lauch und mild aromatischen Käse in ein leckeres Gericht.

ZEIT: 30 MINUTEN
4 PORTIONEN

7–8 Stangen Lauch, zusammen etwa 1 kg
Salz
250 g TK-Blätterteig
1 EL Dijonsenf
1 Ei
50 g Cheddar

1 Den Backofen auf 230 °C (Umluft 210 °C; Gas Stufe 5) vorheizen. Wasser zum Kochen bringen.

2 Die Lauchstangen auf je 20 cm Länge schneiden, putzen und waschen. Nebeneinander in einen Topf oder eine Bratpfanne mit großer Garfläche legen, mit kochendem Wasser bedecken, eine Prise Salz dazugeben und das Wasser wieder zum Kochen bringen. Die Temperatur reduzieren und den Lauch zugedeckt 6–8 Minuten köcheln lassen.

3 Während der Lauch gart, die Arbeitsfläche leicht bemehlen und den Blätterteig zu einem Quadrat mit 25 cm Seitenlänge ausrollen; anschließend auf ein Backblech legen.

4 Auf jeder Seite einen 1 cm breiten Teigstreifen abschneiden. Die Ränder der Teigplatte mit Wasser befeuchten. Die Teigstreifen auf die befeuchteten Ränder legen und leicht andrücken; der fertige Teigboden soll wie ein Bild mit Rahmen aussehen.

5 Die Lauchstangen abgießen und unter fließendem kaltem Wasser abschrecken. Abtropfen lassen, dann in ein Geschirrtuch wickeln und leicht drücken, um die restliche Flüssigkeit zu entfernen.

6 Die Lauchstangen in die Teigform legen und mit Senf bepinseln. Das Ei in eine kleine Schüssel schlagen und leicht verquirlen; den Teigrand damit bestreichen. Den Cheddar reiben und gleichmäßig über den Lauch streuen.

7 Den Lauchkuchen auf der mittleren Schiene des Backofens 15 Minuten backen, bis der Teig aufgegangen und goldbraun ist und der Käse brutzelt. Aus dem Ofen nehmen und mit einem scharfen Messer in 4 Stücke schneiden. Heiß oder warm servieren.

■ SERVIERVORSCHLAG

Reichen Sie zu diesem Gericht einen Salat, z.B. eine bunte Mischung aus Blattsalaten, Gurken und roten Zwiebeln (siehe S. 98).

NÄHRWERT PRO PORTION: 402 kcal/1688 kJ; 31 g Kohlenhydrate; 11 g Eiweiß; 26 g Fett (davon 3 g gesättigte Fettsäuren); Vitamine: A, B-Gruppe und E.

GUT ZU WISSEN

Lauchstangen sollten vor der Zubereitung gründlich gereinigt werden, da sie meist sehr viel Sand enthalten. Dies trifft besonders auf Freilandlauch zu.

WARMER SALAT AUS BOHNEN UND GEBRÄUNTEM GEMÜSE

*In diesem warmen, pikanten Salat bringt Balsamessig
den herzhaften Geschmack des Gemüses richtig zur Geltung.*

**ZEIT: 20 MINUTEN
4 PORTIONEN**

1 rote Paprikaschote
1 gelbe Paprikaschote
1 Zwiebel
2 Zucchini
2 EL Olivenöl
420 g Flageolett-Bohnen aus der Dose
420 g Linsen aus der Dose
2 große Zweige Basilikum
2 Tomaten
2 EL getrocknete, in Öl eingelegte Tomaten
1 EL Balsamessig
Salz und schwarzer Pfeffer
12 große schwarze Oliven

1 Die Paprikaschoten waschen, entkernen und in grobe Stücke schneiden. Die Zwiebel schälen und in Scheiben schneiden. Die Zucchini putzen, waschen, trocknen und in dünne Scheiben schneiden.

2 Das Öl in einer großen Bratpfanne erhitzen und Paprika, Zwiebel und Zucchini bei starker Hitze bräunen, dabei gelegentlich umrühren.

3 Inzwischen Bohnen und Linsen abtropfen lassen und abspülen. Das Basilikum waschen und trocknen; die Blätter abzupfen und zerpflücken. Die frischen Tomaten waschen, trocknen und in grobe Stücke schneiden.

4 Bohnen und Linsen in die Pfanne geben, vorsichtig umrühren, dann Basilikum, alle Tomaten und den Essig hinzufügen; die Mischung würzen. Erhitzen, dabei gut umrühren.

5 Gegebenenfalls die Oliven entsteinen. Den Salat auf einen warmen Teller geben, mit den Oliven garnieren und sofort servieren.

*NÄHRWERT PRO PORTION: 390 kcal/1638 kJ;
52 g Kohlenhydrate; 21 g Eiweiß; 11 g Fett
(davon 1 g gesättigte Fettsäuren); Vitamine:
A, B-Gruppe, C und E.*

GUT ZU WISSEN

*Balsamessig schmeckt am besten, kann
aber durch einen guten Wein- oder
Apfelessig ersetzt werden. Nehmen Sie
möglichst entsteinte Oliven. Sonst erleichtert ein Kirschenentsteiner die Arbeit.*

WARMER KARTOFFELSALAT MIT WÜRSTCHEN

Dieser Salat aus neuen Kartoffeln und vegetarischen Würstchen eignet sich als warmes Hauptgericht. Er wird mit Cheddar garniert und erhält Schärfe durch Knoblauch und Senf.

ZEIT: 30 MINUTEN
4 PORTIONEN

650 g kleine, neue Kartoffeln

Salz und schwarzer Pfeffer

500 g würzige, vegetarische Würstchen

2 EL Pflanzenöl

1 Schalotte

1 große Knoblauchzehe

1 kleines Bund frische Petersilie

1 kleines Bund Bärlauch oder Schnittlauch

1 TL Dijonsenf

1 EL Mehl

1/2 Zitrone

3 EL Weißweinessig

6 EL Olivenöl

1 EL feinster Zucker

85 g Cheddar oder ein anderer halbfester Käse von krümeliger Struktur

1 Den Grill stark vorheizen. Die Kartoffeln abbürsten und 15–20 Minuten in Salzwasser garen.

2 Inzwischen die Würstchen nach Packungshinweis etwa 10 Minuten grillen, dabei häufig wenden, damit sie gut durchbraten und bräunen.

3 Das Öl in einem kleinen Topf erhitzen. Schalotte und Knoblauch schälen, hacken und in 3 Minuten weich und gerade eben braun braten.

4 Petersilie und Bär- oder Schnittlauch waschen, trockentupfen und hacken. Mit Senf und Mehl in den Topf geben und eine Minute braten.

5 Den Topf von der Kochstelle nehmen. 1 EL Zitronensaft auspressen und mit Weißweinessig, Olivenöl und Zucker in den Topf geben. Den Topf wieder auf den Herd stellen und die Mischung unter Rühren langsam zum Kochen bringen, bis sie glatt und dick

wird. Würzen und den Topf von der Kochstelle nehmen.

6 Die Kartoffeln abgießen und in eine Servierschüssel geben. Die Würstchen in dicke Scheiben schneiden und mit den Kartoffeln mischen. Die Sauce darüber gießen und den Salat leicht durchmischen. Den Käse darüber krümeln und servieren.

NÄHRWERT PRO PORTION: 677 kcal/2843 kJ; 43 g Kohlenhydrate; 25 g Eiweiß 46 g Fett (davon 17 g gesättigte Fettsäuren); Vitamine: B-Gruppe, C und E.

GUT ZU WISSEN

Bärlauch verleiht dem Salat einen stärkeren Knoblauchgeschmack. Falls es schwierig ist, ihn zu bekommen, kann man stattdessen Schnittlauch verwenden.

GRATIN AUS KIDNEYBOHNEN UND GEMÜSE

*Rosinen und verschiedene Kräuter verleihen diesem gehaltvollen Gemüse-Reis-Auflauf eine
interessante Note. Das Gericht wird mit Parmesan überbacken und mit griechischem Joghurt serviert.*

ZEIT: 30 MINUTEN
4 PORTIONEN

3 EL Olivenöl
1 Zwiebel
2 Stangen Staudensellerie
2 Knoblauchzehen
1 rote Paprikaschote
125 g kernlose Rosinen
1 Prise getrockneter Oregano
1 Prise getrocknete, zerdrückte
rote Chilischoten
1 TL gemahlener Kreuzkümmel

Salz und schwarzer Pfeffer
400 g gehackte Tomaten
aus der Dose
175 g Brokkoli
einige Zweige Koriander
420 g Kidneybohnen
aus der Dose
275 g vorgekochter Reis
125 g TK-Zuckermais
70 g Parmesan
200 g griechischer Joghurt
oder saure Sahne
frisches, knuspriges Brot

1 Wasser zum Kochen bringen. Das Öl in einem großen, schweren Topf auf sehr niedriger Stufe erhitzen.
2 Die Zwiebel schälen und hacken. Den Sellerie waschen und in dünne Scheiben schneiden. Die Knoblauchzehen schälen und durch die Presse drücken. Alles in das Öl geben und 5 Minuten sanft braten.
3 Die Paprika waschen, entkernen und hacken. Mit den Rosinen, dem Oregano, dem Chili und dem Kreuzkümmel in den Topf geben und 2 Minuten braten. Salzen und pfeffern.
4 Die Tomaten und 5 EL Wasser hinzufügen; zum Kochen bringen. Die Hitze reduzieren und 5 Minuten köcheln lassen.
5 Den Brokkoli waschen, in Röschen teilen, in einen Topf geben und mit dem kochenden Wasser übergießen. Zum Kochen bringen, 2 Minuten kochen lassen, abgießen und beiseite stellen.
6 Den Grill auf mittlerer Hitze vorheizen. Genügend Koriander für 4 EL waschen und hacken. Beiseite stellen.
7 Die Kidneybohnen abtropfen lassen, abspülen und zusammen mit dem Reis und dem Zuckermais zum Gemüse geben; zum Kochen bringen. Die Hitze reduzieren und 2 Minuten köcheln lassen. Den Brokkoli hinzufügen und noch eine Minute erhitzen.
8 Den Topf vom Herd nehmen, den Koriander unterrühren und den Parmesan darüber reiben. Das Gemüse 5–6 Minuten unter den Grill stellen.
9 Als Beilage Joghurt oder saure Sahne und knuspriges Brot servieren.

NÄHRWERT PRO PORTION: *625 kcal/2625 kJ;
85 g Kohlenhydrate; 26 g Eiweiß; 22 g Fett
(davon 8 g gesättigte Fettsäuren); Vitamine:
A, B-Gruppe, C und E.*

GUT ZU WISSEN

*Falls Ihr Topf nicht feuerfest ist oder
nicht unter den Grill passt, das gegarte
Gemüse in eine feuerfeste Form geben.*

SCHNELLE PIZZA

*Damit es schneller geht, ersetzt geröstetes Brot den Teig. Darauf kommen
eine Kräuter-Tomaten-Sauce, Paprikaschoten, Artischockenherzen und viel Käse.*

Zeit: 30 Minuten
4 Portionen

2 EL Olivenöl

1 Zwiebel

1 grüne Paprikaschote

1 rote Paprikaschote

400 g Artischockenherzen
aus der Dose

400 g gehackte Tomaten
aus der Dose

1 Knoblauchzehe

1 TL getrocknetes
Basilikum

1 TL getrocknete
gemischte Kräuter

Salz und schwarzer Pfeffer

$^1/_2$ TL Zucker

1 rundes helles Brot

200 g Cheddar oder Mozzarella
oder eine Mischung aus beiden

einige Zweige Basilikum

16 schwarze Oliven

1 1 EL Öl bei mittlerer Hitze in einer Pfanne erhitzen. Die Zwiebel schälen und hacken und in 3–4 Minuten weich braten.

2 Die Paprika waschen, trocknen, entkernen und in feine Ringe schneiden. Die Artischocken abtropfen lassen, halbieren und beiseite stellen.

3 Die Tomaten in eine Schüssel geben. Den Knoblauch schälen und durch die Presse in die Tomaten drücken. Gebratene Zwiebel und Trockenkräuter hinzufügen, mit Salz und Pfeffer würzen und zuckern. Alles vermischen und beiseite stellen.

4 Den Grill stark vorheizen. 1 EL Öl in der Pfanne erhitzen. Die Paprikaringe hineingeben und unter Rühren 5 Minuten braten.

5 Aus dem Brot waagrecht 4 Scheiben etwa 1 cm dick herausschneiden und von einer Seite grillen. Den

Cheddar reiben bzw. den Mozzarella würfeln. Das Basilikum waschen, trockentupfen und beiseite stellen.

6 Das Brot auf dem Rost wenden und die ungeröstete Seite mit der Tomatensauce gleichmäßig bestreichen. Gebratene Paprikaringe und Artischocken darauf geben, mit Käse bestreuen und mit Oliven belegen.

7 Die Scheiben 4–5 Minuten grillen, bis der Käse goldbraun ist. Mit Basilikum garnieren und servieren.

VARIANTE
Die Artischocken können durch in Scheiben geschnittene Pilze ersetzt werden.

NÄHRWERT PRO PORTION: 1011 kcal/4246 kJ; 104 g Kohlenhydrate; 34 g Eiweiß; 54 g Fett (davon 15 g gesättigte Fettsäuren); Vitamine: A, B-Gruppe, C und E.

BURGER AUS BOHNEN UND PILZEN

Kinder mögen diese herzhaften vegetarischen Frikadellen. Sie werden aus gesunden Zutaten hergestellt und mit Pitta-Brot, Salat und einer pikanten Sauce aus süßen roten Zwiebeln serviert.

ZEIT: 30 MINUTEN
4 PORTIONEN

400 g rote Kidneybohnen aus der Dose
2 rote Zwiebeln, zusammen etwa 200 g
4 EL Olivenöl
2 EL Rotweinessig
2 EL Demerara-Zucker
200 g kleine, geschlossene Champignons
1 Knoblauchzehe
1 EL Garam Masala
2 EL Vollkornmehl
1 Bund Minze
Salz und schwarzer Pfeffer
4 Pitta-Brote

1 Die Bohnen gründlich abspülen und auf einem Küchentuch gut abtropfen lassen. Die Zwiebeln schälen.
2 Für die Sauce 1 EL Olivenöl in einem Topf erhitzen. Eine Zwiebel in dünne Scheiben schneiden und mit Essig und Zucker in den Topf geben. Zum Kochen bringen, dann die Temperatur reduzieren und die Zwiebel offen 15–20 Minuten köcheln lassen, bis sie weich und leicht klebrig ist. Gelegentlich umrühren. Den Topf vom Herd nehmen und warm halten.
3 In der Zwischenzeit die andere Zwiebel vierteln und in eine Küchenmaschine geben. Die Pilze putzen, zu der Zwiebel geben und alles fein hacken. Wahlweise das Gemüse mit der Hand zerkleinern.
4 1 EL Olivenöl in einer Bratpfanne erhitzen. Die Zwiebel und die Pilze hineingeben und bei starker Hitze unter Rühren 5–8 Minuten braten, bis sie goldbraun und trocken sind.
5 Die Knoblauchzehe schälen und durch die Presse in die Zwiebel-Pilz-Mischung drücken. Garam Masala und Mehl hineinrühren und eine Minute kochen lassen.
6 Genügend Minze für 2 EL waschen, trockentupfen und hacken. Den Topf von der Kochstelle nehmen und die gehackte Minze zufügen. Mit Salz und Pfeffer abschmecken.
7 Die Kidneybohnen auf einem tiefen Teller mit einem Kartoffelstampfer zerdrücken und zu der abgekühlten Zwiebel-Pilz-Mischung zufügen. In 4 Portionen teilen und mit bemehlten Händen jede Portion zu einer Frikadelle formen.
8 2 EL Olivenöl in einer großen Bratpfanne erhitzen und die Bohnenfrikadellen bei starker Hitze 6–8 Minuten braun braten, dabei einmal wenden. Das Pitta-Brot erwärmen.
9 Die Frikadellen auf einen warmen Teller oder 4 einzelne Teller geben und die Zwiebelsauce darüber löffeln. Mit warmem Pitta-Brot servieren. Dazu schmeckt ein grüner Salat.

NÄHRWERT PRO PORTION: 461 kcal/1936 kJ; 73 g Kohlenhydrate; 15 g Eiweiß; 13 g Fett (davon 2 g gesättigte Fettsäuren); Vitamine: B-Gruppe und E.

GUT ZU WISSEN

Es ist wichtig, dass die Kidneybohnen gut abtropfen, bevor sie mit der Zwiebel-Pilz-Mischung vermengt werden. Haben die Bohnen noch zu viel Flüssigkeit, ist es schwierig, die Frikadellen zu formen.

PUFFER AUS MÖHREN UND KICHERERBSEN

Diese Küchlein aus Möhren und Kichererbsen sind blitzschnell in der Küchenmaschine hergestellt. Koriander und kräftige Gewürze geben der vegetarischen Mahlzeit einen frischen Geschmack.

ZEIT: 20 MINUTEN
4 PORTIONEN

350 g Möhren
1 Knoblauchzehe
1 großes Bund Koriander
400 g Kichererbsen aus der Dose
1½ TL gemahlener Kreuzkümmel
1½ TL gemahlener Koriander
1 großes Ei, 2 EL Mehl
Öl zum Braten
8 Hamburgerbrötchen

1 Die Möhren putzen, grob reiben und beiseite stellen.
2 Den Knoblauch schälen und grob hacken. Genügend Koriander für 6 EL waschen, trockentupfen und hacken.
3 Die Kichererbsen abtropfen lassen und abspülen. Mit Knoblauch, Koriander und den gemahlenen Gewürzen in der Küchenmaschine zu einer groben Paste verarbeiten. Möhren, Ei und Mehl zufügen und kurz mixen, bis die Zutaten gleichmäßig gemischt, aber noch etwas grob sind.
4 Das Öl in einer Bratpfanne erhitzen. Die Mischung in 8 Küchlein teilen und portionsweise 2–3 Minuten goldbraun braten; auf Küchenpapier abtropfen lassen. In Hamburgerbrötchen und mit einem Salat servieren.

VARIANTE
Machen Sie die Puffer kleiner und servieren Sie sie als Zwischenimbiss oder als Beilage mit der roten Zwiebelsauce (siehe Rezept oben) oder Ihrer Lieblingsgrillsauce.

NÄHRWERT PRO PORTION: 464 kcal/1949 kJ; 66 g Kohlenhydrate; 21 g Eiweiß; 14 g Fett (davon 2 g gesättigte Fettsäuren); Vitamine: A, B-Gruppe und E.

GESUNDE FRIKADELLEN: BURGER AUS BOHNEN UND PILZEN (OBEN), PUFFER AUS MÖHREN UND KICHERERBSEN (UNTEN)

TOFU UND GEMÜSE MIT TAHINISAUCE

*Geräucherter Tofu macht dieses gegrillte Gemüse sättigend.
Es wird mit einer cremigen Tahinisauce serviert.*

ZEIT: 30 MINUTEN
2 PORTIONEN

4 EL Sojasauce
4 EL Olivenöl
350 g kleine, feste Zucchini oder eine Mischung aus Zucchini und kleinen Auberginen
125 g Champignons
200 g Räuchertofu
1 kleines Bund Petersilie
4 EL helle Tahinipaste
1 große Knoblauchzehe
½ TL dunkles Sesamöl
1 TL Dijonsenf
Salz und schwarzer Pfeffer

1 Den Grill auf mittlerer Stufe vorheizen. Eine Servierplatte vorwärmen. Sojasauce und Olivenöl in einer Schüssel gründlich vermischen.

2 Die Zucchini und gegebenenfalls die Auberginen waschen, putzen und in dünne Scheiben schneiden. Die Champignons säubern und in dicke Scheiben schneiden. Den Tofu in mundgerechte Stücke teilen.

3 Gemüse und Tofu zu der Sojasauce und dem Öl geben und darin wenden, bis die Mischung von der Flüssigkeit überzogen ist, dann auf einer Grillpfanne oder einem Backblech ausbreiten und in 20 Minuten unter dem Grill braun garen. Gelegentlich rütteln, damit die Mischung nicht festklebt.

4 Inzwischen die Sauce zubereiten. Dazu genügend Petersilie für 2 EL waschen, trockentupfen, hacken und beiseite stellen. Die Tahinipaste in eine Schüssel geben. Den Knoblauch schälen und durch die Presse zu der Paste drücken. Rasch gerade so viel Wasser hineinrühren, dass die Sauce die Konsistenz von Sahne hat. Gehackte Petersilie, Sesamöl und Dijonsenf unterrühren und mit Salz und Pfeffer abschmecken.

5 Sobald Gemüse und Tofu gar sind, die Mischung auf die warme Servierplatte geben und die Tahinisauce darüber gießen. Heiß oder warm servieren.

*NÄHRWERT PRO PORTION: 586 kcal/2461 kJ;
8 g Kohlenhydrate; 29 g Eiweiß; 49 g Fett
(davon 9 g gesättigte Fettsäuren); Vitamine:
A, B-Gruppe, C und E.*

TOFU UND GEMÜSE MIT CASHEWNÜSSEN

Weicher Tofu zieht in einer orientalischen Marinade aus Sojasauce und trockenem Sherry und wird dann unter Rühren mit knackigem Gemüse und Cashewnüssen gebraten. Dazu gibt es Nudeln.

ZEIT: 30 MINUTEN
4 PORTIONEN

280 g Tofu
2 Knoblauchzehen
1½ EL japanische Sojasauce
2 EL trockener Sherry
1½ TL dunkles Sesamöl
1 TL brauner Zucker
schwarzer Pfeffer
1 Stück Ingwerwurzel (1 cm lang)
150 g Zuckererbsen
100 g frische Shiitakepilze
1 große rote oder gelbe Paprikaschote
400 g Chinakohl oder Romanasalat
1 Bund Frühlingszwiebeln
3 EL Erdnussöl
250 g Faden-Eiernudeln
Salz
85 g geröstete Cashewnüsse

1 Den Tofu abtropfen lassen. Den Backofen auf kleiner Stufe vorheizen und Wasser zum Kochen aufsetzen.

2 Für die Marinade den Knoblauch schälen und durch die Presse in eine Schüssel drücken. Sojasauce, Sherry, Sesamöl, Zucker und Pfeffer zufügen und umrühren. Den Tofu in 1 cm dicke Rechtecke schneiden und in der Marinade ziehen lassen.

3 Die Ingwerwurzel schälen und fein hacken. Die Erbsen putzen. Die Pilze säubern und in dünne Scheiben schneiden. Die Paprika waschen, vierteln, entkernen und in lange Streifen schneiden. Alles beiseite stellen.

4 Vom Kohl oder Salat gegebenenfalls beschädigte äußere Blätter entfernen, dann waschen, trocknen und quer in 1 cm breite Streifen schneiden. Die Frühlingszwiebeln putzen, waschen und in Scheiben schneiden.

5 1 EL Öl bei mittlerer Temperatur in einer Bratpfanne erhitzen. Den Tofu abtropfen lassen; die Marinade auffangen und beiseite stellen. Den Tofu unter Rühren 3 Minuten braten, dann aus der Pfanne nehmen und warm stellen.

6 2 EL Öl in der Pfanne erhitzen. Ingwer, Erbsen und Pilze zufügen und 2 Minuten unter Rühren braten. Den Paprika zugeben und weitere 2 Minuten unter Rühren braten. Kohl oder Salat und Zwiebeln zufügen und noch einmal 2 Minuten braten.

7 Nudeln und Salz in einer Schüssel mit kochendem Wasser übergießen. Leicht umrühren, zudecken und nach Packungsanweisung ziehen lassen.

8 Inzwischen die Marinade zum Gemüse geben, die gerösteten Nüsse zufügen und 1–2 Minuten umrühren, bis die Marinade heiß ist.

9 Den Tofu zum Gemüse geben und warm halten. Die Nudeln abtropfen lassen und mit dem Gemüse mischen, dann servieren.

NÄHRWERT PRO PORTION: 574 kcal/2411 kJ; 58 g Kohlenhydrate; 24 g Eiweiß; 30 g Fett (davon 7 g gesättigte Fettsäuren); Vitamine: A, B-Gruppe, C und E.

GEFÜLLTE TOMATEN

Für dieses Gericht werden Fleischtomaten mit einer Mischung aus frischem Spinat, gerösteten Pinienkernen und Parmesan gefüllt. Die vegetarische Mahlzeit schmeckt heiß oder kalt gleich gut.

ZEIT: 30 MINUTEN
2 PORTIONEN

Fett für das Blech
1 EL Olivenöl
250 g frischer Spinat
4 Fleischtomaten (je etwa 225 g)
120 g Pinienkerne
1 Knoblauchzehe
125 g Parmesan
Salz und schwarzer Pfeffer

1 Den Backofen auf 220 °C (Gas Stufe 4–5) vorheizen. Ein Backblech leicht fetten. Vom Spinat die Blattrippen entfernen, die Blätter waschen und trocknen.
2 Das Öl in einem Topf erhitzen. Den Spinat hineingeben, zudecken und 2 Minuten braten, dann den Deckel entfernen, umrühren und noch eine Minute braten. Die Flüssigkeit abgießen und den Spinat in einer Schüssel beiseite stellen.
3 Die Tomaten waschen, den Stielansatz entfernen und eine Scheibe als Deckel abschneiden, dann aushöhlen.
4 Die Pinienkerne leicht rösten (siehe Kasten rechts) und zum Spinat geben. Den Knoblauch schälen und durch die Presse in den Spinat drücken. Den Parmesan darüber reiben. Würzen und alles mischen.
5 Die Tomaten bis über den Rand mit der Spinatmischung füllen und die Deckel auflegen. Auf der oberen Schiene 12–15 Minuten backen.

NÄHRWERT PRO PORTION: 948 kcal/3982 kJ; 19 g Kohlenhydrate; 40 g Eiweiß; 80 g Fett (davon 18 g gesättigte Fettsäuren); Vitamine: A, B-Gruppe, C und E.

SO GEHT'S LEICHTER!

Pinienkerne haben einen herrlichen Geschmack, der durch Rösten noch verbessert wird. Die Kerne in einer tiefen Pfanne bei schwacher Hitze rösten, dabei ständig umrühren und wenden, bis sie eine goldbraune Farbe angenommen haben.

SPARGEL-PIPERADE

In diesem bekannten baskischen Gericht werden frischer Spargel, knackige Paprikaschoten und gehackte Tomaten mit lockerem Rührei verführerisch kombiniert. Eine Chilischote sorgt für die nötige Würze.

ZEIT: 30 MINUTEN
4 PORTIONEN

1 große Zwiebel
1 grüne Chilischote
Je 1 rote und grüne Paprikaschote
3 EL Olivenöl
3 Knoblauchzehen
Salz und schwarzer Pfeffer
500 g grüner Spargel
400 g gehackte Tomaten aus der Dose
8 Scheiben Brot zum Rösten
Butter zum Bestreichen
4 große Eier

1 Die Zwiebel schälen und in Scheiben schneiden. Die Chilischote waschen, entkernen und würfeln. Die Paprikaschoten waschen, entkernen und in Scheiben schneiden.
2 Das Öl in einer großen Bratpfanne oder einem Wok mit Deckel erhitzen. Den Knoblauch schälen und durch die Presse in das Öl drücken. Zwiebel, Chili- und Paprikaschoten zufügen und mit Salz und Pfeffer abschmecken. 2 Minuten unter Rühren braten, dann zudecken und bei starker Hitze 3–4 Minuten garen, dabei die Pfanne gelegentlich rütteln.
3 Das holzige Ende des Spargels abschneiden, dann die Stangen waschen, jeweils in 4 Stücke schneiden und in die Bratpfanne geben. Die Pfanne zudecken und die Gemüsemischung 7–8 Minuten garen, dabei gelegentlich umrühren. Den Grill auf hoher Stufe vorheizen.
4 Die Dosentomaten zum Gemüse geben. Die Hitze erhöhen und die Mischung zum Kochen bringen, dann ohne Deckel 2 Minuten garen.
5 Inzwischen die Brotscheiben rösten und mit Butter bestreichen.
6 Die Eier in einer Schüssel leicht verquirlen, dann zum Gemüse geben und bei mittlerer Hitze unter Rühren garen, bis sie stocken.
7 Das Gemüse auf Portionsteller geben und die gebutterten Brotscheiben dazulegen.

NÄHRWERT PRO PORTION: 650 kcal/2730 kJ; 50 g Kohlenhydrate; 20 g Eiweiß; 43 g Fett (davon 20 g gesättigte Fettsäuren); Vitamine: A, B-Gruppe, C und E.

VERFÜHRERISCHES GEMÜSE:
GEFÜLLTE TOMATEN (OBEN),
SPARGEL-PIPERADE (UNTEN)

KARTOFFELCURRY MIT GRÜNEN BOHNEN

VIELSEITIGE BEILAGEN

Eine perfekt auf den Hauptgang abgestimmte und dekorativ
angerichtete Beilage rundet eine vollwertige Mahlzeit harmonisch
ab. Doch auch als Vorspeise oder kleine Zwischenmahlzeit
können die hier vorgestellten, überwiegend vegetarischen
Gerichte mit Genuss verzehrt werden.

ÜBERBACKENE AUBERGINEN

Diese unkomplizierte Variante der Parmigiana di melanzane, des bekannten Auberginenauflaufs aus der Gegend um Neapel, ist ein typisches Beispiel für die einfache, aber köstliche italienische Regionalküche.

ZEIT: 25 MINUTEN
4 PORTIONEN

500 g Auberginen
8 EL Olivenöl
125 g Mozzarella
1 kleines Bund Basilikum
oder Oregano
200 g passierte Tomaten
Salz und schwarzer Pfeffer
25 g frischer
Parmesan

1 Die Auberginen waschen, putzen und quer in feine Scheiben schneiden.

2 2 EL Öl in einer großen oder zwei kleinen Pfannen erhitzen und die Auberginenscheiben darin portionsweise bei großer Hitze goldbraun braten. Dabei einmal wenden. Für jede Portion weiteres Öl dazugeben.

3 In der Zwischenzeit den Grill auf höchster Stufe vorheizen. Den Mozzarella in dünne Scheiben schneiden. Basilikum oder Oregano waschen, trockentupfen und so viel davon hacken, dass es 2 EL ergibt. Beiseite stellen.

4 In eine flache feuerfeste Form abwechselnd Auberginenscheiben, Mozzarella, passierte Tomaten und Kräuter schichten. Die Schichten mit Salz und Pfeffer würzen.

5 Den Parmesan reiben und über die letzte Schicht geben. Den Auflauf 4–5 Minuten unter dem Grill goldbraun überbacken.

■ **SERVIERVORSCHLAG:**
Reichen Sie den Auberginenauflauf als Beilage zu gegrilltem Fleisch, beispielsweise Lammkoteletts oder -steaks, zu gekochtem weißem Fisch oder als würzige Beilage zu einem Risotto.

NÄHRWERT PRO PORTION: 323 kcal/1357 kJ; 5 g Kohlenhydrate; 12 g Eiweiß; 28 g Fett (davon 8 g gesättigte Fettsäuren); Vitamine: B-Gruppe und E.

AUBERGINEN MIT SESAMSAUCE

Leicht gedämpfte Auberginen, kombiniert mit Frühlingszwiebeln und sonnengetrockneten Tomaten, werden mit Tahini, einer orientalischen, aus Sesamsamen hergestellten Sauce, serviert.

ZEIT: 25 MINUTEN
4 PORTIONEN

400 g Auberginen
1 Knoblauchzehe
1 Zitrone
1 EL Sesampaste (Tahini)
3 EL Olivenöl
Salz und schwarzer Pfeffer
4 Frühlingszwiebeln
25 g sonnengetrocknete, in Olivenöl eingelegte Tomaten
einige Zweige Dill

1 Wasser in einen Kochtopf mit Dämpfeinsatz füllen und aufkochen.
2 Die Auberginen waschen, putzen und in 5 mm dicke Scheiben schneiden. In den Dämpfeinsatz geben und bei geschlossenem Deckel 6–8 Minuten weich dämpfen.

3 Für die Sauce den Knoblauch schälen und durch die Presse in eine kleine Schüssel drücken. 3 EL Zitronensaft dazugeben. Sesampaste und Olivenöl hinzufügen, mit Salz und Pfeffer abschmecken und beiseite stellen.

4 Die Frühlingszwiebeln waschen, putzen und in dünne Ringe schneiden. Die sonnengetrockneten Tomaten abtropfen, klein hacken und beiseite stellen.

5 Die Auberginen in einen Durchschlag geben; mit der Rückseite eines Löffels möglichst viel Flüssigkeit aus den Früchten drücken. Mit den Frühlingszwiebeln und den Tomaten in eine Servierschüssel geben. Die Sesamsauce darüber gießen und alles vermengen.

6 Den Dill waschen, trocknen und so viel davon hacken, dass es 1 EL ergibt; über die Auberginen streuen. Vor dem Servieren 5 Minuten abkühlen und ziehen lassen.

■ SERVIERVORSCHLAG
Dieses Gericht passt gut zu gegrilltem Lammfleisch oder einem knusprigen Grillhähnchen. Es kann auch als Vorspeise mit Baguette serviert werden.

NÄHRWERT PRO PORTION: 140 kcal/588 kJ; 4 g Kohlenhydrate; 2 g Eiweiß; 13 g Fett (davon 2 g gesättigte Fettsäuren); Vitamine: B-Gruppe, C und E.

ROTE LINSEN INDISCHER ART

*Linsen in den verschiedensten Formen spielen in der indischen
Küche eine wichtige Rolle. Mit exotischen Gewürzen gekocht,
dienen sie als cremige Beilage für Fleischgerichte.*

ZEIT: 25 MINUTEN
4 PORTIONEN

350 g halbe rote Linsen (Splitlinsen)
1 TL gemahlener Kurkuma
1/2 TL Chilipulver
1 Stück frische Ingwerwurzel (1 cm lang)
2 Knoblauchzehen
1/2 TL Garam Masala
Salz
25 g Butter
1 Prise gemahlener Kreuzkümmel
1 kleine Zwiebel

1 In einem Topf 1/4 l Wasser zum Kochen bringen. Die Linsen waschen und abtropfen lassen.

2 Sobald das Wasser kocht, die Linsen in den Topf geben. Kurkuma und Chilipulver hinzufügen und bei geschlossenem Deckel aufkochen.

3 In der Zwischenzeit den Ingwer schälen, in 4 dünne Scheiben schneiden und zu den Linsen geben. Die Hitze reduzieren und alles 10 Minuten garen, bis die Linsen die Flüssigkeit fast vollständig aufgenommen haben.

4 Garam Masala einrühren, salzen und weitere 5 Minuten kochen lassen. Dabei den Topf geöffnet lassen, wenn das Gericht noch nicht angedickt ist.

5 In der Zwischenzeit die Butter in einer kleinen Pfanne zerlassen und den Kreuzkümmel dazugeben. Die Zwiebel schälen, würfeln und in der gewürzten Butter weich braten.

6 Das Gericht auf einen warmen Servierteller geben, die Zwiebel hineinrühren und heiß servieren.

NÄHRWERT PRO PORTION: 333 kcal/1399 kJ; 51 g Kohlenhydrate; 21 g Eiweiß; 6 g Fett (davon 4 g gesättigte Fettsäuren); Vitamine: B-Gruppe und E.

GUT ZU WISSEN

Viele Hülsenfrüchte müssen vor dem Kochen in kaltem Wasser eingeweicht werden und benötigen eine lange Kochzeit. Halbe rote Linsen können ohne Einweichen gekocht werden und sind schnell gar.

KARTOFFELCURRY MIT GRÜNEN BOHNEN

Neue Kartoffeln und feine grüne Bohnen werden in Butter und Öl mit den typischen Gewürzen der indischen Küche gegart und zu Reis, Fladenbrot sowie Fleisch- und Geflügelcurry gereicht.

ZEIT: 30 MINUTEN
4 PORTIONEN

500 g kleine
neue Kartoffeln

250 g feine grüne Bohnen

1 EL Butter

3 EL Sonnenblumenöl

2 kleine frische grüne
Chilischoten

½ TL Kreuzkümmelsamen

½ TL gemahlener
Kurkuma

¼ TL Garam Masala

1 Knoblauchzehe

Salz

1 Die Kartoffeln waschen und in dicke Scheiben schneiden. Die Bohnen putzen und in 2,5 cm lange Stücke schneiden. Waschen und abtropfen lassen.

2 Butter und Öl in einer Pfanne bei hoher Temperatur erhitzen. Chilischoten, Kreuzkümmelsamen, Kurkuma und Garam Masala in die Pfanne geben. Den Knoblauch schälen und durch die Presse in die Pfanne drücken. Alles unter Rühren 30 Sekunden braten.

3 Die Kartoffeln in die Pfanne geben, salzen und umrühren, bis sie mit dem Fett überzogen sind.

4 Die Bohnen hineingeben und bei geschlossenem Deckel und mittlerer Hitze etwa 15 Minuten köcheln lassen. Gelegentlich umrühren.

NÄHRWERT PRO PORTION: 197 kcal/827 kJ; 20 g Kohlenhydrate; 3 g Eiweiß; 12 g Fett (davon 3 g gesättigte Fettsäuren); Vitamine: B-Gruppe, C und E.

SELLERIE-KASTANIEN-PÜREE

*Für warmen und kalten Braten oder ein Wildgericht ist dieses mit
Schnittlauchröllchen garnierte Püree eine hervorragende Ergänzung.*

ZEIT: 30 MINUTEN
4 PORTIONEN

275 ml Gemüsebrühe

1 Bouquet garni

500 g Knollensellerie

500 g gekochte, ungesüßte Kastanien
(aus der Dose)

1 Bund Schnittlauch

25 g Butter

nach Belieben 1–2 EL Crème fraîche

Salz und schwarzer Pfeffer

1 Die Brühe mit dem Bouquet garni
in einen großen Topf geben, zum
Kochen bringen und bei mittlerer
Hitze mit geschlossenem Deckel
köcheln lassen.

2 Den Knollensellerie schälen, in
1 cm große Würfel schneiden und in
die Brühe geben. Den Topf wieder
schließen und den Sellerie in etwa
10 Minuten weich kochen.

3 Die Kastanien gegebenenfalls
abtropfen lassen, zu dem Sellerie
geben und weitere 3–4 Minuten
kochen lassen.

4 In der Zwischenzeit den Schnittlauch waschen, trockentupfen und in
Röllchen schneiden.

5 Sobald der Sellerie und die
Kastanien gar sind, abgießen und
die Kochflüssigkeit auffangen.
Das Bouquet garni entfernen; Sellerie
und Kastanien pürieren und das
Püree wieder in den Topf geben.
Die Butter hinzufügen und bei
schwacher Hitze schmelzen lassen.

6 Falls gewünscht, 1 EL Crème
fraîche unterrühren. Sollte das Püree
noch zu dick sein, etwas von der
Kochflüssigkeit oder noch etwas
Crème fraîche dazugeben.

7 Mit Salz und Pfeffer abschmecken,
in eine Servierschüssel geben und mit
Schnittlauch garnieren.

■ *SERVIERVORSCHLAG*
Diese Beilage passt hervorragend zu
Schweinebraten, Putenfleisch und
Würstchen. Sie können sie auch als
vegetarischen Gang zusammen mit
einem grünen Salat servieren, der mit
Äpfeln und gehackten Walnüssen
garniert wird.

*NÄHRWERT PRO PORTION: 287 kcal/1205 kJ;
48 g Kohlenhydrate; 4 g Eiweiß; 9 g Fett
(davon 3 g gesättigte Fettsäuren); Vitamine:
B-Gruppe, C und E.*

ROSENKOHL MIT SPECK UND KASTANIEN

Wasserkastanien, knusprige Speckstücke und goldbraun gebratener Rosenkohl bilden eine ungewöhnliche Kombination, die zu einem deftigen Schweinebraten gereicht werden kann.

ZEIT: 25 MINUTEN
4 PORTIONEN

1 EL Maisöl

75 g geräucherter Speck
ohne Schwarte

500 g junger Rosenkohl

1 unbehandelte Orange

50 g Butter

2 TL Ganzkornsenf

120 g Wasserkastanien aus der Dose

Salz und schwarzer Pfeffer

1 Das Maisöl in einer Pfanne erhitzen und den Speck darin in 2–3 Minuten goldbraun braten.

2 Den Rosenkohl putzen, waschen und gegebenenfalls halbieren. Die Orange waschen, die Schale fein abraspeln und zum Speck in die Pfanne geben. Butter, Senf und Rosenkohl dazugeben. Bei mittlerer Hitze etwa 5 Minuten unter Rühren braten; der Rosenkohl soll bissfest sein.

3 In der Zwischenzeit die Kastanien abtropfen lassen und grob hacken. Zu dem Rosenkohl geben und 3–4 Minuten braten, bis der Kohl goldbraun und die Kastanien heiß sind. Mit Pfeffer und etwas Salz abschmecken und servieren.

NÄHRWERT PRO PORTION: 224 kcal/941 kJ; 7 g Kohlenhydrate; 8 g Eiweiß; 19 g Fett (davon 9 g gesättigte Fettsäuren); Vitamine: B-Gruppe, C und E.

DREI BUNTE GEMÜSEVARIATIONEN

PFANNENGERÜHRTER LAUCH MIT MÖHREN

*Durch die schonende
Zubereitung behält das
knackige Gemüse
den Großteil seiner
Nährstoffe.*

ZEIT: 20 MINUTEN
4 PORTIONEN

750 g Lauch

250 g Möhren

2 EL Olivenöl

1 großer Zweig Estragon

Salz und schwarzer Pfeffer

1 Von den Lauchstangen die
groben, äußeren Blätter und
zwei Drittel des grünen Teils entfernen. Den Lauch quer in dünne
Scheiben schneiden, in einen Durchschlag geben, waschen und abtropfen
lassen.
2 Die Möhren schälen und grob
raspeln.
3 Das Öl in einem Wok oder in
einer großen Pfanne bei mittlerer
Hitze erwärmen. Den Estragon
waschen, trockentupfen und fein
hacken.
4 Den Lauch in das Öl geben und
2 Minuten braten.
5 Die Möhren und den Estragon
dazugeben, salzen, pfeffern
und weitere 2 Minuten braten.

*NÄHRWERT PRO PORTION: 89 kcal/374 kJ;
7 g Kohlenhydrate; 2 g Eiweiß; 6 g Fett
(davon 1 g gesättigte Fettsäuren); Vitamine:
A, B-Gruppe, C und E.*

MÖHREN MIT ORANGE UND SESAM

*In Orangensaft gedünstet,
bekommen die mit Sesam-
körnern verfeinerten
Möhren ein fruchtig
süßes Aroma.*

ZEIT: 25 MINUTEN
4 PORTIONEN

500 g kleine junge Möhren

1 unbehandelte Orange

1 EL Butter oder
Sonnenblumenöl

Salz und schwarzer Pfeffer

1 EL Sesamsamen

1 Die Möhren schälen. Sehr kleine
Möhren ganz lassen, sonst längs
halbieren.
2 Die Orange waschen, die Schale
abraspeln und den Saft auspressen.
Schale und Saft in einen großen
Topf geben, Butter oder Öl hinzufügen und bei mittlerer Hitze zum
Kochen bringen.
3 Die Möhren dazugeben, salzen
und pfeffern. Wieder zum Kochen
bringen, dann die Hitze zurückschalten und alles bei geschlossenem
Deckel 10–12 Minuten gar, aber
nicht weich kochen. Gelegentlich den
Topf rütteln.
4 In der Zwischenzeit die Sesamsamen in eine Bratpfanne geben
und bei starker Hitze etwa 2 Minuten
goldgelb rösten; die Pfanne dabei
rütteln.
5 Die Sesamsamen zu den Möhren
geben und servieren.

VARIANTE
Wenn Sie keine jungen Möhren
bekommen, nehmen Sie größere
und schneiden sie in dünne
Scheiben.

*NÄHRWERT PRO PORTION: 87 kcal/365 kJ;
8 g Kohlenhydrate; 2 g Eiweiß; 6 g Fett
(davon 2 g gesättigte Fettsäuren); Vitamine:
A, B-Gruppe und E.*

PASTINAKENPÜREE MIT CURRY

*Die Süße der Pastinaken
verbindet sich mit der
Schärfe des Currypulvers
und dem frischen
Geschmack der Kräuter.*

ZEIT: 20 MINUTEN
4 PORTIONEN

650 g Pastinaken

Salz und schwarzer Pfeffer

3–4 Zweige Petersilie

2 EL Butter

1 EL scharfes oder
mittelscharfes Currypulver

4 EL saure Sahne

1 In einem großen Topf Wasser
zum Kochen bringen. Die Pastinaken
schälen, in kleine Stücke schneiden
und, sobald das Wasser kocht, mit
etwas Salz in den Topf geben.
Wieder aufkochen lassen, dann die
Hitze reduzieren und das Gemüse
8–10 Minuten garen, bis es weich ist.
2 In der Zwischenzeit die Petersilie
waschen, trockentupfen, fein hacken
und beiseite stellen.
3 Das Wasser abgießen, die Pastinaken gut abtropfen lassen, wieder
in den Topf geben und mit einem
Kartoffelstampfer grob stampfen.
4 Butter, Currypulver und saure
Sahne dazugeben, die Mischung mit
reichlich Pfeffer abschmecken und zu
einem glatten Püree verquirlen.
5 Das Püree in eine Schüssel geben,
mit der Petersilie bestreuen und
servieren.

*NÄHRWERT PRO PORTION: 162 kcal/680 kJ;
16 g Kohlenhydrate; 3 g Eiweiß; 10 g Fett
(davon 6 g gesättigte Fettsäuren); Vitamine:
B-Gruppe, C und E.*

GEMÜSE ALS BEILAGE:
PFANNENGERÜHRTER LAUCH MIT
MÖHREN (OBEN), MÖHREN MIT ORANGE
UND SESAM (UNTEN LINKS),
PASTINAKENPÜREE MIT CURRY (RECHTS)

CHICORÉE ITALIENISCHER ART

Der leicht bittere Geschmack des Chicorées und die Aromen von sonnengetrockneten Tomaten, Zitrone, schwarzen Oliven und Parmesan ergänzen sich zu einem pikanten Gericht der Mittelmeerküche.

ZEIT: 30 MINUTEN
4 PORTIONEN

---

1 Scheibe Weißbrot

40 g Parmesan

6 getrocknete Tomaten in Öl

**4 große Chicoréestauden
(je etwa 150 g schwer)**

½ Zitrone

3 EL Olivenöl

schwarzer Pfeffer

**16 schwarze Oliven
ohne Stein**

---

1 Den Ofen auf 200 °C (Umluft 180 °C; Gas Stufe 3–4) vorheizen. Von der Brotscheibe die Kruste entfernen und die Scheibe in einer Küchenmaschine zu Krumen verarbeiten. Den Parmesan reiben, mit den Brotkrumen vermischen und beiseite stellen.

2 Die getrockneten Tomaten auf Küchenpapier abtropfen lassen, hacken und beiseite stellen.

3 Den Chicorée putzen, den Strunk herausschneiden und die Stauden längs vierteln.

4 Die halbe Zitrone auspressen und 1 EL Saft in eine große, flache, feuerfeste Form geben und mit 2 EL Olivenöl verrühren.

5 Den Chicorée mit der Schnittfläche nach oben in die Form geben.

Öl darüber träufeln und mit Pfeffer würzen.

6 Erst die Tomaten, dann die Oliven und schließlich die Parmesan-Brot-Mischung über den Chicorée streuen. Die Form in den heißen Ofen stellen und 15 Minuten überbacken.

VARIANTE
Anstelle von Parmesan können Sie auch Pecorino verwenden.

NÄHRWERT PRO PORTION: 189 kcal/794 kJ; 7 g Kohlenhydrate; 5 g Eiweiß; 16 g Fett (davon 4 g gesättigte Fettsäuren); Vitamine: B-Gruppe und E.

GEGRILLTER CHICORÉE UND ROTE BETEN

Diese bunte Kombination aus Chicorée, Roten Beten und einer Sauce aus Orangensaft und ganzkörnigem Senf kann warm oder kalt zu Braten oder Bratenaufschnitt serviert werden.

ZEIT: 25 MINUTEN
4 PORTIONEN

**4 große Chicoréestauden
(je etwa 150–175 g)**

4 EL Olivenöl

250 g gekochte Rote Beten

¹/₂ Orange

3 EL Mayonnaise

2 TL Ganzkornsenf

---

1 Den Grill vorheizen. Die Chicoréestauden putzen, längs halbieren und den Strunk entfernen.

2 Den Chicorée mit der Schnittfläche nach unten auf den Grillrost legen, mit etwas Olivenöl bestreichen und 5 Minuten in etwa 10 cm Abstand von den Heizstangen grillen. Umdrehen, mit dem restlichen Öl bestreichen und weitere 3 Minuten grillen, bis die Ränder dunkelbraun bis schwärzlich werden.

3 In der Zwischenzeit die Roten Beten in dünne Scheiben schneiden und beiseite stellen.

4 Für die Sauce die Orangenhälfte auspressen und 1 EL Saft mit der Mayonnaise verrühren. Dann den Ganzkornsenf gut mit der Mischung vermengen.

5 Den Chicorée vom Grill nehmen und mit der Schnittfläche nach oben sternförmig auf einem Servierteller anordnen. Die Sauce darüber geben und die Roten Beten zwischen die Chicoréehälften legen.

NÄHRWERT PRO PORTION: 223 kcal/937 kJ; 10 g Kohlenhydrate; 2 g Eiweiß; 21 g Fett (davon 3 g gesättigte Fettsäuren); Vitamine: B-Gruppe und E.

ZUCCHINIGEMÜSE MIT APFEL

Mit Persillade, einer aromatischen, in der französischen Küche beliebten Kombination aus gehackter Petersilie und Knoblauch, wird dieses Gericht aus Zucchini, Tomaten, Zwiebeln und Äpfeln abgeschmeckt.

ZEIT: 25 MINUTEN
4 PORTIONEN

1 rote oder normale Zwiebel
4 EL Olivenöl
1 Apfel und 1 Tomate
500 g kleine Zucchini
Salz und schwarzer Pfeffer
1 Bund Petersilie
1 Knoblauchzehe

1 Die Zwiebel schälen und in dünne Scheiben schneiden. 2 EL Öl in einer Pfanne erhitzen und die Zwiebel darin 7–8 Minuten bei schwacher Hitze weich braten.

2 Den Apfel waschen oder schälen, entkernen und würfeln. Die Tomate waschen und ebenfalls in Würfel schneiden. Sobald die Zwiebel weich ist, Apfel und Tomate dazugeben und bei schwacher Hitze 5 Minuten braten. Gelegentlich umrühren.

3 Die Zucchini putzen, waschen und längs in dünne Streifen schneiden. Die Streifen in 5 cm lange Stücke schneiden und mit etwas Salz vermengen. 2 EL Öl in einer zweiten Pfanne erhitzen und die Zucchini bei mittlerer Hitze anbraten, bis die Flüssigkeit austritt. Die Temperatur erhöhen und kochen, bis die Flüssigkeit verdampft ist. Dabei die Pfanne rütteln, damit die Zucchini nicht anbrennen.

4 Die Hitze reduzieren, Apfel, Tomate und Zwiebel dazugeben und 5–6 Minuten köcheln lassen.

5 In der Zwischenzeit die Petersilie waschen, trockentupfen und so viel davon hacken, dass es 4 EL ergibt. Den Knoblauch schälen, durch

die Presse drücken und mit der Petersilie vermengen. Die Mischung unter das Gemüse rühren und alles einige Minuten köcheln lassen, bis der Knoblauch gar ist. Mit schwarzem Pfeffer und nach Belieben noch etwas Salz abschmecken. Sofort servieren.

VARIANTE

Wenn Sie aus dieser Beilage ein Hauptgericht machen wollen, geben Sie 200 g gekochten, klein geschnittenen Schinken in die Pfanne, bevor die Knoblauch-Petersilie-Mischung untergerührt wird.

NÄHRWERT PRO PORTION: 150 kcal/630 kJ; 9 g Kohlenhydrate; 3 g Eiweiß; 12 g Fett (davon 2 g gesättigte Fettsäuren); Vitamine: B-Gruppe, C und E.

ZITRONENZUCCHINI

Diese mit geriebener Zitronenschale, Meersalz und Pfeffer gewürzte Beilage zeichnet sich durch ihren frischen Geschmack und die niedrige Kalorienzahl aus.

ZEIT: 15 MINUTEN
4 PORTIONEN

| 500 g kleine Zucchini |
| 1½ EL Olivenöl |
| 1 unbehandelte Zitrone |
| grobes Meersalz und schwarzer Pfeffer |

1 Die Zucchini putzen, waschen und quer in dünne Scheiben schneiden

2 Das Olivenöl in einer großen Pfanne erhitzen und die Zucchini unter häufigem Rühren weich braten.

3 Die Zitronenschale fein reiben. Sobald die Zucchini gar sind, die Zitronenschale darüber streuen und abschmecken.

SERVIERVORSCHLAG

Reichen Sie die Zitronenzucchini zu Hähnchenbrust mit Äpfeln und Apfelwein (siehe S. 180) oder zu gegrilltem Fisch.

NÄHRWERT PRO PORTION: 56 kcal/235 kJ; 2 g Kohlenhydrate; 2 g Eiweiß; 4 g Fett (davon 1 g gesättigte Fettsäuren); Vitamine: B-Gruppe, C und E.

PASTINAKENGEMÜSE MIT APFEL

*Zu einem festlichen Braten oder zu gegrilltem Fleisch ist dieses schnell zubereitete,
in einer cremigen Sauce servierte Gericht eine ideale Ergänzung.*

ZEIT: 20 MINUTEN
4 PORTIONEN

500 g Pastinaken
2 EL Olivenöl
1 Kochapfel
Salz und schwarzer Pfeffer
1/2 Zitrone
3 Zweige Thymian
75 g Crème double

1 Pastinaken schälen und grob reiben. Falls nötig, vorher vierteln und holzige Stellen herausschneiden.
2 Das Olivenöl in einem flachen Topf erhitzen und darin die Pastinaken bei mittlerer Hitze braten.
3 In der Zwischenzeit den Apfel schälen, das Kerngehäuse entfernen und den Apfel grob reiben. Zu den Pastinaken geben und mit Salz und Pfeffer abschmecken. Die halbe Zitrone auspressen und 1/2 TL Saft in den Topf geben.
4 Den Thymian waschen und die Blätter abstreifen (siehe Kasten rechts). Zu dem Gemüse geben und alles unter gelegentlichem Umrühren 3–5 Minuten köcheln lassen, bis die Pastinaken gar sind.
5 Die Crème double in den Topf gießen und unter Rühren erwärmen. Auf einer Platte servieren.

NÄHRWERT PRO PORTION: 212 kcal/890 kJ; Kohlenhydrate; 2 g Eiweiß; 16 g Fett (davon 7 g gesättigte Fettsäuren); Vitamine: B-Gruppe, C und E.

SO GEHT'S LEICHTER!

Thymianblätter können Sie leicht vom Stängel entfernen, indem Sie ihn an der Spitze festhalten und die Blätter mit Daumen und Zeigefinger abstreifen.

GEMISCHTE BOHNEN MIT SPECK

Verschiedene Bohnensorten werden mit Pancetta, luftgetrocknetem Speck, vermengt und in einer Kräutersauce gekocht. Diese deftige Beilage passt ebenso gut zu Lachs wie zu Huhn oder Kaninchen.

ZEIT: 30 MINUTEN
4 PORTIONEN

---

200 ml Hühnerbrühe oder Weißwein

1 Bouquet garni

350 g feine, junge grüne Bohnen

425 g Cannellini-Bohnen aus der Dose

200 g Pancetta oder luftgetrockneter Speck ohne Schwarte

1 rote oder normale Zwiebel

einige Zweige Estragon oder Petersilie

1 EL Crème fraîche

Salz und schwarzer Pfeffer

---

1 Die Brühe oder den Wein mit dem Bouquet garni in einem Topf aufkochen und so lange köcheln lassen, bis die Flüssigkeit auf die Hälfte reduziert ist.

2 Die grünen Bohnen putzen, in 2,5 cm lange Stücke schneiden und beiseite stellen. Die Cannellini-Bohnen in einen Durchschlag geben, waschen, abtropfen lassen und beiseite stellen.

3 Die Pancetta oder den Speck in kleine Würfel schneiden und in einer Pfanne 1–2 Minuten ohne Fettzugabe knusprig braten. Auf Küchenpapier abtropfen lassen. Das Fett bis auf 1 EL aus der Pfanne entfernen.

4 Die Zwiebel schälen, hacken und in dem restlichen Fett bei mittlerer Hitze leicht bräunen.

5 Beide Bohnensorten und die Brühe dazugeben. Das Ganze zum Kochen bringen, dann die Temperatur reduzieren und alles bei geschlossenem Deckel etwa 10 Minuten köcheln lassen, bis fast keine Flüssigkeit übrig bleibt und die grünen Bohnen gar sind.

6 In der Zwischenzeit die Kräuter waschen und hacken. Die Crème fraîche zu den Bohnen geben, Pancetta oder Speck sowie die Kräuter hinzufügen und mit Salz und Pfeffer abschmecken. Noch 1–2 Minuten köcheln lassen und dann servieren.

NÄHRWERT PRO PORTION: 310 kcal/1302 kJ; 19 g Kohlenhydrate; 20 g Eiweiß; 19 g Fett (davon 2 g gesättigte Fettsäuren); Vitamine: B-Gruppe, C und E.

FRÜHLINGSGEMÜSE MIT SAURER SAHNE

Dieses herzhafte Gericht aus verschiedenen knackigen, schonend gedämpften Gemüsesorten passt zu gegrillten Fisch- oder Fleischgerichten und kann auch allein als Salat serviert werden.

ZEIT: 20 MINUTEN
4 PORTIONEN

200 g junge Möhren
250 g junge Zucchini
250 g grüner Spargel
200 g saure Sahne
2 TL Ganzkornsenf
1 EL gesalzene Butter
schwarzer Pfeffer

1 Einen Kochtopf mit Dämpfeinsatz zur Hälfte mit Wasser füllen und die Flüssigkeit zum Kochen bringen.
2 In der Zwischenzeit die Möhren putzen und schälen. Große Möhren längs halbieren. Die Zucchini putzen, waschen und längs halbieren. Den Spargel putzen und waschen.
3 Die Möhren 5 Minuten bei geschlossenem Deckel dämpfen.
4 Die Zucchini auf die Möhren und den Spargel auf die Zucchini legen, den Topf wieder schließen und alles weitere 5 Minuten dämpfen.
5 Während das Gemüse gart, saure Sahne in einen Topf geben, Senf hineinrühren und die Mischung bei sehr kleiner Hitze erwärmen.
6 Das Gemüse in eine vorgewärmte Servierschüssel geben, die Butter hineinrühren und das Ganze mit Pfeffer abschmecken. Die warme

SO GEHT'S LEICHTER!

Wenn Sie keinen Topf mit Dämpfeinsatz haben, können Sie ein Metallsieb in einen passenden Topf hängen. Das Sieb muss über dem Wasserpegel liegen, damit der Dampf zirkulieren kann.

Sahnesauce hineingießen, alles sorgfältig verrühren und dann sofort servieren.

VARIANTE
Statt frischem Spargel können Sie junge grüne Bohnen nehmen.

NÄHRWERT PRO PORTION: *170 kcal/714 kJ; 7 g Kohlenhydrate; 5 g Eiweiß; 14 g Fett (davon 8 g gesättigte Fettsäuren); Vitamine: A, B-Gruppe, C und E.*

SÜSSKARTOFFELRÖSTI

*Die besonders in der Schweiz sehr beliebten Rösti, die hier mit Süßkartoffeln
zubereitet werden, sind eine knusprige Beilage zu gegrilltem Fleisch oder gebratenem Wild.*

ZEIT: 30 MINUTEN
4 PORTIONEN

600 g Süßkartoffeln
Salz und schwarzer Pfeffer
3 EL Sonnenblumenöl
2 EL Butter

1 Den Backofen auf niedrigster
Stufe vorheizen. Ein Backblech mit
doppeltem Küchenpapier auslegen
und beiseite stellen.
2 Die Süßkartoffeln schälen und
grob raspeln. In eine Rührschüssel
geben und mit Salz und Pfeffer gut
würzen.
3 1 ½ EL Öl in einer großen
beschichteten Pfanne erhitzen und
1 EL Butter dazugeben.
4 Die Hälfte der Kartoffeln in
4 Portionen teilen. Jede Portion zu

einem etwa 1 cm dicken Fladen
formen und dabei die Kartoffelmasse
gut zusammenpressen. Wenn die
Butter heiß ist, die Fladen in die
Pfanne legen.
5 Die Fladen bei mittlerer Hitze
5 Minuten knusprig braten, dann mit
einem Pfannenheber wenden und
weitere 5 Minuten braten. Wenn sie
beim Wenden auseinander fallen,
wieder zusammendrücken. Während
die ersten Rösti braten, die restliche Kartoffelmasse wie beschrieben
formen.
6 Die ersten 4 Rösti auf das
Backblech mit dem Küchenpapier
legen und 1–2 Minuten abtropfen
lassen. Im Ofen warm halten.
7 Wieder 1 ½ EL Öl und 1 EL
Butter in die Pfanne geben und die
restlichen Rösti darin braten.

VARIANTE
Um die Rösti noch würziger zu
machen, kann man etwas fein
gehackten Speck oder 2 Scheiben
klein geschnittenen Schinken zu
der Kartoffelmasse geben.

*NÄHRWERT PRO PORTION: 233 kcal/979 kJ;
28 g Kohlenhydrate; 2 g Eiweiß; 14 g Fett
(davon 5 g gesättigte Fettsäuren); Vitamine:
A, B-Gruppe, C und E.*

GUT ZU WISSEN

*Die mit den herkömmlichen Kartoffeln
nicht verwandte Süßkartoffel oder
Batate hat hellgelbes bis orange-
farbenes Fleisch. Alle im Handel
erhältlichen Sorten können für dieses
Rezept verwendet werden.*

NEUE KARTOFFELN MIT ROSMARIN

Der Duft von frischem Rosmarin und der feine Zitronengeschmack machen aus den goldbraun gerösteten Kartoffeln eine Beilage mit mediterraner Note.

ZEIT: 30 MINUTEN
4 PORTIONEN

600 g kleine neue Kartoffeln von etwa gleicher Größe
2 EL Olivenöl
1 unbehandelte Zitrone
2–3 große Zweige Rosmarin
Salz und schwarzer Pfeffer

1 Den Backofen auf 230 °C (Umluft 210 °C; Gas Stufe 5) vorheizen und 1 l Wasser aufkochen.

2 Die Kartoffeln putzen, waschen und in einen großen Topf geben. Mit kochendem Wasser bedecken, wieder aufkochen und dann 5 Minuten köcheln lassen.

3 Inzwischen das Olivenöl in einen großen, flachen Bräter geben und diesen in den Ofen stellen.

4 Die Zitrone waschen, trocknen, die Schale fein abraspeln und beiseite stellen. Den Rosmarin waschen, trockentupfen, die Nadeln von den Zweigen streifen und ebenfalls beiseite stellen.

5 Die Kartoffeln abtropfen lassen, mit Küchenpapier trockentupfen, in das sehr heiße Öl geben und mit etwas Zitronenschale, Rosmarin sowie Salz und Pfeffer bestreuen.

6 Den Bräter auf die oberste Schiene des Backofens stellen und die Kartoffeln 20 Minuten goldbraun rösten.

NÄHRWERT PRO PORTION: 158 kcal/664 kJ; 25 g Kohlenhydrate; 3 g Eiweiß; 6 g Fett (davon 1 g gesättigte Fettsäuren); Vitamine: B-Gruppe, C und E.

GUT ZU WISSEN

Wenn Sie keine kleinen neuen Kartoffeln erhalten, können Sie auch größere verwenden und diese halbieren oder vierteln.

WIRSING IN KÄSE-SAHNE-SAUCE

In einer cremigen Sauce serviert, ist Wirsing eine schmackhafte Beilage für Lammbraten.

ZEIT: 20 MINUTEN
4 PORTIONEN

1 EL Olivenöl
1 große Zwiebel
1 kleiner Wirsing, etwa 450 g
Salz und schwarzer Pfeffer
120 g Blauschimmelkäse, z. B Gorgonzola, Roquefort oder Stilton
200 ml Schlagsahne

1 Das Öl in einem Topf auf niedriger Stufe erhitzen; die Zwiebel schälen, fein hacken und in dem Öl anbraten.

2 In der Zwischenzeit den Wirsing putzen, halbieren und den Strunk entfernen. Die Blätter in feine Streifen schneiden, waschen und abtropfen lassen.

3 Den Wirsing in den Topf geben, umrühren und zugedeckt bei mittlerer Hitze 6–8 Minuten garen lassen, dabei den Topf häufig rütteln. Nur wenig salzen, da Blauschimmelkäse sehr würzig ist.

4 Während der Kohl gart, den Blauschimmelkäse in kleine Würfel schneiden. Den Topf von der Kochstelle nehmen, Sahne, Käse und etwas Pfeffer dazugeben. Wieder auf die Hitze stellen und rühren, bis der Käse geschmolzen ist. Dabei darauf achten, dass das Gericht nicht kocht.

NÄHRWERT PRO PORTION: 284 kcal/1193 kJ; 10 g Kohlenhydrate; 10 g Eiweiß; 23 g Fett (davon 13 g gesättigte Fettsäuren); Vitamine: A.

BUNTE KOHLPFANNE

Dieses pfannengerührte Gericht aus zwei Kohlsorten, Sellerie und Frühlingszwiebeln wird mit knusprigen Cashewnüssen garniert.

ZEIT: 20 MINUTEN
4–6 PORTIONEN

350 g Weißkohl
350 g Frühjahrskohl
2 Knoblauchzehen
1 Stück Ingwerwurzel (2 cm lang)
2 Stangen Staudensellerie
4 Frühlingszwiebeln
2 EL Sesamöl
50 g Cashewnüsse, ungesalzen
helle Sojasauce

1 Den Weißkohl und den Frühjahrskohl putzen, waschen und in Streifen schneiden. Den Knoblauch schälen und hacken. Den Ingwer schälen und raspeln. Den Sellerie und die Frühlingszwiebeln waschen, mit Küchenpapier trockentupfen und in Scheiben schneiden.

2 Das Sesamöl in einer großen Pfanne erhitzen und die Cashewnüsse darin 30 Sekunden bräunen.

3 Knoblauch, Ingwer, Sellerie und Frühlingszwiebeln dazugeben und etwa 30 Sekunden unter Rühren braten.

4 Den Kohl hinzufügen und unter häufigem Rühren 3–5 Minuten braten, bis er weich, aber nicht zusammengefallen ist.

5 Die Sojasauce darüber träufeln und servieren.

NÄHRWERT PRO PORTION: 182 kcal/764 kJ; 10 g Kohlenhydrate; 7 g Eiweiß; 13 g Fett (davon 2 g gesättigte Fettsäuren); Vitamine: A, B-Gruppe und C.

VIELSEITIGER KOHL:
WIRSING IN KÄSE-SAHNE-SAUCE (OBEN), BUNTE KOHLPFANNE (UNTEN)

MISCHPILZE IN COGNACSAUCE

Das feine Aroma von erlesenem Cognac verleiht einer Kombination aus getrockneten und frischen Pilzen, die mit Zwiebel und Knoblauch gebraten werden, den letzten Pfiff.

ZEIT: 30 MINUTEN
4 PORTIONEN

einige Zweige Petersilie
25 g getrocknete Morcheln oder Steinpilze
2 EL Butter
2–3 EL Olivenöl
2 Knoblauchzehen
1 Zwiebel
200 g Maronenröhrlinge
200 g Champignons
150 g Austernpilze
1–2 EL Cognac oder Weinbrand
Salz und schwarzer Pfeffer

1 ¼ l Wasser aufkochen. Die Petersilie waschen, trocknen und so viel davon hacken, dass es 3 EL ergibt. Die Trockenpilze in eine Schüssel geben, das Wasser darüber gießen und die Schüssel beiseite stellen.

2 In der Zwischenzeit die Butter und das Olivenöl in einer großen Pfanne erhitzen. Den Knoblauch schälen, durch die Presse drücken und beiseite stellen. Die Zwiebel schälen, fein hacken, in die Pfanne geben und bei mittlerer Hitze braten.

3 Die Pilze putzen. Die Maronenröhrlinge halbieren, die Champignons in dicke Scheiben und die Austernpilze längs in Streifen schneiden, dabei holzige Stiele entfernen.

4 Die Hitze erhöhen, den Knoblauch und die Pilze in die Pfanne geben und unter Rühren 5 Minuten braten.

5 In der Zwischenzeit einen Durchschlag mit Küchenpapier auslegen und über eine Schüssel stellen. Die eingeweichten Pilze hineingießen und die Schüssel mit der Flüssigkeit beiseite stellen. Die abgetropften Pilze abspülen und hacken.

6 Mit einem Schaumlöffel die Zwiebel und die Pilze aus der Pfanne nehmen und in eine Schüssel geben; den Bratensatz in der Pfanne lassen.

7 Die abgetropften Pilze und das Wasser, in dem sie eingeweicht wurden, in die Pfanne geben und einkochen, bis die Flüssigkeit sämig ist.

8 Den Cognac bzw. Weinbrand hineinrühren. Die Pilze wieder in die Pfanne geben, abschmecken, Petersilie hinzufügen und durchwärmen.

NÄHRWERT PRO PORTION: 126 kcal/529 kJ; 4 g Kohlenhydrate; 5 g Eiweiß; 9 g Fett (davon 4 g gesättigte Fettsäuren); Vitamine: B-Gruppe und E.

POLENTA MIT RÄUCHERKÄSE

Ursprünglich war Polenta ein einfaches italienisches Bauerngericht, heute steht es auch auf den Speisekarten vornehmer Restaurants. Diese Variante wird mit Räucherkäse, Kräutern und Oliven zubereitet.

ZEIT: 20 MINUTEN
4 PORTIONEN

200 g Instant-Polenta

1 Bund Salbei, Oregano,
Basilikum oder Petersilie

200 g Räucherkäse

1/2 EL schwarze oder
gemischte Pfefferkörner

8–10 schwarze
Oliven, entsteint

1 Die Polenta in einen Topf mit 800 ml Wasser geben, aufkochen, die Hitze reduzieren und 10 Minuten sanft köcheln lassen; dabei mehrmals umrühren, damit keine Klumpen entstehen.

2 In der Zwischenzeit die Kräuter waschen, trockentupfen und fein hacken. Den Räucherkäse reiben oder würfeln. Die Pfefferkörner im Mörser zerdrücken und die Oliven hacken.

3 Wenn die Polenta anfängt steif zu werden, Kräuter, Räucherkäse, Pfefferkörner und Oliven hinzufügen. Kräftig rühren, bis der Käse sich mit der übrigen Masse vermischt hat und die Polenta sich von den Topfseiten löst.

4 Sofort servieren oder 5–10 Minuten warten, falls die Polenta noch fester und geformt werden soll (siehe Kasten rechts).

■ **SERVIERVORSCHLAG**
Die Polenta kann zu Ratatouille (siehe S. 137) oder gedämpftem grünem Gemüse wie etwa Zuckererbsen oder Fenchel serviert werden. Für ein vegetarisches Festmahl können Sie die Polenta zu einem Spinatsalat mit Maiskölbchen (siehe S. 103), gebackenem Chicorée italienischer Art (siehe S. 258) und gegrilltem Gemüse, wie Zucchini, Aubergine, Paprika und Tomate, reichen.

NÄHRWERT PRO PORTION: 238 kcal/1000 kJ; 46 g Kohlenhydrate; 9 g Eiweiß; 2 g Fett (davon 1 g gesättigte Fettsäuren); Vitamine: E.

SO GEHT'S LEICHTER!

Hübsch sieht die Polenta aus, wenn Sie aus der steifen, noch heißen Masse mithilfe von zwei nassen Metalllöffeln kleine runde Klößchen formen

HERZHAFTES GEMÜSETRIO

SELLERIE MIT APFEL

*Für dieses Gericht
nehmen Sie am besten
knackige, leicht säuerliche
Äpfel, die besonders gut
zu dem Sellerie passen.*

ZEIT: 30 MINUTEN
4 PORTIONEN

---

1 Stange Staudensellerie
3 rote Tafeläpfel
12 Salbeiblätter
2–3 EL Olivenöl
1 große Knoblauchzehe
1 Lorbeerblatt
100–175 ml trockener Weißwein
nach Belieben 2 EL Kapern
Salz und schwarzer Pfeffer

---

1 Den Sellerie putzen, die Stangen in halbkreisförmige Scheiben schneiden, waschen, trocknen und beiseite stellen.
2 Die Äpfel waschen, vierteln, das Kerngehäuse entfernen, die Viertel in Würfel schneiden und beiseite stellen.
3 Die Salbeiblätter waschen, trockentupfen und in Streifen schneiden. Das Olivenöl in einer großen Pfanne stark erhitzen. Den Knoblauch schälen und durch die Presse in die Pfanne drücken. Salbei hinzufügen. Salbei und Knoblauch einige Sekunden braten lassen, Sellerie, Äpfel und Lorbeerblatt hinzufügen und umrühren.
4 Nach einer Minute so viel Wein zu der Mischung gießen, dass sie bedeckt ist. Bei starker Hitze unter gelegentlichem Umrühren kochen lassen, bis der Sellerie gar, aber noch bissfest ist. Dabei gegebenenfalls noch etwas Wein hinzufügen.
5 Wenn der Sellerie gar ist, nach Belieben Kapern einrühren. Abschmecken, das Lorbeerblatt herausnehmen und servieren.

NÄHRWERT PRO PORTION: 141 kcal/592 kJ; 13 g Kohlenhydrate; 1 g Eiweiß; 7 g Fett (davon 1 g gesättigte Fettsäuren); Vitamine: B-Gruppe und E.

GEFÜLLTE TOMATEN

*Eine Mischung aus
goldbraun gebratener
Hafergrütze, Butter und
Zwiebel bildet die Füllung
der Tomaten.*

ZEIT: 30 MINUTEN
4 PORTIONEN

---

4 Fleischtomaten (je etwa 200 g)
Salz und schwarzer Pfeffer
50 g Butter
1 Zwiebel
125 g Hafergrütze, mittelgrob
1 Bund Petersilie

---

1 Den Ofen auf 200 °C (Umluft 180 °C; Gas Stufe 3) vorheizen. Die Tomaten halbieren und die Schnittflächen kreuzweise tief einschneiden. Mit der Schnittfläche nach oben auf ein Backblech legen, salzen, pfeffern und 20 Minuten backen.
2 Während die Tomaten backen, die Butter in einer Pfanne zerlassen und die Zwiebel schälen und fein hacken. Die Zwiebel in die Pfanne geben und bei schwacher Hitze 10 Minuten unter Rühren braten.
3 Wenn die Zwiebel leicht gebräunt und weich ist, die Hafergrütze einrühren und würzen. 5–10 Minuten unter Rühren braten, bis die Hafergrütze goldbraun ist.
4 Die Petersilie waschen, trockentupfen und so viel davon hacken, dass es 2 EL ergibt. Die Mischung aus der Pfanne über die Tomaten geben und mit Petersilie bestreuen.

NÄHRWERT PRO PORTION: 276 kcal/1159 kJ; 33 g Kohlenhydrate; 6 g Eiweiß; 14 g Fett (davon 6 g gesättigte Fettsäuren); Vitamine: A, B-Gruppe, C und E.

GUT ZU WISSEN
Die Verwendung von Hafergrütze weist auf die schottischen Wurzeln dieses Rezepts hin, für das ursprünglich Rindernierenfett statt Butter genommen wurde.

GLASIERTE ZWIEBELN

*Die delikaten, goldbraun
schimmernden Zwiebel-
chen eignen sich als
Ergänzung zu gebratenem
und gegrilltem Fleisch.*

ZEIT: 30 MINUTEN
4–6 PORTIONEN

---

500 g kleine Zwiebeln
oder Perlzwiebeln
½–1 TL getrockneter Rosmarin
2 EL Butter
1 EL schwarze Melasse
2 TL Dijonsenf
1 EL Sojasauce

---

1 ½ l Wasser aufkochen. Die Zwiebeln in einen Topf geben, mit dem kochenden Wasser bedecken und 5 Minuten bei mittlerer Hitze kochen lassen. In einen Durchschlag abgießen und mit kaltem Wasser abschrecken. Wenn sie abgekühlt sind, trocknen und schälen.
2 Die Rosmarinnadeln in einem Mörser fein zerstoßen.
3 Die Butter bei mittlerer Hitze in einer Bratpfanne zerlassen. Rosmarin, Melasse, Dijonsenf und Sojasauce hinzufügen und alles gut vermischen.
4 Die Zwiebeln hinzufügen und bei schwacher Hitze unter Rühren 10–15 Minuten schmoren, bis die Sauce sämig ist und die Zwiebeln weich und goldbraun sind. Darauf achten, dass die Sauce nicht anbrennt.

NÄHRWERT PRO PORTION (BEI 4 PORTIONEN): 110 kcal/462 kJ; 14 g Kohlenhydrate; 2 g Eiweiß; 6 g Fett (davon 3 g gesättigte Fettsäuren); Vitamine: B-Gruppe und E.

BUNTE GEMÜSEVIELFALT: SELLERIE MIT APFEL (OBEN), GLASIERTE ZWIEBELN (MITTE), GEFÜLLTE TOMATEN (UNTEN)

BIRNENBAISER

DESSERTS, KUCHEN UND GEBÄCK

*Nichts kann eine Mahlzeit besser abschließen
als ein verlockender Nachtisch, der einem Menü häufig den richtigen Pfiff
verleiht. Und auch selbst gemachten Backwaren, die in kürzester Zeit
zubereitet werden, können Freunde süßer Verführungen
wohl kaum widerstehen.*

POCHIERTES OBST MIT SCHOKOLADENSAUCE

Pfirsiche und Feigen werden in Weinbrand und Apfelsaft pochiert und mit einer Sauce aus weißer Schokolade serviert, der geriebene Orangenschale ein spritziges Zitrusaroma verleiht.

ZEIT: 20 MINUTEN
4 PORTIONEN

100 g weiße Schokolade
250 ml Apfelsaft
1 TL feinster Zucker
2 EL Weinbrand
2 große Pfirsiche oder Nektarinen
8 kleine oder 4 große frische Feigen
150 g Crème fraîche
1 unbehandelte Orange

1 Wasser in einen kleinen Topf füllen und eine Schüssel darüber stellen; das Wasser darf den Schüsselboden nicht berühren. Das Wasser zum Köcheln bringen. Die Schokolade in die Schüssel bröckeln und unter vorsichtigem Rühren schmelzen; das Wasser soll nicht kochen. Sobald die Schokolade geschmolzen ist, die Schüssel vom Topf nehmen und beiseite stellen. Den Topf mit dem heißen Wasser ebenfalls beiseite stellen.

2 Inzwischen den Apfelsaft in einen flachen Topf oder eine Bratpfanne mit Deckel gießen. Zucker und Weinbrand zugeben und die Mischung zum Kochen bringen, dann die Hitze reduzieren.

3 Pfirsiche oder Nektarinen halbieren und entsteinen. Jede Hälfte in 4 Schnitze schneiden. Die Feigen waschen. Große Früchte längs vierteln, kleine Früchte halbieren. Die Früchte zum Apfelsaft geben und 4 Minuten sanft pochieren. Pfirsichhaut, die sich dabei löst, entfernen.

4 Während die Früchte garen, die Crème fraîche mit einem Schneebesen langsam unter die geschmolzene Schokolade rühren, dann glatt schlagen. Die Schüssel wieder auf den Topf mit dem heißen Wasser stellen.

5 Mit einem Schaumlöffel die pochierten Früchte auf einen Servierteller geben. Den Saft in 5 Minuten zu einem mittelschweren Sirup einkochen und über die Früchte gießen.

6 Inzwischen die Orange waschen, trocknen und die Hälfte der Schale in die Schokolade reiben. 2 EL Saft auspressen und zufügen. Umrühren und zum Obst servieren.

NÄHRWERT PRO PORTION: 369 kcal/1550 kJ; 36 g Kohlenhydrate; 5 g Eiweiß; 22 g Fett (davon 14 g gesättigte Fettsäuren); Vitamine: B-Gruppe, C und E.

SO GEHT'S LEICHTER!

Im Mikrowellengerät schmilzt die Schokolade besonders schnell. Die Schokolade in eine Schüssel bröckeln und 30 Sekunden bei 650 W erwärmen, dann umrühren. Sind noch Klumpen vorhanden, in 10-Sekunden-Intervallen weiter erwärmen und nach jedem Intervall umrühren.

WAFFELN MIT FRÜCHTEN UND KARAMELL

Orangen und Bananen werden in Orangensaft getränkt und mit heißen Waffeln serviert.
Dazu gibt es einen warmen Karamellsirup, den man mit Crème double verfeinert.

ZEIT: 20 MINUTEN
4 PORTIONEN

2 große Orangen

1 große Banane

50 g Butter

50 g dunkelbrauner weicher Zucker

4 EL Crème double

4 fertig gekaufte Waffeln
(8 bei keilförmigen Waffeln)

nach Belieben
4 EL griechischer Joghurt

1 Schale und Fruchthaut der Orangen mit einem scharfen Messer entfernen. Mit dem Messer zwischen die Trennhäutchen der Segmente fahren und die einzelnen Schnitze aus den Häutchen herauslösen. Über einer Schüssel arbeiten, um den Saft aufzufangen, und die Teile in die Schüssel fallen lassen. Den verbleibenden Saft aus den Orangenresten herauspressen.

2 Die Banane schälen, in Scheiben schneiden und zu den Schnitzen geben. Das Obst vorsichtig miteinander vermengen. Den Grill vorheizen.

3 Die Butter in einer kleinen Pfanne bei mittlerer Hitze langsam schmelzen lassen. Den Zucker zugeben und 2 Minuten umrühren, bis er sich gelöst hat. Die Crème double zufügen. Ungefähr 3 Minuten unter häufigem Rühren köcheln, bis die Sauce die Farbe von Karamell angenommen hat. Vom Herd nehmen und warm halten.

4 Die Waffeln aufbacken. Auf 4 Servierteller geben. Mit der Obstmischung belegen und die Sauce darüber gießen. Nach Belieben mit einem Löffel Joghurt servieren.

NÄHRWERT PRO PORTION: 534 kcal/2243 kJ; 50 g Kohlenhydrate; 7 g Eiweiß; 36 g Fett (davon 16 g gesättigte Fettsäuren); Vitamine: A, B-Gruppe, C und E.

GUT ZU WISSEN

Wenn Sie die Waffeln aufbacken, noch während Sie den Karamellsirup zubereiten, sollten Sie das Gebäck im Auge behalten; es brennt sehr leicht an.

GEBACKENER APFEL AUF BRIOCHE

Während Sie das Hauptgericht genießen, backen diese süßen Äpfel ganz von selbst im Ofen.
Für die Nachspeise brauchen Sie sie dann nur noch auf getoasteten Brioches anzurichten.

ZEIT: 30 MINUTEN
4 PORTIONEN

4 süße Tafeläpfel, je etwa 150 g
1 EL Butter
1 große unbehandelte Orange
1/2 TL gemahlener Zimt
4 EL Demerara-Zucker
4 Brioches
150 g griechischer Joghurt
oder 150 ml Schlagsahne

1 Den Backofen auf 220 °C (Umluft 200 °C; Gas Stufe 4–5) vorheizen.

Eine feuerfeste Form zum Backen der Äpfel in den Ofen stellen.
2 Die Äpfel längs halbieren und entkernen. Mit einem scharfen Messer die Schale mehrmals längs einschneiden, dann mit der Schnittfläche nach unten in die vorgewärmte Form legen und mit Butterflöckchen belegen.
3 Die Orange waschen und trocknen. Die Schale fein in eine Schüssel reiben; den Saft dazupressen. Den Zimt und die Hälfte des Zuckers unterrühren. Die Mischung über die Äpfel in der Form gießen.

4 Die Form mit einem Deckel oder mit Alufolie zudecken und die Äpfel in 10–15 Minuten weich backen.
5 Inzwischen die Brioches halbieren. Oben und unten die Kruste abschneiden. Den Grill auf starke Hitze stellen. Die Sahne schlagen, falls sie statt Joghurt gereicht wird.
6 2 Minuten bevor die Äpfel fertig gebacken sind, die Brioches auf jeder Seite eine Minute leicht toasten. Je 2 Scheiben Brioche auf einen Teller geben und auf jede Scheibe eine Apfelhälfte legen.

APFELRINGE MIT ZIMT

Knackige Apfelscheiben in einem leichten Ausbackteig werden heiß serviert und füllen mit ihrem herrlichen Duft das ganze Haus.

7 Den Apfelsaft, der sich in der Form angesammelt hat, über die Äpfel gießen. Mit Zucker bestreuen und mit dem Joghurt oder der Schlagsahne servieren.

NÄHRWERT PRO PORTION: 430 kcal/1806 kJ; 52 g Kohlenhydrate; 6 g Eiweiß; 23 g Fett (davon 11 g gesättigte Fettsäuren); Vitamine: A, B-Gruppe, C und E.

ZEIT: 15 MINUTEN
2 PORTIONEN

Maisöl zum Frittieren
1 kleines Ei
Salz
6 EL Mineralwasser mit Kohlensäure
4 EL Mehl
1 TL gemahlener Zimt
2 EL feinster Zucker
2 knackige Tafeläpfel

1 Einen großen, tiefen Topf oder eine Fritteuse mit Öl halb füllen und erhitzen. Das Ei in eine Schüssel schlagen. Eine Prise Salz zugeben und das Ei schaumig rühren. Erst das Mineralwasser, dann das Mehl unterschlagen – der Teig braucht nicht glatt zu sein.

2 Zimt und Zucker auf einer kleinen Untertasse mischen und beiseite stellen. Die Äpfel schälen, entkernen und in 5 mm dicke Ringe schneiden.

3 Ein paar Tropfen Teig ins Öl geben; es ist heiß genug, wenn die Tropfen sofort zischen. Mit einer Gabel die Apfelringe in den Teig tauchen und portionsweise in 1–2 Minuten goldbraun und blasig backen. Jeweils nach der Hälfte der Frittierzeit die Ringe mit einem Schaumlöffel wenden.

4 Die Apfelringe auf Küchenpapier abtropfen lassen und mit Zimt und Zucker bestreut sehr heiß servieren.

NÄHRWERT PRO PORTION: 413 kcal/1735 kJ; 45 g Kohlenhydrate; 5 g Eiweiß; 25 g Fett (davon 4 g gesättigte Fettsäuren); Vitamine: B-Gruppe und E.

SCHOKOLADENSOUFFLÉS MIT RUM

*Die Herstellung dieser kleinen, heißen Schokoladensoufflés ist nicht schwierig. Fangen Sie damit an,
bevor das Essen beginnt, und stellen Sie die Köstlichkeit nach dem Hauptgang fertig.*

ZEIT: 30 MINUTEN
4–6 PORTIONEN

1 EL Butter, zimmerwarm
6 EL feinster Zucker
225 ml Milch
100 g Schokolade, zartbitter
5 Eier
3 EL Stärkemehl
2 EL Crème double
3 EL Rum
1 EL Puderzucker

1 Das Innere und die Ränder von 4 Souffléförmchen mit 200 ml Inhalt oder 6 Förmchen mit 150 ml Inhalt mit Butter einfetten und mit 2 EL Zucker gleichmäßig überziehen.

2 Die Milch bei mittlerer Temperatur in einem kleinen Topf erhitzen. Die Schokolade zerbröckeln und in die Milch rühren. Sobald die Milch kocht, den Topf von der Kochstelle nehmen, zudecken und 2–3 Minuten stehen lassen, bis die Schokolade geschmolzen ist.

3 Die Eier trennen. Das Eiweiß in eine große, trockene Schüssel geben und beiseite stellen. 3 Eigelbe in eine kleine Schüssel geben; die restlichen anderweitig verwenden.

4 Das Mehl in einen großen Topf geben, 3 EL Zucker zufügen und bei kleiner Hitze langsam die Schokoladenmilch hineinrühren. Bei größerer Hitze ununterbrochen schlagen, bis die Mischung kocht und eindickt.

5 Den Topf von der Kochstelle nehmen. Crème double, Rum und Eigelbe unterschlagen. Mit einem Teigschaber die Sauce von der Topfwand abstreifen. Zudecken, um Hautbildung zu vermeiden, und beiseite stellen.

6 Vor dem Essen den Backofen auf 230 °C (Umluft 210 °C; Gas Stufe 5) vorwärmen. Ein Backblech mit erhöhten Rändern im Ofen vorwärmen.

7 Sobald der Hauptgang beendet ist, das Eiweiß mit den Schneebesen eines Elektroquirls steif schlagen, bis sich Spitzen formen lassen. 1 EL Zucker zugeben und erneut schlagen, bis der Eischnee steif ist und glänzt.

8 Einen großen Löffel Eiweiß unter die Schokoladensauce heben, dann vorsichtig das restliche Eiweiß untermengen. Die Mischung in die Souffléförmchen geben und die Förmchen auf das Blech im Ofen stellen.

9 8–10 Minuten backen, bis die Soufflés gut aufgegangen und gerade gestockt sind; in der Mitte sollten sie noch weich und klebrig sein. Aus dem Backofen nehmen, mit Puderzucker bestreuen und sofort servieren.

VARIANTE
Für ein alkoholfreies Soufflé den Rum weglassen und stattdessen fein geriebene Orangenschale unter die Sauce schlagen.

NÄHRWERT PRO PORTION (BEI 4 PORTIONEN):
475 kcal/1995 kJ; 53 g Kohlenhydrate;
9 g Eiweiß; 24 g Fett (davon 13 g gesättigte
Fettsäuren); Vitamine: A, B-Gruppe und E.

GUT ZU WISSEN

Das Eiweiß in einer sauberen, trockenen Schüssel mit einem trockenen Schneebesen schlagen, sonst wird es nicht steif. Der Ofen muss sehr heiß sein.

HEISSE HIMBEERSOUFFLÉS

Himbeeren verleihen diesen Soufflés Farbe und einen köstlichen Geschmack.
Das Dessert muss ofenheiß verzehrt werden, dann zergeht es auf der Zunge.

ZEIT: 25 MINUTEN
4 PORTIONEN

nach Belieben Vanillezucker
115 g feinster Zucker
1 knapper EL Butter, zimmerwarm
250 g frische Himbeeren
nach Belieben 1 EL Kirschwasser
Eiweiß von 4 großen Eiern
1 EL Puderzucker zum Bestreuen
Crème double

1 Bevor Sie mit dem Hauptgang beginnen, den Ofen auf 190 °C (Umluft 170 °C; Gas Stufe 3) vorwärmen. Nach Belieben Vanillezucker unter den Zucker mischen. 4 Souffléförmchen mit 200 ml Inhalt mit Butter ausfetten und mit Zucker ausstreuen; Überschuss herausschütten. Die Förmchen auf ein Backblech stellen.

2 Mit einem Löffel die frischen Himbeeren durch ein Edelstahl- oder Plastiksieb streichen. Nach Belieben das Kirschwasser hineinrühren.

3 Sobald Sie den Hauptgang beendet haben, die Eiweiße mit den Schneebesen eines Elektroquirls steif, aber nicht trocken schlagen. Nach und nach den restlichen Zucker zufügen und weiter schlagen, bis der Eischnee glänzt.

4 Das Himbeerpüree vorsichtig mit dem Eischnee vermengen und in die Förmchen füllen. Mit einem Löffel eine Spitze ziehen. Auf der mittleren Schiene des Ofens 12 – 14 Minuten backen, bis die Soufflés gut aufgegangen und gerade gestockt sind.

5 Die Soufflés aus dem Ofen nehmen, mit Puderzucker gleichmäßig bestreuen und mit der Crème double servieren.

NÄHRWERT PRO PORTION: 401 kcal/1684 kJ;
38 g Kohlenhydrate; 5 g Eiweiß; 26 g Fett
(davon 16 g gesättigte Fettsäuren); Vitamine:
A, B-Gruppe, C und E.

DREI NACHSPEISEN MIT JOGHURT

MANGO BRÛLÉE

*Die Mangos werden mit
Rum getränkt und
unter einer Haube aus
Joghurt und goldbraunem
Zucker serviert.*

**ZEIT: 20 MINUTEN
4 PORTIONEN**

2 große Mangos, je etwa 400 g
2 EL Rum
½ TL gemahlener Zimt
350 g griechischer Joghurt
85 g Demerara-Zucker

1 Den Grill stark vorheizen.
2 Die Mangos schälen (siehe Kasten unten) und das Fruchtfleisch scheibenweise abschneiden und würfeln. 4 tiefe, feuerfeste Auflaufförmchen jeweils halb mit dem Obst füllen.
3 Das Obst mit dem Rum beträufeln und mit Zimt bestreuen. Den Joghurt darüber geben, glatt streichen und gleichmäßig zuckern.
4 Das Dessert unter dem Grill, etwa 10 cm von der Hitzequelle entfernt, 4–5 Minuten backen, bis der Zucker schmilzt und goldbraun wird. Heiß oder kalt servieren.

VARIANTE
Nehmen Sie anstelle der Mangos Pfirsiche, Bananen oder Erdbeeren.

NÄHRWERT PRO PORTION: 315 kcal/1323 kJ; 52 g Kohlenhydrate; 7 g Eiweiß; 8 g Fett (davon 5 g gesättigte Fettsäuren); Vitamine: A, B-Gruppe, C und E.

HIMBEEREN MIT MÜSLI

*Das knusprige Müsli mit
Rosinen und Mandeln
verträgt sich gut mit den
weichen Himbeeren.*

**ZEIT: 10 MINUTEN
4 PORTIONEN**

350 g Himbeeren
2 EL feinster Zucker
500 g Bio-Joghurt
150 g Müsli oder Knusper-Müsli mit Honig, Rosinen und Mandeln, nach Belieben mehr zum Garnieren
1 EL flüssiger Honig, nach Belieben mehr zum Garnieren

1 Himbeeren und Zucker in einer Schüssel mischen und beiseite stellen.
2 In einer anderen Schüssel den Bio-Joghurt mit dem Müsli oder Knusper-Müsli mischen. Den Honig zugeben und unterrühren.
3 Zwei Drittel der Mischung in 4 weite Schälchen mit 250 ml Volumen füllen. Die Himbeeren darauf geben; mit dem Rest der Mischung auffüllen. Zum Garnieren mit Honig beträufeln oder mit Müsli bestreuen.

VARIANTE
Gleich serviert ist dieses Dessert knusprig. Für eine weiche, cremige Konsistenz 4 Stunden kühl stellen.

NÄHRWERT PRO PORTION: 318 kcal/1336 kJ; 52 g Kohlenhydrate; 14 g Eiweiß; 7 g Fett (davon 3 g gesättigte Fettsäuren); Vitamine: B-Gruppe, C und E.

ERDBEERWÖLKCHEN

*Zerdrückte Erdbeeren mit
Joghurt, Vanille und
Eischnee sind ein luftig
lockerer Genuss.*

**ZEIT: 20 MINUTEN
4 PORTIONEN**

250 g frische Erdbeeren
70 g feinster Zucker
Eiweiß von 2 großen Eiern
250 g gekühlter, griechischer Joghurt
1 Fläschchen Vanille-Aroma

1 Die Erdbeeren waschen, trocknen und putzen, dabei 4 ganze Früchte zum Garnieren beiseite legen. Die geputzten Früchte in eine Schüssel geben, mit 1 EL Zucker bestreuen und mit einer Gabel zerdrücken.
2 In einer großen, trockenen Rührschüssel die Eiweiße zu weichem Schnee schlagen, dann nach und nach den restlichen Zucker zugeben. Nach jeder Zugabe weiter schlagen, bis eine feste Masse entsteht.
3 Mit einem Metalllöffel Joghurt und Vanille-Aroma behutsam unter die Masse heben.
4 Die zerdrückten Erdbeeren zusammen mit dem entstandenen Saft in die Masse rühren. Nicht zu kräftig rühren, weil sonst die luftig-lockere Konsistenz verloren geht.
5 In 4 Schälchen mit 200 ml Volumen füllen und mit den ganzen Erdbeeren garnieren. Sofort servieren oder 2–3 Stunden kühl stellen.

VARIANTE
Die Erdbeerwölkchen mit einigen gerösteten Nüssen bestreuen.

NÄHRWERT PRO PORTION: 165 kcal/693 kJ; 23 g Kohlenhydrate; 6 g Eiweiß; 6 g Fett (davon 3 g gesättigte Fettsäuren); Vitamine: B-Gruppe, C und E.

SO GEHT'S LEICHTER!

Um Mangos zu schälen, die Schale viermal der Länge nach so einschneiden, dass Segmente gleicher Größe entstehen; das Fruchtfleisch dabei nicht einschneiden. Eine Gabel am Stielende einstechen und die Frucht festhalten. Die Schale mit einem Messer und dem Daumen anheben und vorsichtig abziehen.

JOGHURTGENÜSSE: HIMBEEREN MIT MÜSLI (OBEN), ERDBEERWÖLKCHEN (MITTE), MANGO BRÛLÉE (UNTEN)

BIRNENBAISER

*Würzige, pochierte Birnen werden mit einem federleichten
Vanillebaiser gekrönt und mit einer Rotweinsauce serviert.*

ZEIT: 30 MINUTEN **4 PORTIONEN**	**250 g feinster Zucker**
	½ Zimtstange **oder ¼ TL gemahlener Zimt**
4 große, feste, reife Birnen	**Eiweiß von 2 großen Eiern**
Butter zum Einfetten	**⅓ Fläschchen Vanille-Aroma**
1 Zitrone	**25 g gehobelte Mandeln**
400 ml Rotwein	**2 EL Puderzucker**

1 Die Birnen schälen, halbieren und entkernen. Den Backofen auf 220 °C (Gas Stufe 4–5) vorheizen. Eine flache, feuerfeste Form einfetten. Die Form soll so groß sein, dass die halbierten Birnen gerade hineinpassen.

2 Die Zitrone auspressen und den Saft in einen Topf oder eine Bratpfanne mit Deckel gießen. Das Kochgeschirr soll so groß sein, dass die Birnenhälften in einer Lage hineinpassen. Wein, 6 EL Zucker und Zimt dazugeben. Zum Kochen bringen, dann die Hitze reduzieren.

3 Die Birnenhälften in den schwach köchelnden Rotweinsirup legen und etwa 10 Minuten pochieren, bis sie gerade weich sind, dabei gelegentlich mit dem Sirup begießen.

4 Inzwischen das Baiser herstellen. Dazu das Eiweiß in eine saubere, trockene Schüssel geben und mit den Schneebesen eines Elektroquirls steif, aber nicht trocken schlagen. Den Rest des Zuckers esslöffelweise einstreuen. Nach jeder Zugabe gut schlagen. Vanille-Aroma zugeben und den Eischnee schlagen, bis er fest ist.

5 Die Birnen mit einem Schaumlöffel aus dem Kochgeschirr nehmen. Den Saft abtropfen lassen, das Obst mit der Schnittseite nach oben in die Form legen und auf jede Birnenhälfte etwas Eischnee geben. Mit den gehobelten Mandeln bestreuen und den Puderzucker darüber sieben, dann auf der mittleren Schiene des Ofens 5 Minuten leicht bräunen.

6 Inzwischen die Weinsauce zu einem dicken Sirup einkochen lassen. Gegebenenfalls die Zimtstange entfernen; den Sirup in einen Krug gießen.

7 Die Birnen vorsichtig aus dem Backofen nehmen, sodass die Baisers nicht abrutschen. Mit der Rotweinsauce servieren.

VARIANTE
Nehmen Sie statt Birnen Tafeläpfel, Pfirsiche oder frische Ananasringe. Der Rotwein kann durch Wasser ersetzt werden.

NÄHRWERT PRO PORTION: 451 kcal/1894 kJ; 90 g Kohlenhydrate; 4 g Eiweiß; 4 g Fett (davon 0,3 g gesättigte Fettsäuren); Vitamine: B-Gruppe und E.

CLAFOUTIS MIT APRIKOSEN

Bei diesem französischen Auflauf garen Aprikosen unter einem ungewöhnlichen Teig mit Fruchtsaft und saurer Sahne. Das Ergebnis ist ein wärmendes, sättigendes Dessert.

ZEIT: 30 MINUTEN
4–6 PORTIONEN

Butter zum Einfetten
und 1 EL Butter für den Guss

800 g Aprikosenhälften
im eigenen Saft aus der Dose

150 g saure Sahne

100 g Mehl

2 große Eier

100 g hellbrauner, weicher Zucker

einige Tropfen Vanille-Aroma

Crème fraîche
oder Crème double

1 Den Backofen auf 200 °C (Umluft 180 °C; Gas Stufe 3–4) vorheizen und eine flache, feuerfeste Form mit 25–30 cm Ø mit Butter einfetten.

2 Die Aprikosenhälften abtropfen lassen, dabei den Fruchtsaft auffangen und davon 100 ml abmessen. Die Früchte mit der Schnittseite nach unten in die Form legen.

3 Für den Teig die saure Sahne in den abgemessenen Fruchtsaft rühren. Das Mehl in eine zweite Schüssel geben und in die Mitte eine Vertiefung drücken. Die Eier, 75 g Zucker und das Vanille-Aroma in die Mulde geben und mit dem Mehl schnell zu einem glatten Teig verschlagen. Nach und nach die Mischung aus Aprikosensaft und saurer Sahne unter den Teig schlagen.

4 Den Teig über die Aprikosen in der Form gießen und den Auflauf 20 Minuten im Ofen backen.

5 In der Zwischenzeit den Guss zubereiten. Dazu 1 EL Butter und den restlichen Zucker in einer kleinen Schüssel mit einer Gabel vermengen.

6 Nach 15 Minuten Backzeit den Auflauf aus dem Ofen nehmen und die Butter-Zucker-Mischung gleichmäßig darauf verteilen. Den Auflauf weitere 5 Minuten backen, bis der Teig goldbraun und aufgegangen ist.

7 Das Dessert heiß mit Crème fraîche oder Crème double servieren.

VARIANTE

Den Guss weglassen. Stattdessen den Auflauf vor dem Servieren mit Puderzucker bestreuen oder mit einem Aprikosenlikör (Apricot Brandy) beträufeln. Die Aprikosen kann man durch schwarze Kirschen ersetzen.

NÄHRWERT PRO PORTION (BEI 4 PORTIONEN): 555 kcal/2.331 kJ; 65 g Kohlenhydrate; 10 g Eiweiß; 31 g Fett (davon 18 g gesättigte Fettsäuren); Vitamine: A, B-Gruppe, C und E.

GEBACKENE MANDELBIRNEN

Für dieses leckere Dessert werden die Birnen in Sirup gebacken und bekommen einen knusprigen Belag aus Mandelgebäck oder goldfarbenen, gerösteten Mandeln.

ZEIT: 30 MINUTEN
4 PORTIONEN

50 g Butter, zimmerwarm

1 EL feinster Zucker

4 große, feste, reife Birnen

4 EL Weißwein oder Orangensaft

85 g Aprikosenmarmelade
oder 2 EL Honig

6 Amaretti (italienische
Mandelmakronen)
oder 70 g geschälte Mandeln

Schlagsahne oder griechischer Joghurt

1 Den Backofen auf 200 °C (Umluft 180 °C; Gas Stufe 3–4) vorheizen. Eine runde, flache, feuerfeste Form mit der Hälfte der Butter einfetten und mit dem Zucker ausstreuen.

2 Die Birnen schälen und halbieren, anschließend längs in 1 cm dicke Schnitze schneiden und überlappend in die Form legen.

3 Den Weißwein oder Orangensaft mit der Aprikosenmarmelade oder dem Honig vermengen und über die Birnen gießen.

4 Die Amaretti mit einer Teigrolle zerdrücken oder die Mandeln fein hacken. Die Makronen oder die gehackten Mandeln über die Birnen streuen. Die restliche Butter in Flöckchen gleichmäßig auf die Birnen setzen. Im Ofen 15–20 Minuten backen, bis die Birnen weich und die Makronen oder Mandeln leicht gebräunt sind. Mit Sahne oder griechischem Joghurt servieren.

VARIANTE

Für ein noch schnelleres Dessert die frischen halbierten Birnen durch Dosenware ersetzen. Statt Wein kann man 2 EL Saft aus der Dose mit 2 EL Orangensaft mischen.

NÄHRWERT PRO PORTION: 490 kcal/2058 kJ; 42 g Kohlenhydrate; 2 g Eiweiß; 35 g Fett (davon 22 g gesättigte Fettsäuren); Vitamine: A, B-Gruppe und E.

GEWÜRZPFIRSICHE MIT MASCARPONE

Die Schärfe einer Chilischote unterstreicht die köstliche Süße der Pfirsiche in diesem Dessert.
Der gesüßte Mascarpone ist eine erfrischende und kühle Alternative zu Schlagsahne.

ZEIT: 25 MINUTEN
4 PORTIONEN

125 g feinster Zucker
2 Sternanis
1 Stück Zimt (1 cm lang)
1 frische rote Chilischote
2 dünne Scheiben frischer Ingwer
1 unbehandelte Zitrone
1 kg feste, aber reife Pfirsiche
175 g Mascarpone

1 Wasser zum Kochen bringen. 150 ml Wasser in einen großen Topf gießen, den Zucker bis auf 2 TL, Sternanis, Zimt, Chilischote und Ingwer zufügen. Über mittlerer Hitze unter Rühren den Zucker auflösen, dann zum Kochen bringen.

2 Die Zitrone waschen und trocknen; 3 dünne Streifen Schale abschneiden. In den Sirup geben, die Hitze reduzieren und köcheln lassen.

3 Die Pfirsiche halbieren und entsteinen. In eine Schüssel legen, mit kochendem Wasser bedecken und 1–2 Minuten stehen lassen, dann abgießen und enthäuten. Die Hälften jeweils in 4–6 Schnitze schneiden und in den Sirup legen.

4 Die Pfirsiche zum Kochen bringen, dann die Hitze reduzieren und die Früchte etwa 5 Minuten köcheln lassen, bis sie gerade weich sind.

5 In der Zwischenzeit den restlichen Zucker in den Mascarpone rühren. Die Zitrone auspressen. Die Pfirsiche von der Kochstelle nehmen und den Zitronensaft dazugeben. Auf Schälchen verteilen und heiß oder kalt mit Sirup und Mascarpone servieren.

VARIANTE
Warm harmoniert dieses Dessert ausgezeichnet mit Pfannkuchen, Waffeln oder Eiscreme.

NÄHRWERT PRO PORTION: 403 kcal/1693 kJ; 54 g Kohlenhydrate; 4 g Eiweiß; 21 g Fett (davon 13 g gesättigte Fettsäuren); Vitamine: B-Gruppe und C.

EIS MIT PFIFF

*Cremiges Speiseeis und fruchtige Sorbets sind die Grundlage
für köstliche Desserts, die Sie mit phantasievollen Saucen
und Garnierungen in wenigen Minuten in raffinierte
Eisspezialitäten verwandeln können.*

Vanilleeis mit Karamellsauce

In einem großen Topf Wasser zum Kochen bringen. Einen Riegel Mars in dünne Scheiben schneiden und in eine kleine Schüssel geben. 150 ml Milch hinzufügen. Den Topf mit dem heißen Wasser von der Hitze nehmen, die Schüssel mit dem Mars hineinstellen und die Scheiben unter Rühren schmelzen lassen. Die heiße Masse über das Eis gießen. Wenn Sie die Sauce lieber etwas dickflüssiger mögen, nehmen Sie anstelle der Milch Crème double.

Vanilleeis mit Marshmallow-Sauce

In einem großen Topf Wasser zum Kochen bringen. 100 g große weiße Marshmallows und 2 EL Schlagsahne in eine Schüssel geben, den Topf mit dem heißen Wasser von der Hitze nehmen und die Schüssel in das Wasserbad stellen. Langsam rühren, bis die Marshmallows geschmolzen sind, und die heiße Sauce sofort über das Eis gießen.

Zitronensorbet mit Rotwein-Butter-Sauce

50 g Butter, 50 g feinsten Kristallzucker und 4 EL Rotwein in einen Topf geben und die Mischung unter ständigem Rühren erhitzen. Etwas abkühlen lassen und vor dem Servieren noch einmal gut verquirlen.

Vanilleeis mit Schwarzkirschsauce

400 g entsteinte Schwarzkirschen aus der Dose oder aus dem Glas mit der Hälfte des Saftes in einen kleinen Topf geben und langsam erwärmen. 1 EL Kirschwasser einrühren. Auf 4 Portionsteller je einen Brownie (siehe S. 305) oder eine andere Schokoladenschnitte mit Nüssen legen und eine Kugel Vanilleeis

darauf legen. Die heiße Kirschsauce darüber gießen und nach Belieben mit Schlagsahne servieren.

Passionsfruchteis mit Lemon-Curd-Sauce

2 Passionsfrüchte schälen, das Fruchtfleisch klein schneiden und im Mixer pürieren. 500 g Vanilleeis etwas antauen lassen, mit dem Fruchtmus vermengen und wieder ins Gefrierfach stellen. 200 g Lemon Curd (eine englische, im spezialisierten Feinkosthandel erhältliche Fruchtpaste mit Zitronengeschmack) leicht erwärmen und mit Schlagsahne mischen, bis eine dünnflüssige Sauce entsteht. Die Sauce vor dem Servieren auf Zimmertemperatur abkühlen lassen.

Schokoladeneis mit Mandeln, Rosinen und Marshmallows

20 g gehackte Mandeln in einer Pfanne leicht anrösten. 20 g blaue, kernlose Weintrauben, 40 g Mini-Marshmallows und die Mandeln mit 500 g leicht angetautem Schokoladeneis verrühren. 10 Minuten ins Gefrierfach stellen. Vor dem Servieren Schlagsahne und Schokoladensauce darüber geben und mit Schokoladenstreuseln garnieren.

Vanilleeis mit Himbeersauce

350 g frische oder tiefgefrorene Himbeeren im Mixer pürieren. Durch ein Sieb streichen und mit Puderzucker süßen. Nach Belieben Zitronensaft als Geschmacksverstärker dazugeben.

KALT UND KÖSTLICH:
SCHOKOLADENEIS MIT MANDELN, ROSINEN UND MARSHMALLOWS (LINKS), ZITRONENSORBET MIT ROTWEIN-BUTTER-SAUCE (MITTE), VANILLEEIS MIT KARAMELLSAUCE (RECHTS)

GEGRILLTE FRUCHTSPIESSE MIT HONIG

Tropische und heimische Früchte werden in Honig und Nussöl mariniert und auf Spießen gegrillt:
ein ungewöhnliches Dessert, das man nach Belieben mit gerösteten Haselnüssen verfeinert.

ZEIT : 30 MINUTEN
4 PORTIONEN

1 unbehandelte Limone
2 EL flüssiger Honig,
vorzugsweise Akazienhonig
2 EL Haselnuss- oder Walnussöl
1 feste Birne, vorzugsweise Williams
1 kleine, nicht ganz reife Banane
2 Ananasscheiben, frisch
oder aus der Dose
8 große, feste Erdbeeren
1 kleine Sternfrucht
nach Belieben
25 g gehackte Haselnüsse
150 g Crème double,
nach Geschmack gesüßt

1 Die Limone waschen und die Schale in eine große, flache Schüssel reiben. Den Saft auspressen, mit Honig und Nussöl in die Schüssel geben und mischen.

2 Das Obst in diese Marinade legen: Die Birne waschen, trocknen, vierteln und entkernen; die Viertel halbieren. Die Banane schälen und in 4 Stücke schneiden. Die Ananasscheiben abtropfen lassen und halbieren. Die Erdbeeren waschen, putzen und trocknen. Die Sternfrucht waschen und trocknen, die Enden abschneiden, die Kanten mit einem Gemüseschäler entfernen, dann die Frucht in 4 Scheiben schneiden.

3 Die Früchte 10 Minuten ziehen lassen; inzwischen den Grill auf mittlerer Stufe vorheizen.

4 Das Obst auf 4 Metallspieße von 25 cm Länge stecken, dabei folgende Reihenfolge einhalten: Ananas, Erdbeere, Birne, Banane, Erdbeere, Birne, Sternfrucht. Die Sternfrucht waagrecht aufspießen.

5 Die Spieße auf den Grillrost legen und mit der Marinade bestreichen. Die Früchte 3 Minuten grillen, erneut mit der Marinade bestreichen und nochmals 2 Minuten grillen. Die Spieße wenden und den Vorgang wiederholen, bis das Obst goldbraun und stellenweise knusprig ist.

6 Während das Obst grillt, nach Belieben die Haselnüsse rösten. Die Fruchtspieße auf einen Servierteller legen und mit den gerösteten Nüssen gleichmäßig bestreuen. Mit Crème double servieren.

VARIANTE
Im Sommer können Sie die Spieße im Freien grillen.

NÄHRWERT PRO PORTION: 330 kcal/1386 kJ; 30 g Kohlenhydrate; 2 g Eiweiß; 24 g Fett (davon 12 g gesättigte Fettsäuren); Vitamine: B-Gruppe, C und E.

GUT ZU WISSEN

Obst wird beim Grillen weich. Damit die Früchte nicht vom Spieß fallen, die Stücke groß genug schneiden.

GEGRILLTE FEIGEN

Dieses köstliche Dessert besteht aus frischen Feigen, die im eigenen Saft unter dem Grill garen und mit Crème fraîche serviert werden.

ZEIT: 20 MINUTEN
4 PORTIONEN

| 1 EL Butter zum Einfetten |
| 8 große, frische Feigen |
| 1 Zitrone |
| nach Belieben einige Tropfen Rosenwasser |
| 6 EL feinster Zucker |
| 6 EL Crème fraîche |

1 Den Grill auf höchster Stufe 10 Minuten vorheizen. Eine kleine, feuerfeste Form leicht einfetten.
2 Die Feigen waschen, trocknen, entstielen und halbieren.
3 Die Zitrone in eine kleine Schüssel auspressen und nach Belieben einige Tropfen Rosenwasser zum Saft geben. Die Feigen im Saft wenden, dann mit der Schnittfläche nach unten in die gebutterte Form legen und mit 3 EL Zucker bestreuen.
4 Die Feigen 4 Minuten unter dem Grill backen. Wenden, die Schnittflächen mit 3 EL Zucker bestreuen und weitere 2 – 3 Minuten grillen. Sehr heiß im Saft mit Crème fraîche servieren.

NÄHRWERT PRO PORTION: 311 kcal/1306 kJ; 36 g Kohlenhydrate; 2 g Eiweiß; 18 g Fett (davon 12 g gesättigte Fettsäuren); Vitamine: B-Gruppe.

PFLAUMEN MIT HAFERSTREUSELN

*Diese herzhafte Nachspeise wird im Ofen gebacken und besteht aus süßen, pochierten Pflaumen
mit einem Belag aus knusprigen Haferflocken, gehackten Nüssen, Gewürzen und Zucker.*

**ZEIT: 30 MINUTEN
4 PORTIONEN**

900 g reife, aber feste Pflaumen
120 g feinster Zucker
60 g Butter
1 TL Lebkuchengewürz
120 g grobe Haferflocken
60 g Demerara-Zucker
60 g gemischte, gehackte Nüsse
Schlagsahne oder Eiscreme

1 Den Backofen auf 230 °C (Umluft 210 °C; Gas Stufe 5) vorheizen. Die Pflaumen waschen, trocknen, halbieren und entsteinen.

2 Die Pflaumen in eine 5 cm tiefe, feuerfeste Kasserolle mit 20 cm Ø legen. 2–3 EL Wasser und den feinen Zucker zugeben. Zudecken und die Pflaumen unter gelegentlichem Rühren bei mittlerer Hitze 8–10 Minuten pochieren, bis sie weich zu werden beginnen.

3 Inzwischen die Butter in einer Pfanne erhitzen. Lebkuchengewürz, Haferflocken, Demerara-Zucker und gehackte Nüsse darin verrühren.

4 Die Haferflockenmischung gleichmäßig über den Pflaumen verteilen. Im Ofen 12–15 Minuten backen, bis die Haferflocken goldbraun sind;
darauf achten, dass sie nicht zu dunkel werden. Wahlweise mit Schlagsahne oder Eiscreme servieren.

NÄHRWERT PRO PORTION: 679 kcal/2852 kJ; 87 g Kohlenhydrate; 9 g Eiweiß; 35 g Fett (davon 17 g gesättigte Fettsäuren); Vitamine: A, B-Gruppe und E.

GUT ZU WISSEN

Falls Sie keine feuerfeste Kasserolle haben, die Pflaumen zuerst in einem Topf auf dem Herd garen und dann in einer Auflaufform in den Ofen geben.

OFENSCHLUPFER MIT OBST

*Bunte Sommerfrüchte verwandeln diese herzhafte traditionelle Süßspeise in
ein originelles Dessert – ein gelungener Abschluss für ein festliches Essen.*

ZEIT: 30 MINUTEN
4 PORTIONEN

350 ml Vollmilch

300 g gemischte
TK-Sommerfrüchte

50 g Butter, zimmerwarm

8 mitteldicke Scheiben
Kastenweißbrot

3 EL Demerara-Zucker

2 große Eier

1/3 Fläschchen Vanille-Aroma

1 Muskatnuss zum Reiben

1 EL Puderzucker

frische Schlagsahne
oder griechischer Joghurt

1 Den Backofen auf 220 °C (Umluft
200 °C; Gas Stufe 4–5) vorheizen.
Die Milch in einem Topf erwärmen,
aber nicht kochen lassen. TK-Früchte
auf einem Teller etwas antauen lassen.

2 4 ofenfeste Förmchen mit jeweils
300 ml Volumen mit Butter ausfetten.
3 Die Rinde von den Brotscheiben
abschneiden. Die Scheiben mit Butter
bestreichen und jede Scheibe in
4 Dreiecke oder Quadrate schneiden.
4 Jeweils einige Stücke leicht nach
oben geneigt in die Förmchen legen.
1 EL Obst darauf geben und etwas
zuckern. Wiederholen, bis Obst und
Brot aufgebraucht sind. Die letzte
Schicht besteht aus Brot.
5 Die Eier in eine Schüssel schlagen
und leicht verquirlen, anschließend
die warme Milch und Vanille-Aroma
unterrühren. Nochmals verquirlen
und die Eier-Milch-Mischung gleichmäßig über das Brot gießen. Ein
wenig Muskatnuss darüber reiben.
6 Die Förmchen auf ein Backblech
stellen und das Dessert im Backofen
in 15 Minuten goldbraun backen.

7 Puderzucker über die fertigen
Ofenschlupfer streuen und mit Sahne
oder griechischem Joghurt servieren.

VARIANTE
Verwenden Sie 2 größere Formen mit
je 500 ml Volumen und stürzen Sie
die fertigen Ofenschlupfer auf Servierteller. Mit Puderzucker bestreuen.

*NÄHRWERT PRO PORTION: 647 kcal/2717 kJ;
52 g Kohlenhydrate; 15 g Eiweiß; 44 g Fett
(davon 25 g gesättigte Fettsäuren); Vitamine:
A, B-Gruppe, C und E.*

GUT ZU WISSEN

*Dieses Gericht kann einige Stunden vor
dem Servieren vorbereitet und im Kühlschrank aufbewahrt werden. 30 Minuten
vor dem Backen herausnehmen.*

HIMMLISCHE GENÜSSE

MASCARPONE MIT SCHOKOLADE UND INGWER

Ein verführerisches Dessert, mit dunklem Rum parfümiert.

ZEIT: 10 MINUTEN
4 PORTIONEN

---

2 Stück in Zuckerlösung kandierter Stem-Ingwer

2 EL Ingwersirup aus dem Glas

3 EL dunkler Rum

100 g dunkle Zartbitterschokolade

125 g Mascarpone

4 Waffelschälchen

---

1 Den Ingwer fein würfeln und mit dem Ingwersirup und dem Rum in eine Schüssel geben. Die Schokolade dazuraspeln und alles gut verrühren.
2 Den Mascarpone sorgfältig untermischen und die Creme möglichst lange kühl stellen; sie wird dabei steif.
3 Die Creme in die Waffelschälchen füllen und servieren.

VARIANTE
Ersetzen Sie den Rum durch Weinbrand, süßen Sherry oder Kaffeelikör.

NÄHRWERT PRO PORTION: 385 kcal/1617 kJ; 34 g Kohlenhydrate; 3 g Eiweiß; 24 g Fett (davon 15 g gesättigte Fettsäuren); Vitamine: E.

ZABAGLIONE

Eigelb, Zucker und Marsala werden über schwacher Hitze aufgeschäumt.

ZEIT: 15 MINUTEN
4 PORTIONEN

---

4 große Eigelb

3 EL feinster Zucker

125 ml Marsala

---

1 Einen Topf 7–8 cm hoch mit Wasser füllen und das Wasser zum Köcheln bringen.

2 Eigelb und Zucker in einer feuerfesten Rührschüssel, die auf den Topf passt, leicht cremig schlagen.

3 Die Rührschüssel über den Topf mit dem köchelnden Wasser stellen, den Marsala zugießen und weiterschlagen, bis die Mischung dick ist und sich weiche Spitzen formen lassen. Die Zabaglione in große, schlanke Gläser füllen und servieren.

VARIANTE

Ersetzen Sie für eine alkoholfreie Zabaglione den Marsala durch Orangensaft und rühren Sie 1 TL fein geriebene Orangenschale ein.

NÄHRWERT PRO PORTION: 177 kcal/743 kJ; 12 g Kohlenhydrate; 3 g Eiweiß; 6 g Fett (davon 2 g gesättigte Fettsäuren); Vitamine: B-Gruppe und E.

KASTANIENCREME MIT WEINBRAND

Mit Crème double und Weinbrand ist Kastanienpüree ein Genuss.

ZEIT: 20 MINUTEN
4 PORTIONEN

250 g ungesüßtes Kastanienpüree aus der Dose
2 EL Weinbrand
2 EL Puderzucker
225 g Crème double
50 g Zartbitterschokolade

1 Das Kastanienpüree mit dem Weinbrand und dem Puderzucker in eine große Rührschüssel geben und mit den Schneebesen eines Elektro-

quirls oder von Hand zu einer glatten Mischung verschlagen.

2 Die Crème double schlagen, bis sich weiche Spitzen formen lassen, und unter die Mischung rühren.

3 Die Schokolade raspeln und zur Hälfte in die Mischung geben. Auf 4 Gläser verteilen und die restliche Schokolade darüber streuen. Vor dem Servieren 15 Minuten kühl stellen.

NÄHRWERT PRO PORTION: 486 kcal/2041 kJ; 42 g Kohlenhydrate; 4 g Eiweiß; 32 g Fett (davon 19 g gesättigte Fettsäuren); Vitamine: A, B-Gruppe und E.

LEMON CURD MIT CRÈME DOUBLE

Crème double verwandelt einfachen Lemon Curd in ein köstliches Dessert.

ZEIT: 12 MINUTEN
4 PORTIONEN

½ Glas Lemon Curd (Feinkostladen)
150 g Crème double
Eiweiß von einem großen Ei
Salz
1 Vollkornkeks oder Cantuccino (italienischer Mandelkeks)

1 Den Lemon Curd in eine Schüssel geben. Die Crème double schlagen, bis sich weiche Spitzen formen lassen, und unter den Lemon Curd heben.

2 Das Eiweiß mit einer Prise Salz verschlagen, bis sich weiche Spitzen formen lassen, und vorsichtig unter die Lemon-Curd-Mischung heben.

3 Auf 4 Schälchen verteilen und so lange wie möglich kühl stellen.

4 Kurz vor dem Servieren den Keks zerkrümeln und etwas davon über jede Portion streuen.

NÄHRWERT PRO PORTION: 313 kcal/1315 kJ; 31 g Kohlenhydrate; 2 g Eiweiß; 21 g Fett (davon 12 g gesättigte Fettsäuren); Vitamine: A, B-Gruppe und E.

EXQUISITE, GEHALTVOLLE DESSERTS:
MASCARPONE MIT SCHOKOLADE UND INGWER (LINKS), ZABAGLIONE (OBEN MITTE), KASTANIENCREME MIT WEINBRAND (UNTEN MITTE), LEMON CURD MIT CRÈME DOUBLE (RECHTS)

FLAMBIERTE ANANAS UND BANANEN

Der Geschmack von zwei beliebten Tropenfrüchten wird mit heißem Rum verfeinert. Schlagsahne oder Eiscreme bildet einen erfrischenden Kontrast in diesem einfachen, aber aromatischen Dessert.

ZEIT: 30 MINUTEN
4 PORTIONEN

1 Ananas, etwa 800 g
25 g Butter
60 g Demerara-Zucker
3 große, reife, feste Bananen
4 EL Rum
Schlagsahne oder Eiscreme

1 Die Ananas schälen, längs halbieren und die holzige Mitte heraustrennen. Jeweils quer in 8 Stücke schneiden, austretenden Saft auffangen.

2 Die Butter mit dem Zucker in einer großen Edelstahl- oder Emaillepfanne bei mittlerer Hitze zum Schmelzen bringen.

3 Die Bananen schälen und zuerst quer, dann längs halbieren.

4 Die Ananas zur Butter-Zucker-Mischung geben und über ziemlich starker Hitze 1–2 Minuten braten. Die Bananen zugeben und weitere 2–3 Minuten garen, bis alles erhitzt ist.

5 Den Rum in die Pfanne gießen und einige Sekunden erhitzen, dann zurücktreten und mit einem Streichholz anzünden. Die Flamme niederbrennen lassen, dabei die Pfanne sehr vorsichtig rütteln. Den aufgefangenen Ananassaft in die Pfanne geben und eine Minute mit erwärmen.

6 Das flambierte Obst auf Einzelteller verteilen und mit Schlagsahne oder Eiscreme servieren.

NÄHRWERT PRO PORTION: 455 kcal/1911 kJ; 49 g Kohlenhydrate; 3 g Eiweiß; 25 g Fett (davon 16 g gesättigte Fettsäuren); Vitamine: A, B-Gruppe, C und E.

RHABARBER- UND ERDBEERKOMPOTT

Süße Erdbeeren und herber Rhabarber, in Orangensaft schonend gegart, sind eine gelungene Kombination.
Mit diesem Rezept können Sie eine sommerliche Obstschwemme für ein erfrischendes Dessert nutzen.

ZEIT: 20 MINUTEN
4 PORTIONEN

| 650 g Rhabarber |
| 60 g feinster Zucker |
| 100 ml Orangensaft |
| 250 g Erdbeeren |
| 200 g Crème double |

1 Den Rhabarber putzen, waschen, in 2,5 cm lange Stücke schneiden und mit dem Zucker und dem Orangensaft in einen großen Topf geben. Zudecken und zum Kochen bringen, dann die Hitze reduzieren und ohne Deckel unter gelegentlichem Rühren 5–6 Minuten köcheln lassen.

2 Während der Rhabarber kocht, die Erdbeeren putzen und waschen. Große Früchte halbieren oder vierteln. Die Erdbeeren zum Rhabarber geben und 4–5 Minuten kochen lassen, bis sie gerade weich sind, aber noch Biss haben.

3 Abschmecken und, falls erforderlich, noch etwas Zucker hinzufügen. Das Kompott in eine Servierschüssel geben und warm mit Crème double servieren.

NÄHRWERT PRO PORTION: 317 kcal/1331 kJ; 24 g Kohlenhydrate; 3 g Eiweiß; 24 g Fett (davon 15 g gesättigte Fettsäuren); Vitamine: A, B-Gruppe, C und E.

GUT ZU WISSEN

Nehmen Sie einen Edelstahl- oder Emailletopf, um den Rhabarber zu kochen; Aluminium verfärbt sich. Ist kein Orangensaft vorrätig, pressen Sie 2 große Orangen aus.

PFIRSICH- UND HIMBEER-KRUSTADEN

Goldene Pfirsiche und rote Himbeeren in einem federleichten Teigbett bringen die ganze Süße des Sommers auf den Tisch.

ZEIT: 30 MINUTEN
4 PORTIONEN

4 feste, reife Pfirsiche
3 EL Himbeermarmelade
60 g Butter
150 g fertig gekaufter Phylloteig
100 g frische Himbeeren
2 EL Puderzucker
Schlagsahne oder Crème fraîche

1 Den Backofen auf 200 °C (Umluft 180 °C; Gas Stufe 3–4) vorheizen. Die Pfirsiche waschen, trocknen, halbieren, entsteinen und in Scheiben schneiden. Die Marmelade bei schwacher Hitze erwärmen und durch ein Sieb in eine Tasse oder ein Auflaufförmchen streichen. Etwas heißes Wasser aus dem Wasserhahn in eine kleine Schüssel geben und die Marmelade im Gefäß hineinstellen, damit sie warm bleibt.
2 Die Butter langsam zerlassen. Den Phylloteig in 12 Rechtecke von ungefähr 25 × 12 cm Größe schneiden; es kommt nicht auf das exakte Maß an, da der Teig gefaltet wird.
3 Ein Backblech mit einem Teil der geschmolzenen Butter ausfetten. Um den Boden einer Krustade herzustellen, ein Stück Teig auf das Blech legen und mit Butter bestreichen. Ein weiteres Stück darauf legen und ebenfalls mit Butter bestreichen, dann mit einem dritten Stück wiederholen. 3 weitere Krustaden ebenso herstellen.
4 Mit den Händen das Teigstück von den Schmalseiten her langsam so zusammenschieben, dass es Falten wirft und ein Rechteck von etwa 15 × 12 cm Größe entsteht.
5 Die Pfirsichscheiben in die Teigfalten legen. Die Himbeeren verlesen und darauf verteilen. Mit warmer Marmelade bestreichen und im Ofen 15–20 Minuten backen, bis der Teig goldbraun und knusprig ist, dann auf 4 Teller geben, mit Puderzucker bestreuen und heiß oder warm mit Sahne oder Crème fraîche servieren.

NÄHRWERT PRO PORTION: 550 kcal/2310 kJ; 49 g Kohlenhydrate; 5 g Eiweiß; 38 g Fett (davon 23 g gesättigte Fettsäuren); Vitamine: A, B-Gruppe, C und E.

HEISSER WALISISCHER BUTTERKUCHEN

Dieser Kuchen wird nach dem Backen mit Butter getränkt und gleich gegessen. Falls Sie der Versuchung widerstehen und ihn erst später genießen, werden Sie feststellen, dass er kalt genauso gut schmeckt.

ZEIT: 30 MINUTEN
8 PORTIONEN

150 g gesalzene Butter,
zimmerwarm

100 g feinster Zucker

3 große Eier

200 g Mehl

2 TL
Backpulver

50 g Sultaninen

1 EL Milch

2 EL Demerara-Zucker

½ TL gemahlener
Zimt

1 Den Backofen auf 190 °C (Umluft 170 °C; Gas Stufe 3) vorheizen. Eine Springform mit 18 cm Ø mit etwas Butter einfetten und den Boden mit Backpapier auslegen.

2 100 g Butter und den Zucker in eine Schüssel geben und mit einem Elektroquirl zu einer leichten und schaumigen Masse verschlagen. Die Eier einzeln zugeben, dann das Mehl mit dem Backpulver unterheben. Die Sultaninen und die Milch zufügen und alles mischen. Die Mischung in die Form füllen und auf der mittleren Schiene des Ofens 15–20 Minuten

backen, bis der Kuchen gut aufgegangen, fest und goldbraun ist.

3 Für den Überzug die restliche Butter, Demerara-Zucker und Zimt in einer Schüssel vermengen.

4 Den fertigen Kuchen aus dem Ofen nehmen und die Buttermasse darauf streichen. Ziehen lassen, dann den Kuchen aus der Form nehmen, in Stücke schneiden und servieren.

NÄHRWERT PRO PORTION: 352 kcal/1478 kJ; 39 g Kohlenhydrate; 8 g Eiweiß; 19 g Fett (davon 10 g gesättigte Fettsäuren); Vitamine: A, B-Gruppe und E.

SELBST GEBACKENES FÜR DIE TEESTUNDE

ENGLISCHE SCONES

Dieses Teegebäck schmeckt heiß aus dem Ofen am besten.

ZEIT: 30 MINUTEN
ERGIBT 9 STÜCK

225 g Mehl
3 gestrichene TL Backpulver
Salz
50 g Butter
150 ml Milch oder Buttermilch und 2 EL Milch

1 Den Backofen auf 220°C (Umluft 200°C; Gas Stufe 4–5) vorheizen. Das Mehl mit dem Backpulver und etwas Salz in eine Schüssel sieben. Mit den Fingern die Butter einarbeiten.
2 In die Mitte des Teigs eine Vertiefung drücken. 150 ml Milch oder Buttermilch hineingießen und alles zu einem weichen, klebrigen Teig verrühren. Auf einer bemehlten Arbeitsfläche einige Sekunden glatt kneten.
3 Den Teig zu einer Kugel formen, dann etwa 2,5 cm dick quadratisch oder rund ausrollen. Mit bemehltem Messer das Quadrat längs und quer je dreimal so schneiden, dass 9 quadratische Stücke entstehen; eine runde Teigplatte in 8 Dreiecke schneiden.
4 Die Scones auf ein bemehltes Backblech legen und mit 2 EL Milch bepinseln. Auf der mittleren Schiene des Ofens 10–15 Minuten backen, bis sie gut aufgegangen und goldbraun sind. Wenn man auf den Boden der Scones klopft, muss es hohl klingen. Mit Butter oder Erdbeermarmelade und Sahne heiß servieren.

VARIANTE
Nachdem Mehl und Butter vermengt sind, 50 g Korinthen oder Sultaninen, 25 g feinsten Zucker und 1/2 TL gemahlenen Zimt zufügen.

NÄHRWERT PRO STÜCK: 137 kcal/575 kJ; 21 g Kohlenhydrate; 3 g Eiweiß; 5 g Fett (davon 3 g gesättigte Fettsäuren); Vitamine: B-Gruppe und E.

SCHOKOLADENMUFFINS

Schon während des Backens duften diese Muffins köstlich.

ZEIT: 30 MINUTEN
ERGIBT 18–20 STÜCK

225 g Mehl
3 TL Backpulver
90 g Demerara-Zucker
3 EL Kakaopulver
Salz
1 Ei
1 1/2 Fläschchen Vanille-Aroma
100 ml Sonnenblumenöl
250 g fettarmer Joghurt
150 g Schokotröpfchen

1 Den Backofen auf 220°C (Umluft 200°C; Gas Stufe 4–5) vorheizen. 18–20 kleine Papierbackförmchen auf ein Backblech stellen.
2 Das Mehl mit dem Backpulver, dem Zucker, 2 EL Kakaopulver und einer Prise Salz in eine Rührschüssel sieben und in die Mitte eine Vertiefung drücken.
3 Das Ei in die Vertiefung schlagen. Vanille-Aroma, Sonnenblumenöl und Joghurt zufügen und alles zu einem glatten Teig schlagen. Zum Schluss die Schokolade unterrühren.
4 Die Mischung in die Förmchen geben und 18–20 Minuten backen, bis die Muffins gut aufgegangen und fest sind, aber auf Fingerdruck noch nachgeben. Aus dem Ofen nehmen, mit 1 EL Kakaopulver bestreuen und noch heiß servieren.

NÄHRWERT PRO STÜCK: 162 kcal/680 kJ; 20 g Kohlenhydrate; 3 g Eiweiß; 8 g Fett (davon 2 g gesättigte Fettsäuren); Vitamine: B-Gruppe und E.

GUT ZU WISSEN

Diese 3 Gebäcksorten eignen sich gut für Überraschungsbesuch. Sie sind im Nu vorbereitet und backen von alleine, während Sie Ihre Gäste willkommen heißen.

FRÜCHTEKÜCHLEIN

Bieten Sie diese weichen Küchlein Ihren Überraschungsgästen an.

ZEIT: 30 MINUTEN
ERGIBT 12 STÜCK

225 g Mehl
2 TL Backpulver
120 g weiche Margarine
1 großes Ei
120 g gemischtes Trockenobst
1–2 EL Milch

1 Den Backofen auf 200°C (Umluft 180°C; Gas Stufe 3–4) vorheizen. Eine Multiform mit 12 Papierbackförmchen auslegen.
2 Mehl und Backpulver in eine Rührschüssel sieben und mit den Fingern die Margarine einarbeiten. Das Ei aufschlagen, mit den restlichen Zutaten zufügen und alles gut mischen. Den Teig in die Förmchen geben.
3 Die Küchlein 15–20 Minuten backen, bis sie gut aufgegangen, goldbraun und fest sind. Aus dem Ofen nehmen und auf einem Kuchengitter abkühlen lassen.

VARIANTEN
Für einen knusprigen Belag die Küchlein vor dem Backen mit etwas Demerara-Zucker bestreuen.
Das gemischte Trockenobst kann durch folgende Mischungen ersetzt werden:
• 50 g gehackte Walnüsse, 1 kleiner, knackiger Tafelapfel, geschält und gerieben, 1/2 TL gemahlener Zimt.
• 75 g gehackte Trockenaprikosen und 50 g gehackte Belegkirschen.

NÄHRWERT PRO STÜCK: 168 kcal/706 kJ; 21 g Kohlenhydrate; 3 g Eiweiß; 9 g Fett (davon 3 g gesättigte Fettsäuren); Vitamine: B-Gruppe.

SCHNELL GEMACHT FÜR DIE TEESTUNDE:
SCHOKOLADENMUFFINS (OBEN LINKS),
FRÜCHTEKÜCHLEIN (OBEN RECHTS),
ENGLISCHE SCONES (UNTEN)

MANDELKEKSE

Ein Teig aus Weizengrieß und ein Belag aus gehackten Mandeln ergeben ein köstliches, knuspriges Gebäck.

ZEIT: 25 MINUTEN
ERGIBT 16 STÜCK

| 1 gehäufter EL gehackte Mandeln |
| 1 Ei |
| 120 g feinster Zucker |
| ½ TL Backpulver |
| 50 g gemahlene Mandeln |
| 120 g Weizengrieß |
| 3–4 Tropfen Bittermandelaroma |
| Puderzucker zum Bestreuen |

1 Den Backofen auf 200 °C (Gas Stufe 3–4) vorheizen. Ein großes oder zwei kleinere Backbleche mit Backpapier auslegen. Die Mandeln fein hacken und beiseite stellen.
2 Ei und Zucker in eine Schüssel geben und dickcremig schlagen. Das Backpulver hineinsieben, dann die gemahlenen Mandeln, Weizengrieß und Mandelaroma unterrühren.
3 Die Mischung mit nassen Fingern zu 16 kleinen Kugeln formen, die jeweils etwas größer als eine Walnuss sind. In die gehackten Mandeln tauchen und mit etwas Zwischenraum – die Mandeln nach oben – auf das Backblech setzen.
4 8–10 Minuten backen, bis das Gebäck aufgegangen und goldbraun ist. Auf dem Backblech eine Minute abkühlen lassen, dann auf ein Kuchengitter geben. Das abgekühlte Gebäck mit Puderzucker bestreuen.

NÄHRWERT PRO STÜCK: 88 kcal/370 kJ; 14 g Kohlenhydrate; 2 g Eiweiß; 3 g Fett (davon 0,3 g gesättigte Fettsäuren); Vitamine: B-Gruppe und E.

ERDNUSSKEKSE

Diese Erdnusskekse schmecken nach Orange. Außen sind sie knusprig, in der Mitte weich und kuchenähnlich.

ZEIT: 25 MINUTEN
ERGIBT 12 STÜCK

| 70 g Butter, zimmerwarm |
| 120 g Mehl |
| 1 TL Backpulver |
| 75 g Demerara-Zucker |
| 75 g grobe Erdnusscreme |
| 1 Ei |
| ½ TL Lebkuchengewürz |
| 1 kleine, unbehandelte Orange |

1 Den Backofen auf 190 °C (Gas Stufe 3) vorheizen. Ein großes Backblech mit Butter einfetten.
2 Mehl, Backpulver, Zucker, die restliche Butter, Erdnusscreme, Ei und Gewürz in eine Rührschüssel geben. Die Orange gründlich waschen; die Schale fein reiben und zufügen. Alle Zutaten zu einer glatten Mischung verschlagen.
3 12 EL Teig mit genügend Zwischenraum auf das Backblech geben.
4 Die Kekse 12–15 Minuten im Ofen backen, bis sie fest und goldbraun sind. 2–3 Minuten auf dem Backblech abkühlen lassen, dann mit einem scharfen Messer abheben und auf ein Kuchengitter setzen. Auf dem Gitter erkalten lassen.

NÄHRWERT PRO STÜCK: 137 kcal/575 kJ; 14 g Kohlenhydrate; 3 g Eiweiß; 8 g Fett (davon 3,5 g gesättigte Fettsäuren); Vitamine: B-Gruppe und E.

GUT ZU WISSEN

Diese Erdnusskekse lassen sich gut einfrieren. Wenn Sie Zeit haben, lohnt es sich, die doppelte Menge zu backen und eine Hälfte einzufrieren.

KNUSPRIGES GEBÄCK:
ERDNUSSKEKSE (LINKS),
MANDELKEKSE (RECHTS)

KOKOSMAKRONEN

Mit ihrem süßen, tropischen Aroma von Kokosnuss, Zimt und Vanille sind diese knusprigen Makronen ein erlesenes Gebäck zu Kaffee oder Tee.

ZEIT: 30 MINUTEN
ERGIBT 18 STÜCK

140 g Kokosflocken
100 g gehackte Nüsse, z. B. Mandeln, Haselnüsse oder Pekannüsse
¹/₂ TL gemahlener Zimt
³/₄ Fläschchen Vanille-Aroma
3 Eiweiß
Salz
125 g feinster Zucker

1 Den Backofen auf 180 °C (Gas Stufe 2–3) vorheizen. 2 Backbleche mit Backpapier auslegen.

2 Kokosflocken, gehackte Nüsse, Zimt und Vanille-Aroma in einer Rührschüssel gut vermengen.

3 Die Eiweiße mit einer Prise Salz in eine andere Rührschüssel geben und mit den Schneebesen des Elektroquirls schlagen, bis sich weiche Spitzen formen lassen. 1 EL Zucker über den Eischnee streuen und die Masse nochmals schlagen, bis die Spitzen glänzen.

4 Den restlichen Zucker über den geschlagenen Eischnee streuen und mit einem Teigschaber vorsichtig unterheben. Dann die Kokosmischung ebenfalls unterheben.

5 Den Teig mit einem Dessertlöffel auf die vorbereiteten Backbleche geben, dabei jeweils 2–3 cm Abstand zwischen den Portionen lassen. Die Makronen in 12–15 Minuten goldbraun backen.

6 Die Makronen 2–3 Minuten auf den Backblechen abkühlen lassen, dann mit einer Palette vom Papier abheben und auf einem Kuchengitter vollständig erkalten lassen.

NÄHRWERT PRO STÜCK: 97 kcal/407 kJ; 10 g Kohlenhydrate; 2 g Eiweiß; 6 g Fett (davon 3 g gesättigte Fettsäuren); Vitamine: B-Gruppe und E.

GUT ZU WISSEN

Sie können diese Makronen bis zu 3 Tage im Voraus für einen besonderen Anlass backen. Lassen Sie das Gebäck abkühlen und bewahren Sie es anschließend in einer luftdichten Dose auf.

BROWNIES MIT WALNÜSSEN

*Warm oder kalt sind Brownies mit Walnusstupfern eine Versuchung, der nur wenige widerstehen können.
Ihr intensiver Schokoladengeschmack macht sie zum Favoriten bei Erwachsenen und Kindern.*

ZEIT: 30 MINUTEN
ERGIBT 24 STÜCK

115 g Butter
40 g Kakao
Salz, 200 g feinster Zucker
2 große Eier
50 g Mehl
½ gestrichener TL Backpulver
1 Fläschchen Vanille-Aroma
50 g Walnussstücke

1 Den Ofen auf 180 °C (Gas Stufe 2–3) vorheizen. Eine Backform von 30 × 20 cm mit Backpapier auslegen.

2 Die Butter in einen Topf geben und über schwacher Hitze schmelzen, dann vom Herd nehmen.

3 Den Kakao in die Butter sieben, eine Prise Salz und den Zucker zugeben und alles vermengen. Die Eier zufügen und die Masse glatt schlagen.

4 Das Mehl mit dem Backpulver zusieben und unterheben. Vanille-Aroma und Walnüsse zufügen und alles leicht verrühren.

5 Die Masse in die Backform geben und 18 Minuten backen, bis sie sich gesetzt hat, aber noch weich ist; sie wird während des Abkühlens fest.

6 Das Gebäck noch lauwarm auf ein großes Brett geben und in quadratische Stücke schneiden.

NÄHRWERT PRO STÜCK: 103 kcal/433 kJ;
11 g Kohlenhydrate; 2 g Eiweiß;
6 g Fett (davon 3 g gesättigte
Fettsäuren); Vitamine:
B-Gruppe und E.

FAMILIENMENÜS FÜR JEDEN TAG

Mit etwas Planung und guter Organisation ist es nicht schwierig, seiner Familie ein schmackhaftes Menü zu servieren, ohne dass man viel Zeit in der Küche verbringt. Neben den hier vorgestellten Anregungen können Sie auch selbst Rezepte aus dem Kochbuch kombinieren und überlegen, welche Schritte Sie bereits im Voraus erledigen können.

GEBACKENER KABELJAU MIT TOMATENPASTE, Seite 112
GRÜNE BOHNEN

·•·

FLAMBIERTE ANANAS UND BANANEN MIT SCHLAGSAHNE, Seite 296

Fischfilets mit einem würzigen Belag, begleitet von einem gehaltvollen Kartoffelpüree und grünen Bohnen. Als Abschluss ein fruchtiges Dessert.

Im Voraus

• Die Ananas schälen und in Scheiben schneiden, die Sahne schlagen und beides in getrennten, zugedeckten Schüsseln kühl stellen.
• Die Kartoffeln schälen und mit kaltem Wasser bedecken. Die grünen Bohnen putzen.

Vor dem Essen

• Den Ofen vorheizen. Die Kartoffeln aufsetzen. Den Fisch vorbereiten und im Ofen backen. Die grünen Bohnen dämpfen.
• In der Zwischenzeit das Dessert vorbereiten: Zucker und Butter in eine Pfanne geben. Ananas, Bananen, Rum und Streichhölzer griffbereit legen.
• Kartoffeln abgießen und mit Knoblauch, Butter und Sahne stampfen. Bohnen abgießen und den Hauptgang servieren.

Nach dem Hauptgericht

• Die Butter und den Zucker schmelzen, die Bananen schälen und würfeln und das Obst mit dem Rum flambieren.

Bei vielen Menüs lassen sich manche Arbeiten im Voraus erledigen, sodass Sie Zeit für die Zubereitung direkt vor dem Essen gewinnen. So können Sie in Ruhe arbeiten und müssen nicht zu viele Schritte fast gleichzeitig erledigen. Die Rezepte sind für vier Personen, doch Sie können mehr oder weniger Portionen zubereiten, indem Sie die Zutatenmenge anpassen.

CASSOULET, Seite 164
BAGUETTE
GRÜNER SALAT

·•·

MANGO BRÛLÉE, Seite 282

Nach einem Bohneneintopf folgt ein Dessert aus saftigem Obst und Joghurt mit einem Belag aus karamellisiertem Zucker.

Im Voraus

• Den Salat putzen und das Dressing aus Essig, Öl und Dijonsenf vorbereiten. Beides getrennt kühl stellen.
• Das Dessert zubereiten und kühl stellen.
• Das Cassoulet zubereiten und kühl stellen.

Vor dem Essen

• Das Cassoulet erhitzen.
• Den Salat anmachen.

SCHWEINEFLEISCH-BURGER MIT GUACAMOLE, Seite 157

GEBACKENE MANDELBIRNEN, Seite 286

Die würzigen Burger mit einer cremig pikanten Sauce bilden einen Kontrast zu dem saftig süßen Nachtisch.

Im Voraus

• Die Burger bratfertig vorbereiten und kühl stellen.
• Die Birnen vorbereiten und mit der Mischung aus Wein und Honig oder Marmelade in eine Backform geben und kühl stellen. Den Mandelbelag vorbereiten und beiseite stellen. Geschlagene Sahne oder Jogurt in einer Servierschüssel kühl stellen.

Vor dem Essen

• Den Backofen vorheizen.
• Die Burger braten und das Guacamole zubereiten.
• Den Mandelbelag auf die Birnen verteilen und das Dessert im Ofen backen.

HÄHNCHENBRUST IN PILZSAUCE, Seite 170
NEUE KARTOFFELN
BROKKOLI

·•·

PFLAUMEN MIT HAFERSTREUSELN, Seite 292

Das leichte Hauptgericht wird durch einen nahrhaften Obstauflauf abgerundet.

Im Voraus

• Die Kartoffeln und den Brokkoli kochfertig vorbereiten.
• Die Pflaumen waschen und kochen, den Streuselbelag vorbereiten und kühl stellen.

Vor dem Essen

• Die Streusel über dem Obst verteilen. Die Sahne schlagen und kühlen.
• Die Kartoffeln kochen. Das Huhn braten und im Ofen warm halten. Den Brokkoli dämpfen. Die Sauce zubereiten, das Gemüse abgießen, das Huhn aus dem Ofen nehmen, die Hitze erhöhen und den Auflauf backen, während das Hauptgericht verzehrt wird.

GEBACKENER KABELJAU MIT TOMATENPASTE (RECHTS), FLAMBIERTES OBST

MAISCREMESUPPE, Seite 40

MEERESFRÜCHTE IN KNUSPERHÜLLE, Seite 107

VANILLEEIS UND BROWNIES MIT SCHWARZKIRSCHSAUCE, Seite 288

Ein Drei-Gänge-Menü, das überraschend einfach zubereitet werden kann und Ihrer Familie als wahrer Festschmaus in Erinnerung bleiben wird.

Im Voraus
• Die Suppe bis einschließlich Schritt 4 vorbereiten und kühl stellen.
• Die Masse für die Meeresfrüchte-küchlein zubereiten und formen. Den Salat vorbereiten und beides kühl stellen.

Vor dem Essen
• Die Kirschen und das Kirschwasser in einen kleinen Topf geben.
• Die Meeresfrüchteküchlein braten und im Ofen warm halten.
• Die Suppe fertig stellen und servieren.

Nach dem ersten Gang
• Die Fischküchlein mit Salat auf Portionstellern anrichten.

Nach dem Hauptgang
• Die Kirschsauce erhitzen und das Dessert fertig stellen.

GEFÜLLTE TORTILLAS MIT KÄSE, Seite 231

EISCREME MIT MARSHMALLOWSAUCE, Seite 288

Die von einer süßen Sauce überzogene Eiscreme ergänzt den pikant gewürzten Hauptgang.

Im Voraus
• Die Füllung für die Tortillas vorbereiten (Schritt 1–3) und kühl stellen.
• Den Salat waschen, trocknen und in Streifen schneiden, den Koriander waschen und trocknen, den Käse reiben und alles kühl stellen. Joghurt oder saure Sahne in eine Schüssel geben und kühlen.

Vor dem Hauptgang
• Die Tortillas mit der aufgewärmten Füllung und dem Salat füllen und in einer feuerfesten Form grillen.
• Die Marshmallows und die Sahne in eine Schüssel geben und – während Sie essen – einen Topf mit Wasser aufkochen.

Nach dem Hauptgang
• Die Marshmallows im Wasserbad schmelzen und über das Eis geben.

PENNE NACH BAUERNART, Seite 203

HIMBEEREN MIT MÜSLI, Seite 282

Für Kinder ist dieses Menü besonders gut geeignet, doch auch Erwachsenen werden das rustikale Nudelgericht und der leckere Nachtisch schmecken.

Im Voraus
• Dessert zubereiten und kühlen.
• Die Sauce vorbereiten.

Vor dem Essen
• Nudeln und Erbsen kochen und die Sauce aufwärmen. Nudeln und Erbsen abgießen und mit der Sauce vermischen. Parmesan darüber reiben und Schnittlauch darüber schneiden.

PUFFER AUS MÖHREN UND KICHERERBSEN, Seite 242

SCHOKOLADENEIS MIT MANDELN, ROSINEN UND MARSHMALLOWS, Seite 288

Die in Hamburger-Brötchen servierten Puffer und das aufwändig dekorierte Eis bilden ein ideales Kindermenü.

Im Voraus
• Das Eis vorbereiten und wieder in das Gefrierfach stellen.
• Einige Salatblätter waschen, trockentupfen und kühlen.

Vor dem Essen
• Puffer machen und in Hamburger-Brötchen mit dem Salat servieren.

MENÜS FÜR BESONDERE ANLÄSSE

Wer mit Freunden oder der Familie etwas feiern will, sich beim Essen an den Urlaub erinnern möchte oder einfach nur Lust auf ein nicht alltägliches Menü hat, findet unter den folgenden Vorschlägen sicher das Passende. Sommergerichte, Vegetarisches, Menüs mit Fisch, Fleisch und Geflügel, Vorschläge für Grillfeste und Brunch-Einladungen und Menüs für den kleinen Hunger – für jeden Geschmack ist etwas dabei.

HÄHNCHEN NACH SPANISCHER ART, Seite 173

ZABAGLIONE, Seite 294

Dieses Menü der Mittelmeerküche lässt Urlaubserinnerungen wach werden.

Vor dem Essen
- Das Hühnergericht vorbereiten.
- Während das Huhn gart, Eigelb und Zucker verquirlen und beiseite stellen. Das Wasserbad vorbereiten.

Nach dem Hauptgericht
- Die Zabaglione zubereiten.

KALTE GURKENSUPPE, Seite 28

KABELJAU AUF GRIECHISCHE ART, Seite 111
REIS
GRÜNER SALAT MIT OLIVEN UND FETA

Die kühle Suppe, der dampfende Fischauflauf mit Tomaten und Zitrone und der pikante Salat bilden eine Speisekombination mit mediterranem Charakter.

In Voraus
- Die Suppe zubereiten und bis zu 8 Stunden kühl stellen.
- Die Salatblätter waschen, trocknen und in eine Schüssel geben, den Feta würfeln, das Dressing herstellen und alles getrennt kühl stellen.

Vor dem Essen
- Den Backofen auf niedriger Stufe vorheizen. Den Fischauflauf zubereiten. Während der Fisch gart, den Reis kochen. Den Fisch und den Reis im Backofen warm halten, während die Suppe serviert wird.

Nach dem ersten Gang
- Den Feta, die schwarzen Oliven und das Dressing mit den Salatblättern vermengen und den Salat mit dem Hauptgang servieren.

GAZPACHO, Seite 29

LAMMNÜSSCHEN MIT SPINAT, Seite 151

OFENSCHLUPFER MIT OBST, Seite 293

Nach der spanischen Suppe und den edlen Lammnüsschen beschließt ein nahrhaftes Dessert das exklusive Menü.

Im Voraus
- Die Suppe vorbereiten und kühlen.
- Die Ofenschlupfer backfertig vorbereiten (die Milch nicht erhitzen) und kühl stellen.

Vor dem Essen
- Den Ofen auf niedriger Stufe vorheizen. Den Hauptgang vorbereiten und warm halten.
- Die Ofenschlupfer aus dem Kühlschrank nehmen.

Nach dem ersten Gang
- Das Fleisch aus dem Ofen nehmen, die Hitze erhöhen und die Ofenschlupfer backen.

KÄSE-TOMATEN-DIP, Seite 52

WEISSFISCH IM KRÄUTERMANTEL, Seite 130
KARTOFFELSALAT NACH SÜDSTAATENART, Seite 102

Ein abwechslungsreiches Menü für die Liebhaber pikanter Genüsse.

Im Voraus
- Den Dip zubereiten und kühlen.
- Den Kartoffelsalat zubereiten und kühlen.
- Den Fisch in den gehackten Kräutern wenden und in den Kühlschrank stellen.

Vor dem Essen
- Den Dip aufwärmen.
- Den Ofen vorheizen, den Fisch braten und warm halten. Den Salat aus dem Kühlschrank nehmen.

MELONE MIT FETA UND RUCOLA, Seite 58

COUSCOUS MIT GARNELEN UND MINZE, Seite 217

PASSIONSFRUCHTEIS MIT LEMON-CURD-SAUCE, Seite 288

Ein erlesenes Dessert krönt dieses ideale Sommermenü.

Im Voraus
- Die Melone, den Salat und die Zucchini vorbereiten und kühlen.
- Die Passionsfrüchte pürieren, mit dem Eis vermengen und ins Gefrierfach stellen.

Vor dem Essen
- Den ersten Gang fertig stellen.
- Den Hauptgang zubereiten und warm halten.

Nach dem Hauptgang
- Die Dessertsauce zubereiten.

GEMÜSE MIT BOHNENSAUCE, Seite 235
(Für 4 Portionen die doppelte Menge nehmen)

CLAFOUTIS MIT APRIKOSEN, Seite 285

Wer gern vegetarisch isst, wird dieses Menü besonders zu schätzen wissen.

Im Voraus
- Das Gemüsegericht bis einschließlich Schritt 2 vorbereiten, die Bohnensauce herstellen und alles kühl stellen.
- Die Aprikosen in einer ofenfesten Form anordnen, den Teig und den Guss zubereiten. Beiseite stellen.

Vor dem Essen
- Den Grill vorheizen.
- Das Gemüse mit Öl bepinseln und grillen, das Brot aufwärmen.
- Den Teig über die Aprikosen gießen und den Nachtisch backen.

LACHSCREME MIT KRÄUTERN, Seite 76

LAMM-KEBAB MIT PITTA-BROT, Seite 154

GEGRILLTE FRUCHTSPIESSE MIT HONIG, Seite 290

Servieren Sie dieses Menü doch einmal bei Ihrem nächsten Grillfest.

Im Voraus

• Die Lachscreme zubereiten und kühl stellen.

• Das Lammfleisch würfeln und auf die Spieße stecken, die Joghurtsauce und den Salat vorbereiten und getrennt kühl stellen.

• Die Marinade für das Obst mischen, die Fruchtspieße fertig stellen, mit der Marinade begießen und kühl stellen.

• Die Haselnüsse rösten.

Vor dem Essen

• Die Lammspieße auf den Grillrost legen; nach 4–6 Minuten wenden. Die Pitta-Brote grillen, aufschneiden, locker in Alufolie wickeln und warm halten. Den Salat anmachen. Die Lachscreme zusammen mit dem Lamm-Kebab servieren.

Nach dem Hauptgang

• Die Fruchtspieße grillen.

AVOCADOCREME MIT BRUNNENKRESSE UND BAGUETTE, Seite 76

BURGER AUS BOHNEN UND PILZEN, Seite 242

HEISSER WALISISCHER BUTTERKUCHEN, Seite 299

Ein nahrhaftes vegetarisches Menü mit einer warmen Nachspeise – genau das Richtige für die kalte Jahreszeit.

Im Voraus

• Die Avocadocreme mit der Brunnenkresse zubereiten, mit Klarsichtfolie bedecken, damit sie nicht braun wird, und kühl stellen.

• Die Zutaten für die Burger mischen und formen. Die Sauce aus roten Zwiebeln zubereiten und kühl stellen.

• Den Kuchenteig vorbereiten und in eine Kuchenform geben. Kühl stellen.

Vor dem Essen

• Den Backofen für den Kuchen vorheizen. Das Baguette im Ofen erwärmen. Die gewürzte Butter zubereiten und bei Zimmertemperatur stehen lassen.

• Die Burger grillen und die Avocadocreme servieren. Die Zwiebelsauce und das Pitta-Brot erwärmen.

• Den Kuchen in den Ofen stellen.

Nach dem Hauptgang

• Die Butter über den Kuchen streichen, einige Minuten einziehen lassen.

LACHSPIZZAS MIT JOGHURT UND DILL, Seite 108

BIRNEN-KÄSE-TOAST, Seite 58

GEMISCHTE BOHNEN MIT SPECK, Seite 263

RHABARBER- UND ERDBEERKOMPOTT, Seite 297

Diese Gerichte eignen sich hervorragend für einen Brunch, bei dem sich jeder selbst bedient.

Im Voraus

• Die Zutaten für den Pizzabelag zubereiten und kühl stellen.

• Das Kompott zubereiten und kühlen.

Vor dem Brunch

• Gemischte Bohnen mit Speck zubereiten. Dieses Gericht kann bei Zimmertemperatur serviert werden.

• Lachspizzas backen.

• Den Birnen-Käse-Toast zubereiten.

SPANISCHER REISTOPF MIT TOMATEN, Seite 224

LEMON CURD MIT CRÈME DOUBLE, Seite 295

Eine spanisch-englische Menükombination, die wegen ihrer kräftigen Aromen gut harmoniert.

Im Voraus

• Das Lemon-Curd-Dessert zubereiten, mit Frischhaltefolie zudecken und kühl stellen.

Vor dem Essen

• Den spanischen Reistopf mit Tomaten zubereiten.

FARFALLE MIT PESTO UND SPECK, Seite 202

EIS MIT HIMBEERSAUCE, Seite 288

Die Nudeln überraschen durch die aparte Beilagenmischung, während der Nachtisch einfach, aber köstlich ist.

Im Voraus

• Die Himbeersauce zubereiten und kühl stellen.

Vor dem Essen

• Das Nudelgericht zubereiten.

MÖHRENSUPPE MIT INGWER, Seite 35

CROISSANTS MIT TRUTHAHNWURST, AVOCADO UND PESTO, Seite 72

Nach der exotischen Suppe gibt es Croissants mit ungewöhnlichem Belag.

Im Voraus

• Die Suppe zubereiten und kühlen.

Vor dem Essen

• Die Croissants belegen.

ERBSENSUPPE MIT GRÜNEM SPARGEL, Seite 36

BAGUETTE MIT BRIE UND WEINTRAUBEN, Seite 72

Eine Vorspeise für Gourmets und knuspriges Brot mit Käse und Obst.

Im Voraus

• Die Suppe kochen und kühlen.

Vor dem Essen

• Die Baguettes zubereiten.

ZUCCHINISUPPE MIT BRUNNENKRESSE, Seite 39

HUMMUS UND DATTELN MIT PITTA, Seite 72

Auf die leichte Suppe folgen nach orientalischer Art gefüllte Brotfladen.

Im Voraus

• Die Suppe zubereiten und kühlen. Hummus und Datteln vorbereiten.

Vor dem Essen

• Das Brot erwärmen und füllen.

WENN GÄSTE KOMMEN

Festliche Menüs mit erlesenen Zutaten und originellen Speisekombinationen sind genau das Richtige, um Gäste zu bewirten oder für ein romantisches Diner bei Kerzenschein. Dass sich diese Gerichte trotz aller Exklusivität schnell zubereiten lassen und darüber hinaus auch noch ein wahrer Augenschmaus sind, macht sie umso verlockender.

TROPISCHER SALAT MIT LIMONENDRESSING, Seite 49

ENTENBRUST MIT BROMBEERSAUCE, Seite 187

NEUE KARTOFFELN MIT CRÈME FRAÎCHE

SCHOKOLADENSOUFFLÉS MIT RUM, Seite 280

Ein exotischer Auftakt, edles Entenbrustfilet mit einer fruchtigen Sauce als Hauptgericht und zum Schluss ein warmes Dessert – ein Menü für höchste Ansprüche!

RÄUCHERFORELLE MIT BIRNE UND RUCOLA, Seite 56

FLEISCHSPIESSE MIT ZWIEBELN, Seite 143

MÖHREN MIT ORANGE UND SESAM, Seite 256

ERDBEERWÖLKCHEN, Seite 282

Eine exquisite Salatkomposition, Fleischspieße von bestem Rumpsteak mit einer zarten Gemüsebeilage und ein luftiges Dessert bilden ein Menü für Genießer.

ZIEGENKÄSESOUFFLÉS, Seite 50
GRÜNER SALAT

THUNFISCHSTEAKS MIT WASABIBUTTER, Seite 114

NEUE KARTOFFELN

GEWÜRZPFIRSICHE MIT MASCARPONE, Seite 287

Soufflés aus Ziegenkäse, Fischsteaks mit einer pikanten Buttermischung und gewürzte Pfirsiche – ein Menü für die Liebhaber starker Aromen.

Im Voraus

- Für den Salat die Brunnenkresse, die Papayas und das Limonendressing zubereiten und alles getrennt kühl stellen.
- Die neuen Kartoffeln putzen, in einen Topf geben und mit kaltem Wasser bedecken.
- Das Soufflé bis einschließlich Schritt 5 vorbereiten.

Vor dem Essen

- Den Backofen vorheizen.
- Das Kartoffelwasser aufkochen. Die Entenbrustfilets und die Sauce zubereiten. Die Kartoffeln abgießen und das Hauptgericht warm halten. Die Avocados vorbereiten, den Salat auf Serviertellern anrichten und mit dem Dressing begießen.

Nach dem ersten Gang

- Die Backofenhitze erhöhen.

Nach dem Hauptgang

- Die Soufflés fertig stellen und backen.

Im Voraus

- Das Dessert zubereiten und kühl stellen.
- Die Forelle und den Salat vorbereiten, das Salatdressing und die Meerrettichsauce herstellen und getrennt kühlen.
- Die Fleischspieße grillfertig zubereiten. Die Sesamsamen rösten.

Vor dem Essen

- Den Grill vorheizen.
- Die Vorspeise vorbereiten und kühl stellen.
- Die Möhren schälen, die Orangensauce zubereiten und die Möhren kochen. Die Fleischspieße grillen. Die Spieße und die Möhren warm halten. Die Rotweinsauce zubereiten. Die Kartoffeln abgießen, stampfen und im Backofen warm halten, während die Vorspeise serviert wird.

Im Voraus

- Die Soufflés zubereiten, den Salat waschen und trocknen. Das Dressing zubereiten. Alles kühl stellen.
- Die Butter zubereiten und kühlen.
- Die Pfirsiche pochieren, den Mascarpone süßen und beides kühlen.

Vor dem Essen

- Die Kartoffeln dämpfen, den Fisch braten und beides warm halten. Den Salat mit den Soufflés anrichten.

SCHOKOLADENSOUFFLÉS MIT RUM (LINKS), TROPISCHER SALAT MIT LIMONENDRESSING (MITTE), ENTENBRUST MIT BROMBEERSAUCE, NEUEN KARTOFFELN UND CRÈME FRAÎCHE (RECHTS)

PAPRIKACREMESUPPE MIT ORANGEN, Seite 31

— •◦• —

LAUCHKUCHEN MIT CHEDDAR, Seite 237
GURKE, BLATTSALATE UND ROTE ZWIEBELN, Seite 98

— •◦• —

GEGRILLTE FEIGEN, Seite 291

Ein vegetarisches Menü, dessen Auftakt Gaumen und Augen erfreut. Nach dem deftigen Hauptgang werden warme Feigen serviert, deren Süße durch das Grillen besonders gut zur Geltung kommt.

Im Voraus
• Die Paprikaschoten waschen, trockentupfen, in Scheiben schneiden und kühl stellen.
• Den Lauch kochen, abgießen und kühlen. Den Blätterteig ausrollen, die Teigform herstellen und kühlen.
• Die Salatzutaten und das Walnuss-öldressing zubereiten und getrennt kühlen.
• Die Feigen vorbereiten, in Zitronensaft und nach Belieben in Rosenwasser wenden und in eine Form legen.

Vor dem Essen
• Die Suppe zubereiten.
• Den Ofen vorheizen. Lauch und Cheddar in die Teigform geben und die Torte backen.

Nach dem ersten Gang
• Den Salat anrichten.
• Den Grill für den Nachtisch vorheizen.

Nach dem Hauptgang
• Die Feigen zuckern und grillen.

AUSTERN VOM GRILL, Seite 60

— •◦• —

SCHWEINEFILET MIT INGWER AUF KRESSE, Seite 159

— •◦• —

ZITRONENSORBET MIT ROTWEIN-BUTTER-SAUCE, Seite 283

Dieses erlesene Menü eignet sich gut für ein Abendessen zu zweit, doch Sie können es auch für mehrere Personen zubereiten.

Im Voraus
• Die Vorspeise grillfertig vorbereiten.
• Die Kartoffeln gut waschen, in Scheiben schneiden und mit kaltem Wasser bedecken. Das Fleisch bratfertig vorbereiten und kühlen. Die Kresse vorbereiten, die Sesamsamen rösten, das Omelett backen. Alles kühlen.
• Die Weinsauce herstellen und beiseite stellen.

Vor dem Essen
• Den Ofen vorheizen und das Omelett darin erwärmen.
• Das Fleisch braten, die Sauce herstellen, beides warm halten. Kartoffeln aufkochen und während des ersten Gangs auf niedriger Hitze garen.
• Die Austern grillen.

Nach dem ersten Gang
• Die Kartoffeln abgießen und das Omelett in Streifen schneiden.
• Sorbet im Kühlschrank antauen.

Nach dem Hauptgang
• Die Weinsauce erwärmen und über das Sorbet geben.

FEIGEN MIT PARMASCHINKEN, Seite 58

— •◦• —

STEAK MIT SCHALLOTTEN IN ROTWEIN, Seite 138
PASTINAKENPÜREE MIT CURRY, Seite 256

— •◦• —

KÄSECREME MIT SHERRY, Seite 69

Ob als Diner mit dem Partner oder als Menü für Gäste – da vieles im Voraus gemacht wird und der Hauptgang schnell zubereitet werden kann, muss man nicht lange am Esstisch fehlen.

Im Voraus
• Pro Portion zwei halbierte Feigen und zwei dünne Scheiben Parmaschinken auf Serviertellern anrichten. Kühl stellen. Die Feigen nach Belieben durch süße Melonenscheiben ersetzen.
• Die Käsecreme mit Sherry zubereiten und kühlen.
• Das Pastinakenpüree zubereiten und kühl stellen.

Vor dem Essen
• Das Püree im Backofen bei niedriger bis mittlerer Stufe erwärmen.

Nach dem ersten Gang
• Die Rotweinsauce zubereiten und das Steak braten.

Während des Hauptgangs
• Falls die Käsecreme mit Baguette serviert wird, das Brot erwärmen.

EXOTISCHE MENÜS

Wer mit der Kochkunst Asiens oder den raffiniert gewürzten Köstlichkeiten der indischen Küche eine Abwechslung auf den Speiseplan bringen möchte, kann mit diesen nicht alltäglichen Menüs seine Familie oder Gäste verwöhnen. Die Gerichte lassen sich auch in größeren Mengen unkompliziert zubereiten und eignen sich daher auch für Einladungen mit mehreren Personen.

THAI-SALAT MIT KOKOSDRESSING,
Seite 88

NUDELSALAT AUF THAILÄNDISCHE ART,
Seite 210

JAKOBSMUSCHELN NACH THAI-ART,
Seite 129

THAILÄNDISCHER RINDFLEISCHSALAT,
Seite 86

Ein typisch thailändisches Menü, bei dem sich unterschiedlichste Aromen verbinden.

INDISCHE KARTOFFELKÜCHLEIN, Seite 74

— •• —

RINDFLEISCH BALTI, Seite 142

INDISCHES HÄHNCHEN MIT SPINAT,
Seite 179

GARNELEN NACH INDISCHER ART MIT REIS, Seite 133

Dieses Menü spiegelt die Vielfalt der indischen Küche wider.

• In der Zwischenzeit Reis kochen und Garnelen zubereiten.
• Reis warm halten, während die Kartoffelküchlein serviert werden.

NUDELSALAT AUF THAILÄNDISCHE ART (OBEN), THAI-SALAT MIT KOKOSDRESSING (MITTE), THAILÄNDISCHER RINDFLEISCH-SALAT (UNTEN LINKS), JAKOBSMUSCHELN NACH THAI-ART (UNTEN)

Im Voraus

• Das Gemüse für den Thai-Salat vorbereiten. Kokosdressing zubereiten und getrennt kühlen.
• Den Nudelsalat zubereiten, dabei Zuckererbsen und Zitronengras für die Muscheln mit vorbereiten. Kühlen.
• Rindfleisch und die Salatzutaten vorbereiten und getrennt kühlen.

Vor dem Essen

• Ofen auf niedriger Stufe vorheizen. Salat mit dem Dressing anmachen.
• Den Nudelsalat aus dem Kühlschrank nehmen.
• Die Jakobsmuscheln garen und im Ofen warm halten.
• Rindfleisch und Zitronengras braten, die heiße Sauce zubereiten und über den Salat geben.

Im Voraus

• Küchlein zubereiten und kühlen.
• Gemüse und Fleisch für das Balti-Gericht vorbereiten und kühlen.
• Das Hähnchengericht bis Schritt 4 vorbereiten. Kühlen.
• Zwiebeln, Knoblauch, Ingwer und Koriander für die Garnelen hacken und kühl stellen.

Vor dem Essen

• Balti-Gericht und Hähnchen zubereiten. Warm halten.

REGISTER

Die Umlaute ä, ö und ü werden wie a, o, u behandelt.

A

Ananas und Bananen, flambierte 296
Äpfel
  Apfel, gebackener, auf Brioche 278
  Apfel-Käse-Toast, überbackener 79
  Apfelringe mit Zimt 279
  Entenbrust, warme, mit Rotwein und Apfel 91
  Hähnchenbrust mit Äpfeln und Weinsauce 180
  Pastinakengemüse mit Apfel 262
  Pastinakensuppe mit Apfel 38
  Salbei-Apfel-Sauce 138
  Schweinefilet mit Äpfeln und Senfsauce 158
  Sellerie mit Apfel 272
  Würstchen mit Äpfeln in Weinsauce 162
  Zucchinigemüse mit Apfel 260
Apfelsinen siehe **Orangen**
Aprikosen, Clafoutis mit Aprikosen 285
Artischocken, Pasta mit dicken Bohnen, Artischocken und Spinat 208
Auberginen
  Auberginentoast 70
  überbackene 250
Aufläufe
  Brokkoli-Blumenkohl-Auflauf 234
  Clafoutis mit Aprikosen 285
  Schinkenauflauf mit Lauch 165
Austern
  geräucherte, mit Bratkartoffeln 118
  vom Grill 60
Avocados
  Avocadocreme mit Brunnenkresse 76
  Avocadocremesuppe mit Kokosmilch 30
  Garnelensalat mit Avocados 53
  Makrele, geräucherte, mit Grapefruit und Avocado 58
  Melonen-Avocado-Salat mit Garnelen 93
  Omelett mit Avocado, Frühlingszwiebel und Tomaten 232
  Salat aus Erdbeeren, Gurke und Avocado 58
  Schweinefleisch-Burger mit Guacamole 157
  Truthahnwurst mit Avocado und Pesto 72

B

Baisers, Birnenbaiser 284
Bananen
  Ananas und Bananen, flambierte 296
  Waffeln mit Früchten und Karamell 277

Bataten siehe **Süßkartoffeln**
Birnen
  Birnenbaiser 284
  Birnen-Käse-Toast 58
  Chicorée mit Birne und Roquefort 94
  Mandelbirnen, gebackene 286
  Milchreis mit Birnen 17
  Parmaschinken mit Birne 50
  Räucherforelle mit Birnen und Rucola 55
Blumenkohl
  Brokkoli-Blumenkohl-Auflauf 234
Bœuf Stroganoff 136
Bohnen
  Bohnen-Lauch-Suppe mit Räucherfisch 42
  Bohnenpüree 17
  Bohnensalat, gemischter 92
  Burger aus Bohnen und Pilzen 242
  Cassoulet 164
  dicke, mit Garnelen und Feta 96
  gemischte, mit Speck 263
  Gemüse mit Bohnensauce 235
  Gratin aus Kidneybohnen und Gemüse 240
  Kartoffelcurry mit grünen Bohnen 253
  Lammkoteletts mit Bohnen 153
  Pasta mit dicken Bohnen, Artischocken und Spinat 208
  Safranpilaw mit dicken Bohnen 219
  Salat, warmer, aus Bohnen und gebräuntem Gemüse 238
Bohnensprossen, Sprossensalat mit Feta und Nüssen 97
Brateringe, schwedische 113
Bratkartoffeln siehe **Kartoffeln**
Bratwurst
  Geflügelbratwürste mit Stiltonpüree 195
  italienische, mit Tomaten 162
Brioches, Apfel, gebackener, auf Brioche 278
Brokkoli
  Brokkoli-Blumenkohl-Auflauf 234
  Fettucine mit Brokkoli 201
  Kabeljausteaks mit Brokkoli 110
Brombeeren, Entenbrust mit Brombeersauce 187
Brunnenkresse
  Avocadocreme mit Brunnenkresse 76
  Schweinefilet mit Ingwer auf Kresse 159
  Zucchinisuppe mit Brunnenkresse 39
Bruschetta
  Knoblauchbrot mit gegrilltem Gemüse 71
  mit Sardinen und Tomaten 118
Bulgur, Bulgurpilaw mit Pilzen 213
Burger
  aus Bohnen und Pilzen 242
  Putenburger 182
  Riesenburger mit Gemüse 156
  Schweinefleisch-Burger mit Guacamole 157
Butterkuchen, heißer walisischer 299

Buttermischungen
  Erbsen in Kräuterbutter 232
  Lachs mit Limonen-Kräuter-Butter 114
  Thunfischsteaks mit Wasabibutter 114

C

Camembert, warmer, mit Preiselbeeren 62
Canard à l'orange 188
Cassoulet 164
Champignons, Wachteln auf Champignons 57
Chicorée
  mit Birne und Roquefort 94
  gegrillter, mit Roten Beten 259
  italienischer Art 258
Chili
  con carne 140
  Garnelen mit Chili und Mango 61
  Krebse mit Chili-Mayonnaise 109
  Thunfisch mit Chilisauce 130
chinesische Küche 20
Chorizo, Kartoffel-Kohl-Suppe mit Chorizo 34
Clafoutis mit Aprikosen 285
Cognac
  Cognac-Sahne-Sauce 138
  Mischpilze in Cognacsauce 270
Couscous
  mit Garnelen und Minze 217
  Gemüse-Couscous 216
Crêpes, Kräuterdip mit Kichererbsencrêpes 76
Croûtons, Omelett mit Speck und Croûtons 232
Currys
  Garnelen nach indischer Art 133

TAGLIATELLE MIT GERÖSTETEM BROT

Currys (*Forts.*)
Hähnchen, indisches, mit Spinat 179
Hähnchencurry, mildes 178
Jakobsmuscheln nach Thai-Art 129
Kartoffelcurry mit grünen Bohnen 253
Rindfleisch Balti 142

D

Datteln, Hummus und Datteln 72
Desserts
Ananas und Bananen,
flambierte 296
Apfel, gebackener, auf Brioche 278
Apfelringe mit Zimt 279
Birnenbaiser 284
Clafoutis mit Aprikosen 285
Erdbeerwölkchen 282
Feigen, gegrillte 291
Früchtesorbet 14
Fruchtspieße, gegrillte, mit
Honig 290
Gewürzpfirsiche mit Mascarpone 287
Himbeeren mit Müsli 282
Himbeersoufflés, heiße 281
Kastaniencreme mit Weinbrand 295
Lemon Curd mit Crème double 295
Mandelbirnen, gebackene 286
Mango brûlée 282
Mascarpone mit Schokolade und
Ingwer 294
Milchreis mit Birnen 17
Obst, pochiertes, mit Schokoladen-
sauce 276
Obst mit Butterglasur 11
Obstsalat 23
Ofenschlupfer mit Obst 293
Passionsfruchteis mit Lemon-Curd-
Sauce 288
Pfirsich- und Himbeer-Krustaden 298
Pflaumen mit Haferstreuseln 292
Rhabarber- und Erdbeerkompott 297
Schokoladeneis mit Mandeln, Rosinen
und Marshmallows 288
Schokoladensoufflés mit Rum 280
Vanilleeis mit Himbeersauce 288
Vanilleeis mit Karamellsauce 288
Vanilleeis mit Marshmallow-Sauce 288
Vanilleeis mit Schwarzkirsch-
sauce 288
Waffeln mit Früchten und
Karamell 277
Zabaglione 294
Zitronensorbet mit Rotwein-Butter-
Sauce 288
Desserts, Kuchen und Gebäck 274–305
Dips
Avocadocreme mit Brunnenkresse 76
Hummus 21
Käsecreme mit Sherry 69
Käse-Tomaten-Dip 52
Kräuterdip mit Kichererbsencrêpes 76
Lachscreme mit Kräutern 76
Tahini 21
Dressings
Bachforelle mit Walnussdressing 106
Hummus 21
Mozzarella mit Tomatendressing 89
Salat, tropischer, mit Limonen-
dressing 49
Tahini 21

E

Eier
gebackene, mit Krebsfleisch 80
Omelett mit Avocado, Frühlingszwiebel
und Tomaten 232
Omelett mit Pilzen, Spinat und
Nüssen 231
pochierte, mit pikanter Sauce 68–69
Rührei, indisches 66
Eintöpfe siehe **Suppen**
Eiscreme
Früchtesorbet 14
Passionsfruchteis mit Lemon-Curd-
Sauce 288
Schokoladeneis mit Mandeln, Rosinen
und Marshmallows 288
Vanilleeis mit Himbeersauce 288
Vanilleeis mit Karamellsauce 288
Vanilleeis mit Marshmallow-Sauce 288
Vanilleeis mit Schwarzkirschsauce 288
Zitronensorbet mit Rotwein-Butter-
Sauce 288
Ente
Entenbrust mit Brombeersauce 187
Entenbrust mit Ingwersauce 186
Entenbrust, warme, mit Rotwein
und Apfel 91
Entenspieße mit Orange 188
Erbsen
Erbsensuppe mit grünem Spargel 36
in Kräuterbutter 232
Krebspastete mit Erbsen 118
Erdbeeren
Erdbeerwölkchen 282
Rhabarber- und Erdbeerkompott 297
Salat aus Erdbeeren, Gurke und
Avocado 58
Erdnusskekse 302

F

Farfalle siehe **Nudeln**
Fasan
Fasanenbrust mit Pancetta und gelben
Paprikaschoten 191
Fasanenbrust mit Weinsauce 192
Feigen
Feigen oder Melone mit Parma-
schinken 58
gegrillte 291
Fenchel
Fenchelsalat mit Wildreis 85
Fischsuppe mit Tomaten und
Fenchel 42
Feta
Bohnen, dicke, mit Garnelen
und Feta 96
Melone mit Fetakäse und
Rucola 58
Sprossensalat mit Feta und
Nüssen 97
Zwiebelkuchen mit Feta 229
Fettucine siehe **Nudeln**
Fisch und Meeresfrüche 104–133
Austern, geräucherte, mit
Bratkartoffeln 118
Austern vom Grill 60
Bachforelle mit Walnussdressing 106
Bohnen, dicke, mit Garnelen
und Feta 96

Fisch und Meeresfrüchte (*Forts.*)
Bohnen-Lauch-Suppe mit Räucher-
fisch 42
Bratheringe, schwedische 113
Bruschetta mit Sardinen und
Tomaten 118
Eier, gebackene, mit Krebsfleisch 80
Fischsauce, thailändische 21
Fischsuppe mit Tomaten und
Fenchel 42
Garnelen mit Chili und Mango 61
Garnelen nach indischer Art 133
Garnelenpilaw 218
Garnelensalat mit Avocados 53
Heilbutt mit Meerrettichsauce 114
Jakobsmuscheln in Kräutersauce 128
Jakobsmuscheln mit Parma-
schinken 54
Jakobsmuscheln nach Thai-Art 129
Kabeljau, gebackener, mit Tomaten-
paste 112
Kabeljau auf griechische Art 111
Kabeljausteaks mit Brokkoli 110
Kartoffelküchlein mit Räucherlachs 67
Krebse mit Chili-Mayonnaise 109
Krebspastete mit Erbsen 118
Lachscreme mit Kräutern 76
Lachs mit Limonen-Kräuter-Butter 114
Lachs mit tropischen Früchten 117
Lachspastete in Blätterteig 118
Lachspizza mit Joghurt und Dill 108
Makrele, geräucherte, mit Grapefruit
und Avocado 58
Makrelen mit Dillmayonnaise 121
Meeresfrüchte in Knusperhülle 107
Melonen-Avocado-Salat mit
Garnelen 93
Paglia e fieno mit Räucherlachs 206
Ragout Louisiana-Art 220

GEBACKENE EIER MIT KREBSFLEISCH

Fisch und Meeresfrüchte (*Forts.*)
Räucherforelle mit Birnen und
Rucola 55
Räucherlachs mit Gurke und
Frischkäse 72
Räucherlachs mit jungem
Gemüse 120
Reis mit Meeresfrüchten 222
Rochen, gebackener 116
Sardinen mit Kräuterkruste 54
Schellfisch mit Reisnudeln 123
Seeteufel nach indischer Art 127
Seeteufelragout mit Wermutsauce 126
Spargelsalat mit frischem Lachs 84
Tabbouleh mit Lachs 214
Thunfisch mit Chilisauce 130
Thunfischpizza 119
Thunfischsalat 119
Thunfischsteaks mit Wasabibutter 114
Tintenfisch mit Minze und Butter 132
Wolfsbarsch nach chinesischer Art 124
Zucchini, gegrillte, mit Seezunge 122
Fleisch 134–167
Beinschinken mit Sherrysauce 167
Bœuf Stroganoff 136
Bratwurst, italienische, mit
Tomaten 162
Cassoulet 164
Chili con carne 140
Fleischklößchen mit Kreolensauce 141
Fleischkroketten 25
Fleischspieße mit Zwiebeln 143
Hackfleisch arabischer Art mit
Fladenbrot 145
Kalbsleber mit Zwiebelsauce 146
Kalbsschnitzel mit Salbei und
Zitrone 147
Kassler mit Grapefruit 166
Lammfilet mit gebratenem
Gemüse 149
Lamm-Kebab mit Pitta-Brot 154
Lamm-Köfte mit Tomatensauce 154
Lammkoteletts mit Bohnen 153
Lammkoteletts provenzalische Art 148
Lammleber mit Speck und
Zwiebeln 152
Lammnüsschen mit Salat 151
Lammsteaks mit Johannisbeersauce 150
Riesenburger mit Gemüse 156
Rindfleisch Balti 142
Rindfleischsalat, thailändischer 86–87
Schinkenauflauf mit Lauch 165
Schweinefilet mit Äpfeln und
Senfsauce 158
Schweinefilet mit Fadennudeln 161
Schweinefilet mit Ingwer auf
Kresse 159
Schweinefleisch-Burger mit
Guacamole 157
Schweinekoteletts, glasierte, mit
Wirsing 160
Steaks mit Ratatouille 137
Würstchen mit Äpfeln in
Weinsauce 162
Fleischspieße
Lamm-Kebab mit Pitta-Brot 154
Lamm-Köfte mit Tomatensauce 154
mit Zwiebeln 143
Forelle
Bachforelle mit Walnussdressing 106
Omelett mit geräucherter Forelle und
Petersiliencreme 232
Räucherforelle mit Birnen und Rucola 55

Frischkäse siehe **Käse**
Früchteküchlein 300
Frühlingsgemüse
Primavera 228
mit saurer Sahne 264
Frühlingszwiebeln, Omelett mit Avocado,
Frühlingszwiebel und Tomaten 232
Fusilli siehe **Nudeln**

G

Garnelen
Bohnen, dicke, mit Garnelen und
Feta 96
mit Chili und Mango 61
Couscous mit Garnelen und
Minze 217
Garnelenpilaw 218
Garnelensalat mit Avocados 53
nach indischer Art 133
Meeresfrüchte in Knusperhülle 107
Melonen-Avocado-Salat mit
Garnelen 93
Gazpacho 29
Gebäck
Brownies mit Walnüssen 305
Erdnusskekse 302
Früchteküchlein 300
Kokosmakronen 304
Mandelkekse 302
Schokoladenmuffins 300
Scones, englische 300
Geflügel
Entenbrust, warme, mit Rotwein und
Apfel 91
Entenbrust mit Brombeersauce 187
Entenbrust mit Ingwersauce 186
Entenspieße mit Orange 188
Geflügelbratwürste mit Stiltonpüree 195
Goujons in Knoblauchsauce 172
Hähnchen mit Spinat, indisches 179
Hähnchenbrust mit Äpfeln und
Weinsauce 180
Hähnchenbrust mit Estragon 171
Hähnchenbrust mit Paprikasalsa 176
Hähnchenbrust in Pilzsauce 170
Hähnchencurry, mildes 178
Hähnchen nach spanischer Art 173
Hähnchen mit Wasserkastanien 177
Hirschsteaks, marinierte 196
Hühnerleber mit Wacholderbeeren 43
Pappardelle mit Hühnerleber 200
Putenburger, würzige 182
Putenragout, orientalisches 183
Putenschnitzel mit Zitrone und
Petersilie 184
Putenspieße Saltimbocca 185
Ricotta-Hähnchen mit
Tomatensalsa 175
Rosmarin-Hähnchen, gegrilltes 174
Wachteln auf Champignons 57
Geflügelspieße
Entenspieße mit Orange 188
Putenspieße Saltimbocca 185
Geflügel und Wild 168–197
Gemüse
Auberginen, überbackene 250
Auberginen mit Sesamsauce 251
Auberginentoast 70
Bohnen, dicke, mit Garnelen und
Feta 96

Gemüse (*Forts.*)
Bohnen, gemischte, mit Speck 263
Bohnensalat, gemischter 92
mit Bohnensauce 235
Brokkoli-Blumenkohl-Auflauf 234
Burger aus Bohnen und Pilzen 242
Chicorée mit Birne und Roquefort 94
Chicorée, gegrillter, und Rote
Beten 259
Chicorée italienischer Art 258
Frühlingsgemüse 228
Frühlingsgemüse mit saurer
Sahne 264
Fünf-Minuten-Pfanne 25
Gemüse-Couscous 216
Gemüse Primavera 228
Gemüsesuppe, französische 41
Gratin aus Kidneybohnen und
Gemüse 240
Gurke, Blattsalate und rote
Zwiebeln 98
als Hauptgericht 226–247
Kartoffelcurry mit grünen
Bohnen 253
Kartoffeln, neue, mit Rosmarin 267
Kartoffelsalat, warmer, mit
Würstchen 239
Knoblauchbrot mit gegrilltem
Gemüse 71
Kohlpfanne, bunte 269
Lammfilet mit gebratenem
Gemüse 149
Lauch, pfannengerührter, mit
Möhren 256
Lauchkuchen mit Cheddar 237
Linsen, rote, indischer Art 252
Minestrone 41
Mischpilze in Cognacsauce 270
Möhren mit Orange und Sesam 256
Möhrensalat mit Ingwer 98
Omelett mit Pilzen, Spinat und
Nüssen 231
Pasta mit dicken Bohnen, Artischocken
und Spinat 208
Pastinakengemüse mit Apfel 262
Pastinakenpüree mit Curry 256
Pizza, schnelle 241
Puffer aus Möhren und
Kichererbsen 242
Räucherlachs mit jungem Gemüse 120
Reis, gebratener, mit Gemüse 223
Reistopf, spanischer, mit Gemüse 224
Riesenburger mit Gemüse 156
Rosenkohl mit Speck und
Kastanien 255
Salat, warmer, aus Bohnen und
gebräuntem Gemüse 238
Sellerie mit Apfel 272
Sellerie-Kastanien-Püree 254
Spargel-Piperade 246
Spargelsalat mit frischem Lachs 84
Spinatsalat mit Maiskölbchen 103
Sprossensalat mit Feta und Nüssen 97
Steaks mit Ratatouille 137
Süßkartoffelrösti 266
Tofu und Gemüse mit
Cashewnüssen 245
Tofu und Gemüse mit Tahinisauce 244
Tomaten, gefüllte 246, 272
Tortillas, gefüllte, mit Käse 231
Wirsing in Käse-Sahne-Sauce 269
Zitronenzucchini 261
Zucchini, gegrillte, mit Seezunge 122

Gemüse (*Forts.*)
 Zucchinigemüse mit Apfel 260
 Zucchini mit Kürbis und Polenta 212
 Zucchinisuppe mit Brunnenkresse 39
 Zuckererbsensalat mit eingelegtem
  Ingwer 98
 Zwiebelkuchen mit Feta 229
 Zwiebeln, glasierte 272
Gemüsesuppe
 französische 45
 Minestrone 41
Getreide
 Bulgurpilaw mit Pilzen 213
 Couscous mit Garnelen und Minze 217
 Gemüse-Couscous 216
 Pasta mit dicken Bohnen, Artischocken
  und Spinat 208
 Polenta mit Räucherkäse 271
 Sommer-Tabbouleh 214
 Tabbouleh mit Lachs 214
Goujons in Knoblauchsauce 172
Grapefruits
 Kassler mit Grapefruit 166
 Makrele, geräucherte, mit Grapefruit
  und Avocado 58
 Orangen-Grapefruit-Salat mit roter
  Zwiebel und schwarzen Oliven 58
Gratin aus Kidneybohnen und
 Gemüse 240
Guacamole, Schweinefleisch-Burger mit
 Guacamole 157
Gurken
 Gurke, Blattsalate und rote
  Zwiebeln 98
 Gurken-Raita 20
 Gurkensuppe, kalte 28
 Räucherlachs mit Gurke und
  Frischkäse 72
 Salat aus Erdbeeren, Gurke und
  Avocado 58

H

Hackfleisch
 Chili con carne 140
 Fleischklößchen mit
  Kreolensauce 141
 Hackfleisch arabischer Art mit
  Fladenbrot 145
 Riesenburger mit Gemüse 156
 Schweinefleisch-Burger mit
  Guacamole 157
Hähnchen
 Goujons in Knoblauchsauce 172
 Hähnchenbrust mit Äpfeln und
  Weinsauce 180
 Hähnchenbrust mit Estragon 171
 Hähnchenbrust mit Paprikasalsa 176
 Hähnchenbrust in Pilzsauce 170
 Hähnchencurry, mildes 178
 mit Spinat, indisches 178
 Hühnerleber mit Wacholderbeeren 48
 Pappardelle mit Hühnerleber 200
 Ricotta-Hähnchen mit Tomaten-
  salsa 175
 Rosmarin-Hähnchen, grilltes 174
 nach spanischer Art 173
 mit Wasserkastanien 177
Hähnchenschenkel
 Rosmarin-Hähnchen, gegrillte 174
 nach spanischer Art 173

Heilbutt mit Meerrettichsauce 114
Heringe, Bratheringe, schwedische 113
Himbeeren
 Himbeersoufflés, heiße 281
 mit Müsli 282
 Pfirsich- und Himbeer-Krustaden 298
 Vanilleeis mit Himbeersauce 288
Hirsch
 Hirschsteaks, marinierte 196
 Hirschsteaks mit Pfeffer 197
 Hirschsteaks mit Preiselbeersauce 194
Honig, Fruchtspieße, gegrillte, mit
 Honig 290
Hummus
 und Datteln 72
 würziges 21

I

indische Küche 19
Ingwer 20
 Entenbrust mit Ingwersauce 186
 Mascarpone mit Schokolade und
  Ingwer 294
 Möhrensalat mit Ingwer 98
 Möhrensuppe mit Ingwer 35
 Schweinefilet mit Ingwer auf
  Kresse 159
 Zuckererbsensalat mit eingelegtem
  Ingwer 98

J

Jakobsmuscheln
 in Kräutersauce 128
 mit Parmaschinken 54
 nach Thai-Art 129
japanische Küche 20
Joghurt, Lachspizza mit Joghurt und
  Dill 108
Johannisbeeren
 Lammsteaks mit Johannisbeersauce 150
 Rotwein-Johannisbeer-Sauce 138

K

Kabeljau
 gebackener, mit Tomatenpaste 112
 auf griechische Art 111
 Kabeljausteaks mit Brokkoli 110
Kaffir-Zitrone 129
Kalbfleisch
 Kalbsleber mit Zwiebelsauce 146
 Kalbsschnitzel mit Salbei und
  Zitrone 147
Kaninchen mit Senfkruste 189
Karamell, Waffeln mit Früchten und
  Karamell 277
Kartoffeln
 Austern, geräucherte, mit
  Bratkartoffeln 118
 Kartoffelcurry mit grünen Bohnen 253
 Kartoffel-Kohl-Suppe mit Chorizo 34
 Kartoffelküchlein, indische 72
 Kartoffelküchlein mit Räucherlachs 67
 Kartoffelpüree

Kartoffeln (*Forts.*)
 Kartoffelsalat, warmer, mit
  Würstchen 239
 Kartoffelsalat nach Südstaatenart 102
 neue, mit Rosmarin 267
 Omelett mit Kartoffeln, Zwiebeln
  und Käse 232
 Pommes Duchesse 22
 Röstkartoffeln 25
 Süßkartoffelrösti 266
Käse
 Apfel-Käse-Toast, überbackener 79
 Birnen-Käse-Toast 58
 Bohnen, dicke, mit Garnelen und
  Feta 96
 Brie mit Weintrauben 72
 Camembert, warmer, mit
  Preiselbeeren 62
 Chicorée mit Birne und
  Roquefort 94
 Fusilli mit Schinken und
  Gorgonzola 204
 Gewürzpfirsiche mit Mascarpone 287
 Käsecreme mit Sherry 69
 Käse-Tomaten-Dip 52
 Lauchkuchen mit Cheddar 237
 Mascarpone mit Schokolade und
  Ingwer 294
 Melone mit Fetakäse und Rucola 58
 Mozzarella mit Tomatendressing 89
 Omelett mit Kartoffeln, Zwiebeln
  und Käse 232
 Polenta mit Räucherkäse 271
 Räucherlachs mit Gurke und
  Frischkäse 72
 Sprossensalat mit Feta und Nüssen 97
 Tortillas, gefüllte, mit Käse 231
 Wirsing in Käse-Sahne-Sauce 269
 Ziegenkäse, gegrillter, auf Rucola 63
 Ziegenkäsebaguette mit
  Tomatenpaste 75
 Ziegenkäsesoufflés 50
 Zwiebelkuchen mit Feta 229
Kassler mit Grapefruit 166
Kastanien
 Hähnchen mit Wasserkastanien 177
 Kastaniencreme mit Weinbrand 295
 Rosenkohl mit Speck und
  Kastanien 255
 Sellerie-Kastanien-Püree 254
Kebab, Lamm-Kebab mit
  Pitta-Brot 154
Kekse siehe **Gebäck**
Kichererbsen
 Kräuterdip mit Kichererbsencrêpes 76
 Puffer aus Möhren und
  Kichererbsen 242
Knoblauch, Knoblauchbrot mit
  gegrilltem Gemüse 71
Köfte, Lamm-Köfte mit Tomaten-
  sauce 154
Kohl
 Brokkoli-Blumenkohl-Auflauf 234
 Kartoffel-Kohl-Suppe mit Chorizo 34
 Kohlpfanne, bunte 269
 Rosenkohl mit Speck und
  Kastanien 255
Kokosmilch
 Avocadocremesuppe mit Kokosmilch 30
 Thai-Salat mit Kokosdressing 88
Kräuter
 Erbsen in Kräuterbutter 232
 Jakobsmuscheln in Kräutersauce 128

Kräuter (Forts.)

Lachscreme mit Kräutern 76
Lachs mit Limonen-Kräuter-Butter 114
Omelett mit gemischten Kräutern und
Crème double 232
Sardinen mit Kräuterkruste 54
Weißfisch im Kräutermantel 130

Krebse

mit Chili-Mayonnaise 109
Eier, gebackene, mit Krebsfleisch 80
Krebspastete mit Erbsen 118
Meeresfrüchte in Knusperhülle 107
Ragout Louisiana-Art 220

Kuchen, Butterkuchen, heißer
walisischer 299
Kürbis, Zucchini mit Kürbis und
Polenta 212

L

Lachs

Kartoffelküchlein mit Räucherlachs 67
Lachscreme mit Kräutern 76
Lachspastete in Blätterteig 118
Lachspizza mit Joghurt und Dill 108
mit Limonen-Kräuter-Butter 114
Paglia e fieno mit Räucherlachs 206
Räucherlachs mit Gurke und
Frischkäse 72
Räucherlachs mit jungem Gemüse 120
Spargelsalat mit frischem Lachs 84
Tabbouleh mit Lachs 214
mit tropischen Früchten 117

Lamm

Lammfilet mit gebratenem Gemüse 149
Lamm-Kebab mit Pitta-Brot 154
Lamm-Köfte mit Tomatensauce 154
Lammkoteletts mit Bohnen 153
Lammkoteletts provenzalische Art 148
Lammleber mit Speck und Zwiebeln 152
Lammsteaks mit Johannisbeersauce 150

Lauch

Bohnen-Lauch-Suppe mit
Räucherfisch 42
Lauchkuchen mit Cheddar 237
pfannengerührter, mit Möhren 256
Schinkenauflauf mit Lauch 165

Leber

Hühnerleber mit Wacholderbeeren 48
Kalbsleber mit Zwiebelsauce 146
Lammleber mit Speck und
Zwiebeln 152
Pappardelle mit Hühnerleber 200

Lemon Curd, Passionsfruchteis mit
Lemon-Curd-Sauce 288

Linsen

indischer Art, rote 252
Tomatensuppe mit roten Linsen 37

M

Mais

Maiscremesuppe 40
Maisküchlein mit Salat 78
Spinatsalat mit Maiskölbchen 103

Makrelen

mit Dillmayonnaise 121
geräucherte, mit Grapefruit und
Avocado 58

RÄUCHERFORELLE MIT BIRNE UND RUCOLA

Mandeln

Mandelbirnen, gebackene 286
Mandelkekse 302
Schokoladeneis mit Mandeln, Rosinen
und Marshmallows 288

Mangos

Garnelen mit Chili und Mango 61
Mango brûlée 282

Marmelade, Rebhuhn mit
Marmeladensauce 193

Marshmallows

Schokoladeneis mit Mandeln, Rosinen
und Marshmallows 288
Vanilleeis mit Marshmallow-Sauce 288

Mascarpone

Gewürzpfirsiche mit Mascarpone 287
mit Schokolade und Ingwer 294

Mayonnaise

Krebse mit Chili-Mayonnaise 109
Makrelen mit Dillmayonnaise 121

Meeresfrüchte siehe **Fisch**
Meerrettich, Heilbutt mit Meerrettichsauce 114

Melonen

mit Fetakäse und Rucola 58
Melonen-Avocado-Salat mit
Garnelen 93
Sommersalat mit Melone 101

Menüs 306–312
für besondere Anlässe 308–309
exotische 312
Familienmenüs 306–307
für Gäste 310–311
mexikanische Küche 21
Milchreis mit Birnen 17
Minestrone 41
Minze, Couscous mit Garnelen und
Minze 217

Möhren

Möhrensalat mit Ingwer 98
Möhrensuppe mit Ingwer 35
mit Orange und Sesam 256
pfannengerührter Lauch mit
Möhren 256
Puffer aus Möhren und Kichererbsen 242

Mozzarella mit Tomatendressing 89

Muscheln

Austern vom Grill 60
Jakobsmuscheln in Kräutersauce 128
Jakobsmuscheln mit Parma-
schinken 54
Jakobsmuscheln nach Thai-Art 129
Ragout Louisiana-Art 220
Spaghetti mit Venusmuscheln 204

Müsli, Himbeeren mit Müsli 282

N

Nachtisch siehe **Desserts**

Nudeln

chinesische 18
Farfalle mit Pesto und Speck 202
Fettucine mit Brokkoli 201
Fusilli mit Schinken und
Gorgonzola 204
gebratene 211
Glasnudeln 18
Nudelpfanne, chinesische 211
Nudelsalat auf thailändische Art 210
Nudelsuppe 11
Paglia e fieno mit Räucherlachs 206
Pappardelle mit Hühnerleber 200
Pasta mit dicken Bohnen, Artischocken
und Spinat 208
Penne nach Bauernart 203
mit Sardellensauce 118
Schellfisch mit Reisnudeln 123
Schweinefilet mit Fadennudeln 161
Spaghetti mit Venusmuscheln 204
Tagliatelle mit geröstetem Brot 207

Nudeln und Getreide 198–225

Nüsse

Bachforelle mit Walnussdressing 106
Brownies mit Walnüssen 305
Erdnusskekse 302
Omelett mit Pilzen, Spinat und
Nüssen 231
Sprossensalat mit Feta und
Nüssen 97

O

Obst

Ananas und Bananen, flambierte 296
Apfel, gebackener, auf Brioche 278
Birnenbaiser 284
Birnen-Käse-Toast 58
mit Butterglasur 11
Clafoutis mit Aprikosen 285
Erdbeerwölkchen 282
Feigen, gegrillte 291
Feigen mit Parmaschinken 58
Früchteküchlein 300
Fruchtspieße mit Honig,
gegrillte 290
Gewürzpfirsiche mit Mascarpone 287
Himbeeren mit Müsli 282
Himbeersoufflés, heiße 281
Kassler mit Grapefruit 166
Lachs mit tropischen Früchten 117
Mandelbirnen, gebackene 286
Mango brûlée 282
Melone mit Fetakäse und Rucola 58
Obstsalat 23

Obst (*Forts.*)
Ofenschlupfer mit Obst 293
Orangen-Grapefruit-Salat mit roter
Zwiebel und schwarzen Oliven 58
Pfirsich- und Himbeer-Krustaden 298
Pflaumen mit Haferstreuseln 292
pochiertes, mit Schokoladensauce 276
Rhabarber- und Erdbeerkompott 297
Waffeln mit Früchten und Karamell 277
Omeletts
mit Avocado, Frühlingszwiebel und
Tomaten 232
mit Erbsen in Kräuterbutter 232
mit gemischten Kräutern und Crème
double 232
mit geräucherter Forelle und
Petersiliencreme 232
mit Kartoffeln, Zwiebeln
und Käse 232
mit Pilzen in Sahne mit Trüffelaroma 232
mit Pilzen, Spinat und Nüssen 231
mit Speck und Croûtons 232
Orangen
Entenspieße mit Orange 188
Möhren mit Orange und Sesam 256
Orangen-Grapefruit-Salat mit roter
Zwiebel und schwarzen Oliven 58
Paprikacremesuppe mit Orangen 31
orientalische Küche 21

P

Pancetta 40, Fasanenbrust mit Pancetta
und gelben Paprikaschoten 191
Pappardelle siehe **Nudeln**
Paprika
Fasanenbrust mit Pancetta und gelben
Paprikaschoten 191
Hähnchenbrust mit Paprikasalsa 176
Paprikacremesuppe mit Orangen 31
Parmaschinken
mit Birne 50
Feigen mit Parmaschinken 58
Jakobsmuscheln mit Parmaschinken 54
Pasta siehe **Nudeln**
Pasteten
Krebspastete mit Erbsen 118
Lachspastete in Blätterteig 118
Zwiebelpastetchen mit Salat 64
Pastinaken
Pastinakengemüse mit Apfel 262
Pastinakenpüree mit Curry 256
Pastinakensuppe mit Apfel 38
Penne siehe **Nudeln**
Pesto, Truthahnwurst mit Avocado
und Pesto 72
Petersilie
Omelett mit geräucherter
Forelle und Petersiliencreme 232
Putenschnitzel mit Zitrone und
Petersilie 184
Pfirsiche
Gewürzpfirsiche mit Mascarpone 287
Pfirsich- und Himbeer-Krustaden 298
Pflaumen, mit Haferstreuseln 292
Pilaw
Bulgurpilaw mit Pilzen 213
Garnelenpilaw 218
Safranpilaw mit dicken Bohnen 219
Pilze
Bulgurpilaw mit Pilzen 213

Pilze (*Forts.*)
Burger aus Bohnen und
Pilzen 242
Hähnchenbrust in Pilzsauce 170
Mischpilze in Cognacsauce 270
Omelett mit Pilzen in Sahne mit
Trüffelaroma 232
Omelett mit Pilzen, Spinat und
Nüssen 231
Pilzsuppe 32
Wachteln auf Champignons 57
Pizza
Lachspizza mit Joghurt und
Dill 108
Pitta-Pizza 81
schnelle 241
Thunfischpizza 119
Polenta
mit Räucherkäse 271
Zucchini mit Kürbis und
Polenta 212
Pommes Duchesse 22
Preiselbeeren
Camembert, warmer, mit
Preiselbeeren 62
Erdnusscreme mit Preiselbeersauce,
Salat und Sellerie 72
Hirschsteaks mit Preiselbeer-
sauce 194
Puffer aus Möhren und Kicher-
erbsen 242
Pute
Putenburger 182
Putenragout, orientalisches 183
Putenschnitzel mit Zitrone und
Petersilie 184
Putenspieße Saltimbocca 185

R

Ratatouille, Steaks mit Ratatouille 137
Räucherfisch
Austern, geräucherte, mit
Bratkartoffeln 118
Bohnen-Lauch-Suppe mit
Räucherfisch 42
Kartoffelküchlein mit Räucher-
lachs 67
Makrele, geräucherte, mit Grapefruit
und Avocado 58
Paglia e fieno mit Räucherlachs 206
Räucherforelle mit Birnen und
Rucola 55
Räucherlachs mit Gurke und
Frischkäse 72
Räucherlachs mit jungem
Gemüse 120
Rebhuhn mit Marmeladensauce 193
Reis
Fenchelsalat mit Wildreis 85
Garnelenpilaw 218
gebratener, mit Gemüse 223
mit Meeresfrüchten 222
Milchreis mit Birnen 17
Ragout Louisiana-Art 220
Reisbällchen, italienische 25
Reistopf, spanischer, mit
Gemüse 224
Risotto mit jungem Spinat 225
Safranpilaw mit dicken Bohnen 219
Rhabarber und Erdbeerkompott 297

Ricotta, Ricotta-Hähnchen mit
Tomatensalsa 175
Rindersteaks
Fleischspieße mit Zwiebeln 143
Rindfleisch Balti 142
Steaks mit Ratatouille 137
Rindfleisch
Bœuf Stroganoff 136
Chili con carne 140
Fleischklößchen mit Kreolensauce 141
Fleischspieße mit Zwiebeln 143
Rindfleisch Balti 142
Steaks mit Ratatouille 137
Risotto mit jungem Spinat 225
Rochen, gebackener 116
Rosenkohl mit Speck und
Kastanien 255
Rosmarin, Kartoffeln, neue, mit
Rosmarin 267
Rösti, Süßkartoffelrösti 266
Rote Beten, Chicorée, gegrillter, und Rote
Beten 259
Rucola
Melone mit Fetakäse und Rucola 58
Räucherforelle mit Birnen und
Rucola 55
Ziegenkäse, gegrillter, auf Rucola 63
Rum, Schokoladensoufflés mit Rum 280

S

Salat 82–103
aus Bohnen und gebräuntem Gemüse,
warmer 238
Bohnen, dicke, mit Garnelen
und Feta 96
Bohnensalat, gemischter 92
Cäsar 100
Chicorée mit Birne und Roquefort 94
Entenbrust, warme, mit Rotwein und
Apfel 91
aus Erdbeeren, Gurke und
Avocado 58
Fenchelsalat mit Wildreis 85
Garnelensalat mit Avocados 53
griechischer 87
Gurke, Blattsalate und rote
Zwiebeln 98
Kartoffelsalat, warmer, mit
Würstchen 239
Kartoffelsalat nach Südstaatenart 102
Lammnüsschen mit Salat 151
Maisküchlein mit Salat 78
Melonen-Avocado-Salat mit
Garnelen 93
Möhrensalat mit Ingwer 98
Mozzarella mit Tomatendressing 89
Nizzasalat 95
Nudelsalat auf thailändische Art 210
Rindfleischsalat, thailändischer 86–87
Salade niçoise 95
Sommersalat mit Melone 101
Spargelsalat mit frischem Lachs 84
Spinatsalat mit Maiskölbchen 103
Sprossensalat mit Feta und
Nüssen 97
Thai-Salat mit Kokosdressing 88
Thunfischsalat 119
tropischer, mit Limonendressing 49
Zuckererbsensalat mit eingelegtem
Ingwer 98

Salbei
Kalbsschnitzel mit Salbei und
Zitrone 147
Salbei-Apfel-Sauce 138
Salsas siehe **Saucen**
Saltimbocca, Putenspieße Saltimbocca 185
Sardinen
Bruschetta mit Sardinen und
Tomaten 118
mit Kräuterkruste 54
Zwiebelpastetchen mit Salat 64
Saucen
Auberginen mit Sesamsauce 251
Austernsauce 20
Beinschinken mit Sherrysauce 167
Kalbsleber mit Zwiebelsauce 146
Cognac-Sahne-Sauce 138
Eier, pochierte, mit pikanter
Sauce 68–69
Entenbrust mit Brombeersauce 187
Entenbrust mit Ingwersauce 186
Erdnusscreme mit Preiselbeersauce,
Salat und Sellerie 72
Farfalle mit Pesto und Speck 202
Fasanenbrust mit Weinsauce 192
Fischsauce, thailändische 21
Fleischklößchen mit Kreolensauce 141
Gemüse mit Bohnensauce 235
Goujons in Knoblauchsauce 172
Guacamole 157
Hähnchenbrust mit Äpfeln und
Weinsauce 180
Hähnchenbrust mit Paprikasalsa 176
Hähnchenbrust in Pilzsauce 170
Hoisinsauce 20
Hummus 21
indische 19
Jakobsmuscheln in Kräutersauce 128
Kabeljau, gebackener, mit
Tomatenpaste 112
Kalbsleber mit Zwiebelsauce 146
Käse-Tomaten-Dip 52
Krebse mit Chili-Mayonnaise 109
Lamm-Köfte mit Tomatensauce 154
Lammsteaks mit Johannisbeer-
sauce 150
Makrelen mit Dillmayonnaise 121
Mischpilze in Cognacsauce 270
Nudeln mit Sardellensauce 118
Obst, pochiertes, mit Schokoladen-
sauce 276
Passionsfruchteis mit Lemon-Curd-
Sauce 288
Pesto 18
Putenschnitzel mit Zitrone und
Petersilie 184
Rebhuhn mit Marmeladensauce 193
Ricotta-Hähnchen mit Tomaten-
salsa 175
Rotwein-Johannisbeer-Sauce 138
Rotweinsauce mit Schalotten 138
Salbei-Apfel-Sauce 138
Salsa, mexikanische 21
Schweinefilet mit Äpfeln und
Senfsauce 158
Seeteufelragout mit Wermutsauce 126
Senf-Sahne-Sauce 138
Sojasauce 20
Tahini 21
Thunfisch mit Chilisauce 130
Tofu und Gemüse mit Tahini-
sauce 244
Tomatensauce, würzige 138

Saucen (*Forts.*)
Vanilleeis mit Himbeersauce 288
Vanilleeis mit Karamellsauce 288
Vanilleeis mit Marshmallow-Sauce 288
Vanilleeis mit Schwarzkirschsauce 288
Wirsing in Käse-Sahne-Sauce 269
Würstchen mit Äpfeln in
Weinsauce 162
Ziegenkäsebaguette mit Tomaten-
paste 75
Zitronensorbet mit Rotwein-Butter-
Sauce 288
Schalotten, Rotweinsauce mit
Schalotten 138
Schellfisch mit Reisnudeln 123
Schinken
Beinschinken mit Sherrysauce 167
Schinkenauflauf mit Lauch 165
Schokolade
Mascarpone mit Schokolade und
Ingwer 294
Obst, pochiertes, mit Schokoladen-
sauce 276
Schokoladenmuffins 300
Schokoladensoufflés mit
Rum 280
Schweinefleisch
Kassler mit Grapefruit 166
Schweinefilet mit Äpfeln und
Senfsauce 158
Schweinefilet mit Fadennudeln 161
Schweinefilet mit Ingwer auf
Kresse 159
Schweinefleisch-Burger mit
Guacamole 157
Schweinekoteletts, glasierte, mit
Wirsing 160
Würstchen mit Äpfeln in
Weinsauce 162
Seeteufel
nach indischer Art 127
Seeteufelragout mit Wermutsauce 126
Seezunge, Zucchini mit gegrillter
Seezunge 122
Sellerie
Erdnusscreme mit Preiselbeersauce,
Salat und Sellerie 72
Sellerie mit Apfel 272
Sellerie-Kastanien-Püree 254
Senf
Kaninchen mit Senfkruste 189
Schweinefilet mit Äpfeln und
Senfsauce 158
Senf-Sahne-Sauce 138
Sesam, Möhren mit Orange und
Sesam 256
Sherry, Beinschinken mit Sherry-
sauce 167
Sorbets
Früchtesorbet 14
Zitronensorbet mit Rotwein-Butter-
Sauce 288
Soufflés
Himbeersoufflés, heiße 281
Schokoladensoufflés mit Rum 280
Ziegenkäsesoufflés 50
Spaghetti siehe **Nudeln**
Spargel
Erbsensuppe mit grünem
Spargel 36
Spargel-Piperade 246
Spargelsalat mit frischem
Lachs 84

Speck
Bohnen, gemischte, mit Speck 263
Farfalle mit Pesto und Speck 202
Lammleber mit Speck und
Zwiebeln 152
Omelett mit Speck und Croûtons 232
Rosenkohl mit Speck und Kastanien 255
Spinat
Hähnchen, indisches, mit Spinat 179
Omelett mit Pilzen, Spinat und
Nüssen 231
Pasta mit dicken Bohnen, Artischocken
und Spinat 208
Risotto mit jungem Spinat 225
Spinatsalat mit Maiskölbchen 103
Steaks
Kabeljausteaks mit Brokkoli 110
Lammsteaks mit Johannisbeersauce 150
mit Ratatouille 137
Thunfischsteaks mit Wasabibutter 114
südostasiatische Küche
Suppen und Eintöpfe 26–45
Avocadocremesuppe mit Kokos-
milch 30
Bohnen-Lauch-Suppe mit
Räucherfisch 42
Cassoulet 164
Erbsensuppe mit grünem Spargel 36
Fischsuppe mit Tomaten und Fenchel 42
Gazpacho 29
Gemüsesuppe, französische 45
Grüne-Bohnen-Suppe 33
Gurkensuppe, kalte 28
Hühnerbrühe, orientalische 44
Kartoffel-Kohl-Suppe mit
Chorizo 34
Maiscremesuppe 40
Minestrone 41
Möhrensuppe mit Ingwer 35
Nudelsuppe 11
Paprikacremesuppe mit Orangen 31
Pastinakensuppe mit Apfel 38
Pilzsuppe 32
Tomatensuppe mit roten Linsen 37
Zucchinisuppe mit Brunnenkresse 39
Süßkartoffeln, Süßkartoffelrösti 266

OMELETT MIT PILZEN, SPINAT UND NÜSSEN

T

Tabbouleh
mit Lachs 214
Sommer-Tabbouleh 214
Tagliatelle siehe **Nudeln**
Tahini 21
Auberginen mit Sesamsauce 251
Tofu und Gemüse mit Tahini-
sauce 244
Thunfisch
mit Chilisauce 130
Thunfischpizza 119
Thunfischsalat 119
Thunfischsteaks mit Wasabibutter 114
Tintenfisch mit Minze und Butter 132
Toasts
Apfel-Käse-Toast, überbackener 79
Birnen-Käse-Toast 58
Tofu
und Gemüse mit Cashewnüssen 245
und Gemüse mit Tahinisauce 244
Tomaten
mit Avocado und Frühlingszwiebel 232
Bratwurst, italienische, mit
Tomaten 162
Bruschetta mit Sardinen und
Tomaten 118
Fischsuppe mit Tomaten und
Fenchel 42
gefüllte 246, 272
Käse-Tomaten-Dip 52
Tomatensauce, würzige 138
Tomatensuppe mit roten Linsen 37
Tortillas
Chili con carne 140
mit Käse 231

V

Vorspeisen und Snacks 46–81
Apfel-Käse-Toast, überbackener 79
Auberginentoast 70
Austern vom Grill 60
Avocadocreme mit Brunnenkresse 76
Birnen-Käse-Toast 58
Camembert mit Preiselbeeren,
warmer 62
Eier, gebackene, mit Krebsfleisch 80
Eier, pochierte, mit pikanter Sauce 68
Feigen mit Parmaschinken 58

Vorspeisen und Snacks (Forts.)
mit Früchten 58–59
Garnelen mit Chili und Mango 61
Garnelensalat mit Avocados 53
Hühnerleber mit Wacholderbeeren 48
Jakobsmuscheln mit Parmaschinken 54
Kartoffelküchlein, indische 72
Kartoffelküchlein mit Räucherlachs 67
Käsecreme mit Sherry 69
Käse-Tomaten-Dip 52
Knoblauchbrot mit gegrilltem Gemüse 71
Kräuterdip mit Kichererbsencrêpes 76
Lachscreme mit Kräutern 76
Maisküchlein mit Salat 78
Makrele, geräucherte, mit Grapefruit
und Avocado 58
Melone mit Fetakäse und Rucola 58
Mozzarella mit Tomatendressing 89
Orangen-Grapefruit-Salat mit roter
Zwiebel und schwarzen Oliven 58
Parmaschinken mit Birne 50
Pitta-Pizza 81
Räucherforelle mit Birnen und Rucola 55
Rührei, indisches 66
Salat, tropischer, mit Limonendressing 49
Salat aus Erdbeeren, Gurke und
Avocado 58
Sardinen mit Kräuterkruste 54
Ziegenkäse, gegrillter, auf Rucola 63
Ziegenkäsebaguette mit Tomatenpaste 75
Ziegenkäsesoufflés 50
Zwiebelpastetchen mit Salat 64

W

Wachteln auf Champignons 57
Waffeln mit Früchten und Karamell 277
Walnüsse siehe **Nüsse**
Wasabi, Thunfischsteaks mit
Wasabibutter 114
Wasserkastanien siehe **Kastanien**
Wein
Fasanenbrust mit Weinsauce 192
Hähnchenbrust mit Äpfeln und
Weinsauce 180
Rotwein-Johannisbeer-Sauce 138
Rotweinsauce mit Schalotten 138
Würstchen mit Äpfeln in
Weinsauce 162
Zitronensorbet mit Rotwein-Butter-
Sauce 288

Weinbrand, Kastaniencreme mit
Weinbrand 295
Weintrauben, Brie mit Weintrauben 72
Wermut, Seeteufelragout mit
Wermutsauce 126
Wirsing
in Käse-Sahne-Sauce 269
Schweinekoteletts, glasierte, mit
Wirsing 160
Wolfsbarsch nach chinesischer
Art 124
Würstchen
mit Äpfeln in Weinsauce 162
Kartoffelsalat, warmer, mit
Würstchen 239

Z

Zabaglione 294
Ziegenkäse, gegrillter, auf
Rucola 63
Zimt, Apfelringe mit Zimt 279
Zitrone
Kaffir-Zitrone 129
Kalbsschnitzel mit Salbei und
Zitrone 147
Putenschnitzel mit Zitrone und
Petersilie 184
Zitronensorbet mit Rotwein-Butter-
Sauce 288
Zitronenzucchini 261
Zucchini
gegrillte, mit Seezunge 122
mit Kürbis und Polenta 212
Zucchinigemüse mit Apfel 260
Zucchinisuppe mit Brunnen-
kresse 39
Zuckererbsen, Zuckererbsensalat mit
eingelegtem Ingwer 98
Zwiebeln
Fleischspieße mit Zwiebeln 143
Gurke, Blattsalate und rote
Zwiebeln 98
Kalbsleber mit Zwiebelsauce 146
Lammleber mit Speck und
Zwiebeln 152
Omelett mit Kartoffeln, Zwiebeln und
Käse 232
Zwiebelkuchen mit Feta 229
Zwiebeln, glasierte 272
Zwiebelpastetchen mit Salat 64

BILDNACHWEIS

*o. = oben; u. = unten; M. = Mitte; r. = rechts;
l. = links*

FOTOGRAFEN

Martin Brigdale: 4–5, 28, 29, 38, 39, 66, 67,
77, 78, 84, 85, 90–91, 96, 97, 102, 103, 111,
120, 121, 128, 129, 142, 143, 150, 151, 158,
159, 163, 172, 173, 186, 187, 206, 207, 215,
222, 223, 228, 229, 236–237, 252, 253, 257,
260, 261, 264–265, 268–269, 276, 283, 290,
291, 294–295, 301, 304, 305, 313.
Gus Filgate: Einbandrückseite (M.r., u.r.), 2, 6,
9, 11 (o.r., u.r.), 12, 16, 18 (u.r.), 23 (u.), 26–27,
34, 36, 37, 44, 45, 46–47, 51, 56, 57, 58–59,
62, 63, 68, 69, 72–73, 80, 81, 82–83, 92, 93,

100, 101, 104–105, 110, 112, 113, 119, 122, 123,
132, 133, 134–135, 136, 139, 146, 147, 155,
168–169, 170, 171, 175, 178, 179, 184, 185,
188, 189, 190–191, 192, 193, 194, 195, 198 bis
199, 202, 203, 205, 208–209, 215, 217, 224,
225, 226–227, 231, 233, 238, 243, 245, 248 bis
249, 250, 251, 254, 255, 258, 274–275, 277,
278, 279, 284, 285, 286, 288–289, 293, 298,
306–312, 314, 317.
James Murphy: Einbandrückseite (u.l.), 7, 30,
31, 35, 43, 52, 53, 60, 61, 71, 79, 88, 89, 99,
106, 107, 115, 124-125, 131, 137, 140, 141, 148,
149, 160, 161, 166, 167, 174, 213, 218, 219, 234,
235, 247, 270, 271.
Peter Myers: Einbandvorderseite, 32, 33, 40, 41,
48, 49, 55, 64–65, 70, 74, 75, 86, 87, 94, 95,
108, 109, 116, 117, 126, 127, 144, 152, 153, 156,
157, 164, 165, 176, 177, 180–181, 182, 183, 196,

197, 200, 201, 210, 211, 212, 220–221, 230,
239, 240, 241, 244, 259, 262, 263, 266, 267,
273, 280, 281, 287, 292, 296, 297, 299, 302 bis
303, 319.
Jon Stewart: 10, 11 (o.l., u.l.), 13 (u.r.), 14, 15,
17, 18 (l., o.r.), 19, 20, 21, 23 (o.r.), 25

ILLUSTRATOREN

Diane Broadley: Einbandrückseite (o.l.), 1, 6, 8,
10, 12, 16, 19, 22, 24, 39, 42, 49, 63, 71, 91, 92,
101, 107, 111, 112, 124, 130, 137, 143, 145 (u.),
165, 179, 185, 187, 191, 192, 194, 196, 201,
207, 208, 213, 214, 218, 220, 229, 231, 235,
237, 246 (u.), 253, 256, 264 (o.), 279, 286, 297,
305
Stan North: 50, 53, 64, 94, 128, 145 (o.), 173,
180, 182, 204, 246 (o.), 262, 264 (u.), 271, 276,
282